동북아역사 자료총서 35

明史 外國傳 譯註·2

—外國傳·中—

譯註 中國 正史 外國傳 15

동북아역사재단
NORTHEAST ASIAN HISTORY FOUNDATION

차 례

[상권 차례]

[하권 차례]

명사(明史) 권324 외국(外國) 5

점성·빈동룡·진랍·섬라·조와·사파·소길단·설리·일라하치·삼불제전(占城·賓童龍·眞臘·暹羅·爪哇·闍婆·蘇吉丹·碟里·日羅夏治·三佛齊傳)

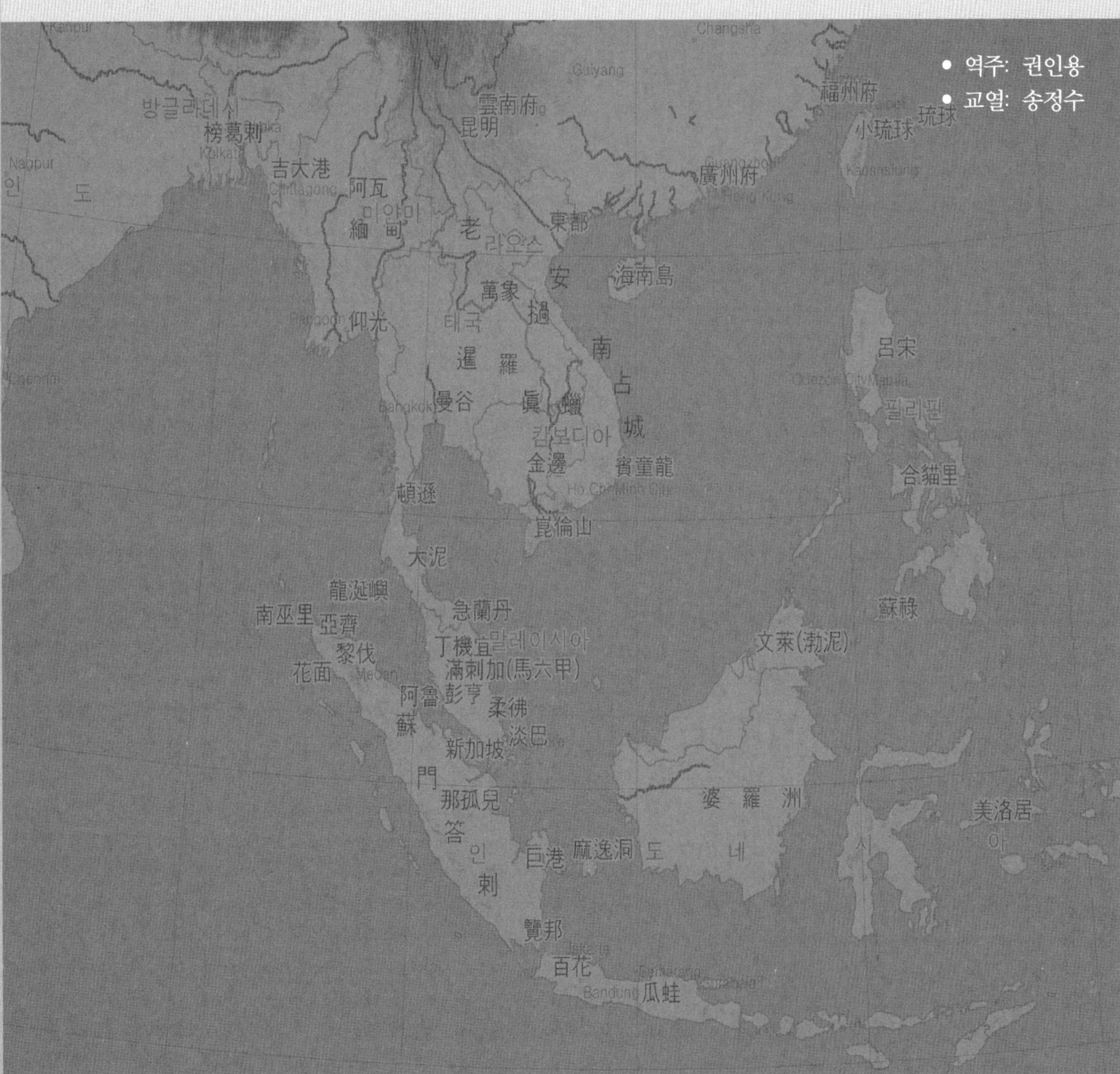

• 역주: 권인용
• 교열: 송정수

「점성 · 빈동룡 · 진랍 · 섬라 · 조와 · 사파 · 소길단 · 설리 · 일라하치 · 삼불제전(占城 · 賓童龍 · 眞臘 · 暹羅 · 爪哇 · 闍婆 · 蘇吉丹 · 碟里 · 日羅夏治 · 三佛齊傳)」 해제

『명사』 권324 「외국전」은 동남아시아의 대륙부와 도서부에 각각 위치하는 주요 5개국과 인접하는 소국들을 다루고 있다. 주지하듯 동남아시아는 유라시아 대륙에 연해 있는 대륙부와 해안지대 또는 바다 한가운데 위치한 도서부로 크게 나눌 수 있다. 그 가운데에서 본전(本傳)은 전자, 즉 대륙부에 속하는 점성(占城), 진랍(眞臘), 섬라(暹羅)와 후자, 즉 도서부에 속하는 조와(爪哇), 삼불제(三佛齊) 등의 사정을 주로 서술하면서 아울러 점성의 인국(隣國)인 빈동룡(賓童龍)과 조와의 인국인 사파(闍婆), 소길단(蘇吉丹), 설리(碟里), 일라하치(日羅夏治) 등에 대해서는 간략하게 소개하고 있다.

대륙부의 주요국 가운데 첫 번째로 소개되고 있는 점성(占城)은 참파족이 세운 국가로서 오늘날 베트남의 중부 일대에 해당된다. 점성은 바로 참파를 한자로 표기한 국명이다. 불교를 받아들이는 등 인도문화의 강한 영향 하에 있던 점성은 지리적 이점 등을 이용하여 각국과의 활발한 무역활동으로 많은 이익을 거두면서 세력을 확대시켜 갔다. 특히 점성은 북쪽으로 팽창하여 베트남과 치열한 경쟁 속에서 서로 공방을 주고받았지만, 결국 17세기 말에 베트남에 의하여 멸망되고 말았다.

본권에서는 먼저 점성의 지리적 위치와 연원을 간단하게 소개하였다. 다음에는 주로 명왕조 개국 초인 홍무(洪武) 2년(1369) 양국 사이에 책봉조공관계가 성립된 이래로 가정(嘉靖) 22년(1543) 점성의 조공사절 파견 기사에 이르기까지의 점성의 역사가 기본적으로 명조의 시각 속에서 소개되고 있다. 홍무 16년(1383) 섬라, 진랍과 함께 점성에게 가장 먼저 감합문책(勘合文册)이 발급된 것에서도 짐작할 수 있듯이, 명조와 점성 양국은 비교적 긴밀한 관계를 유지하였다. 다만 이 책봉조공관계가 시간의 추이에 따라 편차가 있었음은 당연하였다. 홍치

(弘治) 18년(1505) 점성의 책봉 요청에 대하여 형과(刑科) 급사중(給事中) 임양필(林良弼)이, "해외의 여러 번국(蕃國)은 별 일이 없으면 조공을 하지 않고 스스로 왕위에 오르고, 특별한 일이 있으면 조공을 기회로 책봉을 청한다."라고 한 언급은 시사(示唆)하는 바가 크다. 이후 점성의 책봉이 실제로 상당 기간에 걸쳐 행해지지 않았지만, 이러한 언급 자체가 그 이전부터 점성을 포함한 동남아시아 각국과의 책봉조공관계가 이상과 현실 사이에 혹은 명분과 실제 사이에 일정한 괴리가 있었음을 보여준다.

한편 본권에서는 점성의 대외관계 특히 그 북쪽에 위치한 안남(安南)과의 치열한 경쟁이 비교적 상세하게 묘사되어 있다. 즉, 안남과의 전쟁과 충돌 및 명조를 우군으로 끌어들이기 위한 외교적 각축 등이 서술되어 있는데, 보다 심도 있는 이해를 위해서는 안남을 대상으로 한 「외국전」의 관련 내용과 비교하면서 읽을 필요가 있을 것이다. 점성 기사 말미에는 점성의 기후, 산업, 풍습, 민풍, 특산물 등은 물론 악어가 사는 못과 특히, 시두만(屍頭蠻)에 대한 전설 등 흥미로운 내용이 실려 있다. 끝부분에는 점성의 근린 소국으로서 베트남 남부에 위치하는 빈동룡(賓童龍)의 위치와 풍속 등에 대한 소개가 부기(附記)되어 있다.

대륙부에 위치한 두 번째 주요국인 진랍(眞臘) 즉, 캄보디아는 원래 부남(扶南)에 예속되어 있던 크메르족의 일파가 6세기 중엽에 독립하여 세운 나라이다. 7세기 전반에 부남을 병합하면서 인도차이나 반도의 대국이 되었는데, 특히 8세기 말 자야바르만 2세 때 앙코르 지방에 수도를 두었다. 캄보디아 역사에서 전성기에 해당하는 이 앙코르 왕조시대는 14세기 후반부터 타이의 아유타야 왕조의 침입을 받으며 위기 국면에 접어들게 되었는데, 결국 15세기 중엽에 멸망한 뒤 동남 지역으로 천도하였고, 이후 영토가 점차 축소되었다. 캄보디아란 국명은 16세기 후반의 만력(萬曆) 연간 이후부터 사용되었다. 한편 본전에서는 홍무(洪武)와 영락(永樂) 연간에 걸쳐 비교적 집중적으로 전개된 양국 간의 책봉조공관계 기사가 주로 실려 있다. 영락 연간에는 점성에게 침략을 당한 사실도 소개하고 있으나, 정작 결정적인 타격을 받은 타이와의 관계에 대해서는 전혀 언급이 되지 않고 있는데, 이는 본 외국열전이 기본적으로 명조와의 관계 위주로 서술되었다는 점에서 불가피한 한계인 듯하다. 한편 말미에는 '부귀한 진랍'이라는 관용어가 생길 정도로 진랍의 풍부한 물산과 풍습 및 종교 등에 대한 서술이 담겨 있다.

대륙부에 위치한 세 번째 주요국인 섬라(暹羅)는 태국의 고칭(古稱)으로서, 자칭의 '므앙타이'는 자유의 나라라는 뜻이다. 본전의 기사에 의하면, 섬라는 수당(隋唐)시기에 적토국(赤

土國)으로 불렸는데, 후에 섬(暹) 즉, 수코타이 왕국과 라혹(羅斛) 즉, 아유타야 왕국의 두 나라로 나뉘어졌다. 원대(元代)에 라혹국이 섬국의 토지를 병탄하면서 섬라혹(暹羅斛)이라 칭하였는데, 홍무 10년(1377) 홍무제가 하사한 인장에 '섬라국왕지인(暹羅國王之印)'이란 글자를 새기면서 이후 섬라라고 칭하게 되었다. 한편 본전에는 섬라의 대외관계가 소개되어 있다. 유구(琉球)와는 우호관계를 맺고자 하였으나, 인국(隣國)인 점성, 소문답랄(蘇門答剌), 만랄가(滿剌加) 등과는 적대적인 관계였음이 확인된다. 16세기 중엽의 융경(隆慶) 연간에는 미얀마 동만우(東蠻牛)의 침입을 받아 그 식민지가 되기도 하였는데, 만력 연간에 복수에 성공한 뒤 해상을 제패하였다. 특히, 만력 20년(1592)에 임진왜란이 발발하자 비밀리에 원군(援軍)을 보내어 일본을 공격하겠다는 제안을 하였다. 비록 이 자원(自願) 요청은 현실화되지는 않았지만, 조선의 역사 전개와도 일정한 관계가 있었다는 점에서 무척 흥미로운 대목이 아닐 수 없다. 말미에는 섬라의 풍속, 여성의 상대적 지위 향상, 종교, 그리고 명조(明朝)에 보내는 다양한 공물이 소개되어 있다.

도서부에 속하는 조와(爪哇)와 삼불제(三佛齊)는 모두 오늘날 인도네시아에 속하는데, 조와는 주로 자바섬, 삼불제는 수마트라섬에 해당된다. 먼저 조와는 7~10세기의 스리위자야 왕국을 이어 13세기 말에서 14세기 초에 인도네시아 역사상 가장 강대했던 마자파힛 왕조가 건립되었으나, 14세기 후반부터 급속도로 쇠퇴하였다. 이 과정에서 기존의 힌두-불교 왕국이 사라지면서 인도네시아 전 지역이 빠른 속도로 이슬람화되었다. 본전에서는 먼저 조와국이 원조(元朝)에 파견한 조공사절이 중국에 머물다가 명조(明朝)의 건국을 맞이하여 이를 받아들이게 되었음을 전하였다. 다만 명 초기에는 조와에서 명조의 사신을 유인해서 살해하기도 하고, 명조의 사병(士兵)들이 조와의 저자에서 죽임을 당하는 등 양국은 긴장관계 아래에 있었다. 이러한 긴장 국면은 영락 연간에 들어서면서 해소되어 영락 16년(1418) 이후로는 조공사절이 대개 해마다 한 번씩 파견될 정도였으나, 정통(正統) 연간 이후 명조가 이에 부담을 느끼게 되면서 이후에는 그 횟수가 줄어들었고, 홍치 연간 이후에는 거의 두절되었다. 한편 조와에 대한 기사 말미에는 조와의 위치와 풍습은 물론 통상(通商)의 발달 등의 모습을 전하고 있다. 끝으로 인접하는 소국인 사파(闍婆), 소길단(蘇吉丹), 설리(碟里), 일라하치(日羅夏治)에 대한 간략한 소개가 부기되어 있다.

한편 인도네시아 서부의 수마트라섬에 위치하는 삼불제(三佛齊)는 송대(宋代) 이후부터 불린 명칭이다. 7세기 이후 남부의 팔렘방을 중심으로 한 불교 왕국 스리위자야는 11세기에 전성기를 맞이하였다. 하지만 이후 이웃 나라들의 침략을 받으면서 국세(國勢)가 기울어져 14세기에 결국 조와에게 멸망당했고, 이후 점차 이슬람화되었다. 본전에서는 홍무(洪武) 초에 책봉조공관계 성립 이후 명조는 삼불제의 무역선에 대하여 상세(商稅)를 면제하는 등 보호의 자세를 취하였음에도 불구하고, 얼마 가지 못하여 조와에게 예속되면서 조공사절 파견도 끊어졌음을 전하였다. 아울러 삼불제의 멸망 이후, 팔렘방은 구항(舊港)으로 이름이 바뀌었는데, 이곳으로 이주한 중국인이 점차 그 나라를 장악하였고, 명조는 이곳에 선위사(宣慰司)를 설치하여 간접 관리를 도모하였지만, 조와에게 복속하고 조공사절의 파견이 끊어지는 등 한계를 벗어나지 못하였음을 보여주고 있다.

明史 外國傳 譯註

「점성·빈동룡·진랍·섬라·조와·사파·소길단·설리·일라하치·삼불제전(占城·賓童龍·眞臘·暹羅·爪哇·闍婆·蘇吉丹·碟里·日羅夏治·三佛齊傳)」 역주

占城居南海中, 自瓊州航海順風一晝夜可至, 自福州西南行十晝夜可至, 卽周越裳地. 秦爲林邑, 漢爲象林縣. 後漢末, 區連據其地, 始稱林邑王. 自晉至隋仍之. 唐時, 或稱占不勞, 或稱占婆, 其王所居曰占城. 至德後, 改國號曰環. 迄周·宋, 遂以占城爲號, 朝貢不替. 元世祖惡其阻命, 大擧兵擊破之, 亦不能定.

점성(占城)[1]은 남해(南海)[2]에 위치하는데, 경주(瓊州)[3]로부터는 바다로 배를 타고 나가

---

1) 占城: 참파(占城, 192~1697)는 오늘날 베트남의 중부 일대에 위치한 참파족이 세운 국가이다. 초기에 중국 사료에는 林邑이라 불렀지만, 이후 참파라는 이름을 따서 占婆 또는 占城으로 바뀌었다. 참파족의 언어는 말레이-폴리네시아어계로 알려져 있다. 특히 인도문화의 강한 영향을 받아 南天竺의 문자를 사용했고, 인도로부터 바라문교와 불교 등 이른바 인도종교를 받아들였다. 한편 중국으로부터는 築城術과 무기제조기술 및 생산기술 등을 전수받았다. 참파족이 주로 활동하던 베트남 중부 일대는 광활하고 비옥한 지역이었기 때문에 생산력이 비교적 높아 일정한 인구 부양이 가능했고, 상아와 무소의 뿔, 침향 및 루비를 비롯한 각종 보석류 등 여러 진귀한 물산이 풍부했으며, 천혜의 良港들이 산재해 있었을 뿐만 아니라 뛰어난 항해술을 배경으로, 또 중국과 동남아시아 및 서아시아 일대 사이의 항로가 지나가는 곳이라는 지리적인 이점 등을 이용해서 각국과의 활발한 무역활동을 통해 많은 이익을 거둘 수 있었다. 宋代에는 이른바 占城稻가 중국에 전해진 것으로도 유명하다. 한편 참파는 천연의 자연 장애물인 海雲關 너머 즉, 현 베트남의 꽝 남(Quang nan) 지역을 중심으로 활동하였는데, 이후 남쪽의 푸난(扶南)과도 경쟁했지만, 주로 북쪽으로 팽창하였다. 따라서 그 희생자는 베트남이었다. 하지만 10세기 이래, 베트남이 중국의 지배에서 벗어나 독립하면서 상황이 역전되기 시작하였다. 특히 레 호안(Le Hoan 黎桓)이 지휘하는 베트남軍의 원정으로 참파의 수도 인드라푸라(Indrapura)가 파괴되어, 그보다 훨씬 남쪽의 비자야(Vijaya; 현재의 빈 딘 Binh Dinh)로 천도하였다. 이는 참파와 베트남 사이에 벌어진 본격적인

순풍을 만나는 경우 만 하루면 도착하고, 복주(福州)[4]로부터는 서남 방향으로 열흘이면 도착하니, 곧 주(周)나라 때의 월상(越裳) 지역이다. 진(秦)나라 때는 임읍(林邑)이라 했고, 한(漢)나라 때는 상림현(象林縣)이라 하였다. 후한(後漢) 말에 구연(區連)[5]이 그 곳을 근거지로 삼고, 처음으로 임읍왕(林邑王)이라 칭하였다. 진(晉)나라 때부터 수(隋)나라 때까지 이 호칭이 계속 사용되었다. 당(唐)나라 때에는 점불로(占不勞)라고 불렀고, 점파(占婆)라고도 불렀는데, 그 왕이 거주하는 곳을 점성(占城)이라 하였다. [당나라 숙종(肅宗)] 지덕(至德) 연간(756~757) 이후에 국호(國號)를 환(環)이라 바꾸었다. 주(周)나라[6]와 송(宋)나라 때에 이르러 드디어 점성을 국호로 삼고, 조공(朝貢)을 멈추지 않았다. 원(元)나라 세조(世祖, 1215~1294; 재위 1260~1294)[7]는 점성국이 명(命)을 따르지 않음을 미워하여 크게 군대를 동원하

전쟁의 시작이었는데, 이후 약 5세기에 걸쳐 치열한 전쟁이 계속되었다. 하지만 결과적으로 참파는 베트남의 세력이 남으로 확대되어가는 과정에서 그 공략의 대상이 되고 말았다. 결국 17세기 말에 베트남의 응우엔(阮) 세력에 의해 멸망되었다(유인선, 2002: 61; 최병욱, 2006: 49~56; 馬歡·馮承鈞 校注, 1962: 1~6; 費信·馮承鈞 校注, 1962: 1~3).

2) 南海: 先秦시대에 南海는 九州 밖의 '四海' 가운데 하나로서 원래는 오늘날 중국의 東海와 南海를 가리켰는데, 점차 그 범주가 廣東과 베트남의 海域을 넘어 동남아시아 일대까지 포괄하게 되었다. 한편 '南海'는 南宋 이래로 東·西洋이라는 용어로 대치되기도 하였는데, 특히 明代 중엽 이후에는 南洋이라는 용어가 널리 사용되었다(邱炫煜, 1995: 19~33).

3) 瓊州: 오늘날의 海南省 海口, 瓊山, 瓊海 등 3市와 定安, 澄邁, 臨高 등 縣을 포괄하는 지역이다. 唐 貞觀 5년(631)에 처음 설치된 이후 그 명칭은 여러 번 바뀌었다. 明代에는 洪武 원년(1368)에 瓊州府로 개칭되었는데, 2년(1369)에 瓊州로 강등되었다가 3년(1370)에 다시 府로 승격되었다.

4) 福州: 唐 開元 13년(725)에 閩州라고 불렸다. 治所는 閩縣으로서 오늘날의 福建省 福州市에 해당한다. 唐 玄宗時에 州의 서북방에 福山이 있었던 연고로 福州라고 개칭되었다. 宋元 이래로 선박을 통해 동남아 각지로 나갈 때에 出航의 起點이 되는 대표적인 항구였다. 구체적인 출발지점은 福州府 長樂縣 五虎門이었다(馬歡·馮承鈞 校注, 1962: 1).

5) 區連: 生卒 연도는 未詳이다. 참파 첫 번째 왕조의 건립자인데, 『後漢書』에서는 區憐라 칭하고, 『梁書』에서는 區達이라 칭한다. 區連 즉, 쿠 리엔은 원래 後漢 象林縣의 功曹였는데, 永和 2년(192; 一說에는 137년이라고도 한다)에 거병하여 縣令을 죽이고, 전체 日南郡을 점령한 뒤 林邑王이라 자칭하였다. 後漢에서는 몇 차례에 걸쳐 區連을 제거하려 했으나, 모두 실패로 돌아갔다. 區連 사후 王位가 몇 번 계승되었으나, 후사가 이어지지 않아 결국 外孫 팜 홍(范熊)이 繼位하였다(『後漢書』 卷86 「南蠻西南夷列傳」; 『梁書』 卷54 「諸夷, 海南諸國, 林邑國」).

6) 五代의 後周 정권을 가리킨다.

7) 世祖: 몽골제국의 제5대 칸이자 元朝의 始祖인 쿠빌라이(忽必烈)의 廟號이다. 칭기스칸의 손자이기도 하다. 1251년에 형 뭉케가 제4대 칸의 자리에 오르자, 그는 중국 방면의 大總督에 임명되었다. 그는

여 격파했지만, 평정하지는 못하였다.[8]

洪武二年, 太祖遣官以卽位詔諭其國. 其王阿荅阿者先已遣使奉表來朝, 貢象虎方物. 帝喜, 卽遣官齎璽書·『大統曆』·文綺紗羅, 偕其使者往賜, 其王復遣使來貢. 自後或比歲貢, 或間歲, 或一歲再貢. 未幾, 命中書省管勾甘桓·會同館副使路景賢齎詔, 封阿荅阿者爲占城國王, 賜綵幣四十·『大統曆』三千. 三年遣使往祀其山川, 尋頒科擧詔於其國.

홍무(洪武)[9] 2년(1369)에 태조(太祖, 1328~1398; 재위 1368~1398)[10]는 관원을 보내 즉

고비사막 남쪽의 金蓮川을 근거지로 삼고 지금의 雲南省에 있던 大理國을 멸망시켰으며, 티베트와 베트남까지 공격하였다. 1259년에 南宋을 공격하던 4대 칸 뭉케가 四川의 병영에서 병사하자, 쿠빌라이는 國都 카라코룸을 지키고 있던 막내 동생 아릭 부케보다 먼저 중국의 開平府 즉 上都에서 大汗의 자리에 올랐다. 그 뒤로 양자가 싸우기를 4년, 마침내 아릭 부케를 굴복시킨 쿠빌라이는 도읍을 大都(오늘날의 北京)로 옮기고, 1271년에는 국호를 大元이라 칭하였다. 이후 1279년에 南宋을 멸망시키고 이민족으로서 최초의 중국 통일을 이루었다.

8) 元 世祖, 즉 쿠빌라이는 1279년 南宋을 멸망시키고 중국대륙을 통일한 후 이전 왕조들의 전통적인 남방 팽창정책을 이어받아 남해무역을 장악하려 하였다. 특히 참파는 남해항로의 요충이었기 때문에 1281년 참파에 行中書省을 두었다. 이는 참파에 대한 지배의 강화를 의미하는 데다 남해정벌에 필요한 식량까지 강요하자, 참파에서는 왕자 하리짓 등을 중심으로 한 세력이 元에 반기를 들었다. 이후 元軍의 남하로 인해 참파를 비롯한 베트남 지역은 큰 피해를 입었으나, 결국 元을 몰아내고 최종적인 승리를 거두었다(유인선, 2002: 148~152).

9) 洪武: 明朝를 창업한 太祖 朱元璋의 年號이다. 明 太祖 以來로 1世1元, 즉 한 황제가 하나의 연호만을 제정하여 사용하는 제도가 확립되어 관례화하였다. 다만 예외적으로 明朝의 英宗만이 正統(1336~1449)과 天順(1457~1464)이라는 두 개의 연호를 사용하였다.

10) 太祖: 明朝를 창시한 洪武帝 朱元璋을 가리킨다. 原名은 重八이었으나, 紅巾軍 수령 郭子興의 사위가 되면서 元璋으로 개명하였다. 濠州(安徽省 鳳陽縣)의 빈농 집안에서 태어난 그는 17세 때 전염병으로 부모와 큰 형을 잃고, 부근에 있는 皇覺寺에 들어가 중이 되어 3년여에 걸친 유랑생활을 하였다. 이후 그는 元 至正 12년(1352)에 고향인 濠州에 근거지를 둔 郭子興의 紅巾軍에 가담하였다. 郭子興이 죽은 뒤 실질적으로 郭子興 군단을 이끌면서 江蘇, 安徽, 浙江 등지를 경략하여 세력을 확대시켰다. 이 과정에서 그는 儒者와 地主들을 대거 흡수하는 한편 白蓮敎의 색채도 점차 탈각시켜 나갔다. 특히 至正 23년(1363)에 江西 지역에서 雄據하던 陳友諒 세력을 鄱陽湖 전투에서 타도하고, 1367년에는 江蘇 지역에서 세력을 떨치던 張士誠을 그의 근거지인 平江(현재의 蘇州)에서 멸하였다. 각지의 群雄들을 차례로 제압

위의 조서(詔書)로 점성국에 [자신의 즉위 즉, 명조(明朝)의 개국 사실을] 알렸다.[11] 그 나라 왕 아답아자(阿荅阿者)는 이보다 앞서 이미 사신을 보내 표(表)[12]를 받들고 입조(入朝)해서 코끼리나 호랑이 등의 방물(方物)[13]을 바치도록 하였다.[14] 홍무제(洪武帝)는 기뻐하고는 곧 관리를 파견하여 새서(璽書)[15]·『대통력(大統曆)』[16]·문기사라(文綺紗羅)[17] 등을 가지고 점성의 사신과 함께 가서 하사하자,[18] 그 왕이 다시 사신을 보내어 입조해서 공물(貢物)을

한 그는, 元朝를 타도하기 위한 북벌군이 승승장구하고 있다는 소식이 전해지던 1368년 정월, 應天府에서 황제 즉위식을 갖고 국호를 '大明', 年號를 '洪武'라 정하였다. 31년의 재위 동안 명 왕조의 기틀이 되는 여러 가지 제도와 정책을 행했으며, 1398년 윤 5월에 71세의 나이로 세상을 떠났다. 諡號는 高皇帝, 廟號는 太祖로 追尊되었다.

11) 『太祖實錄』 卷38 洪武 2년 正月 乙卯條에, "遣使以即位詔諭日本·占城·爪哇·西洋諸國"이라 하여, 洪武 2년 1월 乙卯日에 洪武帝는 占城뿐 아니라 일본, 爪哇와 西洋 즉 인도양의 각국에게도 자신의 즉위를 알리는 詔使를 파견했음을 알 수 있다.

12) 表: 謝恩, 축하, 청원 등의 목적으로 황제에게 올리는 외교문서의 일종으로서 表文이라고도 한다. 明 초기에 表文 등이 실제로 朝鮮과 明朝 사이에 외교적인 알력을 야기한 실상에 대해서는 朴元熇, 2002: 6~30 참조. 한편 明朝 내부에서 황제에게 바치는 문서도 表文이라 하였다. 洪武 14년(1381)에 進賀表箋禮儀를 정하였는데, 황제의 생일인 天壽聖節·正旦·冬至에 在外 각 아문은 미리 상주문 즉 表文을 바치고 賀禮하였고, 天壽聖節인 경우에는 在外 5品 이상의 衙門은 단지 表文 1통을 바치며, 正旦과 冬至에는 中宮과 皇太子에게 箋文 각 1통을 더 바쳤다.

13) 方物: 그 지역의 특산물을 가리킨다.

14) 『太祖實錄』 卷39 洪武 2년 2월 乙巳條에, "占城國王阿荅阿者遣其臣虎都蠻貢虎象方物"이라 하여, 占城國王 阿荅阿者가 파견한 사신 虎都蠻이 특산물을 가지고 入朝하였다는 점에서 明朝보다 앞서 사신을 파견했음을 충분히 짐작할 수 있다.

15) 璽書: 秦漢시대에 기원하는데, 황제의 璽印을 찍은 문서의 총칭이다. 여기서는 御璽가 찍힌 외교문서를 가리킨다.

16) 『大統曆』: 吳 元年(1364) 11월에 太史院使 劉基가 『戊申大統曆』을 撰進하면서 사용하기 시작한 曆書인데, 실은 元朝의 『授時曆』을 극히 일부만을 바꾼 채 거의 그대로 사용하였다. 『授時曆』은 元 世祖 때 元代 자연과학자의 대표적인 인물이라 할 수 있는 郭守敬이 만든 曆이다. 페르시아 曆學의 영향을 받았고, 1년을 364.2425일로 한 太陰太陽曆이다. 明朝는 이 『大統曆』을 朝貢國에게 1부씩 하사하였다. 한편, 후에 추산한 日蝕이 맞지 않는 일이 잦자, 개정 논의가 일기도 했으나, 明 末까지 변함없이 사용되었다. 崇禎 말년에 아담 샬 등이 서양의 曆法 등을 참조하여 『崇禎曆書』를 만들었고, 이것이 淸朝에 이르러 『時憲曆』으로 이어져 공식 曆書로 반포되었다.

17) 文綺紗羅: 무늬를 넣은 비단을 가리킨다.

18) 본문에서 홍무제가 다시 파견한 사신은 吳用을 가리키고, 璽書는 占城國이 자발적으로 朝貢사절단을 보낸 것을 치하하면서 『大統曆』과 비단 등을 보낸다는 내용의 御璽가 찍힌 외교문서를 말하며, 文綺紗羅 즉 무늬를 넣은 비단이란, 바탕에 금실로 무늬를 넣은 비단 40필을 의미하고, 하사품을 함께 받은

바쳤다.[19] 이후로부터는 매년 공물을 바치기도 하고, 격년마다 바치기도 했으며, 혹은 1년에 두 번 바치기도 하였다. 얼마 후에는 중서성(中書省)[20] 관구(管勾)[21] 감환(甘桓)·회동관(會同館)[22] 부사(副使)[23] 노경현(路景賢)에게 명하여 조서(詔書)를 가지고 가서 아답아자를 점성국의 왕으로 봉하고, 채폐(綵幣)[24] 40필·『대통력』 3천 부를 하사하였다.[25] [홍무] 3년(1370)에 사신을 보내 그 나라의 산천(山川)에 제사를 지내도록 하고,[26] 얼마 후에는 그

占城의 사신은 虎都蠻 등의 조공사절단을 지칭한다. 이 부분에 대한 明實錄의 관련내용은 다음과 같다. "(洪武二年 二月) 辛未, 遣吳用·顏宗魯·楊載等使占城·爪哇·日本等國. 賜占城國王阿答阿者璽書, 曰: '今年二月四日, 虎都蠻奉虎象至. 王之誠意, 朕已具悉. …… 不期王之使者先至, 誠意至篤, 朕甚嘉焉. 今以大統曆一本·織金綺緞紗羅四十匹, ……' 虎都蠻及從者亦賜文綺紗羅有差(『太祖實錄』 卷39 洪武 2년 2월 辛未條)." 즉 洪武帝는 자신이 보낸 詔使가 도착하기도 전에 占城에서 먼저 朝貢使節團이 도착한 것을 크게 가상히 여기고는 吳用 등을 占城에 使臣으로 보내 이를 치하하면서 『大統曆』 한 부와 금실로 무늬를 넣은 비단 40필을 하사한다는 내용의 璽書를 보냈으며, 虎都蠻 등 조공사절단에게도 무늬가 있는 비단을 각각 差等있게 하사하였던 것이다.

19) 『太祖實錄』 卷45 洪武 2년 9월 丙午條에 "占城國王阿答阿者遣其臣蒲旦麻都等貢方物" 즉 占城國王 阿答阿者가 신하 蒲旦麻都 등을 보내어 특산물을 바쳤다고 한다.

20) 中書省: 明 초기 중앙의 중추기구의 하나이다. 明朝는 건국 직후 元의 舊制를 답습하여 軍事를 담당하는 都督府와 糾察을 담당하는 御史臺 외에 政事를 총괄하는 中書省을 두었다. 중서성의 장관으로는 左·右相國을 두었는데, 相國의 이름은 洪武 元年에 丞相으로 바꾸었다. 洪武 13년(1380)에 左丞相 '胡惟庸의 모반' 후 中書省을 없애고 그 휘하의 6部를 독립시켜 황제에 직속시켰으며, 영원히 그 부활을 금지하였다(『續文獻通考』 卷51 「職官考」).

21) 管勾: 본문의 '管勾'는 管勾中書省架閣庫의 약칭이다. 架閣 즉, 中書省 西偏에 위치한 書庫에는 각종 圖書, 版籍, 金穀錢帛의 出納文書 등이 收藏되어 있는데, 그 架閣을 관장하던 관리로서 管勾 2명이 두어졌으며, 官品은 종7품이었다(『明史』 卷72 「職官志」 內閣).

22) 會同館: 會同館은 元나라 때 처음 설치되었는데, 소수민족 수령이나 외국의 使者를 맞이하고 접견하는 일 등을 관장하였다. 원래는 禮部 소속이었는데, 明代에 들어와 兵部로 예속이 바뀌어 京師의 驛傳에 관한 사무도 담당하였다. 大使와 副使 등이 설치되었는데, 明代에는 주로 외국사신의 숙소와 연회 장소의 역할을 수행하였다. 『明史』 卷72 「職官志」 兵部 참조.

23) 會同館에는 副使가 2명이 두어졌으며, 종9품이었다(『明史』 卷72 「職官志」 兵部). 弘治 5년(1492)에는 禮部의 主客淸吏司 主事가 會同館을 관장토록 하였다(『明史』 卷72 「職官志」 禮部).

24) 綵幣: 무늬를 넣은 비단을 가리킨다.

25) 본문의 얼마 후는 洪武 2년 12월 甲戌을 가리킨다. 綵幣 즉 무늬를 넣은 비단 40필은 '織金紗羅40필' 즉 금실로 무늬를 넣은 비단 40필을 가리킨다. 『大統曆』은 洪武 3년의 『大統曆』을, 3천 부는 민간용으로 하사한 大統曆을 가리킨다(『太祖實錄』 卷47 洪武 2년 12월 甲戌條).

26) 洪武 3년 正月 庚子에 사신을 安南, 高麗, 占城에 각각 보내어 그 나라의 山川에 제사를 지내도록 하였다(『太祖實錄』 卷48 洪武 3년 春正月 庚子條).

나라에 과거(科擧)의 조서를 반포하였다.[27)]

初, 安南與占城搆兵, 天子遣使諭解, 而安南復相侵. 四年, 其王奉金葉表來朝, 長尺餘, 廣五寸, 刻本國字. 館人譯之, 其意曰:「大明皇帝登大寶位, 撫有四海, 如天地覆載, 日月照臨. 阿荅阿者譬一草木爾, 欽蒙遣使, 以金印封爲國王, 感戴忻悅, 倍萬恒情. 惟是安南用兵, 侵擾疆域, 殺掠吏民. 伏願皇帝垂慈, 賜以兵器及樂器·樂人, 俾安南知我占城乃聲教所被, 輸貢之地, 庶不敢欺陵.」帝命禮部諭之曰:「占城·安南並事朝廷, 同奉正朔, 乃擅自搆兵, 毒害生靈, 旣失事君之禮, 又乖交鄰之道. 己咨安南國王, 令卽日罷兵. 本國亦宜講信修睦, 各保疆土. 所請兵器, 於王何吝, 但兩國互搆而賜占城, 是助爾相攻, 甚非撫安之義. 樂器·樂人, 語音殊異, 難以遣發. 爾國有曉華言者, 其選擇以來, 當令肄習.」因命福建省臣勿徵其稅, 示懷柔之意.

이전에 안남(安南)[28)]과 점성이 군대를 일으켜 충돌하자, 천자(天子, 홍무제)는 사신을 보내어 화해토록 효유(曉諭)했으나, 안남에서 다시 침공을 가하였다.[29)] [홍무] 4년(1371)에 점성

27) 洪武 3년 5월 己亥에 사신을 高麗, 安南, 占城에 각각 보내 科擧의 詔書를 반포하였다(『太祖實錄』卷52 洪武 3년 5월 己亥條).

28) 安南: 주로 현재의 베트남 북부부터 중부까지의 지역에서 베트남인에 의해 세워진 국가를 가리키는데, 安南이란 용어는 唐代에 설치된 安南都護府에서 유래한다. 중국과의 관계는 기원전 3세기 말 漢 武帝가 南越을 정복하면서 시작되었다. 10세기 전반에 독립하면서 베트남은 朝貢제도를 통해 중국의 침략을 방지하는 한편, 중국의 문물과 제도를 수용하였다. 明 太祖 朱元璋은 明朝 건립 후 베트남에 사신을 보내 자신의 즉위 사실을 알렸고, 이에 베트남이 조공사절을 파견하면서 두 나라의 관계가 시작되었다. 15세기 초에는 베트남 역사에서 가장 오랫동안 지속된 레이(黎) 왕조(1428~1788)가 출현하였다. 이 시대에 베트남은 儒敎국가의 성격이 강화되었다. 다만 1527년에 莫登庸의 왕조 찬탈 사건 이후부터 18세기 말 레이 왕조가 멸망하기까지의 2세기 반 동안 베트남의 국내정세는 분열과 혼란의 연속이었다.

29) 洪武 2년 12월 壬戌 朔에 洪武帝는 翰林院 編修 羅復仁과 兵部 主事 張福을 安南과 占城에 각각 보내어 詔書를 통해 양국 간의 전쟁을 중지할 것을 권한 바 있다(『太祖實錄』卷47 洪武 2년 12월 壬戌條). 따라서 본문의 '이전(初)'은 洪武 2년(1367) 당시를 가리키고, 점성에 보낸 '사신'은 兵部 主事 張福을 가리킨다. 한편 元末 明初 安南 즉, 베트남 쩐(陳) 왕조 내부에서 종실의 분열 등의 이유로 왕조가 점차 쇠퇴해가는 도중 占城 즉, 참파의 공격을 받게 되어 이후 양측 간의 공방이 벌어지는 것에 대한

의 왕이 금박(金箔)을 입힌 표(表)를 받들고 입조하였는데,[30] 길이는 1척 여였고 너비는 5촌[31]으로서 그 나라의 문자가 새겨져 있었다. 관인(館人)[32]이 이를 번역했는데, 그 의미는 다음과 같다. “대명(大明) 황제께서 제위(帝位)에 등극하시어 천하를 어루만지시니, 마치 하늘과 땅이 세상을 뒤덮고 해와 달이 만물을 비추는 듯합니다. 아답아자 저는 일개 초목에 비견될 뿐인데, 황공하게도 사신을 보내어 금인(金印)으로 국왕에 봉해주시니, 감격스럽고 기쁘기가 평소의 만 배에 달합니다. 다만 안남에서 병사를 일으켜 저희 영토를 침범해서 관리와 백성들을 살육하고 약탈하고 있습니다. 삼가 원하옵건대, 황제께서 자비를 베푸셔서 무기와 악기 및 악인(樂人)들을 내려주셔서 안남으로 하여금 저희 점성이 곧 성교(聲敎)[33]가 미치는 곳이자 공물을 바치는 곳임을 알게 하신다면, 감히 저희를 능멸하지 못할 것입니다.” 홍무제는 예부(禮部)에 명하여 유시(諭示)를 내리기를, “점성과 안남은 모두 우리 조정을 섬기며 같이 정삭(正朔)[34]을 받들고 있는데, 곧 멋대로 병사를 일으켜 백성을 해치고 있으니, 이미 군주를 섬기는 예의를 잃은 것이고 교린(交隣)의 도리를 어긴 것이다. 이미 안남의 국왕에게 문서로 통지하여 즉각 철병토록 하였다. 너희 나라도 마땅히 신의와 화목을 강구하여 각기 자신의 영토를 지키도록 하라. 청한 무기는 왕에게 어찌 인색할 것이 있겠냐만, 양국이 서로 다투는데 점성에게만 하사한다면, 이는 너희에게만 공격하도록 도움을 주는 것이니, 위무(慰撫)하고 안정(安定)시키고자 하는 뜻에 심히 어긋나는 것이다. 악기·악인(樂人)은 언어가 다르니 보내기 어렵다. 너희 나라에 중국어를 하는 자가 있으면, 가려 뽑아서 입국시켜 마땅히 이를 익히도록 해야 할 것이다”라고 하였다. 이어서 복건(福建)[35]의 성신(省臣)에게

대략적인 내용은 유인선, 2002: 154~159 참조.

30) 본문은 점성의 왕 阿荅阿者가 직접 明朝에 入朝한 것처럼 서술되어 있지만, 실제로는 사신을 보내 表文을 전한 것이다. 『太祖實錄』 卷67 洪武 4년 7월 乙亥條에, “占城國王阿荅阿者遣其臣答班瓜卜農來朝, 奉表言安南侵其土境 ……”이라 하여, 答班瓜卜農을 使臣으로 보낸 사실을 확인할 수 있다.

31) 明代 1尺(즉 10寸)을 標準制로 환산하면 31,1cm, 營造尺으로 환산하면 32cm에 상당하니, 본문에서 表의 길이가 1척 여라면 약 32cm, 너비가 5촌이라면 약 16cm에 이른다.

32) 본문에는 館人이라 되어 있지만, 『太祖實錄』 卷67 洪武 4년 7월 乙亥條에는 ‘譯者’라고 표현되어 있다. 會同館 소속의 통역을 가리키는 것으로 생각된다.

33) 聲敎: 聲威와 敎化를 뜻하는데, 여기서는 占城國이 ‘中華’의 영향을 받아 문화발달이 상당한 수준에 달했음을 과시함으로써 安南이 占城을 업신여기지 않게 하고자 하는 의도로 이해할 수 있다.

34) 正朔: 황제가 새로 반포한 曆法이란 뜻이다. 고대의 帝王은 易姓受命 이후 반드시 正朔을 바꾼다는 전설이 전한다. 물론 여기서는 明朝 건립 후 반포한 『大統曆』을 가리킨다.

35) 福建: 『尙書』 「禹貢」의 揚州에 상당하는 지역이다. 元代에 福建道宣慰使司를 두어 江浙行中書省에 예속시

점성으로부터 세금을 징수치 않도록 하여 회유(懷柔)의 뜻을 보여주었다.[36)]

六年, 貢使言: 「海寇張汝厚·林福等自稱元帥, 剽劫海上. 國主擊破之, 賊魁溺死, 獲其舟二十艘·蘇木七萬斤, 謹奉獻.」 帝嘉之, 命給賜加等. 冬, 遣使獻安南之捷. 帝謂省臣曰: 「去冬, 安南言占城犯境; 今年, 占城謂安南擾邊, 未審曲直. 可遣人往諭, 各罷兵息民, 毋相侵擾.」 十年與安南王陳煓大戰, 煓敗死. 十二年, 貢使至都, 中書不以時奏. 帝切責丞相胡惟庸·汪廣洋, 二人遂獲罪. 遣官賜王『大統曆』及衣幣, 令與安南修好罷兵.

[홍무] 6년(1373)에 [점성의] 조공사신[37)]이 아뢰기를, "해적 장여후(張汝厚)·임복(林福) 등이 원수(元帥)라 자칭하면서 해상에서 겁탈하였습니다. 저희 국왕이 이들을 격파하니, 적의 괴수는 익사했습니다. 그들의 선박 20척과 소목(蘇木)[38)] 7만 근을 노획하였으니, 삼가 [이를] 봉헌합니다"라고 하였다. 홍무제는 이를 가상히 여기어 등급을 올려 하사품을 내리도록 명하였다.[39)] 겨울에 [점성에서] 사신을 보내어 안남에 대한 승전보를 올렸다.[40)] 홍무제는 중서성

켰다. 至正 16년(1356)에 宣慰司를 行中書省으로 고쳤다. 朱元璋의 吳 元年(1364)에 陳友定을 평정하면서 관할하기 시작했는데, 洪武 2년(1369)에 福建等處行中書省을 두었다. 洪武 7년(1374)에 福州都衛를 설치하고, 이듬해 福州都衛를 福建都指揮使司로 고쳤다. 洪武 9년(1376)에 行中書省을 承宣布政使司로 고쳤다. 府 8, 直隸州 1, 屬縣 57곳을 관할하였다.

36) 『太祖實錄』 卷67 洪武 4년 7월 乙亥條에는, "幷諭福建行省, 占城海舶貨物皆免其徵, 以示懷柔之意"라 되어 있다. 따라서 본문의 '省臣'은 福建行省의 장관인 承宣布政使를 가리키고, '세금'은 占城의 선박이 수송해 온 각종 貨物에 대한 세금을 가리킨다.

37) 『太祖實錄』 卷84 洪武 6년 8월 戊戌條를 보면, 본문의 조공사신은 점성의 국왕 阿荅阿者가 보낸 陽寶摩訶八的悅文旦을 가리킨다.

38) 蘇木: 蘇枋 혹은 蘇方이라고도 하는 南方 특산의 喬木으로서, 재목은 楊弓을 만드는데, 주로 樹皮를 깎아 흘러나온 樹液 또는 대패질한 가루로부터 적색이나 紫色의 염료를 추출하는 데 쓴다(王圻, 『續文獻通考』 卷33 「土貢考」; 『大明會典』 卷30 「庫藏」1).

39) 『太祖實錄』 卷84 洪武 6년 8월 戊戌條를 보면, 홍무제는 조공사신 陽寶摩訶八的悅文旦의 上言을 듣고 크게 기뻐하면서, 국왕 阿荅阿者에게는 금실로 무늬를 넣은 비단 40필을, 사신 陽寶摩訶八的悅文旦에게는 紗羅 2필, 무늬를 넣은 비단 4필, 의복 1벌, 동전 1만 2천 錢을 하사했고, 사절단의 수행원들에게도 각각 差等을 두어 하사하였다.

40) 『太祖實錄』 卷86 洪武 6년 11월 己酉條에는, "(洪武六年 十一月) 己酉, 占城國遣使上言: '安南以兵侵犯本

의 신하에게 이르기를, "작년 겨울에 안남에서 말하기를 점성이 국경을 침범하였다고 했고, 올해는 점성에서 안남이 변경을 교란하였다 하는데, 아직 양측의 잘잘못이 가려지지 않았다. 사람을 보내 타이르고 깨우쳐, 각기 군대를 거두고 백성에게 휴식을 주어 서로 침략치 않도록 하라"고 하였다.[41] [홍무] 10년(1377)에 [점성이] 안남의 왕 진단(陳煓)[42]과 크게 싸웠는데, 진단이 패사하였다.[43] [홍무] 12년(1379)에 [점성의] 조공사신이 도성(都城)[44]에 이르렀는데, 중서성에서 이를 제때에 상주하지 않았다.[45] 홍무제는 승상 호유용(胡惟庸)[46]과 왕광양(汪廣洋)[47]을 몹시 질책했고, 두 사람은 결국 죄를 얻었다.[48] 관원을 보내 점성의 왕에게

國, 仗天朝威靈, 敗之境上, 謹使告捷.' ……"이라 되어 있다. 따라서 본문의 '겨울'은 홍무 6년 11월 己酉일을 가리키고, '獻安南之捷'은 안남에 대한 승전소식을 보고한 것을 뜻함을 알 수 있다.

41) 『太祖實錄』 卷86 洪武 6년 11월 己酉條 참조.

42) 陳煓: 安南國 明宗의 제11子이자 藝宗 陳叔明의 동생이다. 洪武 5년(1372)에 國王으로 즉위하였다. 廟號는 睿宗이며, 이름은 曔이었다. 治世는 짧았지만, 科擧制 실시, 군사력 증강, 도로 보수 등 많은 업적을 남겼다. 한편 남쪽에서 침범해 오는 占城을 막기 위하여 親征에 나섰으나 大敗하고, 자신도 죽음을 당했다(유인선, 2002: 157~158).

43) 『太祖實錄』 卷111 洪武 10년 春正月條를 보면, "是月 …… 安南陳煓與占城國構兵相功, 大敗於占城境上, 煓戰死"라 하여, 洪武 10년 정월에 점성이 안남과 전쟁을 벌여 점성이 대승을 거두고, 안남의 왕 陳煓이 전사한 내용이 실려 있다.

44) 본문의 都城은 당시 수도였던 應天府 즉, 오늘날의 南京을 가리킨다. 應天이란 명칭은 元 至正 16년(1356) 朱元璋이 集慶路를 應天府로 개칭했고, 明 初에 이곳에 定都했는데, 正統 6년(1441)에 南京으로 명칭이 바뀌었다. 한편 清 順治 2년(1645)에는 江寧府로 개칭되었다.

45) 『太祖實錄』 卷126 洪武 12년 9월 戊午條를 보면, "占城國王阿荅阿者遣其臣陽須文旦進表及貢象馬方物. 中書省臣不以時奏, 內臣因出外見其使者以聞. 上亟召使者見之 ……"라 하여, 홍무 12년 9월에 占城의 조공사신 陽須文旦이 入朝하였으나, 中書省에서 이 사실을 바로 상주하지 않았는데, 이를 환관이 발견하여 보고함으로써 洪武帝가 사절단을 접견했음을 알 수 있다.

46) 胡惟庸(?~1380): 중국 역사상 마지막 宰相으로 유명하다. 鳳陽府 定遠 출신으로 元末 至正 15년(1355)에 和州에서 朱元璋 집단에 참가하여 元帥府奏差가 되었다. 洪武 3년(1370)에 中書省參知政事가 되었다가 洪武 6년(1373)에 李善長의 추천으로 右丞相이 되었다. 그로부터 약 10년 뒤에 결국 左丞相이 되어 명실상부한 宰相으로서 홍무제의 총애를 배경으로 막강한 권세를 행사하였다. 다만 이후 專橫의 경향이 있던 데다가 皇權 강화를 위한 차원에서 '逆謀'의 혐의를 받아 洪武 13년(1380)에 결국 피살되었다. 그 후 '胡黨' 즉 胡惟庸의 일당으로 지목받아 두 차례에 걸쳐 처형된 개국공신의 수가 약 3만에 달하는데, 특히 이 사건 이후에 中書省이 폐지되면서 중국 역사상 宰相제도가 공식적으로 폐지되었다. 한편 胡惟庸의 傳은 『明史』 卷308에 보인다.

47) 汪廣洋(?~1379): 揚州府 高郵 출신으로, 字는 朝宗이다. 經學에 능통했고, 篆書와 隸書에 능했으며, 詩歌에 뛰어났다. 元 末에 進士에 합격하였다. 朱元璋에게 발탁되어 元帥府 令史가 되었다가, 江南行省

『대통력』과 의류 및 비단 등을 하사하고, 안남과 우호관계를 맺고 군대를 거두도록 하였다.[49]

十三年遣使賀萬壽節. 帝聞其與安南水戰不利, 賜敕諭曰: 「曩者安南兵出, 敗於占城. 占城乘勝入安南, 安南之辱已甚. 王能保境息民, 則福可長享; 如必驅兵苦戰, 勝負不可知, 而鷸蚌相持, 漁人得利, 他日悔之, 不亦晚乎.」

[홍무] 13년(1380)에 [점성 국왕이] 사신을 보내 만수절(萬壽節)[50]을 축하하였다.[51] 홍무제는 점성이 안남과 벌인 수전(水戰)에서 고전하였다는 사실을 전해 듣고는 칙서를 내려 효유하여 이르기를, "전에 안남에서 군대를 동원하였다가 점성에게 패했고, 점성이 승세를 타서 안남에 침입하니, 안남은 크게 굴욕을 당한 셈이다. 왕이 국경을 지키고 백성에게 휴식을 준다면 복을 길이 향유할 수 있겠지만, 반드시 병사를 내몰아 힘들게 싸우고자 한다면, 승패는 장담할 수 없을 뿐더러 도요새와 조개가 서로 다투다가는 어부가 횡재하는 법[52]이니, 후일에 이를 후회하면 늦지 않겠는가!"라고 하였다.[53]

都事, 江西行省 參政을 거쳐 中書參政이 되었다. 洪武 3년(1370)에 中書省 左丞相이 되었다가 당시 右丞相 楊憲과의 불화로 海南島로 좌천되었으나 이듬해 中書省 右丞相으로 복귀하였다. 그 후 몇 차례의 우여곡절 끝에 洪武 10년(1377)에 右丞相으로 다시 임명되었으나 결국 胡惟庸의 黨案에 연루되어 海南으로 유배되었다가 도중에 死罪에 처해져 毒杯를 마시고 운명하였다.

48) 『太祖實錄』 卷126 洪武 12년 9월 戊午條를 보면, 占城의 조공사신이 入朝한 사실을 보고하지 않은 이유로 홍무제가 中書省의 左右丞相이었던 胡惟庸과 汪廣洋을 크게 질책했고, 양인은 머리를 조아려 謝罪하였다고 한다.

49) 『太祖實錄』 卷126 洪武 12년 10월 甲子條를 보면, "遣使賜占城國王阿荅阿者大統曆·銷金文綺段·衣服等物. 仍以璽書諭之曰 ……"이라 하여 占城 국왕에게 大統曆과 금박 무늬가 들어간 비단과 의복 등을 하사하고 璽書로 安南과의 講和를 권하고 있음을 확인할 수 있다.

50) 萬壽節: 황제의 생일을 가리킨다.

51) 占城 국왕 阿荅阿者가 洪武帝의 생일을 축하하기 위해 보낸 使節 大弁崙 등은 洪武 13년 9월 18일에 入京하였다. "(洪武 13년 9월) 是月, 占城使還, 詔賜文綺紗帛有差, 以璽書諭其國王阿荅阿者曰: 今年九月十八日, 占城使至, 爲朕上壽 …… (『太祖實錄』 卷133 洪武 13년 9월 是月條)"

52) 漁父之利 즉 쌍방이 다투다가 제삼자가 이득을 취한다는 것을 뜻하는 이 구절의 어원은 『戰國策』 「燕策」 2에서 유래한다. 즉 蘇代는 趙가 燕을 정벌하려 한다는 소식을 듣고, 燕을 위해 趙惠王에게, 도요새와 조개가 서로 양보하지 않아 결국 양자 모두 어부의 차지가 되듯이, 燕과 趙가 장기전을 벌인다면, 秦이 횡재하도록 도와주는 격이 될 뿐이라고 설득하였다는 고사가 전한다.

十六年貢象牙二百枝及方物. 遣官賜以勘合文冊及織金文綺三十二·磁器萬九千. 十九年遣子寶部領詩那日忽來朝, 賀萬壽節, 獻象五十四, 皇太子亦有獻. 帝嘉其誠, 賜賚優渥, 命中官送還. 明年復貢象五十一及伽南·犀角諸物, 帝加宴賚. 還至廣東, 復命中官宴餞, 給道里費.

[홍무] 16년(1383)에 [점성 국왕이] 상아[54] 200개와 방물을 바쳤다.[55] [홍무제는] 관원을 보내어 감합문책(勘合文冊)[56] 및 직금문기(織金文綺)[57] 32필과 자기(磁器) 1만 9천 점을 하사하였다.[58] [홍무] 19년(1386)에 [점성 국왕이] 아들 보부령시나일홀(寶部領詩那日忽)을 보내어 입조해서 만수절을 축하하고 코끼리 54마리를 바쳤고, 황태자에게도 바쳤다.[59] 홍무

53) 『太祖實錄』 卷133 洪武 13년 9월 是月條 참조.

54) 象牙: 宋代 및 明代의 朝貢物의 하나인데, 대개는 코끼리의 어금니를 말하지만 河馬, 野豬, 海象 등의 어금니도 상아라고 일컫는다. 상아는 예술품을 가공하는 재료나 장식품으로 많이 사용되었다. 아랍의 여러 나라와 캄보디아 및 占城에서 산출하는데, 아랍산품이 질이 제일 좋고, 캄보디아와 점성 것이 그 다음으로 평가되었다. 『諸蕃志』 卷下 「志物」 참조.

55) 『太祖實錄』 卷152 洪武 16년 2월 庚子條에, 占城 국왕 阿荅阿者가 보낸 사신 楊麻加益 등이 상아 200개와 檀香 등 각종 특산물을 바쳤다고 한다.

56) 勘合文册: 勘合 혹은 勘合符라고도 한다. 明朝에서 사절단의 진위를 확인하기 위해 발행한 증명서이다. 즉 양측이 갈라진 한 면씩 보관하고 있다가, 사절이 도착하면 서로 맞추어보아 합치되어야 비로소 정식 사절로 인정하도록 하였다. 결국 明朝는 외국의 조공사절을 하나의 恩典으로 간주하여 1년의 회수, 선박의 수, 인원 등을 제한하고자 했던 것이다. 勘合符는 洪武 16년(1383)에 占城을 비롯하여 暹羅, 眞臘 등에 발급한 것이 최초의 일인데, 明의 改元 즉 기본적으로 새로운 황제가 등극할 때마다 새로 발급하였다.

57) 織金文綺: 금실로 무늬를 넣은 비단을 가리킨다.

58) 홍무제가 사신을 파견하여 勘合文册을 하사한 것은 홍무 16년 4월 乙未의 일이고,"(洪武 16년 夏四月) 乙未, 遣使齎勘合文册, 賜暹羅·占城·眞臘諸國, 凡中國使至, 必驗勘合相同, 否則爲僞者, 許擒之以聞(『太祖實錄』 卷153 洪武 16년 4월 乙未條 참조)" 비단과 자기 등을 하사한 것은 8월 乙未의 일이다. "(洪武 16년 8월 乙未)遣使賜占城 …… 國王織金文綺三十二必·磁器一萬九千事(『太祖實錄』 卷156 홍무 16년 8월 乙未條 참조)"

59) 『太祖實錄』 卷179 洪武 19년 9월 甲寅條에 관련 내용이 실려 있다. 그런데 『明史』 본문의 내용만을 보면, 洪武帝에게 생일 축하용으로 코끼리를 바치고, 황태자 즉, 朱標에게도 코끼리를 선사한 것으로 오해하기 쉬우나, 『明實錄』의 해당 부분을 찾아보면, 황태자에게는 상아, 犀角, 호추 등을 선물로 주어 차등을 두었음을 알 수 있다.

제는 그 정성을 가상히 여겨 하사품을 넉넉하게 주고,[60] 중관(中官)[61]에게 명하여 귀국할 때 호송토록 하였다. 이듬해 다시 코끼리 51마리와 가남(伽南)[62]·무소의 뿔[63] 등 여러 방물을 바치니, 홍무제는 [등급을] 올려 연회를 베풀고 하사품을 내려주었다.[64] 귀국 시에 광동(廣東)[65]에 이르자, 다시 중관에게 명하여 연회를 베풀어 전별토록 하고, 여비를 지급해주었다.[66]

---

60) 『太祖實錄』 卷179 洪武 19년 9월 甲寅條에 하사품의 내역이 상세하게 기록되어 있다. 중요한 것만 예시하면, 占城 국왕에게는 冠帶, 織金文綺, 襲衣 등을, 入朝한 왕자에게는 金 200량, 銀 1000량, 織金靑羅衣와 紅羅衣 각각 2벌 등이 하사되었다.

61) 中官: 中官은 內職의 官, 京官 등의 뜻이 있지만 일반적으로 宦官을 일컬으며, 閹人·寺人이라고도 한다. 중국에서는 周代부터 淸末까지 환관이 있었다. 『明史』 卷74 「職官志」3, 宦官條에 의하면, 명대에는 宦官十二監이 있었고, 이들의 기관에서는 政事에 관여하지 않은 것이 없었다. 특히, 司禮監은 그 중심에 있었고, 각 기관에는 太監(正四品)·小監(從四品)·監丞(正五品)·典簿(正六品), 從六品인 長隨·奉御 등의 職官이 있었다. 명대 환관이 각 방면에 기용하기 시작한 것은 永樂帝 때부터이며, 이들을 해외의 使臣이나 外征의 지휘관으로 임명했을 뿐만 아니라 永樂 18년(1420)에 비밀경찰기관으로 신설된 東廠에 전권을 부여하여 경찰권을 위임하였다. 이후 錦衣衛까지 지휘를 하면서 官民의 행동을 감시하였으며, 宣宗시대 이후에는 정치 분야에 발언권을 증대시켜 국가의 정치를 좌우할 정도로 막강한 권한을 행사하게 되었다. 明代의 宦官에 대해서는 데라다 다카노부, 2006: 99~100 참조.

62) 伽南: 沈香을 가리킨다. 伽南香 혹은 伽藍香이라고도 하고, 伽羅라고도 한다. 최고급 향료의 원료가 되는 팥꽃나무과에 딸린 常綠의 큰 키의 나무로서, 높이는 20m 이상이고, 줄기의 지름은 2m에 달한다. 생나무 또는 마른 나무를 땅 속에 묻어 樹脂가 적은 부분을 쓰는데, 줄기의 상처가 단면에서 흐르는 수지를 특히 '침향'이라 한다. 예로부터 최고급의 향료로 알려졌는데, 인도와 동남아시아 일대에서 산출되지만, 그 중에서도 占城産이 최고로 일컬어졌다. 『瀛涯勝覽』, 「占城國」條를 보면, "伽藍香惟此國一大山出產, 天下再無出處, 其價甚貴, 以銀對換(馬歡·馮承鈞 校注, 1962: 3)"이라 하여, 占城에서 산출되는 沈香의 가격이 매우 높아 銀과 바꿀 정도였다고 한다.

63) 犀角: 犀牛角이라고도 한다. 고대 帝王과 귀족들의 사치품으로 사용되어 왔는데, 동시에 해독작용과 나쁜 기운을 물리치는 등의 효능이 있다고 한다. 대개는 帝王이 사용하는 杯盞 등을 만들어 사용하였다. 『交州記』에 '犀에는 뿔이 두 개 있는데, 코 위의 뿔은 길고, 머리 위의 뿔은 짧다. 혹은 뿔이 세 개인 것은 水犀, 두 개인 것은 山犀이다'라고 묘사되어 있다.

64) 『太祖實錄』 卷184 洪武 20년 8월 丁卯條 참조. 한편 코끼리 내지 상아와 무소의 뿔 및 沈香 등 점성의 특산물에 대한 개략적인 설명과 중국으로의 進貢 상황은 『瀛涯勝覽』(馬歡·馮承鈞 校注, 1962: 3~6)과 『星槎勝覽』(費信·馮承鈞 校注, 1962: 2~3) 등 참조.

65) 廣東: 『尙書』 「禹貢」의 揚州의 지역 및 揚州 徼外 지역이다. 『呂氏春秋』에서는 百越이라 칭했고, 『史記』에서는 南越이라 했으며, 『漢書』에서는 南粵이라 했다. 越과 粵은 서로 통하여 廣東을 줄여 粵이라 하기도 한다. 대개 嶺南 일대 지방에 해당된다. 元代에 廣東道宣慰使司를 두었고, 江西行中書省에 속했다. 또 海北海南道宣慰使司를 두었고 湖廣行中書省에 속했다. 洪武 2年(1369)에 海北海南道를 廣西行中書省에 예속시켰는데, 4月에 廣東道를 廣東等處行中書省으로 고쳤고, 6월에는 海南海北道가 관할하는 지역을

眞臘貢象，占城王奪其四之一，其他失德事甚多．帝聞之，怒．二十一年夏，命行人董紹敕責之．紹未至，而其貢使抵京．尋復遣使謝罪，乃命宴賜如制．

진랍(眞臘)[67]이 코끼리를 공물로 바치자 점성의 왕이 그 가운데 4분의 1을 빼앗았고, 그 밖에도 잘못하는 일이 매우 많았다.[68] 홍무제는 이 소식을 듣고 노여워하였다. [홍무] 21년(1388) 여름, 행인(行人)[69] 동소(董紹)에게 명하여 칙서로 질책토록 하였다. 동소가 아직 점성에 도착하지 않았는데, 점성의 조공사절이 경사(京師)에 이르렀다.[70] 얼마 후 다시 사절을 보내 사죄하자 평소대로 연회를 열고 하사품을 내리도록 명하였다.[71]

時阿荅阿者失道，大臣閣勝懷不軌謀，二十三年弑王自立．明年遣太師奉表來貢，帝惡其悖逆，却之．三十年後，復連入貢．

廣東等處行中書省에 예속시켰다. 洪武 4년(1371)에 廣東都衛를 설치하였고, 洪武 8년(1375)에 都衛를 廣東都指揮使司로 고쳤으며, 이듬해에 行中書省을 承宣布政使司로 고쳤다. 明代에는 줄곧 廣東布政使司가 府 10, 直隷州 1, 屬州 7, 縣 75곳을 관할하였다.

66) 『太祖實錄』 卷187, 洪武 20년 11월 戊戌條 참조. 지급한 여비는 寶鈔 20錠이었다.

67) 眞臘에 대해서는 후술.

68) 홍무 21년(1388) 4월에 安南에서 홍무제에게 上奏하면서, 眞臘에서 봉헌하는 코끼리 1/4과 象奴 15명을 占城이 강탈한 사건이 알려졌다. 한편 隣國과의 알력 외에 '그 밖의 잘못'으로는 明朝에 象奴 2명을 다시 돌려보내지 않아 '以小事大'의 도리를 저버렸다고 질책을 받은 일 등이 이에 해당한다(『太祖實錄』 卷190 洪武 21년 4월 壬子條 참조).

69) 行人: 行人司行人의 약칭으로 正八品이다. 行人司의 장관인 司正과 부관인 左右司副를 보좌하며, 捧節과 出使 등의 임무를 맡았다. 洪武 연간(1368~1398)에 처음 두어질 때는 360명이나 되었으나, 永樂 연간(1403~1424) 이후 그 수가 크게 줄어들었을 뿐 아니라 점차 閒職으로 취급되어 進士출신은 이를 맡지 않으려 하였다(『明史』 卷74 「職官志」3, 行人司條; 陸容, 『菽園雜記』 卷6 참조).

70) 洪武帝가 行人 董紹를 점성에 파견한 것은 洪武 21년(1388) 4월이고, 점성국의 사신이 伽南과 木香 등의 貢物을 가지고 入京한 것은 그 해 7월의 일이다. 董紹가 점성에 도착하고 점성의 사절이 출발한 정확한 날은 확인할 수 없으나, 董紹가 점성에 도착하기 전에 점성이 먼저 사절단을 明朝에 보냈을 것임은 짐작할 수 있다(『太祖實錄』 卷190 洪武 21년 4월 壬子條; 『太祖實錄』 卷192 洪武 21년 7월조).

71) 『太祖實錄』 卷195 洪武 22년 정월 己卯條에, 점성 국왕이 사신을 보내 表와 특산물을 바치면서 잘못을 사과하자, 홍무제는 비단과 寶鈔 등을 하사토록 하였다.

당시 아답아자(阿荅阿者)가 도리에 어긋나는 행동을 하여, 대신(大臣) 각승(閣勝)이 반란을 꾀하려는 마음을 품었다. [홍무] 23년(1390)에 왕을 시해하고 스스로 왕위에 올랐다. 이듬해 [각승이] 태사(太師)[72]를 보내어 표(表)를 받들고 입조해서 공물을 바치니, 홍무제는 그 패역무도함을 미워하여 이를 물리쳤다.[73] [홍무] 30년(1397) 이후에 다시 연속해서 입조하여 공물을 바쳤다.[74]

成祖卽位, 詔諭其國. 永樂元年, 其王占巴的賴奉金葉表朝貢, 且告安南侵掠, 請降敕戒諭. 帝可之, 遣行人蔣賓興·王樞使其國, 賜以絨錦·織金文綺紗羅. 明年, 以安南王胡奎奏, 詔戢兵, 遣官諭占城王. 而王遣使奏:「安南不遵詔旨, 以舟師來侵, 朝貢人回, 賜物悉遭奪掠. 又畀臣冠服·印章, 俾爲臣屬. 且已據臣沙離牙諸地, 更侵掠未已, 臣恐不能自存. 乞隸版圖, 遣官往治.」帝怒, 敕責胡奎, 而賜占城王鈔幣.

성조(成祖, 1360~1424; 재위 1402~1424)[75]가 즉위하자, [즉위의 사실을] 조서로 그 나라(점성국)에 알렸다.[76] 영락(永樂)[77] 원년(1403)에 그 나라 왕 점파적뢰(占巴的賴)[78]가 금박

72) 베트남에서는 리(李) 왕조(1009~1225) 치하에서 중국문화를 비교적 적극적으로 받아들였다. 1075년에는 科擧제도가 처음으로 실시되었고, 특히 1089년에는 관직이 정비되어 太師, 太傅, 太保 등을 정점으로 하는 宋과 유사한 官制가 실시되었다(유인선, 2002: 117~130). 占城도 그 영향을 받은 것으로 보인다. 따라서 본문의 太師는 결국 중국의 그것과 마찬가지로 중앙의 최고위직으로 보아야 할 것이다.

73) 『太祖實錄』 卷214 洪武 24년 11월 己丑條를 보면, 閣勝이 阿荅阿者를 시해하고 왕위에 오른 뒤, 太師 陶寶加直을 보내 金表와 犀牛, 番奴, 布 등을 공물로 바쳤지만, 홍무제는 禮部에 명하여 簒逆의 신하라는 이유로 받지 말도록 하였다.

74) 洪武 24년(1391)에 홍무제의 거부로 단절된 明朝와 점성 사이의 冊封朝貢관계는 그로부터 약 6년이 지난 洪武 30년(1397) 2월에 이르러 점성에서 조공사절단을 파견하면서 재개되었다(『太祖實錄』 卷250 洪武 30년 2월 丙戌條). 한편 이듬해에도 점성에서는 조공사절단을 파견하였다(『太祖實錄』 卷257 洪武 31년 5월 辛亥條 참조).

75) 成祖: 明朝 3대 황제인 永樂帝 朱棣를 가리킨다. 太祖 朱元璋의 4째 아들이었는데, 洪武 13년(1380)에 燕王에 봉해졌다. 太祖의 死後, 皇孫으로서 제2대 황제에 오른 惠帝 建文帝가 단행한 諸王 削藩策에 반발하여 '靖亂의 變'을 일으켰다. 이 政變을 통해 결국 조카인 建文帝로부터 帝位를 찬탈하였다. 이후 그는 北京으로의 遷都, 漠北에 대한 대대적인 親征, 鄭和의 南海遠征 등 수많은 치적을 쌓았다. 그러나 그는 재위한 지 22년만인 1424년 北征에서 돌아오는 길에 病死하였다. 諡號는 文皇帝이며, 廟號는 太宗이었으나 嘉靖 17년(1538) 成祖로 廟號를 바꾸었다.

을 입힌 표를 받들고 입조하여 공물을 바쳤고, 또 안남이 침략한 사실을 보고하면서 칙서(勅書)를 내려 이를 경계하고 타일러줄 것을 청하자, 영락제는 이를 받아들이고,[79] 행인(行人) 장빈흥(蔣賓興)·왕추(王樞)를 점성국에 사신으로 보내 융금(絨錦)[80]·직금문기사라(織金文綺紗羅)[81] 등을 하사하였다.[82] 이듬해 안남의 왕 호호(胡奃)가 상주하자, 조서를 내려 전쟁을 중지토록 했고, 관리를 보내어 점성의 왕을 훈유(訓諭)토록 하였다.[83] 그런데 점성의 왕이 사신을 보내 상주하기를, "안남이 조서의 어지(御旨)를 따르지 않고 수군을 보내어 침공을 가했고, 조공사절이 돌아올 때 하사품을 모두 약탈당했습니다. 게다가 신(臣)에게 관복(冠服)·인장(印章)을 주어 신속(臣屬)케 하였습니다. 또 저희 사리아(沙離牙) 등지를 점거한 뒤에도 다시 침략이 끊이지 않으니, 신은 나라가 존속하지 못할까 두렵습니다. 청하옵건대 국토를 [명조(明朝)의] 판도에 예속시키고자 하니, 관원을 보내어 바로잡아주시길 바랍니다"라고 하니, 황제는 노해서 칙서를 내려 호호(胡奃)를 질책하고, 점성의 왕에게는 보초(寶鈔)[84]와

76) 『太宗實錄』 卷12 洪武 35년 9월 丁亥條 참조. 이 때 永樂帝는 자신의 즉위 사실을 詔書 형식으로 安南과 占城 등에 통고하였다. 한편 永樂帝의 廟號 太宗은 嘉靖 연간(1522~1566)에 成祖로 개칭되었기에, 『太宗實錄』은 成祖 永樂帝의 實錄이며, '洪武 35년'은 '建文 4년(1402)'을 가리킨다. 즉 영락제는 '靖難의 役' 성공 후에 찬탈자의 이미지를 없애기 위해 조카 建文帝의 존재 자체를 부정하는 차원에서 建文이란 연호를 없애고 洪武란 연호를 연장하여 사용토록 했던 것이다.

77) 永樂: 明 왕조 제3대 황제인 成祖 朱棣의 年號이다.

78) 占巴的賴: 자야 신하바르만 5세(Jaya Sinhavarman V, 재위 1400~1441)를 가리킨다. Georges Maspero, 2002 참조.

79) 본문은 占城 국왕 占巴的賴가 직접 表를 가지고 입조한 것처럼 되어 있지만, 실제로는 사신 婆甫郞 등을 대신 보내어 表와 공물 등을 바쳤고, 아울러 安南의 침공 사실을 전하면서 이에 대해 勅書를 내려줄 것을 요청하였다(『太宗實錄』 卷21 永樂 원년 7월 丁酉條).

80) 絨錦: 명청시대 福建省 漳州, 南京, 蘇州에서 생산된 겉에 융기가 있는 사직품을 뜻한다. 비단 표면에 융기를 만드는 작업을 중국어로는 기융이라 하는데, 이런 과정을 거쳐 일반 비단과는 다른 융모와 같은 느낌을 준다. 융금은 명청 시대 조정에서 일반적으로 주변 북방 민족의 수장에게 내렸으며, 제작 과정이 복잡하여 가격이 비쌌기 때문에 '匹'로 계산하지 않고 '段'으로 계산했다. 예를 들어 명 조정은 西藏의 최고의 高僧에게도 단 3단만을 지급했을 정도로 가격이 비쌌다고 한다(吳明娣, 2007 참조).

81) 織金文綺紗羅: 織金文綺는 金絲로 무늬를 짜 넣은 두꺼운 비단을 말하며, 紗羅는 가볍고 엷은 명주와 삼으로 만든 織物로, 주로 여름옷을 만드는데 사용했다.

82) 『太宗實錄』 卷22 永樂 원년 8월 癸丑條 참조.

83) '訓諭'의 주요 내용은, 영락제가 安南의 왕에게 전쟁을 중지할 것을 전하자, 안남의 왕이 사죄하며 이에 따른다고 했으니, 점성도 안남과 화목하게 지내는 데 힘쓰라는 것이었다(『太宗實錄』 卷27 永樂 2년 정월 丁巳條).

비단을 하사하였다.[85)]

四年貢白象方物, 復告安南之難. 帝大發兵往討, 敕占城嚴兵境上, 遏其越逸, 獲者卽送京師. 五年攻取安南所侵地, 獲賊黨胡烈·潘麻休等獻俘闕下, 貢方物謝恩. 帝嘉其助兵討逆, 遣中官王貴通齎敕及銀幣賜之.

[영락] 4년(1406)에 [점성 국왕은] 흰색의 코끼리 등 방물을 바치면서 다시 안남의 침략 사실을 아뢰었다.[86)] 영락제는 크게 군대를 동원하여 토벌하였고, 점성에게 칙서를 보내어 국경지대에서 경계를 엄히 하여 안남인이 경계를 넘어오지 못하도록 하고, 체포한 자는 바로 경사로 보내도록 하였다.[87)] [영락] 5년(1407)에 [점성은] 안남이 침공한 땅을 공략·수복하고, 적의 일당 호열(胡烈)·반마휴(潘麻休) 등을 체포하여 그들을 궐하(闕下)[88)]로 보내었으며,

84) 寶鈔: 明代의 법정통용지폐인 大明通行寶鈔를 가리킨다. 明朝는 洪武 7년(1374)에 寶鈔提擧司를 설치하고, 이듬해(1375)에 大明寶鈔를 만들어 민간에 통행시켰다. 桑穰 즉 뽕나무 가지껍질로 만든 섬유를 사용하여 만들었는데, 모양은 네모였고, 높이는 1尺, 폭은 6寸이었으며, 바탕은 청색이고, 바깥은 용의 문양과 꽃무늬였다. 횡으로 그 額面에 '大明通行寶鈔'라 쓰고, 그 안의 상변 양쪽에 篆文으로 '大明寶鈔天下通行'이라 썼다. 가운데에는 동전꾸러미를 그려 넣었는데, 10串을 1貫으로 삼았다. 등급은 모두 여섯으로 1관, 500문, 400문, 300문, 200문, 100문이었다. 처음에는 中書省으로 하여금 전담케 했으나, 中書省이 철폐가 된 뒤에는 戶部에서 만들도록 하였다. 보초에 대한 보다 상세한 설명은 朴元熇 등, 2008: 314~319 참조.

85) 『太宗實錄』 卷33 永樂 2년 8월 庚午條에 관련 내용이 실려 있다. 점성 국왕은 사신 部該序罷尼를 보내, 안남의 침공에 시달리기보다는 차라리 국토를 明朝에 헌납하겠다는 의사를 피력했지만, 실제로는 안남이 영락제의 명을 어기고 침공하였다는 점을 적시함으로써 영락제의 분노를 불러일으키는 외교술을 구사하고 있음을 확인할 수 있다. 한편 본문에서는 寶鈔와 비단을 점성의 국왕에게 하사하였다고 되어 있으나, 實錄에는 사신 部該序罷尼에 하사한 것으로 되어 있다.

86) 이때 점성 국왕 占巴的賴는 자신의 손자 등을 入朝시키면서 貢物을 바치고 안남의 침공을 호소하였다(『太宗實錄』 卷58 永樂 4년 8월 庚子條).

87) 이 勅書는 환관 馬彬 등을 통해 永樂 4년 8월에 전해졌다(『太宗實錄』 卷58 永樂 4년 8월 壬子條). 한편 본문의 '체포한 자'는 위 實錄을 보면 越境한 안남인 일반이 아니라 '黎賊父子及其黨惡'이라고 지정되어 있다. '黎賊'은 당시 안남에서 쿠데타를 일으킨 黎蒼을 가리키는 것으로 보인다. 즉 黎蒼 父子와 그 일파를 체포하면 南京으로 보내라고 한 것이다. 한편 安南의 政變을 둘러싸고 영락제가 감행한 對安南 전쟁의 전개에 대해서는 夫馬進, 2007: 228~236 참조.

88) 闕下: 원래는 궁궐의 아래라는 뜻인데, 황제가 거처하는 宮廷 혹은 京城을 가리킨다.

방물을 바치고 은혜에 감사를 드렸다.[89] 영락제는 점성이 적군을 토벌하는 데 도움을 준 것을 가상히 여겨, 중관(中官) 왕귀통(王貴通)을 보내 칙서와 은량(銀兩) 및 비단을 가지고 가서 하사토록 하였다.[90]

六年, 鄭和使其國. 王遣其孫舍楊該貢象及方物謝恩. 十年, 其貢使乞冠帶, 予之, 復命鄭和使其國.

[영락] 6년(1408)에 정화(鄭和)[91]가 점성국으로 출사(出使)하였다.[92] [점성의] 왕은 손자 사양해(舍楊該)를 보내 코끼리와 방물을 바치면서 은혜에 감사를 드렸다.[93] [영락] 10년

89) 『太宗實錄』 卷70 永樂 5년 8월 己亥條에 의하면, 점성에서 안남을 공략하여 빼앗겼던 땅을 수복한 것은 그 해 5월의 일이었다. 본문의 '賊黨'은 쿠데타를 일으킨 黎蒼 일당을 가리킨다. 한편 '賊黨' 가운데 潘麻休는 위 實錄에는 潘麻那라고 기재되어 있다.

90) 『太宗實錄』 卷71 永樂 5년 9월 庚辰條 참조. 이때 영락제는 太監 王貴通을 보내 안남과의 전쟁에 도움을 준 것을 치하하였다.

91) 鄭和(1371~1434?): 洪武 4년(1371) 雲南 昆陽의 가난한 무슬림 집안에서 태어났는데, 원래의 성은 馬氏였다. 明軍의 雲南 정복전쟁 중에 포로가 된 그는 거세되어 火者가 되었다가 燕王 朱棣 밑으로 들어가 환관으로 복역하였다. 후에 靖難의 役 이 일어나면서 큰 군공을 세운 그는 승진을 거듭하여 太監이 되었고, 영락 2년(1404)에는 鄭씨 성을 하사받았다. 특히 영락 3년부터 시작된 南海 대원정의 수반으로 활약했는데, 宣德 8년(1433)까지 28년 동안 모두 7차례에 걸친 大遠征에서 30여 개 국을 방문하고 가장 멀리는 아프리카 동해안과 紅海 지역까지 갔다가 돌아왔다. 이와 같은 鄭和의 원정으로 明朝의 威名은 동남아시아 여러 나라는 물론이고, 인도를 비롯해서 걸프만, 홍해연안에서 아프리카 동해안에 이르는 지역에 널리 알려졌고, 또 이들 지역에서 수많은 진귀한 물품이 들어오는 등 획기적인 교류가 개시되었다. 또한 원정을 수행한 馬歡, 費信, 鞏珍 등에 의해 각기 『瀛涯勝覽』, 『星槎勝覽』, 『西洋番國志』 등의 저작이 이루어짐으로써 중국인의 지리적 지식은 동남아시아는 물론 인도, 아프리카 방면으로까지 확대되었으며, 그 결과로 많은 중국인들이 동남아시아 각지로 진출하였다. 이들 지역에서 정화는 그 후 神으로 받들어지고 있으며, 그를 제사하는 三寶廟는 현재에도 동남아시아 여러 지역에 존재하고 있다. 한편 鄭和의 사망 시기는 대개 마지막 원정 도중으로 보지만, 宣德 10년(1435)에 南京에서 사망한 것으로 보는 견해도 있다.

92) 『太宗實錄』 卷83 永樂 6년 9월 癸酉條 참조. 鄭和의 占城國 出使는 이른바 鄭和의 대원정 가운데 제2차 항해에 해당한다. 이 때 鄭和는 占城 등을 거쳐 말래카 해협을 통과해서 인도의 캘리컷까지 갔다가 돌아온 바 있다.

93) 『太宗實錄』 卷84 永樂 6년 10월 乙亥條 참조.

(1412)에 [영락제는] 점성의 조공사절이 관대(冠帶)를 청하자 지급해주고, 다시 정화에게 점성국으로 출사하도록 하였다.[94]

十三年, 王師方征陳季擴, 命占城助兵. 尚書陳洽言:「其王陰懷二心, 愆期不進, 反以金帛·戰象資季擴, 季擴以黎蒼女遺之, 復約季擴舅陳翁挺侵升華府所轄四州十一縣地. 厥罪維均, 宜遣兵致討.」帝以交阯初平, 不欲勞師, 但賜敕切責, 俾還侵地, 王卽遣使謝罪. 十六年, 遣其孫舍那挫來朝. 命中官林貴·行人倪俊送歸, 有賜.

[영락] 13년(1415)에, 왕사(王師)[95]가 바야흐로 진계확(陳季擴)[96]을 정벌할 때 점성에 명하여 협조하도록 하였다. 상서(尚書) 진흡(陳洽)[97]이 아뢰기를, "점성의 왕이 속으로 두 마음을 품어 약속을 어기고 진격하지 않고는 도리어 금백(金帛)·전투용 코끼리를 진계확 측에 제공하였고, 진계확이 여창(黎蒼)[98]의 딸을 보내자 다시 진계확의 외삼촌 진옹정(陳翁挺)과 약속하여 승화부(升華府)[99] 소속의 4주(州) 11현(縣)[100]의 땅을 침공하였습니다. 그의 죄는

94) 占城의 사신에게 冠帶를 하사한 것은 永樂 10년 8월의 일이고, 鄭和를 占城 등에 파견(제3차 항해에 해당)한 것은 그 해 11월의 일이다(『太宗實錄』卷131 永樂 10년 8월 甲子條; 『太宗實錄』卷134 永樂 10년 11월 丙申條).

95) 王師: 원래 天子의 군대를 뜻하는데, 여기서는 明朝의 군대를 가리킨다.

96) 陳季擴: 쩐(陳) 왕조 14대 왕인 쩐 꾸이 코앙으로서 一名 쩐 꾸이 코아익이라고도 한다. 愍王의 庶子로서 重光帝이다. 明朝의 베트남 지배에 대한 저항세력의 대표자인 쩐 쿠이(陳頠; 쟌 딘 데[簡定帝])의 조카이기도 하다. 처음에는 쩐 쿠이와 경쟁 관계 속에서 저항운동을 벌였으나, 후에는 서로 화해해서 쩐 꾸이 코앙은 쩐 쿠이 즉 쟌 딘 데를 上皇에 앉히고 자신은 저항세력의 주도권을 쥐었다. 다만 明軍의 적극적인 공세 하에 1414년 결국 쩐 꾸이 코앙은 생포되어, 北京으로 압송된 뒤 처형되었다(유인선, 2002: 169~171).

97) 陳洽(1370~1426): 常州府 武進 출신으로 洪武 연간(1368~1398)에 布衣신분으로 천거되어 兵科給事中이 되었고, 永樂 연간(1403~1424)에 승진을 거듭하여 吏部左侍郎, 大理司卿이 되었다. 張輔를 도와 安南 공략에 성공한 뒤 兵部尙書가 되었다. 본문의 '尙書'는 바로 兵部尙書를 뜻한다. 한편 宣德初에 安南을 공격하다가 실패하자 자결하였다.

98) 黎蒼: 陳叔明 死後 명실상부한 安南 즉 베트남 최고의 권력자가 된 黎季犛(字는 理元으로서 黎一元 혹은 胡季犛라고도 함)의 아들이다. 黎蒼은 후에 부친 黎季犛에 의하여 胡奃로 改名되었고, 安南의 國王이 되었다.

99) 升華府: 永樂 12년(1414)에 交阯布政司에 예속되었다. 治所는 黎江縣으로 오늘날 베트남 廣南 일대에

[진계확과] 동일하니, 마땅히 군대를 동원하여 토벌해야 할 것입니다"라고 하였다.[101] 영락제는 교지(交阯)[102]를 막 평정하였기 때문에 병사를 수고스럽게 하지 않으려 하여, 다만 칙서를 내려 몹시 질책하고는 침략한 땅을 돌려주도록 하니,[103] [점성의] 왕은 즉각 사신을 보내어 사죄하였다.[104] [영락] 16년(1418)에 손자 사나좌(舍那挫)를 보내 입조케 하였다.[105] [영락제는] 중관(中官) 임통(林貴)·행인(行人) 예준(倪俊)에게 명하여 사나좌가 귀국하는 데 호송토록 했고, 물품을 하사하였다.[106]

宣德元年, 行人黃原昌往頒正朔, 繩其王不恪, 却所酬金幣以歸, 擢戶部員外郎.

선덕(宣德)[107] 원년(1426)에 행인 황원창(黃原昌)[108]이 점성국에 가서 정삭(正朔)을 반포

해당한다. 宣德 2년(1427)에 安南의 영역으로 편입되었다.

100) 4州 11縣은 升華府 소속으로서, 升州 관할 하의 黎江縣, 都和縣, 安備縣과, 華州 관할 하의 萬安縣, 具熙縣, 禮悌縣과, 思州 관할 하의 持平縣, 白烏縣과 義州 관할 하의 義純縣, 鵝懷縣, 溪錦縣을 가리킨다.

101) 兵部尙書 陳洽의 上言은 『太宗實錄』 卷170 永樂 13년 11월 辛酉條에 상세한 내용이 실려 있다.

102) 交阯: 15세기 초에 베트남 지역에 설치된 承宣布政使司의 명칭이다. 영락제는 胡季犛 토벌을 명분으로 베트남에 出兵하여 永樂 5년(1407)에 이곳을 병합하는 동시에 交阯承宣布政使司를 두어 통치하였다. 그러나 이윽고 黎利를 首長으로 하는 독립군이 일어나면서 明軍과 전쟁에 돌입하는데, 결국 明軍이 패배하면서 宣德 2년(1427)에 交阯布政使司를 폐지하고 베트남을 放棄하였다. 한편 이 곳은 옛날 南交의 땅으로서 周代에는 越裳氏의 땅이었고, 秦始皇 初에 百粤과 병합하여 桂林, 南海, 象郡을 두었다. 그 후 南海尉로 되었다. 前漢 武帝 元鼎 6년(전111)에 南越을 멸망시키고 설치한 9郡 중의 하나인데, 후에 交州로 개칭하였다. 元帝(재위 전48~전33) 때 交阯刺史가 七郡을 다스렸는데 交阯, 日南, 九眞이 지금의 안남 땅에 해당된다. 교지는 지금의 통킹만 지역, 구진은 통킹만 남쪽 해안지대로 淸化, 乂安, 河靜省 등 지역, 일남은 구진의 남쪽인 廣平, 廣治, 承天省 등 지역을 가리킨다.

103) 『太宗實錄』 卷170 永樂 13년 11월 辛酉條 참조.

104) 『太宗實錄』 卷181 永樂 14년 10월 壬申條를 보면, 점성 국왕은 사신을 '行在' 즉 오늘날의 北京으로 보내 謝罪하였다고 한다.

105) 『太宗實錄』 卷203 永樂 16년 8월 辛巳條 참조.

106) 『太宗實錄』 卷204 永樂 16년 9월 戊辰條를 보면, 하사한 물품은 점성 국왕 占巴的賴에게 보내는 금박의 紗羅였다.

107) 宣德: 明朝 제5대 황제인 宣宗 朱瞻基의 年號이다.

108) 黃原昌: 福建 建寧 출신으로 字는 德順이다. 永樂 13년(1415)에 進士가 된 뒤 行人에 제수되었다. 기개가 있고 청빈했으며, 宣德 원년 점성에 出使해서는 사신으로서의 모범을 보였다. 귀국 후 戶部 員外郞으로

했는데, 그 왕의 잘못을 바로잡고[109] 선물로 준 금과 비단을 물리치고 귀국하자, 호부(戶部) 원외랑(員外郎)[110]으로 발탁하였다.[111]

正統元年, 瓊州知府程瑩言: 「占城比年一貢, 勞費實多. 乞如暹羅諸國例, 三年一貢.」 帝是之, 敕其使如瑩言, 賜王及妃綵幣. 然番人利中國市易, 雖有此令, 迄不遵.

정통(正統)[112] 원년(1436)[113]에 경주(瓊州) 지부(知府)[114] 정영(程瑩)[115]이 아뢰기를, "점성은 해마다 한 번씩 공물을 바치는데 인력과 경비의 소모가 실로 많습니다. 청컨대 섬라(暹羅)[116] 등 여러 나라의 예와 같이 3년에 한 번씩 공물을 바치도록 하시기 바랍니다"라고 하니, 정통제(正統帝)는 이를 옳다고 여겨 점성의 사신에게 칙서를 내려 정영의 건의대로 하도록 하고, 점성의 왕 및 왕비에게 채폐(綵幣)를 하사하였다.[117] 그러나 번인(番人)[118]들은

발탁되었으나, 官界의 치열한 경쟁 풍조를 싫어하여 스스로 노년을 핑계대고 致仕한 뒤 낙향하였다(『福建通志』 卷48 「人物」; 「明一統志』 卷78).

109) 『福建通志』 卷48 「人物」조의 관련 원문을 소개하면, "宣德改元, 頒詔占城, 宣王化, 正朝典, 占城君長, 叩首請罪"라 되어 있다. 결국 본문에서 점성국왕의 잘못을 바로잡았다는 것은 黃原昌이 占城에 出使해서 王化를 선창하고 조정 내의 의례를 바로잡았다는 것을 뜻하는 것으로 보인다.

110) 戶部 員外郎: 戶部 諸淸吏司員外郎의 略稱이다. 즉 각 淸吏司의 長인 郎中을 보좌하는 속칭 '副郎'으로서 종5품이다.

111) 『福建通志』 卷48 「人物」; 『明一統志』 卷78 등 참조.

112) 正統: 명 왕조 6번째 황제인 英宗 朱祁鎭의 연호이다. 영종은 중국 황제 가운데 유일하게 1435년~1449년과 1457년~1464년에 걸쳐 두 번 재위했는데, 그 첫 번째 시기의 연호가 정통이며, 두 번째 시기의 연호는 天順이다.

113) 『英宗實錄』 卷31 正統 2년 6월 甲申條에는 正統 元年이 아니라 正統 2년으로 되어 있다.

114) 知府: 府의 장관으로 관품은 正4品이다. 知府는 1인이 두어졌다. 知府는 한 府의 정무를 주관한다는 뜻에서 나온 말이다. 옛 官名에 따라 太守 혹은 郡守라고도 한다. 직무는 한 府의 풍속과 교화를 發揚하고, 訟事를 공평히 하며, 세금과 요역을 균등히 하여 백성을 보호하는 것이었다. 3년마다 소속 관리의 賢否를 살펴 그 성적의 고하를 매겨 省에 보내고 吏部에 보고하였다.

115) 程瑩: 湖廣 羅田 출신이다. 吏員의 신분으로 禮部郎中으로 발탁되었다. 廣東 瓊州知府를 역임하였다. 어려서 부친을 잃었지만, 모친은 물론 타계한 부친을 기리는 思親圖를 그려 朝夕으로 봉양했으며, 義田을 두어 제사의 비용으로 충당하였다. 瓊州知府 시에 각종 惠政을 펼쳤는데, 후에 瓊州人들이 正瑩의 사당을 만들어 제사를 지냈다고 한다(『湖廣通志』 卷48 「鄕賢志」).

116) 暹羅에 대해서는 후술.

중국과의 교역을 이롭게 여겨, 비록 이 명령이 내렸지만 끝내 따르지 않았다.

六年, 王占巴的賴卒, 其孫摩訶賁該以遺命遣王孫逑提昆來朝貢, 且乞嗣位. 乃遣給事中管曈·行人吳惠齎詔, 封爲王, 新王及妃並有賜. 七年春, 逑提昆卒於途, 帝憫之, 遣官賜祭. 八年遣從子且揚樂催貢舞牌旗黑象.

[정통] 6년(1441)에 [점성] 국왕 점파적뢰(占巴的賴)가 타계하자, 그 손자 마가분해(摩訶賁該)[119]가 유언이라며 왕손 술제곤(逑提昆)을 보내 입조하여 공물을 바치게 하고, 또 자신이 왕위를 잇게 해줄 것을 청하였다.[120] 이에 [정통제는] 급사중(給事中)[121] 관동(管曈)[122]·행인 오혜(吳惠)를 보내 조서를 가지고 가서 그를 왕으로 봉하고, 새로운 왕 및 왕비에게 [물품을] 하사하였다.[123] [정통] 7년(1442) 봄에 술제곤(逑提昆)이 귀로 중에 죽자, 정통제는 그를 불쌍히 여겨 관원을 보내 제사를 지내주도록 하였다.[124] [정통] 8년(1443)에 [점성국왕의] 조카 차양락최(且揚樂催)를 보내 무패기(舞牌旗)와 검은 색의 코끼리 등을 공물로 바쳤다.[125]

---

117) 『英宗實錄』 卷31 正統 2년 6월 甲申條 참조.

118) 番人: 원래 소수민족이나 외국인을 뜻하지만, 여기서는 占城人을 가리킨다.

119) 『明史』의 '校勘記'에 의하면, 여기서는 摩訶賁該를 占巴的賴의 손자라고 했지만, 뒤에서는 占巴的賴의 '妻弟' 즉 처남으로 보았다며 서로 모순되고 있음을 지적하였다. 그런데 『英宗實錄』 卷156 正統 12년 7월 己亥條와 『國榷』 卷25 1611쪽 및 卷26 1725쪽에서 모두 후자의 설을 따르고 있다는 점에서 본문에서 摩訶賁該를 占巴的賴의 '손자'라고 한 것은 잘못으로 보아야 할듯하다고 결론을 내렸다.

120) 『英宗實錄』 卷80 正統 6년 6월 己卯條 참조.

121) 給事中: 六科의 각 科마다 給事中 약간 명을 두었다. 官品은 종7품이었다. 그 직무는 侍從, 規諫, 補闕, 拾遺와 六部 및 각 官府를 稽察하는 등의 일이었다. 『明史』 卷74 「職官志」3, 吏戶禮兵刑工六科 참조.

122) 『明史』의 校勘記에 의하면, '管曈'은 『英宗實錄』 卷81 正統 6년 7월 丙午條와 『國榷』 卷25 1613쪽에는 모두 '舒曈'이라 기재되어 있음을 밝혔다. 한편 역자가 四庫全書를 검색해 본 결과, '管曈'은 한 건도 그 이름을 찾아낼 수 없었던 반면 '舒曈'은 『福建通志』를 비롯한 몇 개의 지방지 등에서 검색되었다는 점에서 그의 성씨는 '舒'일 가능성이 높지 않을까 싶다.

123) 『英宗實錄』 卷81 正統 6년 7월 丙午條 참조. 正統帝는 이 때 占城에 보낸 사절단 구성에서 給事中 管曈을 正使로, 行人 吳惠를 副使로 임명한 바 있다.

124) 『英宗實錄』 卷90 正統 7년 3월 庚午條 참조.

125) 『英宗實錄』 卷103 正統 8년 4월 己丑條 참조.

十一年敕諭摩訶賁該曰:「邇者, 安南王黎濬遣使奏王欺其孤幼, 曩已侵升・華・思・義四州, 今又屢攻化州, 掠其人畜財物. 二國俱受朝命, 各有分疆, 豈可興兵搆怨, 乖睦隣保境之義. 王宜祗循禮分, 嚴飭邊臣, 毋恣肆侵軼, 貽禍生靈.」 幷諭安南嚴行備禦, 毋挾私報復. 先是, 定三年一貢之例, 其國不遵. 及詰其使者, 則云:「先王已逝, 前敕無存, 故不知此令.」是歲, 貢使復至, 再敕王遵制, 賜王及妃綵幣. 冬復遣使來貢.

[정통] 11년(1446)에 칙서를 보내 마가분해(摩訶賁該)에게 효유하여 이르기를, "근자에 안남의 왕 여준(黎濬)[126]이 사신을 보내 아뢰기를, 왕[127]이 자신이 고아인데다 나이도 어리다고 업신여겨 이미 승주(升州)·화주(華州)·사주(思州)·의주(義州) 등 4주(州)[128]를 침공했고, 지금 다시 여러 차례 화주(化州)[129]를 침공하여 그 지역의 백성과 가축 및 재물을 약탈하였다고 한 바 있다. 양국은 모두 우리 조정의 명을 받들고 있고, 각기 자신의 영토를 소유하고 있는데, 어찌 전쟁을 벌여 원망을 만들어, 이웃나라와 화목하게 지내고 국경을 지켜야 되는 도리를 어길 수 있단 말인가! 왕은 마땅히 다만 예의와 분수를 지켜, 변방을 지키는 관리를 엄히 단속하여, 멋대로 방자하게 침범함으로써 화를 백성에게 주지 말도록 하라"라고 하였다.[130] 아울러 안남에게도 깨우치기를, 엄히 대비하고 방어하되 암암리에 보복하려는 마음을 품지 말라고 하였다.[131] 이보다 앞서 3년에 한 번 공물을 바치도록 하는 규정을 정했지만,[132]

126) 黎濬(년 똥[仁宗], 재위 1443~1459): 레(黎) 왕조의 제3대 왕으로서 생후 14개월의 갓난아이로 즉위하였다. 이에 母后 응우옌(阮)씨가 섭정하였다. 한편 어린 년 똥이 즉위하자 점성 즉 참파가 1444년부터 변경 지방을 침략하기 시작하였다. 이에 조정에서는 1446년 원정군을 보내 반격을 가하여 참파의 수도 비자야를 함락하고 참파의 왕 마하 비자야(摩訶賁該)를 생포하였다. 년 똥은 1453년부터 親政을 시작했으나, 1459년 이복형 응이 전(宜民)의 쿠데타로 모후와 함께 화를 입었다(유인선, 2002: 184~186).

127) 여기서 '왕'은 점성의 왕 摩訶賁該를 가리킨다.

128) 이 4州는 모두 升華府 소속이다. 이에 대해서는 앞의 관련 주석 참조.

129) 化州는 오늘날 베트남의 順化 일대에 해당한다. 永樂 5년 6월에 順化府를 설치할 때 2州 11縣을 관할하였다. 化州는 그 2州 가운데 하나로서 모두 7縣이 속해 있었다(郭紅·靳潤成, 2007: 242).

130) 『英宗實錄』 卷142 正統 11년 6월 癸亥條 참조.

131) 이 구절도 바로 위의 『英宗實錄』 卷142 正統 11년 6월 癸亥條를 보면, 원래는 점성 국왕 摩訶賁該에게 내린 칙서의 내용 중에 포함된 것임을 알 수 있다. 즉 "아울러 안남 국왕 黎浚에게도 또한 마땅히 엄히 대비하고 방어하되, 암암리에 보복하려는 마음을 품지 않도록 깨우친 바 있으니, 이렇게 된다면 피차가 서로 안정을 취하게 되고, 짐의 一視同仁하려는 뜻에 부합하게 될 것이다"라는 말이 생략된

점성국에서는 이를 따르지 않았다. 이에 그 사신[133]에게 힐문하니, 대답하기를, "선왕께서 이미 서거하시어 전에 받은 칙서가 남아 있지 않습니다. 까닭에 이 명령을 알지 못합니다"라고 하였다.[134] 이 해에 조공사절이 다시 이르러 재차 왕에게 칙서를 내려 규정을 준수하도록 하고 왕 및 왕비에게 비단을 하사하였다.[135] 겨울에 다시 사절단을 보내어 공물을 바쳤다.[136]

十二年, 王與安南戰, 大敗被執. 故王占巴的賴姪摩訶貴來遣使奏:「先王抱疾, 曾以臣爲世子, 欲令嗣位. 臣時年幼, 遜位於舅氏摩訶賁該. 後屢興兵伐安南, 致敵兵入舊州古壘等處, 殺掠人畜殆盡, 王亦被擒. 國人以臣先王之姪, 且有遺命, 請臣代位. 辭之再三, 不得已始於府前治事. 臣不敢自專, 伏候朝命.」乃遣給事中陳誼·行人薛幹封爲王, 諭以保國交鄰, 幷諭國中臣民共相輔翼. 十三年敕安南送摩訶賁該還國, 不奉命.

[정통] 12년(1447)에 [점성의] 왕이 안남과 전투를 벌였지만, 크게 패하고 포로가 되었다. 타계한 왕 점파적뢰(占巴的賴)의 조카 마가귀래(摩訶貴來)가 사신을 보내어 상주하기를, "선왕(先王)이 병중에 일찍이 신을 세자(世子)로 삼아 왕위를 잇게 하고자 하였습니다. 신은 당시 나이가 어려 왕위를 외삼촌 마가분해(摩訶賁該)에게 양보하였습니다. 후에 여러 번 군대를 일으켜 안남을 정벌했지만, 적군을 구주(舊州)[137]와 고루(古壘)[138] 등지에 불러들여 백성

것이다.

132) 正統 元年, 瓊州知府 程瑩의 건의를 받아들여 1년 1공을 3년 1공으로 바꾼 바 있다. 이에 대해서는 앞의 正統 元年條 참조.

133) 점성 국왕 摩訶賁該가 보낸 사신 制班을 가리킨다(『英宗實錄』 卷143 正統 11년 7월 己巳條).

134) 『英宗實錄』 卷143 正統 11년 7월 己巳條 참조.

135) 이 구절은 오해의 소지가 있다. 즉 앞에서 점성의 사신에게 3년 1공의 규정을 준수하라는 힐문을 한 뒤에 다시 점성에서 사절단을 보낸 것처럼 이해할 수 있으나, 『英宗實錄』 卷143 正統 11년 7월 己巳條를 보면, 이 구절의 상세한 내용이 담겨 있다. 즉 사신 制班이 조공사절로 도착한 뒤에 점성의 왕과 왕비에게 전하는 하사품과 함께 3년 1공의 규정을 준수하라는 요지의 칙서를 전하도록 했던 것이다.

136) 『英宗實錄』 卷146 正統 11년 10월 丁酉條를 보면, 점성 국왕이 族兄과 사신을 다시 보내 특산물을 바쳤음을 확인할 수 있다.

137) 舊州: 舊所, 舊縣, 舊都 등으로도 불린다. 오늘날 베트남 중부의 廣南, 峴港省 일대에 해당한다.

과 가축이 거의 살해되고 약탈되었고, 왕도 사로잡히고 말았습니다.[139] 국인(國人)들은 신이 선왕의 조카인데다 유언도 있다는 이유로 신에게 왕위를 이을 것을 청하였습니다. 재삼 이를 사양하였지만, 부득이하여 비로소 왕부(王府)에서 일을 보게 되었습니다. 신은 감히 스스로 결정할 수 없어,[140] 삼가 조정(朝廷)의 명을 기다리겠습니다"라고 하였다. 이에 [정통제는] 급사중 진의(陳誼)·행인 설간(薛幹)을 보내어 그를 왕으로 봉하였으며, 나라를 지키고 이웃 나라와 우호관계를 맺도록 깨우치고, 아울러 점성국내의 신민(臣民)들에게 함께 그를 보좌하도록 타일렀다.[141] [정통] 13년(1448)에 [정통제는] 안남에 칙서를 보내어 마가분해(摩訶賁該)를 점성국에 돌려보내주도록 하였으나, 명을 따르지 않았다.[142]

景泰三年遣使來貢, 且告王訃. 命給事中潘本愚·行人邊永封其弟摩訶貴由爲王.

경태(景泰)[143] 3년(1452)에 [점성은] 사신을 보내 입조해서 공물을 바쳤고,[144] 왕의 부음을

138) 古壘: 格烈, 格列 등으로도 불린다. 오늘날 베트남 중부의 義平省, 廣義 일대에 해당한다. 후에 安南이 점령한 뒤에는 思州와 義州로 바뀌었다.

139) 安南 즉 베트남은 胡氏 정권시대에 占城을 정벌하고 현재의 Quang-nam·Quang-ngai省 지방에 상당하는 그 북부 영토(Amaravati 지방)를 빼앗고는 이곳에 升州·華州·思州·義州를 두었다. 이윽고 明朝가 호씨를 멸하고 이 지방을 升華府 관할 하에 두었다. 그런데 陳氏의 난이 발생하자 이를 기회로 점성은 옛 영토의 탈환을 시도하였다. 그 후 黎朝의 여린은 化州(承天省 지방)를 엿보고 여준의 시대가 되자 침구하기에 이르렀다. 이에 여준은 正統 9년(1444)에 점성 정벌을 행하여 正統 11년(1446)에는 점성의 수도 闍槃城(Binh-dinh)를 함락하고 국왕 摩訶賁該를 포로로 잡았다. 이에 대해서는 山本達郎, 1975; 285 참조.

140) 實錄의 해당 기사 원문은 다음과 같다. "其王位未敢自專(『英宗實錄』 卷156 正統 12년 7월 己亥條)" 결국 摩訶貴來는 부득이하여 왕으로서의 업무는 임시로 맡고 있지만, 정식 왕위 취임은 스스로 결정할 수 없다면서 그 결정권을 正統帝에게 넘기는 방식으로 왕위 취임의 승인을 요청했던 것이다.

141) 『英宗實錄』 卷156 正統 12년 7월 己亥條 참조.

142) 『英宗實錄』 卷166 正統 13년 5월 己亥條 참조.

143) 景泰: 明朝 제7대 황제 代宗 朱祁鈺의 年號이다.

144) 『明史』의 校勘記에 의하면, 『明史』 卷11 「景帝紀」에는 景泰 4년의 일로 되어 있음을 밝혔다. 『英宗實錄』을 살펴보면, 확실히 景泰 4년 8월 乙未條에 점성 국왕 摩訶貴由가 通事 陳眞 등을 입조시켜 특산물을 보낸 기사가 실려 있다. 반면에 景泰 3년 조에 점성의 조공사절이 왔다는 직접적인 표현은 없는 듯하다. 다만 景泰 3년 7월 壬辰條에 摩訶貴來의 타계에 조문을 하고, 그 아우 摩訶貴由를 새로운 왕으로 봉하기

고하였다. [경태제(景泰帝)는] 급사중 반본우(潘本愚)·행인 변영(邊永)에게 명하여 왕의 아우 마가귀유(摩訶貴由)를 [새로운] 왕으로 봉하도록 하였다.[145]

天順元年入貢, 賜其正副使鈒花金帶. 二年, 王摩訶槃羅悅新立, 遣使奉表朝貢. 四年復貢, 自正使以下賜紗帽及金銀角帶有差. 使者訴安南見侵, 因敕諭安南王. 九月, 使來, 告王喪. 命給事中黃汝霖·行人劉恕封王弟槃羅茶全爲王.

천순(天順)[146] 원년(1457)에 입조해서 공물을 바치자, 점성의 정사(正使)와 부사(副使)에게 꽃을 아로새긴 금대(金帶)를 하사하였다.[147] [천순] 2년(1458)에 왕 마가반라열(摩訶槃羅悅)[148]이 새로 왕위에 올라, 사신을 보내 표(表)를 받들고 입조하여 공물을 바치도록 하였다.[149] [천순] 4년(1460)에 다시 공물을 바치자 정사 이하에게 사모(紗帽)[150]와 금은의 각대

위해 사절단을 보낸 사실이 기재되어 있는데, 점성의 사정이 어떻게 明朝에 알려졌는지는 더 구명되어야 하겠지만, 적어도 景泰 4년에 파견된 점성의 사절단이 왕의 부음을 알렸다는 것은 시간상 성립 불가능이기 때문에 '校勘記'의 설명을 그대로 받아들이기는 불가하다고 생각한다.

145) 『英宗實錄』 卷218 景泰 3년 7월 壬辰條 참조. 景泰帝는 潘本愚를 正使로, 邊永을 副使로 하는 사절단을 점성에 보냈다.

146) 天順: 명 왕조 제8대 황제인 英宗 朱祁鎭의 연호이다. 1435년~1449년 사이에 재위했던 영종이 토목보의 변(1449)으로 생포되었다가 돌아온 후, 당시 景泰帝로 있었던 자신의 이복동생을 몰아내고(奪門之變) 다시 복위하여 연호를 天順으로 고쳤다. 명 왕조는 태조가 一世一元制를 세웠으나 영종만은 위의 사정으로 두 개의 연호를 제정하여 사용했다.

147) 『英宗實錄』 卷276 天順 元年 3월 甲子條 참조. 이 때 占城 뿐 아니라 暹羅의 副使에게도 꽃을 아로새긴 金帶를 하사하였다.

148) 摩訶槃羅悅(재위 1471~1474): P'an-Lo T'ou-Yue 或 Bàn La Trà Duyệt으로 표기한다. 摩訶槃羅悅은 본래의 이름으로 盤羅茶悅이라고도 하는데, 槃羅茶全이 동생이다. 국왕인 摩訶貴由를 죽이고 나라를 빼앗고는 동생 槃羅茶全에게 왕위를 전했다. 『大越史記全書』 卷12 「黎紀」 참조. 明側의 자료에는 槃羅茶全이 형이고 盤羅茶悅이 동생으로 되어 있으나, 베트남 자료에는 槃羅茶全이 동생이다. 槃羅茶全이 포로로 잡히고 明朝가 하사한 印章과 符節도 모두 없어지자, 槃羅茶悅은 국왕으로 책봉해줄 것과 인장과 부절을 청하자, 明朝는 正統 연간(1436~1449)에 世子 摩訶賁來를 책봉해준 사례에 따라 처리하였다. 『憲宗實錄』 卷105 成化 8년 6월 丁亥條 참조.

149) 『英宗實錄』 卷292 天順 2년 6월 丁卯條 참조.

150) 紗帽: 비단실로 짠 모자로서 魏晉시대에서부터 유래한다. 紗帽에는 황제가 쓰는 白紗帽와 文人 및 관료가 쓰는 烏紗帽 등이 있다. 본문의 紗帽는 물론 烏紗帽를 가리킨다. 明代에는 이 烏紗帽가 官帽의

(角帶)를 차등 있게 하사하였다.[151] 사신이 안남에게 침공을 받았음을 호소하자, 칙서를 내려 안남의 왕을 타일러 경계하였다.[152] 9월에 사신이 와서 왕의 타계를 고하였다. 급사중 황여림(黃汝霖)·행인 유서(劉恕)에게 명하여 왕의 동생 반라차전(槃羅茶全)[153]을 왕으로 봉하도록 하였다.[154]

八年入貢. 憲宗嗣位, 應頒賜蕃國錦幣, 禮官請付使臣齎回, 從之. 使者復訴安南見侵, 求索白象. 乞如永樂時, 遣官安撫, 建立界牌石, 以杜侵陵. 兵部以兩國方爭, 不便遣使, 乞令使臣歸諭國王, 務循禮法, 固封疆, 捍外侮, 毋輕搆禍, 從之.

[천순] 8년(1464)에 입조하여 공물을 바쳤다. 헌종(憲宗, 1447~1487; 재위 1464~1487)[155]이 황위를 계승하여, 응당 번국(蕃國)[156]에 비단을 내려주어야 했는데, 예부의 관원이 [비단

대명사가 되었다.

151) 『英宗實錄』 卷318 天順 4년 8월 甲寅條 참조.

152) 『英宗實錄』 卷318 天順 4년 8월 己未條 참조. 英宗이 안남 국왕을 경계한 것은 禮部의 건의를 받아들이는 형태를 취하였다.

153) 盤羅茶全(재위 1460~1471): P'an-Lo T'ou-Ts'iuan 혹은 Bàn La Trà Toàn으로 표기한다. 『憲宗實錄』에는 '盤羅茶全'이 아니라 '槃羅茶全'으로 표기되어 있다. 『憲宗實錄』 卷104 成化 8년 5월 丁巳條 참조. 天順 4년(1460) 9월에 점성왕 摩訶槃羅悅(즉 盤羅茶悅)이 죽자, 명조는 그의 동생 槃羅茶全이 성품과 자질이 순하고 돈독하다며, 給事中 王汝霖, 行人 劉恕를 보내 占城國王으로 책봉한 바 있다. 『英宗實錄』 卷319 天順 4년 9월 丙戌條 참조.

154) 『英宗實錄』 卷319 天順 4년 9월 丙戌條 참조.

155) 憲宗: 明朝 제9대 황제 成化帝의 廟號이다. 英宗의 長子로서 처음 이름은 見濬이었다. 英宗이 포로가 되어 오이라트[瓦剌]에 머무르고 있을 때 皇太后가 명하여 皇太子로 삼았다. 景泰 3년에 폐위되어 沂王으로 격하되었으나, 天順 元年에 皇太子로 복귀하면서 이름을 見深으로 바꾸었다. 天順 8년 正月 英宗이 죽자 帝位에 올랐고 이듬해를 成化 元年으로 정하였다. 道教와 佛教를 過信하고, 淫蕩에 젖어 政事를 등한시하였다. 이에 환관의 세력이 증대하였는데, 특히 汪直이 西廠을 提督하는 등 專橫을 일삼았다.

156) 蕃國: 藩國이라고도 한다. 원래는 周代에 九州 밖에 세워진 나라로서, 명의상으로는 歸屬하지만 실제로는 周王室의 제어를 받지 않는 나라를 가리켰는데, 후에 諸侯國 혹은 중국 이외의 국가를 통칭하는 용어로 사용되었다. 본문에서는 占城國을 가리킨다. 蕃國의 의미에 대한 상세한 설명은 邱炫煜, 1995: 6~18, 34~41 참조.

을] 사신에게 주어 가지고 돌아가도록 하자고 청하니, 그 청을 받아들였다.[157] 사신이 안남이 침공해서 흰색의 코끼리를 요구하고 있다고 다시 하소연하고, 영락 연간(1403~1424) 때와 같이 관리를 보내어 위로하여 어루만지고, 경계를 표지하는 비석을 세워 침공과 능멸을 막기를 청하였다. 병부에서는 양국이 현재 다투고 있어서 사절단을 보내기 어려우니, 사신으로 하여금 귀국해서 국왕에게 효유하여, 힘써 예법을 따르고 경계를 견고히 하여 외적의 침입을 막도록 하고, 가벼이 화를 불러일으키지 말도록 하자고 청하니, 그 청을 받아들였다.[158]

成化五年入貢. 時安南索占城犀象·寶貨, 令以事天朝之禮事之. 占城不從, 大擧往伐. 七年破其國, 執王槃羅茶全及家屬五十餘人, 劫印符, 大肆焚掠, 遂據其地. 王弟槃羅茶悅逃山中, 遣使告難. 兵部言:「安南呑幷與國, 若不爲處分, 非惟失占城歸附之心, 抑恐啓安南跋扈之志. 宜遣官齎敕宣諭, 還其國王及眷屬.」帝慮安南逆命, 令俟貢使至日, 賜敕責之.

성화(成化)[159] 5년(1469)에 입조하여 공물을 바쳤다.[160] 당시 안남에서는 점성에게 무소, 코끼리와 보화 등을 강요하며, 천조(天朝)를 섬기는 의례(儀禮)로서 섬기도록 하였다.[161] 점성이 이에 따르지 않자, 크게 군대를 일으켜 공격하였다. [성화] 7년(1471)에 점성을 격파하고, 국왕 반라차전(槃羅茶全)과 그 가속(家屬) 50여 명을 포로로 잡았으며, 인부(印符)를 빼앗고, 크게 멋대로 불사르고 약탈해서 드디어 그 땅을 점거하였다.[162] 왕의 동생 반라차열(槃羅茶悅)은 산속으로 도주하여 사신을 명조(明朝)에 보내어 그 화난(禍難)을 보고하였다.[163]

---

157) 『憲宗實錄』 卷3 天順 8년 3월 戊午條 참조.

158) 『憲宗實錄』 卷3 天順 8년 3월 庚申條 참조.

159) 成化: 명 왕조 9대 황제인 憲宗 朱見深의 年號이다.

160) 『憲宗實錄』 卷72 成化 5년 10월 甲寅條 참조. 占城 국왕 槃羅茶悅이 사신 布沙帕婆羅始 등을 보내 공물을 바쳤다.

161) 安南에서 占城에게 무소, 코끼리와 보화 등을 강요하려 보낸 사람에게 天朝의 사신을 받들 듯이 대우해 줄 것을 바랐다는 말이다. 『憲宗實錄』 卷104 成化 8년 5월 丁巳條 참조.

162) 成化 7년 2월에 벌어진 사건이다. 『憲宗實錄』 卷104 成化 8년 5월 丁巳條 참조.

163) 槃羅茶悅이 임시 국왕의 신분으로 사신 樂沙來를 明朝에 보내어 보고하였다. 『憲宗實錄』 卷104 成化 8년 5월 丁巳條 참조.

병부에서 아뢰기를, "안남이 우방을 집어삼켰는데, 만약 아무런 조치를 취하지 않는다면, 점성의 [천조에] 귀부(歸附)하려는 마음을 잃게 할 뿐 아니라 안남의 발호의 뜻을 조장시킬까 싶습니다. 마땅히 관원을 보내어 칙서를 가지고 가서 타일러서, 점성 국왕과 그 가속을 돌려보내도록 해야 할 것입니다"[164]라고 하였다. 황제는 안남이 명령을 거역할까 염려하여 안남의 조공사절이 도착하는 날을 기다려, 그에게 칙서를 주어 추궁하도록 하였다.

八年, 以槃羅茶悅請封, 命給事中陳峻·行人李珊持節往. 峻等至新州港, 守者拒之, 知其國已爲安南所據, 改爲交南州, 乃不敢入. 十年冬還朝.

[성화] 8년(1472)에 반라차열(槃羅茶悅)이 국왕으로 책봉해 줄 것을 요청했기 때문에 황제는 급사중 진준(陳峻)·행인 이산(李珊)에게 부절(符節)을 가지고 가도록 하였다.[165] 진준 등은 신주항(新州港)[166]에 이르렀지만, 이곳을 지키는 자가 상륙하지 못하도록 하자, 점성이 이미 안남에게 점거되어 교남주(交南州)로 바뀌었음을 알고는 감히 들어가지 못하였다. [성화] 10년(1474) 겨울에 귀국하였다.[167]

安南旣破占城, 復遣兵執槃羅茶悅, 立前王孫齋亞麻弗菴爲王, 以國南邊地予之. 十四年, 遣使朝貢請封, 命給事中馮義·行人張瑾往封之. 義等多攜私物, 旣至廣東, 聞齋亞麻弗菴已死, 其弟古來遣使乞封. 義等慮空還失利, 亟至占城. 占城人言, 王

---

164) 兵部尙書 白圭 등이 논의 끝에 成化帝에게 보고한 내용이다. 『憲宗實錄』 卷104 成化 8년 5월 丁巳條 참조.

165) 占城의 임시 국왕 槃羅茶悅이 국왕의 승계를 승인해줄 것과 印符를 내려줄 것을 청하자 禮部에서 正統 연간(1436~1449)의 예를 준용할 것을 건의하였다. 이에 工科右給事中 陳峻과 行人司行人 李珊을 파견하였다. 『憲宗實錄』 卷105 成化 8년 6월 丁亥條 참조.

166) 新州港: 占城 즉 베트남 중부의 平定省에 위치한다. 新州港은 옛 新安府로 지금은 海陽承政司이다. 『東西洋考』 卷1 「西洋列國考」 交阯 新州.

167) 陳峻 등은 占城의 新州港口에 이르렀지만 상륙이 불허되자, 적재한 私貨와 동행한 상인의 이익을 고려하여 풍랑을 만났다는 핑계를 대고 滿剌加國으로 越境하여 交易하고는 그 국왕에게 入貢을 권유한 뒤에 成化 10년 12월에 귀국하였다. 『憲宗實錄』 卷136 成化 10년 12월 乙未條 참조.

孫請封之後, 卽爲古來所殺, 安南以僞敕立其國人提婆苔爲王. 義等不俟奏報, 輒以印幣授提婆苔封之, 得所賂黃金百餘兩, 又往滿剌加國盡貨其私物以歸. 義至海洋病死. 瑾具其事, 幷上僞敕於朝.

안남이 점성을 격파한 뒤, 다시 병사를 보내어 반라차열을 체포하고는 전 국왕의 손자인 제아마불암(齋亞麻弗菴)을 왕으로 세워, 점성국의 남쪽 변경지대의 땅을 그에게 주었다.[168) [성화] 14년(1478)에 사신을 보내어 입조하여 공물을 바치면서 [왕으로] 책봉해 줄 것을 청하자,[169) [황제는] 급사중 풍의(馮義)·행인 장근(張瑾)에게 명하여 가서 책봉하도록 하였다.[170) 풍의 등이 사물(私物)을 많이 휴대하여 광동에 이르렀는데, 재아마불암이 이미 죽었고, 그 동생 고래(古來)가 책봉해 줄 것을 요청하는 사신[171)을 보냈다는 소식을 듣게 되었다. 풍의 등은 빈손으로 돌아가면 손해가 됨을 염려하여 바로 점성으로 갔다. 점성인이 말하기를, 국왕의 손자가 책봉을 청한 이후 바로 고래에게 살해되었는데, 안남에서 위조 칙서로 안남인 제파태(提婆苔)를 왕으로 세웠다고 하였다. 풍의 등은 상주(上奏)하여 보고하지도 않고, 바로 인장(印章)과 폐백(幣帛)을 제파태에게 주어 [왕으로] 책봉하고는 뇌물로 황금 100여량을 받고, 다시 만랄가(滿剌加)[172)국으로 가서 자신들의 사물(私物)을 다 판 뒤 돌아왔다. 풍의는

168) 이 소식은 齋亞麻弗庵이 보낸 숙부 波羅亞弟 및 사신 羅四 등의 보고를 통해 明朝에 전해졌다. 이에 대해서는『憲宗實錄』卷180 成化 14년 7월 乙丑條; 권181, 成化 14년 8월 乙未條 등 참조. 한편 實錄에는 '齋亞麻弗庵'의 이름이 '齋亞麻勿庵'으로 기재되어 있다.

169)『憲宗實錄』卷180 成化 14년 7월 乙丑條 참조.

170) 禮科給事中 馮義와 行人 張瑾을 占城에 보내 齋亞麻弗庵을 國王으로 봉하도록 하였다.『憲宗實錄』卷181 成化 14년 8월 乙未條 참조.

171) 哈那巴를 가리킨다.『憲宗實錄』卷220 成化 17년 10월 丙辰條 참조.

172) 滿剌加: 말라카(Malacca)왕국을 일컫는다. 팔렘방(Palembang)의 왕자인 파라메스와라(Parameswara)에 의하여 1400년경에 건국되었고 하는데, 그가 스리위자야(SriVijaya) 왕실 가계의 왕자인지는 분명하지 않다. 1377년 마자파힛(Majapahit) 왕국의 공격으로 팔렘방이 패하자 파라메스와라와 그의 추종자들은 해상으로 탈출하여 말레이 반도 방향으로 이동하여 이동하였는데, 처음 정착한 곳이 트마섹(Temasek)섬이었다고 한다. 이곳에서 파라메스와라는 사자를 보았다고 하여 이 지역을 '사자의 도시' 또는 '사자의 나라'라는 뜻의 싱가푸라(Singapura)라고 불렀는데, 여기에서 싱가포르라는 명칭이 유래되었다. 이후 이들은 1402년에 다시 말라카로 이동하여 말라카 왕국을 세우고 스리위자야를 잇는 해상 국가로서 비약적으로 발전하였다. 특히, 말라카의 지배자들은 국제 교역상들의 안전을 보장하는

바다에서 병사하였다. 장근이 그간의 사정을 진술하고 아울러 위조 칙서를 조정에 바쳤다.[173)]

十七年，古來遣使朝貢，言:「安南破臣國時，故王弟槃羅茶悅逃居佛靈山．比天使齎封誥至，已爲賊人執去，臣與兄齋亞麻弗菴潛竄山谷．後賊人畏懼天威，遣人訪覓臣兄，還以故地．然自邦都郎至占臘止五處，臣兄權國未幾，遽爾隕歿．臣當嗣立，不敢自專，仰望天恩，賜之冊印．臣國所有土地本二十七處，四府·一州·二十二縣．東至海，南至占臘，西至黎人山，北至阿本喇補，凡三千五百餘里．乞特諭交人，盡還本國.」章下廷議，英國公張懋等請特遣近臣有威望者二人往使．時安南貢使方歸，卽賜敕詰責黎灝，令速還地，毋抗朝命．禮官乃劾瑾擅封，執下詔獄，具得其情，論死．時古來所遣使臣在館，召問之，云:「古來實王弟，其王病死，非弒．提婆苔不知何人.」乃命使臣暫歸廣東，俟提婆苔使至，審誠僞處之．使臣候命經年，提婆苔使者不至，乃令還國．

[성화] 17년(1481)에 고래(古來)가 사신을 보내어 입조하여 공물을 바치면서 아뢰기를, "안남이 신의 나라를 침공했을 때,[174)] 고(故) 국왕의 아우 반라차열이 도주하여 불령산(佛靈山)에서 기거하였습니다. 천조의 사신이 책봉의 칙서를 가지고 이르렀을 때[175)]에는 [반라차열이] 이미 도적의 무리[176)]에게 붙잡혀갔고, 신과 형 재아마불암은 몰래 산과 계곡 사이로

데 주력하고, 교역 기반시설을 확충했으며, 매우 정교하고 효율적인 법과 행정체계를 세움으로써 해상왕국으로 흥기할 수 있었다(최병욱, 2006: 290~292). 말라카 왕국은 중국과 우호적인 관계를 유지하면서 1470년경에 최고의 전성기를 구가하여, 말레이 반도 전역과 수마트라 중동부 지역을 장악하였다. 그러나 이후 말라카 왕국은 점차 쇠락의 길로 접어들었고, 특히 16세기에 접어들어 말라카왕실은 내분에 휩싸이고 있을 때인 1511년에 인도 고아(Goa)를 점령한 포르투갈의 아퐁소 드 알부케르케(Afonso de Albuquerque)가 군대를 이끌고 말라카를 공격하는데, 결국 여기에서 패배함으로써 멸망하였다.

173) 『憲宗實錄』 卷220 成化 17년 10월 丙辰條 참조. 한편 이 사건으로 인하여 斬刑으로 판결된 張瑾은 일단 下獄되었는데, 成化 20년 減刑되어 廣西의 邊衛로 유배되었다. 『憲宗實錄』 卷257 成化 20년 10월 己未條 참조.

174) 天順 5년(1461) 4월의 일이다. 『憲宗實錄』 卷219 成化 17년 9월 丁酉條 참조.

175) 成化 6년(1470)의 일이다. 『憲宗實錄』 卷219 成化 17년 9월 丁酉條 참조.

176) 占城으로 침공한 安南人을 비하하는 표현이다.

도주하였습니다. 후에 도적의 무리가 천조의 위엄을 두려워하여 사람을 보내어 신의 형을 찾아 고토(故土)를 되돌려주었습니다. 다만 [그 땅은] 방도랑(邦都郞)으로부터 점랍(占臘)[177]에 이르는 5곳에 불과하였고, 신의 형은 임시 국왕이 된지 얼마 되지 않아 갑자기 운명하였습니다. 신이 마땅히 뒤를 이어야 했으나 감히 자의적으로 할 수 없어, 천자의 은혜로 책봉의 인장을 내려주실 것을 앙망(仰望)하였습니다. 신의 나라가 소유한 토지는 본래 27곳의 4부(府)·1주(州)·22현(縣)입니다. 동으로는 바다에 이르고, 남으로는 점랍에 이르며, 서로는 여인산(黎人山)에 이르고, 북으로는 아본라보(阿本喇補)에 이르기까지 모두 3500여 리(里)입니다. 청하옵건대, 특별히 교지(交阯)인을 타일러서 본국에 모두 반환토록 해주시기 바랍니다"라고 하였다. 이 상주문을 조정에 내려서 논의케 하니, 영국공(英國公) 장무(張懋)[178] 등이 특별히 근신(近臣)으로 위엄과 명망이 있는 자 2명을 사신으로 [안남에] 파견하자고 청하였다. 당시 안남의 조공사절이 귀국하려 하였으므로, 곧 칙서를 내려 여호(黎灝)[179]를 책망하여 속히 땅을 반환하고 조정의 명을 어기지 말도록 하였다.[180] 예부의 관원이 이에 장근(張瑾)이 멋대로 책봉한 것을 탄핵하여, [그를] 체포하여 조옥(詔獄)[181]에 내려 실정을 모두 파악한 뒤 사형으로 판결하였다.[182] 당시 고래가 보낸 사신[183]이 숙소에 머물고 있었는데, 소환하여 물으니, 말하기를, "고래는 실로 국왕의 동생이며, 국왕은 병사한 것이지 시해당한 것이 아닙니다. 제파태는 누구인지 모르겠습니다"라고 하였다. 이에 사신에게 명하여 잠시 광동으로

177) 占臘: 송나라 때 眞臘의 옛 이름인데, 이에 대해서는 본권의 眞臘條 참조.

178) 張懋(1440-1515): 祖籍은 河南의 祥符 즉 오늘날의 開封이지만, 대대로 京師 즉 北京에서 거주하였다. 靖難의 공신 張玉의 후예이고, 9세 때에 부친인 英國公 張輔의 爵位를 계승하였다. 항상 成化帝를 따라 西苑에서 騎射를 하였는데, 세 발이 연속으로 명중하여 金帶를 하사받았다. 그 후 中軍都督府를 관장하고, 京營과 五軍都督府 등의 군직을 역임하였다. 후에는 太子太傅로 승진했고, 太師 겸 太子太師까지 올랐다. 正德 10년에 사망한 후 寧陽王으로 추증되었다.

179) 黎灝(1442~1497; 재위 1460~1497): 黎麟(1423~1443; 재위 1434~1443)의 넷째 아들로 38년간 재위하였고, 56세로 사망하였다. 昭陵에 장사지냈다. 漢 武帝나 唐 太宗도 여호를 능가할 수 없다는 말이 있을 정도로 영웅적인 재략을 지녔던 인물로 알려져 있다. 『大越史記全書』 卷12 「黎紀」 참조.

180) 이상은 『憲宗實錄』 卷219 成化 17년 9월 丁酉條를 참조하라.

181) 詔獄: 皇帝의 특별지시로 收監한 후 詔書에 의하여 판결하는 것으로 明代에는 錦衣衛의 北鎭撫使가 詔獄을 전담하였다(王天有, 1992: 141).

182) 法司에서는 '大臣專擅迭官罪'에 의거하여 斬刑으로 판결하였다. 『憲宗實錄』 卷220 成化 17년 10월 丙辰條 참조.

183) 哈那巴를 가리킨다. 『憲宗實錄』 卷220 成化 17년 10월 丙辰條 참조.

돌아가서 제파태의 사신이 이르는 것을 기다려 진위를 조사해서 처리토록 하였다.[184] 사신은 해가 다가도록 명을 기다렸지만, 제파태의 사신이 이르지 않자 귀국조치 시켰다.[185]

二十年，敕古來撫諭提婆苔，使納原降國王印，宥其受僞封之罪，仍爲頭目．提婆苔不受命，乃遣給事中李孟暘·行人葉應冊封古來爲國王．孟暘等言：「占城險遠，安南構兵未已，提婆苔又竊據其地，稍或不愼，反損國威．宜令來使傳諭古來，詣廣東受封，幷敕安南悔禍.」從之．古來乃自老撾挈家赴崖州，孟暘竣封事而返．古來又欲躬詣闕廷，奏安南之罪．二十三年，總督宋旻以聞．廷議遣大臣一人往勞，檄安南存亡繼絶，迎古來返占城．帝報可，命南京右都御史屠滽往．至廣東，卽傳檄安南，宣示禍福．募健卒二千人，駕海舟二十艘，護古來還國．安南以滽大臣奉特遣，不敢抗，古來乃得入．

[성화] 20년(1484)에 고래에게 칙서를 내려 제파태를 안무하고 효유하여, 원래 점성국의 왕인(王印)을 바치면 위조 책봉을 받아들인 죄를 용서하고 여전히 두목(頭目)을 맡도록 보장할 것임을 알렸다.[186] 제파태가 명을 받아들이지 않자, 급사중 이맹양(李孟暘)·행인 섭응(葉應)을 보내어 고래를 국왕으로 책봉토록 하였다.[187] 이맹양 등이 아뢰기를, "점성은 길이 험하고 먼데, 안남은 전쟁을 아직 중단하지 않고, 제파태는 또 그 땅을 몰래 점거하고 있으니, 조금이라도 신중하게 하지 않으면 도리어 나라의 위엄에 손상이 가게 됩니다. 마땅히 입조한 사신으로 하여금 유시(諭示)를 고래에게 전하여 광동에 와서 책봉을 받도록 하고, 아울러 안남에게 칙서를 내려 뉘우치도록 해야 합니다"라고 하니, [황제는] 이를 허락하였다.[188] 고래가 곧 노과(老撾)[189]로부터 가속을 거느리고 애주(崖州)[190]에 도착하니, 이맹양은 책봉

184) 『憲宗實錄』 卷220 成化 17년 10월 丙辰條 참조.

185) 占城 古來의 사신 阿羅沙 등이 提婆苔의 謝恩使를 1년 넘게 기다렸지만 이르지 않았기 때문에 禮部의 覆奏를 받아들여 귀국조치 시킨 것이다. 『憲宗實錄』 卷232 成化 18년 9월 辛亥條 참조.

186) 『憲宗實錄』 卷254 成化 20년 7월 辛卯條 참조.

187) 戶科給事中 李孟暘을 正使로, 行人司行人 葉應을 副使로 占城에 冊封使로 파견하였다. 『憲宗實錄』 卷255 成化 20년 8월 辛未條 참조.

188) 『憲宗實錄』 卷255 成化 20년 8월 辛未條 참조.

의 일을 마치고 돌아왔다.[191] 고래는 또 직접 조정에 와서 안남의 죄를 상주하려 하였다. [성화] 23년(1487)에 총독 송민(宋旻)[192]이 위 사실을 아뢰었다.[193] 조정[194]에서 의논하기를, 대신 1명을 파견하여 가서 고래를 위로토록 하고, 안남에게 외교문서를 보내어 대가 끊긴 왕실을 존속시켜 후사(後嗣)를 잇도록 하며, 고래를 맞이하여 점성으로 돌아가도록 하게 하자고 하였다. 황제는 승낙의 답보(答報)를 내리고, 남경(南京) 우도어사(右都御史) 도용(屠滽)[195]에게 명하여 가도록 하였다.[196] [도용은] 광동에 이르러 곧 안남에 외교문서를 보내어 이해득실을 알려주었다. 건장한 병사(兵士) 2천 명을 모집하고 해선(海船) 20척을 동원하여 고래를 호송하여 귀국시켰다. 안남은 도용이 대신으로서 어명을 받들고 특별히 파견되었기 때문에 감히 저항하지 못하였기에, 고래는 비로소 돌아갈 수 있었다.[197]

---

189) 老撾: 라오스를 가리키는데, 민간에서는 撾家로 부르기도 한다. 東南에 三關이 있고 安南과 접경하고 있다. 원래 中國과 통하지 않았으나, 永樂帝가 즉위한 뒤, 老撾土官 刀線歹이 방물을 바치자 처음으로 老撾軍民宣慰使司를 두었다. 永樂 2년에 刀線歹를 宣慰使로 삼고 印을 지급하였다. 永樂帝는 刀線歹이 몰래 安南의 季犛와 내통하자 사신을 파견하여 힐책하기도 하였다. 『太宗實録』 卷30 永樂 2년 7월 丁酉條 참조.

190) 崖州: 洪武 원년에 吉陽軍을 崖州로 改名하여 瓊州府에 예속시켰다. 관할 지역은 오늘날 海南島 三亞市 和保亭과 樂東의 두 縣 지역에 해당한다.

191) 巡按廣東監察御史 徐同爰은, 古來가 提婆苔를 살해하고 王妃와 王孫 및 부락민 천여 명을 데리고 廣東의 崖州에 도착하였다고 上奏하였다. 『憲宗實錄』 卷284 成化 22년 11월 癸丑條 참조.

192) 宋旻: 浙江 淳安 출신으로서 字는 弘澤이다. 景泰辛未 즉 景泰 2년(1451)에 進士가 되었다. 大理寺評事로부터 출발하여 大理寺卿으로까지 승진했는데, 공평한 판결로 聲望이 높았다. 후에 右都御史와 兩廣總督을 역임한 뒤 弘治 원년(1488)에 致仕하였다. 위 기사에서 '總督'은 兩廣總督을 가리킨다. 『浙江通志』 卷162 「人物」1 참조.

193) 總督兩廣軍務右都御史 宋旻 등이, 古來가 入朝하여 安南에게 당한 피해를 직접 호소하려 한다는 사실을 上奏하였다. 『憲宗實錄』 卷286 成化 23년 1월 辛酉條 참조.

194) 구체적으로는 英國公 張懋와 兵部左侍郎 何琮 등을 가리킨다. 『憲宗實錄』 卷286 成化 23년 1월 辛酉條 참조.

195) 屠滽(1440~1512): 字는 朝宗, 號는 丹山으로서 浙江 鄞縣 출신이다. 成化 2년(1466) 進士가 된 뒤 질환으로 歸鄕하였다. 5년 뒤 監察御史로 官界에 진출하여 右僉都御史, 右都御史, 左都御史 등을 역임하였다. 弘治 초에 災異가 연속적으로 일어나자 여러 차례에 걸쳐 時弊를 진술하여 건의 사항이 채택되기도 하였다. 弘治 11년(1498)에는 吏部尙書로 승진되었다. 正德 연간(1436~1449)에는 太監 劉瑾의 의지에 반하여 前 兵部尙書 劉大夏를 옹호하기도 하였지만, 결국 致仕하여 鄕里로 돌아온 뒤 타계하였다. 저서로 『丹山集』 등이 전한다. 『浙江通志』 卷159 「人物」1 참조.

196) 『憲宗實錄』 卷286 成化 23년 1월 辛酉條 참조.

明年，弘治改元，遣使入貢．二年遣弟卜古良赴廣東，言：「安南仍肆侵陵，乞如永樂時遣將督兵守護.」總督秦紘等以聞．兵部言：「安南・占城皆『祖訓』所載不征之國．永樂間命將出師，乃正黎賊弒逆之罪，非以隣境交惡之故．今黎灝修貢惟謹，古來膚受之朌，容有過情，不可信其單詞，勞師不征之國．宜令守臣回咨，言近交人殺害王子古蘇麻，王卽率衆敗之，仇恥已雪．王宜自强修政，撫緝國人，保固疆圉，仍與安南敦睦修好．其餘嫌細故，悉宜捐除．倘不能自强，專藉朝廷發兵渡海，代王守國，古無是理.」帝如其言．三年遣使謝恩．其國自殘破後，民物蕭條，貢使漸稀．

다음해 홍치(弘治)[198] 원년(1488)에 [점성국왕이] 사신을 보내어 입조하여 공물을 바쳤다.[199] [홍치] 2년(1489)에 동생 복고량(卜古良)을 보내어 광동에 이르러 아뢰기를, "안남이 여전히 멋대로 침략하니, 청하옵건대 영락 연간(1403~1424)에 장령(將領)을 보내어 군대를 거느리고 수호(守護)토록 했던 전례와 같이 해 주십시오"라고 하였다. 총독 진굉(秦紘)[200] 등이 이를 보고하였다.[201] 병부에서 아뢰기를, "안남과 점성은 모두 『조훈(祖訓)』[202]에 기재

197) 『孝宗實錄』 卷4 成化 23년 10월 己卯條 참조.

198) 弘治: 明朝의 제10대 황제 孝宗(1470~1505; 재위 1487~1505)의 年號이다. 憲宗 成化帝의 세 번째 아들로서 이름은 祐樘이다. 즉위 후 환관과 僧道를 단속하여 기강을 肅正하고, 名臣을 기용하여 정치의 쇄신을 꾀했으며, 鹽法을 整理하고 豫備倉을 充實히 하여 民福을 增進시켰고, 『問刑條例』와 『大明會典』 등을 편찬하여 法制를 정비하였기 때문에 그는 明朝 中興의 군주로 칭해진다.

199) 古來가 王孫 哈那巴 등을 사신으로 파견하여 공물을 바쳤다. 『孝宗實錄』 卷11 弘治 원년 2월 丁酉條 참조.

200) 秦紘(1426~1505): 字는 世纓으로서 山東 單縣 출신이다. 景泰 2년(1451)에 進士가 되었다. 南京御史로부터 官界에 진출했는데, 환관의 탄핵을 받아 驛丞이 되기도 하였다. 天順~成化 연간에 각지의 지방관을 역임하였고, 후에는 右僉都御史로서 宣府를 巡撫하였으며, 戶部尙書로까지 승진하였다. 관료로서 일생을 청렴강직했고, 비타협적으로 불의에 저항하였다. 사후에 襄毅라는 謚號를 받았다. 한편 본문에 '總督'은 兩廣總督을 가리킨다. 『山東通志』 卷283 「人物」3 등 참조.

201) 鎭守太監 韋春과 巡撫都御史 秦紘 등이 會議하여 보고한 것이다. 『孝宗實錄』 卷31 弘治 2년 10월 丁酉條 참조.

202) 祖訓: 원래는 '先祖의 遺訓' 즉 후대의 군주가 준수해야 할 언행과 규범 등에 대한 가르침이라는 의미인데, 여기서는 明太祖 朱元璋 시기에 편찬된 明朝의 典籍으로서 『皇明祖訓』을 가리킨다. 주요 내용은 皇權의 안정을 공고히 다지기 위해 후세의 자손이 준수해야 할 각종 訓戒가 담겨 있다. 洪武 2년(1369)부터 찬술되기 시작하여 6년에 완성되자 朱元璋이 직접 序文을 지어 禮部에 인쇄토록 하였다. 9년에

된 정벌해서는 안 되는 나라입니다. 영락 연간(1403~1424)에 장령에게 명하여 군대를 출정케 한 것은 여호(黎灝)가 시역한 죄를 바로잡기 위함이었지, 인국(隣國)이 서로 원한관계였기 때문이 아니었습니다. 지금 여호는 공물을 바치는 것을 성실히 하고 있는데, 고래는 절실한 호소를 하고 있지만 지나친 정황이 담겨 있으니, 그 일방의 주장만을 믿고 정벌해서는 안 되는 나라에 군대를 보내서는 안 됩니다. 마땅히 수신(守臣)[203]으로 하여금 답변의 자문(咨文)을 [고래에게] 보내어 이르기를, '근자에 교지(交阯)인이 왕의 아들 고소마(古蘇麻)를 살해하자 왕이 곧 무리를 거느리고 교지인을 패퇴시켰으니, 원한과 수치는 이미 설욕된 셈이다. 왕은 마땅히 스스로 정사(政事)에 힘쓰고 국인(國人)을 구휼하며 나라를 잘 지켜, 예전대로 안남과 화목하게 우호관계를 유지해야 할 것이다. 그 나머지 혐의와 세세한 연고는 모두 지워버려야 한다. 만약 스스로 힘쓰지 않고, 오로지 조정에 기대어 병사를 해외에 파병하여 왕을 대신해서 나라를 지키고자 한다면, 예부터 이런 이치는 없었다'라 하시기 바랍니다"라고 하였다. 황제는 이 상언(上言)대로 하였다.[204] [홍치] 3년(1490)에 [점성국왕은] 사신을 보내어 은혜에 사의(謝意)를 표하였다.[205] 점성국은 패전 이후 인민과 물산이 줄어들었고, 조공사절도 점차 드물게 되었다.

十二年, 遣使奏:「本國新州港之地, 仍爲安南侵奪, 患方未息. 臣年已老, 請及臣未死, 命長子沙古卜洛襲封, 庶他日可保國土.」廷議:「安南爲占城患, 已非一日. 朝廷嘗因占城之龥, 累降璽書, 曲垂誨諭. 安南前後奏報, 皆言祗承朝命, 土地人民, 悉已退還. 然安南辨釋之語方至, 而占城控訴之詞又聞, 恐眞有不獲已之情. 宜仍令守臣切諭安南, 毋貪人土地, 自貽禍殃, 否則議遣偏師往問其罪. 至占城王長子, 無父在襲封之理. 請令先立爲世子攝國事, 俟他日當襲位時, 如例請封.」帝報允. 尋遣王孫沙不登古魯來貢.

다시 수정을 가하여 28년(1395)에 최종 완성되면서 이름을 『皇明祖訓』으로 확정하였다.

203) 守臣: 한 지역을 鎭守하는 지방장관이라는 뜻이다. 여기서는 鎭守太監과 巡撫 등 廣東의 주요 지휘관을 가리킨다. 『孝宗實錄』 卷31 弘治 2년 10월 丁酉條 참조.

204) 『孝宗實錄』 卷31 弘治 2년 10월 丁酉條 참조.

205) 古來가 다시 동생 卜古良 등을 보내 공물을 바쳤다. 『孝宗實錄』 卷38 弘治 3년 5월 壬申條 참조.

[홍치] 12년(1499)에 [점성국왕은] 사신을 보내어 상주하기를, "본국의 신주항(新州港)이란 곳이 여전히 안남에게 침탈되어 그 고통이 아직 그치지 않고 있습니다. 신은 이미 늙었기에, 청컨대 신이 아직 죽기 전에 장자 사고복락(沙古卜洛)에게 왕위를 계승토록 명하여 장래에 국토를 보존할 수 있게 해주시기 바랍니다"라고 하였다. 조정[206]에서 건의하기를, "안남이 점성의 고통이 된 것은 이미 하루 이틀의 일이 아닙니다. 조정에서 일찍이 점성의 호소로 누차 새서(璽書)를 내려 곡진히 타일렀습니다. 안남에서는 앞뒤로 상주하여 보고하기를, 모두 조정의 명을 따라 토지와 인민을 전부 이미 돌려주었다고만 하였습니다. 그러나 안남에서 해명하는 문서가 이르고 있는데, 점성에서 호소하는 말이 다시 보고되고 있으니, 아마 진정으로 부득이한 사정이 있는 듯합니다. 마땅히 수신으로 하여금 안남을 준열하게 깨우쳐 타국의 토지를 탐내어 스스로 재앙을 만들지 않도록 하고, 그렇지 않다면, 논의해서 일방의 군대를 보내어 그 죄를 다스릴 것임을 알게 하여야 할 것입니다. 점성 국왕의 장자에 이르러서는 부친이 살아있는데 왕위를 계승할 이치는 없습니다. 청컨대 먼저 세자로 삼아 국정을 대리케 하고, 장래에 마땅히 왕위를 이을 때 상례(常例)에 따라 책봉을 청하도록 하시기 바랍니다"라고 하니, 황제는 윤허의 답보(答報)를 내렸다.[207] 얼마 후 [점성국왕이] 왕손 사불등고노(沙不登古魯)를 보내어 공물을 바쳤다.[208]

十八年, 古來卒. 子沙古卜洛遣使來貢, 不告父喪, 但乞命大臣往其國, 仍以新州港諸地封之. 別有占奪方輿之奏, 微及父卒事. 給事中任良弼等言: 「占城前因國土削弱, 假貢乞封, 仰仗天威, 讋伏隣國. 其實國王之立不立, 不系朝廷之封不封也. 今稱古來已歿, 虛實難知. 萬一我使至彼, 古來尚存, 將遂封其子乎? 抑義不可而已乎? 迫脅之間, 事極難處. 如往時科臣林霄之使滿剌加, 不肯北面屈膝, 幽餓而死, 迄不能問其罪. 君命國威, 不可不慎. 大都海外諸蕃, 無事則廢朝貢而自立, 有事則假朝貢而請封. 今者貢使之來, 豈急於求封, 不過欲復安南之侵地, 還粵東之逃人耳. 夫

206) 구체적으로는 회동하여 논의한 禮部와 兵部의 관리를 가리킨다. 『孝宗實錄』 卷151 弘治 12년 6월 己酉條 참조.

207) 『孝宗實錄』 卷151 弘治 12년 6월 己酉條 참조.

208) 『孝宗實錄』 卷151 弘治 12년 6월 乙卯條 참조.

安南侵地，璽書屢諭歸還，占據如故．今若再諭，彼將玩視之，天威褻矣．倘我使往封占城，羈留不遣，求爲處分，朝廷將何以應？又或拘我使者，令索逃人，是以天朝之貴臣，質於海外之蠻邦．宜如往年古來就封廣東事，令其領敕歸國，於計爲便.」禮部亦以古來存亡未明，請令廣東守臣移文占城勘報，從之，旣而封事久不行.

[홍치] 18년(1505)에 고래가 사망하였다. 아들 사고복락이 사신을 보내어 입조해서 공물을 바쳤지만, 부친상을 보고하지 않고 다만 [명조(明朝)의] 대신(大臣)을 자국에 파견하여, 예전대로 신주항(新州港) 등의 땅을 봉지(封地)로 내려줄 것을 청하였다. 별도로 토지를 빼앗겼다는 내용의 상주문 속에서 넌지시 부친 사망 사실을 언급하였다. 급사중 임양필(任良弼)[209] 등이 아뢰기를, "점성이 전에 국토의 침탈을 계기로 조공사절을 보내면서 책봉을 요청하고 천조의 위엄에 의지하여 인국(隣國)에게 두려움을 불러일으켰습니다. 사실 국왕의 등극 여부는 조정의 책봉 여부와 관계가 없습니다. 지금 고래가 이미 죽었다고 하지만 진실은 알기 어렵습니다. 만일 우리 사신이 그 나라에 이르렀는데, 고래가 아직 생존해 있다면, 결국 그 아들을 책봉해주어야 합니까? 아니면 도의상 불가하니 그만두어야 합니까? 협박을 받는 사이에 일은 극히 대처하기 힘들게 됩니다. 예를 들어, 옛날 과신(科臣) 임소(林霄)[210]가 만랄가(滿剌加)에 사신으로 가서 북면(北面)[211]하여 무릎을 굽히지 않으려 하여 유폐되어 굶어죽게 되었지만, 지금까지 그 죄를 묻지 못하고 있습니다. 황제의 명과 나라의 위엄은 신중하지

209) 任良弼: 字는 廷替로서 山西 平遙 출신이다. 弘治 6년(1493)에 進士가 되어 翰林院 庶吉士, 刑科 左給事中, 吏科 都給事中 등을 역임하였는데, 權貴를 탄핵함에 거리낌이 없었다. 通政司 左參議로 승진하였으나, 太監 劉瑾에 저촉되어 建昌府 通判으로 강등되었다. 얼마 후에는 다시 劉瑾에 의하여 刑獄을 받고, 軍戶로 충당되어 遼陽에 유배되었다. 劉瑾의 伏誅 후에 通政司 右參議로 기용되어 通政使까지 승진하였다. 관직 생활 30년 동안 朝野에 명망이 높았고, 운명 시에는 집에 琴書 외에는 남아 있는 것이 없었다고 한다. 한편 본문의 '給事中'은 刑科 左給事中을 가리키는 것으로 보인다. 『山西通志』 卷114 「人物」14 등 참조.

210) 成化 연간(1465~1487)에 刑科 給事中이었던 林霄가 詔書를 받들고 暹羅에 出使했다가 귀국하지 못하고 현지에서 사망하였다. 따라서 본문에 '옛날'은 成化 연간을, 科臣은 刑科 給事中을 가리킨다. 이에 대해서는 『禮部志稿』 卷98 「隆典備考」 참조.

211) 北面: 古禮에 신하가 군주를 배알할 때에는 북쪽을 향해 예를 행하였기 때문에 이후 신하의 자리에 거함을 일러 北面이라 칭한다.

않으면 안 됩니다. 대개 해외의 여러 번국(蕃國)은 별 일이 없으면 조공을 하지 않고 스스로 왕위에 오르고, 특별한 일이 있으면 조공을 기회로 책봉을 청합니다. 지금 조공사절이 왔지만, 어찌 책봉을 청하는 데 급한 것이겠습니까? 안남이 침탈한 토지를 되찾고, 광동으로 도주한 사람들을 귀환시키고자 하는 데 지나지 않을 뿐입니다. 저 안남이 침탈한 땅은 새서(璽書)로 누차 되돌려주도록 타일렀지만 점거는 여전합니다. 지금 만약 다시 훈유한다면, 저들은 장차 이를 우습게 여겨 천조(天朝)의 위엄이 손상될 것입니다. 만약 우리 사신이 점성에 책봉하러 갔는데, 구류시켜 돌려보내지 않고 처리할 것을 요구한다면, 조정에서는 장차 어떻게 대응하시렵니까? 또 혹 우리 사신을 구속해서 도망간 자들을 수색케 한다면, 이는 천조(天朝)의 귀한 관료를 해외의 오랑캐 나라에 인질로 잡히게 하는 셈입니다. 마땅히 과거 고래(古來)가 광동에 와서 책봉을 받은 전례와 같이, 그로 하여금 칙서를 받고 귀국하게 하는 것이 계책상 유리할 것입니다"라고 하였다. 예부에서도 고래의 사망 여부가 불분명하다는 이유로 광동의 수신(守臣)[212]으로 하여금 점성에 외교문서를 보내어 조사 뒤 보고토록 하자고 하니, 이를 따랐으나 얼마 후 책봉의 일은 오래토록 행해지지 않았다.[213]

正德五年, 沙古卜洛遣叔父沙系把麻入貢, 因請封. 命給事中李貫·行人劉廷瑞往. 貫抵廣東憚行, 請如往年古來故事, 令其使臣領封. 廷議:「遣官已二年, 今若中止, 非興滅繼絶義. 倘其使不願領封, 或領歸而受非其人, 重起事端, 益傷國體, 宜令貫等亟往.」貫終憚行, 以乏通事·火長爲詞. 廷議令廣東守臣采訪其人, 如終不得, 則如舊例行. 貫復設詞言:「臣奉命五載, 似憚風波之險, 殊不知占城自古來被逐後, 竄居赤坎邦都郎, 國非舊疆, 勢不可往. 況古來乃前王齋亞麻弗菴之頭目, 殺王而奪其位. 王有三子, 其一尚存, 義又不可. 律以『春秋』之法, 雖不興問罪之師, 亦必絶朝貢之使. 奈何又爲采訪之議, 徒延歲月, 於事無益.」廣東巡按丁楷亦附會具奏, 廷議從之. 十年令其使臣齎敕往, 自是遂爲故事, 其國貢使亦不常至.

정덕(正德)[214] 5년(1510)에 사고복락(沙古卜洛)이 숙부 사계파마(沙系把麻)를 보내어 입

212) 廣東 布政使를 가리킨다. 『武宗實錄』 卷2 弘治 18년 6월 庚午條 참조.

213) 『武宗實錄』 卷2 弘治 18년 6월 庚午條 참조.

조하여 공물을 바치면서 책봉을 요청하였다.[215] [정덕제는] 급사중 이관(李貫)·행인 유정서(劉廷瑞)에게 명하여 가도록 하였다.[216] 이관은 광동에 이르렀지만 [점성에] 가기를 꺼려하면서, 과거 고래의 고사와 마찬가지로 그 사신이 책봉하는 칙서를 수령토록 하자고 청하였다. 조정에서 의논하여 아뢰기를, "관원을 보낸 지 이미 2년이 되었는데, 지금 만약 중지한다면 멸망한 나라를 다시 일으켜 왕위를 계승케 하는 대의가 아닙니다. 만약 점성의 사신이 책봉하는 칙서 수령을 원치 않거나, 혹은 수령하여 귀국했으나 책봉을 받는 데 적절한 인물이 아니어서 사단이 다시 일어난다면, 더욱 나라의 체통을 손상시키는 것이니, 마땅히 이관 등으로 하여금 빨리 가도록 해야 할 것입니다"라고 하였다.[217] 이관은 끝내 가기를 꺼려하여 통역과 병졸이 없다는 것을 핑계로 삼았다. 조정에서 의논하여 광동의 수신에게 통역 등을 찾도록 하고, 만약 끝내 찾지 못하면 구례(舊例)대로 행하도록 하자고 하였다. 이관은 다시 핑계를 대어 아뢰기를, "신이 명을 받은 지 5년이 되었는데, 풍파의 위험을 꺼리는 듯하지만, 특히 점성에서 고래가 쫓겨난 뒤로부터 적감방도랑(赤坎邦都郞)으로 숨어들어가 거주하고 있으니, 나라는 이미 원래의 강토(疆土)가 아니어서 형세가 갈 수 없음을 [조정의 신하들이] 모르는 것입니다. 하물며 고래는 바로 전왕(前王) 재아마불엄(齋亞麻弗菴) 휘하의 두목(頭目)으로서 왕을 죽이고 그 자리를 빼앗았습니다. 왕에게 세 아들이 있는데, 그 한 아들이 아직 살아있으니 의리상 불가하기도 합니다. 『춘추』의 필법[218]에 따라 헤아려본다면, 비록 죄를 묻는 군대를

---

214) 正德: 明 왕조 11대 황제인 武宗 朱厚照의 年號이다.

215) 『武宗實錄』 卷65 正德 5년 7월 庚辰條 참조.

216) 禮科都給事中 于聰을 正使로, 行人司行人 劉宓을 副使로 임명하였다. 원래는 左給事中 李貫이 응당 正使로 가야되는 차례였으나, 鄕人을 통해 당대의 실권자인 太監 劉瑾에게 부탁하여 內批 형식으로 于聰으로 바뀌었다. 하지만 며칠 뒤 劉瑾이 실각하자, 于聰이 이의를 제기하였기 때문에 결국 李貫이 맡게 되었다. 그런데 李貫이 徐州에 이르러 도적을 만나 머리카락이 잘리는 사건이 일어났다. 이에 李貫은 고향에서 養病을 청하는 동시에 머리카락이 다 자랄 때까지 기다려줄 것을 요청하여 허락을 받았다. 이후 李貫은 廣東에 이르러서도 이런저런 핑계를 대며 占城에 가기를 꺼려하였다. 한편 副使 劉宓도 광동에 이르러 병으로 사망하였기 때문에 行人 劉廷瑞로 대체되었다. 이에 대해서는 『武宗實錄』 卷66 正德 5년 8월 丙戌條; 『武宗實錄』 卷95 正德 7년 12월 癸丑條 등 참조.

217) 『武宗實錄』 卷95 正德 7년 12월 癸丑條 참조.

218) 春秋筆法: 대개 孔子의 저작으로 알려진 魯國의 史書인 『春秋』는 一字一句가 겉으로는 간결하고 객관적으로 기술되어 있으나 그 이면에 어떤 사건이나 인물에 대하여 好惡나 褒貶의 뜻이 포함되어 있다는 의미에서 『春秋』의 筆法이란 말이 생기게 되었다. 후에는 완곡하게 褒貶의 뜻이 깃든 文字를 의미하기도 한다.

일으키지 않는다 해도 또한 반드시 조공사절을 끊어야 합니다. 어찌 다시 통역 등을 찾는다는 논의를 하여 다만 세월만 보낸단 말입니까? 사태 해결에 아무런 도움이 되지 않을 것입니다" 라고 하였다. 광동 순안(巡按)[219] 정해(丁楷)[220]도 덧붙여 상주하니, 조정에서 논의하여 이를 따랐다. [정덕] 10년(1515)에 점성 사신으로 하여금 칙서를 가지고 가도록 하니, 이로부터 드디어 관례가 되었고, 점성국의 조공사절도 또한 상례적으로 이르지는 않았다.

嘉靖二十二年遣王叔沙不登古魯來貢, 訴數爲安南侵擾, 道阻難歸. 乞遣官護送還國, 報可.

가정(嘉靖)[221] 22년(1543)에 왕[222]의 숙부 사불등고노(沙不登古魯)를 보내어 입조하여 공물을 바치면서, 자주 안남에게 침략을 받아 길이 막혀 귀국하기 어려움을 호소하였다.[223] 관원을 보내어 호송하여 본국으로 돌아갈 수 있기를 청하니, 허가의 답보(答報)가 내렸다.[224]

---

219) 巡按: 본문의 '巡按'은 巡按御史의 약칭이다.

220) 丁楷: 懷寧縣 즉 오늘날 安徽의 安慶 출신으로서 正德 원년(1506)에 桐廬縣 知縣으로 부임하여 學校를 정비하고 風俗을 바로잡아 1년도 되지 않는 사이에 큰 성과를 내었다. 모친상을 당하여 물러났다가 후에 監察御史로 발탁되었다. 『浙江通志』 卷150 「名宦」11 참조.

221) 嘉靖: 明朝 제12대 황제 世宗(1507~1566; 재위 1521~1566)의 연호이다. 嘉靖帝는, 弘治帝의 동생이며 正德帝의 숙부인 興獻王 朱祐杬의 長子로서, 이름은 厚熜이다. 1521년에 부친을 이어 獻王에 올랐지만, 그 해 正德帝가 後嗣도 없이 갑자기 崩御하면서 帝位를 이어받아 嘉靖이라 改元하였다. 嘉靖帝는 즉위 초 弊政을 일소하고 정치의 쇄신을 꾀하자 했지만, 약 4년간에 걸친 '大禮의 議'가 일어나 그 뜻이 좌절되고 말았다. 이후 道敎에 심취하고 女色에 빠져 政事를 등한시 하였다. 후에는 大學士 嚴崇이 정치의 실권을 장악하게 되고, 그가 정치를 전횡하는 동안 '北虜南倭'라는 외환에 시달리게 되었다. 嘉靖 45년(1566) 60세의 나이로 丹藥에 중독되어 세상을 떠났다. 諡號는 肅皇帝이며, 陵은 永陵이다.

222) 당시 占城의 국왕은 沙日底齊였다. 『世宗實錄』 卷275 嘉靖 22년 6월 甲午條 참조.

223) 이 문장은 시기가 다른 관련 내용이 한 문장으로 혼합된 것이다. 즉 嘉靖 22년 6월 甲午에 占城 국왕 沙日底齊가 叔父 沙不等古魯 등을 사신으로 보내어 공물을 바쳤고, 귀국할 때인 다음달 7월 甲寅에 귀국의 어려움을 호소했던 것이다. 이에 대해서는 『世宗實錄』 卷275 嘉靖 22년 6월 甲午條; 『世宗實錄』 卷276 嘉靖 22년 7월 甲寅條 참조.

224) 『世宗實錄』 卷276 嘉靖 22년 7월 甲寅條 참조.

其國無霜雪，四時皆似夏，草木常青．民以漁爲業，無二麥，力穡者少，故收獲薄．國人皆食檳榔，終日不離口．不解朔望，但以月生爲初，月晦爲盡，不置閏．分晝夜爲十更，非日中不起，非夜分不臥，見月則飲酒·歌舞爲樂．無紙筆，用羊皮槌薄熏黑，削細竹蘸白灰爲字，狀若蚯蚓．有城郭甲兵，人性狠而狡，貿易多不平．戶皆北向，民居悉覆茅簷，高不得過三尺．部領分差等，門高卑亦有限．飲食穢汙，魚非腐爛不食，釀不生蛆不爲美．人體黑，男蓬頭，女椎結，俱跣足．

점성국은 서리와 눈이 내리지 않고, 네 계절이 모두 여름 같아서 초목이 항상 푸른 곳이다. 사람들은 어업을 위주로 하고, 밀과 보리가 없으며, 농사일에 힘쓰는 사람도 적기 때문에 수확량도 많지 않다. 그 나라 사람들은 모두 빈랑(檳榔)[225]을 즐겨 먹어 하루 종일 입에서 떨어지지 않았다. 삭일(朔日)[226]과 망일(望日)[227]을 모르고, 다만 달이 처음 나오면 월초(月初)로 달이 지면 월말(月末)로 이해할 뿐이며, 윤월(潤月)은 두지 않았다. 밤낮을 10경(更)으로 나누어, 정오가 되어야 일어나고 밤 12시 경에 잠자리에 드는데, 달이 보이면 술과 가무를 즐겼다. 종이와 붓이 없어서 양가죽을 얇게 두드리거나 [나무의 껍질을] 검은 색깔이 스며들게 한 뒤,[228] 가는 대나무를 뾰족하게 깎아 하얀 재에 담가 글자를 쓰는데, 모양이 지렁이와 흡사하였다. 성곽과 군대가 있었고, 사람들의 품성이 난폭하고 교활하며, 무역은 대부분 공정하지 않았다. 집의 문은 모두 북향이었는데, 민가는 모두 띠로 처마를 덮었고, 높이는 3척을 넘지 않았다. 부락은 차등이 있어서 문의 높이도 각각 제한이 있었다. 음식은 깨끗하지 않았는데, 생선은 삭혀서 먹었고, 술을 만들 때는 구더기가 생겨야 상품으로 간주하였다. [사람들의] 피부는 검고, 남성은 머리를 흐트러뜨리고, 여성은 머리를 동여매었는데, 모두 맨발이었다.

225) 檳榔: 외떡잎식물로서 종려목의 야자나무과의 교목이다. 높이는 25m 이상 자라고, 가지는 갈라지지 않는다. 열매를 빈랑자라고 하는데, 타닌과 알칼로이드가 들어 있으므로 이를 주로 씹어 촌충구제·설사·피부병·두통 등에 사용하였다. 어린잎은 식용하기도 하고, 열매는 염료로서도 많이 사용하여 왔다.

226) 朔日: 음력 초하루를 가리킨다.

227) 望日: 음력 보름을 가리킨다.

228) 『瀛涯勝覽』을 보면 "其書寫無紙筆, 用羊皮搥薄, 或樹皮薰黑 ……"이라 되어 있다(馬歡/馮承鈞 校注, 1962: 2).

王，瑣里人，崇釋教．歲時釆生人膽入酒中，與家人同飮，且以浴身，曰「通身是膽」．其國人釆以獻王，又以洗象目．每伺人於道，出不意急殺之，取膽以去．若其人驚覺，則膽已先裂，不足用矣．置衆膽於器，華人膽輒居上，故尤貴之．五六月間，商人出，必戒備．王在位三十年，則避位入深山，以兄弟子侄代，而己持齋受戒，告於天曰：「我爲君無道，願狼虎食我，或病死.」居一年無恙，則復位如初．國中呼爲「昔嚟馬哈剌」，乃至尊至聖之稱也．

왕은 쇄리(瑣里)[229]인 [출신]으로서 불교를 신봉하였다. [왕은] 세시(歲時)[230]에 산사람의 담을 빼내어서 술 속에 넣고는 집안사람들과 함께 마시고, 또 그 술로 몸을 씻으며, “온 몸이 담이다”라고 하였다.[231] 그 나라 사람들은 사람의 담을 왕에게 바치고, 또 그것으로 코끼리의 눈을 씻었다. 항상 길가에서 지나가는 사람을 엿보다가 불의에 기습하여 순식간에 죽이고는 담을 빼내어 갔다. 만약 그 사람이 놀라 알아채면 담은 이미 파열되어 쓸 수 없었다. 여러 담을 그릇에 넣어두는데, 화인(華人)의 담은 위에 두어 특히 귀하게 여겼다. 5~6월 사이에 상인이 집을 나설 때에는 반드시 방비해야 한다. 왕은 재위한 지 30년이 되면 [왕의] 자리를 내어놓고 깊은 산으로 들어가서 형제와 아들 혹은 조카에게 대신 맡기는데, 몸소 재계하며 계율을 지키면서 하늘에 고하여 말하기를, “저는 임금으로서 덕이 없었으니, 원컨대 이리나 호랑이가 저를 먹어버리던가 병으로 죽기를 바랍니다”라고 하였다. 1년 동안 별 탈이 없으면, 곧 예전대로 복위하였다. 나라에서는 “석리마합랄(昔嚟馬哈剌)”[232]이라 칭하는데, 바로 지존

---

229) 瑣里: 촐라(Chola)族을 가리킨다(馬歡·馮承鈞 校注, 1962: 2). 촐라왕조는 인도 東海岸 Thanjavur에 위치한 나라로서 11세기에 강대하였다. 중국에서는 인도인이나 인도화 된 동남아인을 지칭할 때 이 단어를 사용하였다(沈愷, 2006: 38).『瀛涯勝覽』의 저자 馬歡도 촐라 즉 瑣里를 인도를 가리키는 개괄적인 칭호로 사용하였다고 한다(馬歡·馮承鈞 校注, 1962: 2).

230) ‘歲時’는 馮承鈞 校注,『星槎勝覽』의 注에 의하면,『島夷志略』「占城」條의 原文에 이르기를, “歲以上下元日縱諸人採生人膽 ……”이라 되어 있다. 결국 ‘歲時’는 上元 즉 1월 15일의 原宵節, 下元 즉 10월 15일의 下元節을 가리킨다(費信·馮承鈞 校注, 1962: 3). 한편『瀛涯勝覽』에는 歲時가 ‘節日’로 표기되어 있으며, 대동소이한 注가 달려 있다(馬歡·馮承鈞 校注, 1962: 5).

231) 이러한 행위를 한 이유에 대해 馮承鈞은『瀛涯勝覽』과『星槎勝覽』의 해당 구문의 注에서 凡人의 두려움을 불러일으키고, 동시에 염병이 생기는 것을 방지하기 위한 차원으로 이해하였다. 馬歡/ 馮承鈞 校注, 1962: 5; 費信·馮承鈞 校注, 1962: 3 등 참조.

(至尊)과 최고의 성인(聖人)을 뜻하는 호칭이었다.

國不甚富, 惟犀象最多. 烏木·降香, 樵以爲薪. 棋楠香獨産其地一山, 酋長遣人守之, 民不得采, 犯者至斷手.

그 나라는 크게 부유하지는 않되, 무소와 코끼리만은 매우 많았다. 오목(烏木)[233]·강향(降香)[234]을 베어 땔감으로 썼다. 기남향(棋楠香)[235]은 그 곳의 한 산에서만 나는데, 추장이 사람을 보내 지키도록 하여 민인(民人)들은 캘 수 없었고, 이를 어기는 자는 손을 자르기까지 하였다.

有鱷魚潭, 獄疑不決者, 令兩造騎牛過其旁, 曲者, 魚輒躍而食之, 直者, 卽數往返, 不食也. 有屍頭蠻者, 一名屍致魚, 本婦人, 惟無瞳神爲異. 夜中與人同寢, 忽飛頭食人穢物, 來卽復活. 若人知而封其頸, 或移之他所, 其婦卽死. 國設厲禁, 有而不告者, 罪及一家.

---

232) 『瀛涯勝覽』에는 '昔嚟馬哈剌札'이라 하여 '札'이란 글자가 첨가되어 있는데, sri Maharaja 즉 '吉祥의 大王'이란 뜻이라 한다(馬歡·馮承鈞 校注, 1962: 5).

233) 烏木: 黑檀 줄기 중심부의 검은 부분을 가리키는데, 빛깔은 순흑색 또는 담흑색으로 몹시 단단하며 젓가락, 담배설대, 문갑 따위를 만드는 데 쓴다. 占城의 오목은 다른 나라에서 산출되는 것보다 특히 품질이 더 뛰어났던 것으로 유명하다.

234) 降香: 콩과의 降香黃檀의 邊材를 제거한 뿌리의 心材를 가리킨다. 기와 혈의 순환을 촉진하고 출혈을 멎게 하고 부기를 가라앉히며 통증을 없앤다. 타박상, 어혈 및 위병 외상출혈에 지혈작용을 한다. 생김새는 원주형 또는 불규칙한 덩어리이고 겉은 자홍색 또는 홍갈색이다. 절단면은 치밀한 무늬가 있고 질은 단단하며 기름기가 있다. 약재에 수피나 邊材가 붙어있지 않고 물에 가라앉는 것이 좋은 것이다.

235) 棋楠香: 沈香이라고도 한다. 물에 두면 가라앉기 때문에 沈水라는 명칭이 생겼으며, 반만 잠기는 것을 棧香, 가라앉지 않는 것을 黃熟香이라고 부른다. 침향의 향기가 용안육(蜜脾라고도 한다)과 같아서 이에 빗대어 蜜香이라고 부르기도 하였다. 침향은 기를 내려 중초를 조화롭게 하며 신장을 따뜻하게 하여 양기를 보한다. 소화불량, 식욕부진, 수족냉증, 명화화쇠, 구토, 구역질, 헛기침과 가래, 남자의 정력부족과 조루에도 효과가 있는 것으로 알려져 있다.

악어가 사는 못이 있어서, 옥사(獄事)에 불명확한 점이 있어 판결하기 어려운 경우, 원고와 피고로 하여금 소를 타고 그 옆을 지나가도록 했는데, 죄가 있는 자는 악어가 번번이 뛰어올라 잡아먹고, 죄가 없는 자는 여러 번 오고가도 잡아먹지 않았다. 시두만(屍頭蠻)이라는 자는 시치어(屍致魚)라고도 부르는데, 본래는 부인(婦人)이지만 다만 눈동자가 없는 기이한 존재였다. 한밤중에 가인(家人)[236]과 같이 자다가 홀연히 머리만 날아가서 사람의 더러운 것[237]을 먹는데, [머리가] 돌아와서 [합체(合體)되면] 곧 부활하였다. 만약 어떤 사람이 이를 알고서 그 목을 봉하거나 다른 곳으로 옮기[어 돌아와도 합체되지 못하]면, 그 부인은 곧 죽었다. 나라에 엄격한 금령을 두어서, [시두만의 해가] 있는데도 이를 알리지 않으면 처벌이 온 집안 사람에게까지 미쳤다.[238]

賓童龍國, 與占城接壤. 或言如來入舍衛國乞食, 卽其地. 氣候·草木·人物·風土, 大類占城, 惟遭喪能持服, 葬以僻地, 設齋禮佛, 婚姻偶合. 酋出入乘象或馬, 從者百餘人, 前後贊唱. 民編茅覆屋. 貨用金·銀·花布.

빈동룡(賓童龍)국[239]은 점성(占城)과 접해 있다. 혹자는 여래(如來)[240]가 사위(舍衞)국[241]

236) 본문에는 '人'이라고만 되어 있지만, 『星槎勝覽』에는 "其婦與家人同寢"이라 하여 '家人'이라 표기되어 있다(費信/ 馮承鈞 校注, 1962: 3).

237) 『瀛涯勝覽』에는 '小兒糞尖'이라고 기재되어 있다(馬歡·馮承鈞 校注, 1962: 5). 그 뒤에는 다음과 같은 부연설명이 있다. 즉 공격을 받은 그 어린이는 妖氣가 뱃속으로 들어가 반드시 사망하게 된다는 것이다. 한편 『星槎勝覽』의 해당 구문 注에는 다음과 같은 설명이 첨가되어 있다. 즉 占城 사람들은 大便 후에 반드시 물로 깨끗하게 씻는 습관이 있는데, 만약 그렇게 하지 않으면 시두만이 그 똥을 먹게 되고, 결국에는 뱃속과 精神까지 다 뺏겨 죽게 된다는 것이다. 費信·馮承鈞 校注, 1962: 3 참조. 이러한 관련 내용을 종합해 보면, 결국 이 시두만 전설은 占城에서 대변 후에 물로 깨끗이 씻는 청결과 위생의 습관을 강조하는 과정에서 유래된 것임을 추측할 수 있다.

238) 『瀛涯勝覽』에는 다음과 같이 부연설명이 되어 있다. "於人家若有此婦不報官, 除殺者, 罪及一家." 馬歡·馮承鈞 校注, 1962: 6 참조.

239) 賓童龍國: 오늘날 베트남 남부의 寧順省과 平順省 일대에 위치하는 Panduranga를 가리킨다(費信·馮承鈞 校注, 1962: 6). 15세기에 들어와 수도 毗羅補羅(Virapura)가 占城의 國都가 되기도 하였다. 이 도시 부근에 강이 흐르는데, 이 강의 古稱이 賓童龍河로서 오늘날 베트남 남부의 枚娘江이다. 永樂 연간에 鄭和가 이곳에서 占城國王 占巴的賴의 환대를 받기도 하였다. 1471년 베트남이 점성을 점령한

에 들어가 걸식(乞食)했던 바로 그 곳이라고도 한다. 기후·초목·인물·풍토는 대개 점성과 비슷했는데, 다만 상(喪)을 당했을 때 복상(服喪)을 하고, 후미진 곳에 장사(葬事)지내며, 소식(素食)을 하고 예불(禮佛)을 드렸으며, 혼인은 일부일처제였다. 추장이 행차 시에는 코끼리나 말을 탔는데, 따르는 자가 100여 명이었고, 앞뒤에서 이끌면서 노래를 불렀다. 사람들은 띠를 엮어 집의 지붕을 둘렀다. 상품거래에는 금·은·화포(花布)[242]를 사용하였다.

有崑崙山, 節然大海中, 與占城及東·西竺鼎峙相望. 其山方廣而高, 其海卽曰崑崙洋. 諸往西洋者, 必待順風, 七晝夜始得過, 故舟人爲之諺曰:「上怕七州, 下怕崑崙, 針迷舵失, 人船莫存.」此山無異産.

곤륜산(崑崙山)[243]이 대해(大海) 속에 높이 솟아 있었는데, 점성 및 동·서축(東·西竺)[244]과 솥발처럼 대치(對峙)하며 서로 마주 보았다. 그 산은 사방이 넓고도 높았고, 산이 소재한 바다를 곤륜양(崑崙洋)이라 하였다. 서양(西洋)[245]으로 가는 사람들은 반드시 순풍을 기다려

후 점성의 왕족 齋亞麻弗菴을 괴뢰국왕으로 삼아 원래의 賓童龍 지역을 封地로 주었다. 이후에 賓童龍은 占族 土司가 관할하는 自治領이 되었다가 1832년 改土歸流 이후에 정식으로 베트남의 영토로 편입되었다.

240) 如來: 부처의 別名인데, 여기서는 釋迦牟尼를 가리킨다.

241) 舍衛國: 北印度에 소재한 나라의 명칭이다. 名聲있는 인물을 배출하고, 勝物이 많은 곳으로 유명하다.

242) 花布: 꽃의 문양이 들어간 베를 가리킨다.

243) 崑崙山: 軍屯山이라고도 한다. 오늘날 베트남 남부의 湄公河 口外의 崑崙島를 가리킨다. 古代 해양 선박이 東·西洋을 왕래할 때 반드시 거쳐야 되는 곳으로 전해진다.

244) 東·西竺: 현재 인도네시아 북부의 納土納(Natuna)群島를 가리킨다. 東竺은 현재의 南納土納群島로서 大蘇比島(Subi Islands)와 塞臘散島(Sarasan Islands)로 구성되어 있고, 西竺은 현재의 北納土納群島에 해당한다.

245) 西洋: 西洋이란 용어는 元代에 처음 등장하는데, 元末의 汪大淵이 지은 『島夷誌略』에 최초로 보인다. 하지만 그 의미는 西南洋 혹은 西南海와 同義語였다. 宋元시대에는 당시의 지리적 지식에 의거하여 대개는 泉州로부터 正南 방향으로 一線을 그어 南洋을 동서로 양분한 뒤, 서쪽을 西南海 혹은 西洋이라고 불렀던 것 같다. 明代에 이르러 西洋이라는 용어는 東洋이란 용어와 함께 널리 사용되었고, 明末에는 『東西洋考』라는 책까지 출간되었다. 明中期 이후에는 종래의 泉州 대신에 廣東을 통과하는 子午線을 기준으로 東西를 나누었는데, 바로 『東西洋考』가 이에 해당한다. 결국 明代에 사용되었던 서양이라는 용어는 중국 남해안으로부터 말래카 해협 以西 및 아라비아海까지를 포함하는 개념이었다. 17세기

7일 동안 밤낮으로 가야 비로소 지날 수 있었으므로, 뱃사람들은 이를 경계하여 말하기를, "위로는 칠주(七州)[246]가 두렵고 아래로는 곤륜(崑崙)이 두려우니, 침과 키를 잃어버리면 사람도 배도 사라져버린다"라고 하였다. 이 산에는 특이한 산물이 없다.

人皆穴居巢處, 食果實魚蝦, 無室廬井竈.

사람들은 모두 동굴 속에서 모여 살고, 나무열매와 물고기를 먹으며, 집의 우물이나 부엌이 없었다.

眞臘, 在占城南, 順風三晝夜可至. 隋・唐及宋皆朝貢. 宋慶元中, 滅占城而幷其地, 因改國名曰占臘. 元時仍稱眞臘.

진랍(眞臘)[247]은 점성(占城)의 남쪽에 위치하는데, 순풍을 만나면 3일이면 이른다. 수(隋)나라와 당(唐)나라 및 송(宋)나라 때 모두 입조하여 공물을 바쳤다. 송(宋)나라 경원(慶元)

이후에는 그 범위가 다소 축소되었는데, 보르네오(『明史』「外國列傳」에서는 渤泥라고 표기하고 있음)를 기준으로 그 동쪽은 東洋, 그 서쪽은 西洋이라고 칭하였다(최소자, 1987: 19~22).

246) 七州: 七洲洋을 가리킨다. 臺灣해협 서남으로부터 海南島 동북 사이의 海域이다. 七洲洋의 群島는 海南島 동북 지역에 위치한다. 宋朝 이래로 七洲洋은 泉州에서 배를 타고 외국으로 갈 때 반드시 거치는 곳이 되었다. 이 해역은 풍랑이 거센 것으로 유명하다.

247) 眞臘: 원래 扶南(Funan)에 예속되어 있던 크메르족의 일파가 6세기 중엽에 독립하여 세운 나라이다. 처음에는 메콩강 중부 유역에서 흥기하였는데, 점차 세력을 확대하여 부남의 영토를 잠식하여 남방으로 진출하였다. 7세기 전반에 결국 부남을 병합하여 인도차이나 반도의 대국이 되었다. 8세기 초에 水眞臘과 陸眞臘으로 분열되었는데, 육진랍은 오늘날의 라오스에서 캄보디아 북부를, 수진랍은 캄보디아 남부 일대에 해당한다. 8세기 말 자야바르만 2세(Jayavarman II)에 의해 통일되어 앙코르 지방에 수도를 두었다. 앙코르 왕조시대는 진랍의 전성기로서 많은 장대한 건축과 뛰어난 조각 등의 遺物을 남기고 있다. 13세기 말 元의 使節로서 周達觀이 진랍을 방문하여, 귀국 후 『眞臘風土記』를 남겼다. 14세기 후반부터 타이의 아유타야 왕조가 진랍으로 쳐들어와, 1432년에 앙코르 왕조가 멸망하고, 동남 지역으로 천도하였다. 이후 동으로는 베트남, 서로는 타이의 압박을 받아 영토가 점차 축소되었다. 후세의 캄보디아 왕국은 진랍의 국가적 전통을 계승하고 있는데, 캄보디아란 국명은 16세기 후반부터 사용되었다.

연간(1195~1200)에 점성을 멸망시키고 그 땅을 차지했는데, 이런 까닭에 국호를 점랍(占臘)으로 바꾸었다. 원(元)나라 때에 다시 진랍(眞臘)이라 칭하였다.

洪武三年, 遣使臣郭徵等齎詔撫諭其國. 四年, 其國巴山王忽爾那遣使進表, 貢方物, 賀明年正旦. 詔賜『大統曆』及彩幣, 使者亦給賜有差. 六年進貢. 十二年, 王參答甘武者持達志遣使來貢, 宴賜如前. 十三年復貢. 十六年遣使齎勘合文冊賜其王. 凡國中使至, 勘合不符者, 卽屬矯僞, 許縶縛以聞. 復遣使賜織金文綺三十二·磁器萬九千. 其王遣使來貢. 十九年遣行人劉敏·唐敬偕中官齎磁器往賜. 明年, 敬等還, 王遣使貢象五十九·香六萬斤. 尋遣使賜其王鍍金銀印, 王及妃皆有賜. 其王參烈寶毘邪甘菩者遣使貢象及方物. 明年復貢象二十八·象奴三十四人·番奴四十五人, 謝賜印之恩. 二十二年三貢. 明年復貢.

홍무 3년(1370)에 [홍무제는] 사신 곽징(郭徵) 등을 파견하여 조서를 가지고 가서 그 나라를 안무하고 효유토록 하였다.[248] [홍무] 4년(1371)에 진랍국의 파산왕(巴山王) 홀이나(忽爾那)가 사신을 파견하여 표문(表文)을 올리고 방물을 바치면서 이듬해의 정단(正旦)을 축하하였다. [홍무제는] 조서를 내려 『대통력』과 채색의 비단을 하사하고, 사신에게도 [각각] 차등을 두어 하사하였다.[249] [홍무] 6년(1373)에 [진랍국왕이] 사절단을 보내어 공물을 바쳤다.[250] [홍무] 12년(1379)에 [진랍국]왕 참답감무자지달지(參答甘武者持達志)[251]가 사신을 파견하여 공물을 바치니, [홍무제는] 종전대로 연회를 베풀고 [선물을] 하사하였다.[252] [홍무] 13년

248) 『太祖實錄』 卷55 洪武 3년 8월 戊寅條 참조.

249) 이때 眞臘國에서 파견한 使節團의 대표는 柰亦吉朗이었다. 『太祖實錄』 卷69 洪武 4년 11월 丙辰條 참조.

250) 이때 파견된 使節團의 대표도 2년 전과 마찬가지로 柰亦吉朗이었다. 洪武帝는 이들에게도 다음해의 『大統曆』과 채색의 비단을 하사하고, 사절단에게도 각각 비단과 신발 등을 하사하였다. 『太祖實錄』 卷85 洪武 6년 10월 庚寅條 참조.

251) 參答甘武者持達志: 감캇(Gamkhat) 국왕을 가리키는데 재위 기간은 대략 1377년에서 1383년 경으로 알려져 있다.

252) 『太祖實錄』의 洪武 12년 조에서는 관련 내용이 보이지 않으나, 『太祖實錄』 卷116 洪武 10년 12월 辛亥條에 眞臘國王이 사신 柰妹 등을 보내어 表文을 올리고 方物을 바치며 다음해의 正旦을 축하하니,

(1380)에 [진랍국왕이] 다시 공물을 바쳤다.253) [홍무] 16년(1383)에 [홍무제는] 사신을 파견하여 감합문책(勘合文冊)을 가지고 가서 진랍국왕에게 주도록 하였다. 무릇 국내로 사신이 이르렀지만 감합이 부합(符合)하지 않는 경우에는 곧 위조(僞造)로 간주하여 포박한 뒤 보고토록 하였다.254) [홍무제는] 다시 사신을 파견하여 금박(金箔)을 해서 무늬를 넣은 비단 32필·자기(磁器) 1만 9천 점을 하사하였다.255) 진랍국왕이 사신을 보내어 입조하여 공물을 바쳤다.256) [홍무] 19년(1386)에 [홍무제는] 행인(行人) 유민(劉敏)·당경(唐敬)과 중관을 파견하여 자기를 가지고 가서 하사하도록 하였다.257) 이듬해 당경 등이 귀국하자, [진랍국] 왕이 사신을 보내어 코끼리 59마리·향료 6만 근을 바쳤다.258) [홍무제는] 얼마 후 사신을 보내어 [진랍국] 왕에게 도금을 한 은으로 만든 인장을 하사하였고, 국왕과 왕비에게 모두 [선물을] 하사하였다.259) [진랍국] 왕 참렬보비사감보자(參烈寶毘邪甘菩者)가 사신을 보내어 코끼리와 방물을 바쳤다.260) 이듬해 다시 코끼리 28마리·코끼리를 다루는 노복(奴僕) 34명·번노(番奴)261) 45명을 바치니, 인장(印章)을 하사하는 은혜로 사례하였다.262) [홍무] 22년(1389)에 세 차례 입조하여 공물을 바쳤다.263) 이듬해 다시 공물을 바쳤다.264)

洪武帝가 채색의 비단을 내리고 사신에게도 각각 차등을 두어 하사한 내용이 실려 있다.

253) 『太祖實錄』 卷134 洪武 13년 10월 己巳條 참조. 이때 파견된 사신은 坤明昭였다.

254) 『太祖實錄』 卷153 洪武 16년 4월 乙未條 참조.

255) 『太祖實錄』 卷156 洪武 16년 8월 乙未條 참조.

256) 洪武 16년에 眞臘國王은 두 차례에 걸쳐 사신을 보내어 공물을 바쳤다. 즉 9월 戊午에 天壽聖節을 축하하기 위한 사절단이, 10월 癸未에는 使臣 柰伯剌勤 등 22인이 각각 도착하여 공물을 바쳤다. 『太祖實錄』 卷156 洪武 16년 9월 戊午條; 『太祖實錄』 卷157 洪武 16년 10월 癸未條 참조.

257) 『太祖實錄』 卷179 洪武 19년 9월 癸未條 참조.

258) 『太祖實錄』 卷183 洪武 20년 7월 乙巳條 참조.

259) 도금을 한 은으로 만든 인장 외에 이때 하사한 선물로는 國王에게 금박을 한 비단 28필과 채색의 비단 12필, 왕비에게 문양을 한 비단 14필이었다. 『太祖實錄』 卷184 洪武 20년 8월 庚申條 참조.

260) 『太祖實錄』 卷185 洪武 20년 9월 乙未條 참조.

261) 番奴: 少數民族 혹은 外國人 출신으로서 奴僕이 된 자를 가리킨다.

262) 『太祖實錄』 卷193 洪武 21년 9월 丙戌條 참조.

263) 세 번은 각각 4월 癸亥, 6월 辛亥, 9월에 해당한다. 『太祖實錄』 卷196 洪武 22년 4월 癸亥條; 6월 辛亥條; 太祖實錄』 卷197 洪武 22년 9월 是月條 참조.

264) 『太祖實錄』 卷206 洪武 23년 11월 丁酉條 참조.

永樂元年，遣行人蔣賓興·王樞以卽位詔諭其國．明年，王參烈婆毘牙遣使來朝，貢方物．初，中官使眞臘，有部卒三人潛遁，索之不得，王以其國三人代之，至是引見．帝曰：「華人自逃，於彼何預而責償？且語言不通，風土不習，吾焉用之?」命賜衣服及道里費，遣還．三年遣使來貢，告故王之喪．命鴻臚序班王孜致祭，給事中畢進·中官王琮齎詔封其嗣子參烈昭平牙爲王．進等還，嗣王遣使偕來謝恩．六年·十二年再入貢．使者以其國數被占城侵擾，久留不去．帝遣中官送之還，幷敕占城王罷兵修好．十五年·十七年幷入貢．宣德·景泰中，亦遣使入貢．自後不常至．

영락 원년(1403)에 [영락제는] 행인 장빈흥(蔣賓興)·왕추(王樞)를 파견하여 즉위의 조서로 [자신의 즉위 사실을] 진랍국에 알렸다.[265] 이듬해에 [진랍국] 왕 참렬파비야(參烈婆毘牙)가 사신을 보내어 입조해서 방물을 바쳤다. 전에 중관(中官)이 진랍으로 출사(出使)하였을 때 사병(士兵) 3명이 도망을 가서 수색했지만 실패했었는데, [진랍국] 왕이 자국인 3명으로 대체하여 이에 이르러, [예부에서 그들을] 이끌고 알현하였다. 영락제가 이르기를, "화인(華人)이 스스로 도망쳤는데, 그들에게 무슨 관계가 있다고 보상(補償)해야 한단 말인가! 또 말도 통하지 않고 풍토(風土)도 익숙하지 않을 터인데, 내가 어찌 그들을 쓰겠는가?"라고 하였다. 의복과 여비를 하사한 뒤 돌아가도록 하였다.[266] [영락] 3년(1405)에 [진랍국에서] 사신을 파견해서 공물을 바치고 전 국왕의 타계를 고하였다.[267] [영락제는] 홍려시(鴻臚寺)[268] 서반(序班)[269] 왕자(王孜)에게 [진랍국에 가서] 제사를 지내주도록 하고, 급사중(給事

265) 『太宗實錄』 卷22 永樂 원년 8월 癸丑條 참조.

266) 『太宗實錄』 卷34 永樂 2년 9월 壬寅條 참조.

267) 『太宗實錄』 卷44 永樂 3년 7월 己酉條 참조. 전 국왕은 參烈婆毘牙를 가리킨다.

268) 鴻臚寺: 禮部의 儀制司 및 主客司와 관련되는 기구로서 朝儀, 賓客 및 官吏引見 등의 일을 담당하였다. 正官으로는 卿(정4품) 1명, 左·右少卿(종5품) 각각 1명, 左·右寺丞(종6품) 각각 1명이었고, 그 소속인 主簿廳은 主簿(종8품) 1명이었다, 屬官으로 司儀와 司賓 二署에는 각각 署丞(정9품) 1명, 鳴贊(종9품) 4명, 序班(종9품) 50명으로 편성되었다. 鴻臚寺의 관원 선발에 특별한 자격은 없었지만, 같은 品秩 내에서는 대개 목소리가 크고 맑으며 언변이 있는 자가 선발되는 경우가 많았다(王天有, 1992: 110~111).

269) 序班: 鴻臚寺 소속 관원으로서 官品은 종9품이었다. 원래 인원수는 50명이었으나, 嘉靖 36년(1557)에 8명을 줄였고, 萬曆 11년(1583)에는 다시 4인을 더 두었다(王天有, 1992: 110).

中) 필진(畢進)·중관(中官) 왕종(王琮)에게 조서를 가지고 가서 [전 국왕의] 아들 참렬소평아(參烈昭平牙)[270]를 국왕으로 봉하도록 명하였다. 필진 등이 귀국할 때, 후임 국왕이 사신[271]을 파견하여 [필진 등과] 함께 와서 은혜에 감사를 드렸다.[272] [영락] 6년(1408)과 12년(1414)에 다시 입조하여 공물을 바쳤다.[273] [진랍의] 사신은 본국이 자주 점성국에게 침략을 당하고 있다는 이유로 장기간 체류하며 돌아가지 않았다. 영락제는 중관을 보내어 호송해서 돌아가도록 했고, 아울러 점성왕[274]에게 칙서를 내려 전쟁을 멈추고 수호(修好)관계를 맺도록 하였다.[275] [진랍국 왕은 영락] 15년(1417)과 17년(1419)에 모두 입조해서 공물을 바쳤다.[276] 선덕(宣德, 1426~1435)과 경태(景泰) 연간(1450~1456)에도 사신을 보내어 입조하여 공물을 바쳤다.[277] 이후부터는 상례적으로 이르지 않았다.

其國城隍周七十餘里，幅員廣數千里．國中有金塔·金橋·殿宇三十餘所．王歲時一會，羅列玉猿·孔雀·白象·犀牛於前，名曰百塔洲．盛食以金盤·金椀，故有「富貴眞臘」之諺．民俗富饒．天時常熱，不識霜雪，禾一歲數稔．男女椎結，穿短衫，圍梢布．刑有劓·刖·刺配，盜則去手足．番人殺唐人罪死；唐人殺番人則罰金，無金則鬻身贖罪．唐人者，諸番呼華人之稱也，凡海外諸國盡然．婚嫁，兩家俱八日不出門，晝夜燃燈．人死置於野，任烏鳶食，俄頃食盡者，謂爲福報．居喪，但髡其發，女子則額上剪發如錢大，曰用此報親．文字以麂鹿雜皮染黑，用粉爲小條畫於上，永不脫落．以十月爲歲首，閏悉用九月．夜分四更．亦有曉天文者，能算日月薄蝕．其地謂儒爲班詰，僧爲苧姑，道爲八思．班詰不知讀何書，由此入仕者爲華貫．先時項掛一

270) 參烈昭平牙: 느라야나라자(Nrayanaraja, 재위 1405~1419) 국왕을 가리킨다.
271) 사절단의 대표는 柰味이다.『太宗實錄』卷44 永樂 3년 7월 己酉條 참조.
272) 이상은『太宗實錄』卷44 永樂 3년 7월 己酉條 참조.
273)『太宗實錄』卷86 永樂 6년 12월 庚辰條; 卷148 永樂 12년 2월 壬子條 등 참조.
274) 당시 占城國王은 占巴的賴였다.『太宗實錄』卷149 永樂 12년 3월 甲申條 참조.
275) 이상은『太宗實錄』卷149 永樂 12년 3월 甲申條 참조.
276)『太宗實錄』卷190 永樂 15년 6월 乙巳條;『太宗實錄』卷210 永樂 17년 3월 乙卯條 등 참조.
277) 宣德 10년(1435)과 景泰 3년(1452)을 각각 가리킨다. 이에 대해서는『英宗實錄』卷4 宣德 10년 4월 壬寅條;『英宗實錄』卷219 景泰 3년 8월 戊子條 등 참조.

白線以自別，旣貴曳白如故．俗尚釋敎，僧皆食魚·肉，或以供佛，惟不飮酒．其國自稱甘孛智，後訛爲甘破蔗，萬曆後又改爲柬埔寨．

그 나라 도성(都城)의 둘레는 70여 리(里)였고, 영토의 너비는 수천 리에 달하였다. 그 나라 안에 금박을 한 탑과 다리 및 궁전이 30여 개였다. 국왕은 [매년] 세시(歲時)에 한 번 집회를 열어 옥으로 만든 원숭이·공작(孔雀)·흰 코끼리·무소를 면전에 진열하는데, 이를 백탑주(百塔洲)라 불렀다. 음식물을 금으로 만든 쟁반과 그릇에 가득 담았기 때문에 '부귀한 진랍'이라는 관용어가 생기게 되었다. 백성들은 부유하고 넉넉하였다. 기후는 일 년 내내 무더워서 서리와 눈을 알지 못했고, 벼는 일 년에 몇 번이나 수확[이 가능]하였다. 남녀 모두 머리를 묶었고, 짧은 윗도리를 입었으며, 나무껍질로 만든 옷을 둘렀다. 형벌에는 의(劓)[278]·월(刖)[279]·자배(刺配)[280] 등이 있고, 남의 물건을 훔치면 그 수족(手足)을 잘랐다. 번인(番人)이 당인(唐人)을 죽이면 사형이고, 당인이 번인을 죽이면 벌금형이었는데, 돈이 없으면 몸을 팔아 속죄(贖罪)하였다. 당인이란 여러 번인들이 화인(華人)을 부르는 호칭인데, 해외의 각국이 모두 그러하였다. 혼례 시에는 양가 모두 8일 동안 대문을 나가지 않았고, 밤새도록 등불을 켰다. 사람이 죽으면 야외에 두고 새가 쪼아 먹게 했는데, 순식간에 다 먹어야 복으로 보답하는 것이라고 하였다. 상중(喪中)에는 다만 머리카락을 자르는데, 여자는 이마 위에서 전폐(錢幣)처럼 크게 자르고 말하기를, 이로써 어버이에게 보답한다고 하였다. 문자는 노루나 사슴 등의 동물 가죽을 검게 염색한 뒤 가루를 빻아 작은 글씨로 그 위에 적으면 영원히 벗겨지지 않았다. 10월을 연초(年初)로 삼고, 윤월(閏月)은 모두 9월에 두었다. 밤은 4경(更)으로 나누었다. 역시 천문에 밝은 자가 있어서 일식과 월식을 계산할 수 있었다. 이 지방에서는 유자(儒者)를 반힐(班詰), 승려를 저고(苧姑), 도사를 팔사(八思)라고 부른다. 반힐은 무슨 책을 읽는지 모르지만, 이로부터 입사(入仕)하는 자를 화관(華貫)이라 칭하였다. 과거에 목에 흰색 줄 한 개를 걸쳐 스스로 구별했는데, 부귀하게 된 이후에도 흰색 줄을 예전대로 걸쳤다.

278) 劓刑: 코를 베는 형벌을 가리킨다.

279) 刖刑: 발꿈치를 자르는 형벌을 가리킨다.

280) 刺配: 刺는 墨刑 즉 刺는 얼굴에 글자를 새기는 형벌, 配는 流配 즉 邊遠지방으로 유배를 보내는 형벌을 가리킨다. 따라서 刺配란 범인의 얼굴에 글자를 새겨 먼 지방으로 유배를 보낸다는 의미이다.

민간에서는 불교를 신봉했는데, 승려들은 모두 생선과 육류를 먹었고, 혹은 그것으로 부처님께 공양하였지만 술은 마시지 않았다. 이 나라는 감패지(甘孛智)라 자칭(自稱)했고, 후에 감파자(甘破蔗)로 와전되었는데, 만력 연간(1573~1619) 이후에 다시 간포채(柬埔寨)로 바뀌었다.

暹羅, 在占城西南, 順風十晝夜可至, 卽隋·唐赤土國. 後分爲羅斛·暹二國. 暹土瘠不宜稼, 羅斛地平衍, 種多獲, 暹仰給焉. 元時, 暹常入貢. 其後, 羅斛强, 幷有暹地, 遂稱暹羅斛國.

섬라(暹羅)[281]는 점성의 서남 방면에 위치하고, 순풍을 만나면 10일이면 이르는데, 바로 수나라와 당나라 때의 적토국(赤土國)[282]이다. 후에 라혹(羅斛)·섬(暹) 두 나라로 나뉘어졌

281) 暹羅: 인도차이나 반도의 중앙부에 타이족에 의해 건립된 나라로서 현재 태국의 古稱이며, 영문으로는 Siam이라고 한다. 므앙 타이(자유의 나라)라고 자칭한다. 暹羅는 Siam(暹)과 Lopburi 또는 Lavo(羅斛)의 앞 글자가 합쳐진 단어이다. 이 지방의 원주민은 네그리트족과 몬족이었다. 雲南에서 南下하여 온 타이족은 13세기로 접어들면서 몽골족의 침략을 피해 1238년 크메르 즉 캄보디아 서북부 변경지대인 수코타이(Sukhothai)를 빼앗아 素可泰 즉 수코타이 왕국을 건설하였는데, 중국인들은 이를 暹國이라고 칭하였다. 이로부터 Siam의 본격적인 역사시대가 시작된다. 람캄행(Ramkhamhaeng, 재위 1279?~1298) 국왕시기에 최고의 전성시대를 이루었지만, 그의 사후 점차 쇠퇴하였다. 이후 라마티보디(Ramadhipati, 재위 1351~1369) 왕이 세운 阿瑜陀耶(Ayutthaya) 왕국이 수코타이를 대신하여 이 지역에서 패권을 장악하였다. 이후 중국을 비롯한 주변국가와 통교를 하면서 14세기 말까지 동남아시아 최대의 세력으로 발전하였다. 이 아유타야 왕국이 바로 羅斛國이다. 한편 15세기에는 이슬람세력이 이곳에 들어와 말라카 왕국이 이슬람으로 개종하면서 말레이 반도 남부를 잃게 되었고, 16세기에는 버마의 침공을 받아 아유타야가 점령되기도 하였다. 이후 나레수안(Naresuan) 왕에 의해 재건되었지만, 그가 죽은 뒤 왕위 계승분쟁이 연이어 일어났고, 결국 1767년에 버마의 신뷰신(Hsinbyushin)에 의해 멸망당하였다. 이후 딱신(Taksin)에 의해 톤부리 왕조가 세워지고, 뒤이어 방콕왕조가 계승하였다(최병욱, 2006: 118~132, 248~258). 한편 타이에 대한 개략적인 설명은 조흥국, 2007을 참조.

282) 赤土國: 기후가 매우 더운 데다가 그 곳의 땅이 적색을 띠기 때문에 赤土國 혹은 赤土라고 불리어졌다. 중국과의 왕래는 隋朝 때 시작되었다. 즉 大業 3년(607) 煬帝가 常駿 등을 그곳에 파견하여 큰 환대를 받고 이후 우호관계를 맺었다. 이듬해(608) 3월에는 赤土國에서 使者를 보내어 煬帝에게 方物을 바치자, 煬帝는 다시 常駿을 그 使者에 딸려 赤土國에 出使토록 하였다. 당시 煬帝는 常駿을 시켜 많은 絲織品을 赤土國王에게 주었다. 常駿이 南海郡에서 배를 타고 몇 개월 만에 赤土의 國境에 이르자 赤土國王은 크게 기뻐하며 30척을 보내어 떠들썩하게 영접하였다. 常駿이 상륙한지 1개월여 만에 國都에 이르렀는데, 國王은 아들을 보내어 常駿을 영접하고 많은 禮物을 선사하였다. 常駿이 赤土에

다. 섬(暹)의 토양은 척박하여 농사에 적합하지 않았고, 라혹의 지세는 평탄하고 넓어 파종하면 수확이 많았으므로, 섬(暹)에서 이에 의지하였다. 원(元)나라 시기에 섬(暹)에서 항상 입조하여 공물을 바쳤다. 그 후에 라혹이 강성해져 섬(暹)의 토지를 병탄하니, 드디어 섬라혹국(暹羅斛國)이라 칭하게 되었다.

洪武三年, 命使臣呂宗俊等齎詔諭其國. 四年, 其王參烈昭昆牙遣使奉表, 與宗俊等偕來, 貢馴象·六足龜及方物, 詔賜其王錦綺及使者幣帛有差. 已, 復遣使賀明年正旦, 詔賜『大統曆』及彩幣. 五年貢黑熊·白猿及方物. 明年復來貢. 其王之姊參烈思寧別遣使進金葉表, 貢方物於中宮, 却之. 已而其姊復遣使來貢, 帝仍却之, 而宴賚其使. 時其王懦而不武, 國人推其伯父參烈寶毘邪嗯哩哆囉祿主國事, 遣使來告, 貢方物, 宴賚如制. 已而新王遣使來貢·謝恩, 其使者亦有獻, 帝不納. 已, 遣使賀明年正旦, 貢方物, 且獻本國地圖.

홍무 3년(1370)에 [홍무제는] 사신 여종준(呂宗俊) 등에게 명하여 조서를 가지고 가서 섬라혹국에 [즉위 사실을] 알렸다.[283] [홍무] 4년(1371)에 그 나라 왕 참렬소비아(參烈昭昆牙)[284]가 사신을 보내어 표문(表文)을 받들고 가게 하여, 여종준 등과 함께 입조하여 길들인 코끼리·발이 6쪽 달린 거북 및 방물을 바치니, [홍무제는] 조서를 내려 그 왕에게 비단을, 사신에게 폐백을 차등 있게 하사하였다.[285] 얼마 후 [섬라혹국왕이] 다시 사신을 보내어 이듬해 정단(正旦)을 축하하니, [홍무제는] 『대통력』과 채색의 비단을 하사하였다.[286] [홍무] 5년(1372)에 [섬라혹국왕은] 흑 곰·흰 원숭이 및 방물을 바쳤다.[287] 이듬해에 다시 입조하여 공물을 바쳤

이른 이후 이곳을 중심으로 사방으로 각국과 왕래함으로써 중국은 南洋의 10여 개 국가와 교류하게 되었다. 赤土國王은 다시 王子를 隋使 常駿에게 딸려 回訪토록 하여 煬帝에게 禮物을 바쳤다. 大業 6년(610) 煬帝는 오늘날 河南의 靈寶에서 赤土國의 王子를 접견하고 왕자 및 수행한 관원에게 상을 하사하였다. 이상에 대해서는 『隋書』, 『唐書』, 『通典』 등 참조.

283) 『太祖實錄』 卷55 洪武 3년 8월 辛酉條 참조.

284) 參烈昭昆牙: 보롬라차 1세(Boromracha I)를 가리킨다. 재위는 1370~1388년이었다. 조흥국, 2007; D. K. Wyatt, ed., 2000 등 참조.

285) 『太祖實錄』 卷68 洪武 4년 9월 辛未條 참조.

286) 『太祖實錄』 卷70 洪武 4년 12월 壬午條 참조.

다.[288] 섬라혹국왕의 누이 참렬사녕(參烈思寧)이 별도로 사신을 보내 금박을 한 표문을 올리고, 방물을 중궁(中宮)[289]에게 바쳤지만 받아들이지 않았다.[290] 얼마 후 그 나라 왕의 누이가 다시 사신을 보내어 공물을 바쳤는데, 홍무제는 여전히 받아들이지 않았지만 그 나라 사신에게 연회를 베풀고 선물을 주었다.[291] 당시 섬라혹국왕[292]이 나약하고 용맹하지 않아, 국인(國人)들이 국왕의 백부 참렬보비사사리다라록(參烈寶毘邪 哩哩哆囉祿)을 추대하여 국사(國事)를 주관하도록 하고, 사신을 보내어 입조하여 [이 사실을] 보고하면서 방물을 바치니, 규정대로 연회를 베풀고 [선물을] 내려주었다.[293] 얼마 후 새로운 왕[294]이 사신을 보내 공물을 바치고 은혜에 감사를 드렸고, 그 사신도 방물을 올렸지만 홍무제는 받지 않았다.[295] 얼마 후 [섬라혹국 왕은] 사신을 보내 이듬해의 정단(正旦)을 축하하며 방물을 바쳤고, 또 본국의 지도도 봉헌(奉獻)하였다.[296]

287) 『太祖實錄』 卷71 洪武 5년 정월 壬戌條 참조. 이때 보낸 方物은 蘇木, 胡椒, 丁香 등이었다.

288) 『太祖實錄』 卷85 洪武 6년 10월 庚寅條 참조.

289) 中宮: 皇后가 거처하는 宮殿 혹은 皇后를 가리킨다.

290) 『太祖實錄』 卷85 洪武 6년 10월 辛巳條 참조.

291) 『太祖實錄』 卷86 洪武 6년 11월 癸丑條 참조.

292) 당시 섬라혹국왕이 구체적으로 누구를 지칭하는지는 불분명하나 현재로는 라마티보디 1세의 아들인 라메수안 혹은 보롬라차 1세의 아들인 통란(Thong Lan)을 가리키는 것의 두 가지 가능성이 있다. 이에 대해서는 김영애, 2001: 53~56 참조.

293) 『太祖實錄』 卷86 洪武 6년 11월 庚申條 참조.

294) 새로운 왕이 누구인지도 현재로는 보롬라차 1세 혹은 라메수안을 가리킬 두 가지 가능성이 있을 뿐 확정하기에는 진일보한 연구가 필요하다. 왕조의 창건자인 라마티보디 1세가 1369년에 사망한 후 그의 아들 라메수안이 31세의 나이로 왕위를 계승했다. 그러나 그의 어머니 즉 부왕의 왕비가 자신의 오빠인 보롬라차를 왕위를 차지하게끔 지원하였다. 한편 보롬라차 1세(재위 1370~1388)가 1388년에 사망한 후 그의 왕세자 통란이 17세의 나이로 왕위를 계승하였다. 하지만 재위 몇 개월 만에 그동안 지방에 있던 라메수안(재위 1388~1395)이 군대를 끌고 와서 왕위를 찬탈하였다. 재집권에 성공하게 된 것이다. 다만 문제는 『明史』의 연대와 태국 역사서의 연대가 일치하지 않기 때문에 이를 확정하기가 현 단계로서는 어렵다는 점이다. 이상 새로운 왕에 대한 두 가지 가능성이라는 점에 대해서는 조흥국 교수의 教示를 받았음을 밝힌다, 한편 당시 왕위 계승에 대한 개략적인 설명과 연대 등에 대해서는 김영애, 2001: 55~56, 346 참조.

295) 『太祖實錄』 卷86 洪武 6년 閏11월 庚寅條 참조.

296) 『太祖實錄』 卷86 洪武 6년 12월 乙丑條 참조.

七年，使臣沙里拔來貢．言去年舟次烏豬洋，遭風壞舟，飄至海南，賴官司救護，尚存飄餘兜羅綿·降香·蘇木諸物進獻，廣東省臣以聞．帝怪其無表，旣言舟覆，而方物乃有存者，疑其爲番商，命却之．諭中書及禮部臣曰：「古諸侯於天子，比年一小聘，三年一大聘．九州之外，則每世一朝，所貢方物，表誠敬而已．惟高麗頗知禮樂，故令三年一貢．他遠國，如占城·安南·西洋瑣里·爪哇·浡泥·三佛齊·暹羅斛·眞臘諸國，入貢旣頻，勞費太甚．今不必復爾，其移牒諸國俾知之．」然而來者不止．其世子蘇門邦王昭祿群膺亦遣使上箋於皇太子，貢方物．命引其使朝東宮，宴賚遣之．八年再入貢．其舊明臺王世子昭孛羅局亦遣使奉表朝貢，宴賚如王使．

[홍무] 7년(1374)에 [섬라혹국의] 사신 사리발(沙里拔)이 입조하여 공물을 바쳤다. [사리발이] 아뢰기를, “작년에 배가 오저양(烏豬洋)[297]에 이르러 풍랑을 만나 파선(破船)되어 바람에 실려 해남도(海南島)[298]에 이르렀다가 관사(官司)의 구호에 의지하게 되었는데, 아직 풍랑 속에서도 잔존한 두라면(兜羅綿)[299]·강향(降香)·소목(蘇木) 등의 물품을 바칩니다”라고 하니, 광동성의 신하가 이를 보고하였다. 홍무제는 그가 표문(表文)이 없고, 배가 전복되었다고 하면서도 방물은 남아있음을 괴이하게 여겨, 그 자는 번상(番商)[300]이 아닐까 싶어 받아들이지 말라고 명하였다. [홍무제는] 중서성과 예부의 신하에게 유시(諭示)를 내려 이르기를, “옛날 제후는 천자에 대하여 1년마다 한 번씩 소빙(小聘)[301]을 하고 3년에 한 번씩 대빙(大

297) 烏豬洋: 廣東 廣海衞 소속의 上川島 앞바다를 가리킴. 上川島 앞바다에 조그만 섬에 烏豬山이 있는데, 여기서 유래한 이름이다.

298) 海南島: 현재 海南省의 主島로서 중국의 최남단에 위치하는데, 略稱은 瓊이다. 古稱으로는 珠崖, 儋耳, 瓊臺 등으로 불린다. 漢 武帝 元封 원년(전110)에 海南島에 珠崖와 儋耳 두 郡을 설치하였다. 이로부터 海南島가 정식으로 중국의 판도에 들어오기 시작한 셈이다. 이후 南北朝時代까지 행정구획이 여러 차례 변동되었다. 三國時代에는 吳國이 관할하였다. 梁나라 大同 중엽(540~541)에는 崖州를 설치하였다. 隋나라가 중국을 통일한 후에는 崖州를 珠崖郡으로 바꾸었다. 南宋 말년에는 戰亂을 피하여 10만에 달하는 閩南의 莆田人들이 현재의 海南島로 이주하여 莆田話와 閩南文化가 이식되었다. 元代에는 瓊州路로 바뀌었다. 明代에는 瓊州府라 칭했다.

299) 兜羅綿: 兜羅는 얼음, 綿은 솜을 뜻하니, 兜羅綿은 결국 얼음 같이 흰 부드러운 솜을 가리키는데, 兜羅毦라고도 한다.

300) 番商: 蕃商이라고도 하는데, 중국의 입장에서 외국의 상인을 일컫는 말이다.

301) 小聘: 諸侯가 매년 天子에게 大夫를 파견하여 入朝토록 하는 禮儀를 가리킨다.

聘)[302]을 하였다. 구주(九州)[303] 밖으로는 곧 한 조대(朝代)마다 한 번 입조(入朝)하고, 바치는 방물은 성의(誠意)와 공경(恭敬)함을 표시할 뿐이었다. 고려(高麗)만이 자못 예악(禮樂)을 알았기 때문에 3년마다 한 번씩 조공(朝貢)하도록 하였다. 다른 먼 나라들, 예를 들어 점성·안남·서양쇄리(西洋瑣里)[304]·조와(爪哇)[305]·발니(浡泥)[306]·삼불제(三佛齊)[307]·섬라혹

302) 大聘: 諸侯가 3년마다 한 번씩 天子에게 卿을 파견하여 入朝토록 하는 禮儀를 가리킨다.

303) 九州: 고대에 中國을 九州로 나누었다는 전설이 있는데, 이후 九州는 中國을 뜻하는 용어로 사용되었다.

304) 西洋瑣里: 『古今圖書集成』「西洋瑣里部彙考」에는 "西洋瑣里稱爲西洋國"이라 기재되어 있고, 『殊域周咨錄』卷8 「瑣里·古里」條에는 "瑣里國又曰西洋瑣里國, 古里國又曰西洋古里國, 或爲二國, 或爲四國"이라고 설명되어 있다. 즉, 서양쇄리는 서양국이라고도 칭했고, 쇄리와 같은 나라이지만, 혹은 서로 다른 두 개의 나라일 수도 있다는 것이다. 이 나라는 馮承鈞의 『瀛涯勝覽校注』 등에 Cola, Chola로 표기되어 있는데, Chola는 朱羅王國으로 지금의 인도 東海岸의 Thanjavur에 위치한 나라였다 한다. 한편 楊允中 主編, 2005의 제2장 「法國漢學界有關鄭和下西洋的研究」에 보면, Chola는 科羅曼德爾群島 해안, 즉 뉴질랜드 북섬 코로만델(Coromandel)에 있던 나라였다고 하는데, 이는 좀 더 확인해 볼 필요가 있을 것 같다.

305) 爪哇에 대해서는 후술.

306) 浡泥: 현재의 Brunei를 일컬으며, 말레이인이 세운 나라이다. 唐代의 史書에는 婆利라 했고, 『宋史』에는 浡尼라 했으며, 元代의 史書에는 渤泥라 칭했고, 明代의 史書에는 대개 文萊라 기재하였다. 중국과의 접촉은 太平興國 2년(977)에 宋朝에 使節을 보내면서 시작되었다. 浡泥가 중국 측에 사절을 보내고 우호적 관계를 유지하려 했던 것은 爪哇를 견제하고자 함이었다. 한편 10세기에 이미 일부 중국인들이 이곳에 이주해 와 살았던 것으로 추측된다. 중국과의 교섭에는 통역이 필수적인데, 이 일을 대부분 중국인들이 담당했기 때문이다. 10세기 이후 중국과의 관계는 비교적 우호적이었다. 특히 明朝 永樂 3년(1405)에는 浡泥의 왕이 왕후 및 자제들을 이끌고 직접 중국을 방문하였다. 왕의 일행은 福建 泉州로 들어와서 3년 뒤에 수도에 도착하였다. 동남아시아 국가의 왕이 중국을 직접 찾는 일은 종종 있었던 일이지만, 이처럼 왕비와 자제들을 모두 이끌고 긴 여행을 한 사례는 浡泥가 최초였다. 비록 왕은 南京에서 객사하였지만, 이 여행은 성공적이었다. 왕자 일행은 이후 明朝 군대의 호위를 받으며 귀국하여 왕위에 오른 뒤 明朝로부터 册封을 받았고, 3년 1공을 허락받았다. 즉, 정식으로 책봉을 받음으로써 인접 국가인 태국이나 말라카, 베트남, 참파 등과 동격으로 간주된 셈이니, 이는 외교상의 큰 수확이 아닐 수 없었다. 한편 14세기 무렵 마자파힛(Majapahit) 제국에 속한 이 나라는 교역국으로 크게 발전하고, 15세기 중반에 이슬람 Sultan왕국이 되었으며, 이후 16세기에 걸쳐 매우 강대한 세력을 구가하였다. 특히 1511년에 기독교 국가인 포르투갈이 교역의 중심지인 말라카를 점령하여 이슬람 상인의 출입을 금지시키자, 이들 이슬람 상인들이 浡泥로 대거 몰려들었다. 이 당시 浡泥의 영토는 인접한 砂拉越(Sarawak)와 沙巴(Sabah)는 물론 북쪽으로 필리핀 남부 일대를 포괄하였다. 그러나 浡泥는 가톨릭 세력인 필리핀과 충돌하였고, 1578년에 에스파냐 즉, 스페인의 공격을 받아 수도가 점령당하였다. 17세기 중반에 포르투갈과 동맹하여 에스파냐를 몰아내는 데 성공하였지만 이때부터 외세의 간섭을 받게 되었고, 결국 1888년에 영국의 보호령이 되었다. 1984년에 브루나이는 왕국으로

·진랍 등의 여러 나라에서 입조하여 공물을 바치는 것이 이미 빈번하고 들어가는 비용도 너무 많다. 이제는 반복할 필요가 없으니, 공문(公文)을 각국에 이첩(移牒)하여 이를 알게 하라"고 하였다.[308] 그러나 입조하는 사신은 그치지 않았다. [섬라혹국 왕의] 세자 소문방왕(蘇門邦王) 소록군응(昭祿群膺)[309]도 사신을 보내어 전문(箋文)[310]을 황태자에게 올리고 방물을 바쳤다. [홍무제는] 그 사절단을 동궁(東宮)[311]으로 안내하여 [황태자를] 알현토록 하고, 연회를 베풀고 선물을 주어 돌아가도록 하였다.[312] [홍무] 8년(1375)에 다시 입조하여 공물을 바쳤다.[313] 기존의 명대왕(明臺王)의 세자 소발라국(昭孛羅局)도 사신을 보내어 표문을 받들고 입조하여 공물을 바치니, 국왕의 사신과 마찬가지로 연회를 베풀고 선물을 하사하였다.[314]

十年, 昭祿群膺承其父命來朝. 帝喜, 命禮部員外郎王恒等齎詔及印賜之, 文曰「暹羅國王之印」, 幷賜世子衣幣及道里費. 自是, 其國遵朝命, 始稱暹羅; 比年一貢, 或一年兩貢. 至正統後, 或數年一貢云.

[홍무] 10년(1377)에 소록군응(昭祿群膺)이 부친의 명을 받들고 입조하였다. 홍무제는 기뻐하며 예부(禮部) 원외랑(員外郎) 왕항(王恒) 등에게 명하여 조서와 인장(印章)을 가지고

독립하였고, 현재 인구의 2/3는 말레이인이며, 중국인이 15%를 점하고 있다. 최병욱, 2006: 313~316 등 참조.

307) 三佛齊에 대해서는 후술.

308) 『太祖實錄』 卷88 洪武 7년 3월 癸巳條 참조.

309) 昭祿群膺: 원문의 뒤편에 나오는 永樂 원년의 내용에는 昭祿群膺哆囉諦剌이라 표기되어 있는데, 동일 인물이다. 라마라차(Ramaracha) 국왕을 가리키며, 재위는 1395~1409년이었다. 이에 대해서는 김영애, 2001: 56, 346 참조.

310) 箋文: 謝恩, 축하 등의 목적으로 皇太子에게 올리는 외교문서의 일종이다. 明 初에 箋文 등이 실제로 朝鮮과 明朝 사이에서 외교적인 문제를 야기하기도 했는데, 그한 실상에 대해서는 朴元熇, 2002: 6~30 참조. 한편 황제에게 方物을 보낼 때 사용하는 方物表와 皇太子에게 보내는 方物箋 및 皇太后와 皇后에게 보내는 方物狀의 기본적인 문서양식에 대해서는 李善洪, 2005: 70~84에 비교적 상세하게 소개되어 있다.

311) 東宮: 皇太子가 거처하는 궁전, 혹은 皇太子를 가리킨다.

312) 『太祖實錄』 卷94 洪武 7년 11월 丁丑條 참조.

313) 『太祖實錄』 卷96 洪武 8년 正月 是月條 참조.

314) 『太祖實錄』 卷102 洪武 8년 11월 丁卯條 참조.

가서 하사하도록 하였는데, 인장의 글자는 '섬라국왕지인(暹羅國王之印)'이었고, 아울러 세자(世子)에게는 의복과 폐백(幣帛) 및 여비를 하사하였다.[315] 이로부터 이 나라에서는 조정(朝廷)의 명을 받아 비로소 섬라(暹羅)라고 칭하게 되었고, 1년에 한 번 조공을 하거나 혹은 1년에 두 번 조공을 하였다. 정통 연간(1436~1449) 이후에 이르러 간혹 몇 년 만에 한 번씩 조공을 하였다고 한다.

十六年, 賜勘合文冊及文綺·磁器, 與眞臘等. 二十年貢胡椒一萬斤·蘇木一萬斤. 帝遣官厚報之. 時溫州民有市其沉香諸物者, 所司坐以通番, 當棄市. 帝曰:「溫州乃暹羅必經之地, 因其往來而市之, 非通番也.」乃獲宥. 二十一, 年貢象三十·番奴六十. 二十二年, 世子昭祿群膺遣使來貢. 二十三, 年貢蘇木·胡椒·降香十七萬斤.

[홍무] 16년(1383)에 감합문책(勘合文册) 및 무늬를 넣은 비단·자기(磁器)를 하사하는 것을 진랍(眞臘)과 동등한 수준으로 하였다.[316] [홍무] 20년(1387)에 후추(胡椒)[317] 1만 근·소목(蘇木) 1만 근을 공물로 바쳤다.[318] 홍무제는 관원을 파견하여 두터이 답례하였다.[319] 당시 온주(溫州)[320] 사람이 침향(沈香) 등의 여러 물품을 샀는데, 현지의 관사(官司)가 그가 번인(番人)과 사통(私通)하였다는 이유를 들어 기시(棄市)[321]로 판결하였다. 홍무제가 이르

---

315) 『太祖實錄』 卷115 洪武 10년 9월 乙酉條 참조.

316) 勘合文册은 洪武 16년 4월 乙未에, 비단 및 자기는 同年 8월 乙未에 각각 暹羅에 하사하였다. 비단은 32필, 자기는 1만 9000점씩을 占城 및 眞臘과 동등하게 지급하였다. 이상에 대해서는 『太祖實錄』 卷153 洪武 16년 4월 乙未條; 同年 8월 乙未條 참조.

317) 胡椒: 胡椒科에 속한 多年生 상록수로, 學名은 Piper nigrum L.이며 古月, 黑川, 百川이라고도 불린다. 胡椒는 인도 서남해안 열대우림이 원산지이며, 해발 500m 이하의 평지에서 재배된다. 그런데 호초는 일반적으로 호초나무의 열매껍질을 일컬으며, 후추라고 부르는데, 이는 향료, 방부제, 조미료로 사용되며, 健胃, 消炎, 解毒 등의 약용으로도 쓰인다.

318) 『太祖實錄』 卷183 洪武 20년 7월 乙巳條 참조. 다만 이때 보내온 蘇木의 액수가 實錄에는 10만 근으로 되어 있어 본문과는 차이가 있다.

319) 『太祖實錄』 卷184 洪武 20년 8월 庚申條 참조. 이때 暹羅國王에게 비단 20필, 王妃에게 14필, 나머지 陪臣들에게도 각각 차등을 두어 하사하였다.

320) 溫州: 唐 高宗 上元 2년(675)에 처음 설치되었는데, 관할 지역은 오늘날 浙江의 溫州市와 永嘉·樂淸의 2縣 등에 해당한다. 東南 沿海에 위치하는데, 宋元시대에 일찍이 市舶司를 이곳에 설치한 바 있다.

기를, “온주(溫州)는 섬라[와 오고갈 때]의 반드시 거쳐야 되는 곳으로서 [사신] 왕래의 기회를 이용하여 물품을 산 것이지 번인과 사통한 것이 아니다”라고 하였다. 이에 [그는] 용서를 받았다. [홍무] 21년(1388)에 코끼리 30마리·번노(番奴) 60명을 바쳤다.[322] [홍무] 22년(1389)에 세자 소록군응(昭祿群膺)이 사신을 보내어 입조하여 공물을 바쳤다.[323] [홍무] 23년(1390)에 소목·후추·강향 17만 근을 바쳤다.[324]

二十八年, 昭祿群膺遣使朝貢, 且告父喪. 命中官趙達等往祭, 敕世子嗣王位, 賜賚有加. 諭曰:「朕自卽位以來, 命使出疆, 周於四維, 足履其境者三十六, 聲聞於耳者三十一, 風殊俗異. 大國十有八, 小國百四十九, 較之於今, 暹羅最近. 邇者使至, 知爾先王已逝. 王紹先王之緖, 有道於邦家, 臣民懽懌. 玆特遣人錫命, 王其罔失法度, 罔淫於樂, 以光前烈. 欽哉.」

[홍무] 28년(1395)에 소록군응이 사신을 보내어 입조하여 공물을 바치면서 부친의 타계를 고하였다.[325] [홍무제는] 중관 조달(趙達) 등에게 명하여 [섬라국에] 가서 제사를 지내도록 하고, 칙서를 세자에게 내려 왕위를 계승하도록 하면서 하사품을 내리는 데 등급을 올렸다. [이 칙서에서] 효유하여 이르기를, “짐(朕)이 즉위한 이래로 나라 밖으로 사신을 보낸 것이 사방에 두루 미치고 있는데, [사신이] 도달한 나라가 36국이고, 소식이 [내] 귀에 들어온 나라가 31국으로서 풍토와 습속이 [서로] 다르다. 대국이 18, 소국이 149인데, 현재 이를 비교하니 섬라가 가장 가깝다. 근래에 사신이 이르러 너희 선왕(先王)이 이미 서거했음을 알게 되었다. [현재의] 왕이 선왕의 세계(世系)를 계승하여 나라에 복을 주어 신민(臣民)이 기뻐하고 있다. 이에 특별히 사람을 파견하여 명을 내리니,[326] 왕은 법도를 어기지 말고 향락(享樂)에 빠지지

---

321) 棄市: 저자에서 처형한 뒤 시신을 가두에서 대중에게 보여주는 형벌을 가리키는데, 후에는 사형을 의미하기도 하였다.

322) 『太祖實錄』 卷193 洪武 21년 8월 壬寅條 참조.

323) 『太祖實錄』 卷195 洪武 22년 정월 丙戌條 참조.

324) 정확한 액수는 17만 1880근이었다. 이에 대해서는 『太祖實錄』 卷201 洪武 23년 4월 甲辰條 참조.

325) 『太祖實錄』 卷243 洪武 28년 11월 甲申條 참조.

326) 이 부분을 해당 실록의 원문을 찾아보면, 다음과 같다. “玆特遣人祭已故者, 慶王紹位有道(『太祖實錄』

않음으로써 선왕의 공업(功業)을 빛내야 할 것이다. 이를 준수하라"고 하였다.[327]

成祖卽位, 詔諭其國. 永樂元年賜其王昭祿群膺哆囉諦剌駝紐鍍金銀印, 其王卽遣使謝恩. 六月, 以上高皇帝尊謚, 遣官頒詔, 有賜. 八月復命給事中王哲·行人成務賜其王錦綺. 九月命中官李興等齎敕, 勞賜其王, 其文武諸臣幷有賜.

성조(成祖)가 즉위한 뒤, 섬라국에 조서를 내려 [즉위 사실을] 알렸다.[328] 영락 원년(1403)에 [영락제가] 섬라국왕 소록군응치라체랄(昭祿群膺哆囉諦剌)에게 낙타 끈의 도금한 은인(銀印)[329]을 하사하니, 섬라국왕은 바로 사신을 보내어 은혜에 감사를 드렸다.[330] 6월에 고황제(高皇帝)[331]라는 이름으로 시호(謚號)를 올렸기 때문에 관원을 파견하여 조서(詔書)를 반포하고 하사품을 내려주었다. 8월에 다시 급사중 왕철(王哲)·행인 성무(成務)에게 명하여 그 나라 왕에게 고급 비단을 하사하도록 하였다.[332] 9월에 중관 이흥(李興) 등에게 명하여 칙서를 가지고 가서 [섬라국] 왕을 위로하며 하사품을 내려주고, 그 문무(文武)의 여러 신하들에게

卷243 洪武 28년 12월 戊午條)" 이를 해석하면, "이에 특별히 사람을 파견하여 이미 서거한 前王을 기리는 제사를 지내고, 왕이 적절하게 王位를 계승함을 경축하도록 하였다."는 것임으로, 본문의 '명을 내렸다'는 것의 구체적인 내용을 확인할 수 있다.

327) 『太祖實錄』 卷243 洪武 28년 12월 戊午條 참조.

328) 『太宗實錄』 卷12 洪武 35년 9월 丁亥條 참조. 한편 明朝의 年號 표기에서 '洪武' 시기는 洪武 31년(1398) 즉, 洪武帝의 사망 연도로 종결되고, 이듬해에는 建文 元年으로 이어짐이 마땅하지만, '靖難의 役' 즉, 朱棣가 일으킨 政變이 성공한 이후, 황제에 오른 永樂帝는 簒奪이란 오명을 지워버리고 정통성을 강화하기 위한 일환으로 '建文'이란 연호를 공식적으로 폐기하였다. 따라서 洪武 35년은 建文 4년(1402)을 가리킨다.

329) 銀印: 明代에는 관청에 따라 印信의 규정이 있었다. 『明史』 卷72 「職官志」1, 禮部에 '外國王印三等: 曰金, 曰鍍金, 曰銀'이라는 내용이 보인다. 明 初에 高麗에는 金印을 하사하였는데, 龜紐에 폭이 3寸이었고, "高麗國王之印"이라 새겨져 있었다. 安南에는 鍍金銀印을 하사하였는데, 駝紐에 方 3寸의 크기로 "安南國王之印"이라 새겨져 있었다. 占城은 鍍金銀印을 하사하였는데, 駝紐에 方 3寸의 크기로 "占城國王之印"이라 새겨져 있었다. 또 吐蕃에는 金印을 하사하였는데, 駝紐에 方 5寸의 크기로 "白蘭王印"이라 새겨져 있어, 나라마다 印信의 규격과 재질이 달랐다.

330) 『太宗實錄』 卷17 永樂 원년 2월 甲寅條 참조.

331) 高皇帝: 朱元璋의 謚號이다. 따라서 高皇帝는 明 太祖 洪武帝를 가리키기도 한다.

332) 『太宗實錄』 卷22 永樂 원년 8월 癸丑條 참조.

도 각각 하사품을 내려주도록 하였다.[333]

二年有番船飄至福建海岸, 詰之, 乃暹羅與琉球通好者. 所司籍其貨以聞, 帝曰:「二國修好, 乃甚美事, 不幸遭風, 正宜憐惜, 豈可因以爲利. 所司其治舟給粟, 俟風便遣赴琉球.」是月, 其王以帝降璽書勞賜, 遣使來謝, 貢方物. 賜賚有加, 幷賜『列女傳』百冊. 使者請頒量衡爲國永式, 從之.

[영락] 2년(1404)에 번선(番船)이 풍랑을 만나 복건의 해안에 이르러, [배에 탄 사람들을] 힐문(詰問)해보니, 바로 섬라에서 [파견해서] 유구(琉球)[334]와 우호관계를 맺으려던 자들이었다. 담당 관사(官司)[335]에서 그들의 화물(貨物)을 기록하여 보고하니, 영락제가 이르기를, "양국이 우호관계를 맺는 것은 매우 좋은 일인데, 불행히도 풍랑을 만난 것이니, 바로 마땅히 가련하게 여겨야 할 것이지, 어찌 이를 기회로 삼아 이익을 꾀한단 말인가! 담당 관사(官司)는 그 선박을 수리하고 식량을 지급하여, 순풍을 기다려 곧 유구로 보내도록 하라"[336]고 하였

333) 『太宗實錄』 卷23 永樂 원년 9월 乙亥條 참조.

334) 琉球: 琉球 王國은 동중국해 서남부에 위치하는 島嶼國이다. 일본에서 변혁의 시대인 城砦時代를 지나 14세기에 들어와 오키나와 일대에는 按司라 일컫는 지방호족들이 생기면서 中山, 北山, 南山의 이른바 三山時代가 시작되었다. 이후 明朝의 성립과 함께 중국의 영향을 받으면서 통일의 기운이 일어났으며, 결국 中山의 尙巴志(재위 1421~1439)에 의해 통일되어 琉球 즉, 유구 왕국이 세워졌다. 유구라는 명칭이 나타난 것은 바로 이때이다. 이후 유구는 일본, 조선, 중국뿐만이 아니라 동남아시아의 여러 왕조들과도 무역을 하는 등 전성기를 맞이하였다. 그러나 16세기 후반 에스파냐와 포르투갈 세력이 동남아 지역으로 세력을 확대하면서 유구의 세력은 급격히 쇠퇴하였고, 1609년에 일본의 戰國時代가 끝나자 지역정권인 사쓰마(薩摩)藩이 침공해왔다. 이때 유구는 큰 저항을 하지 못하고 패배했고, 이후 일본의 조공국이 되었다. 이후 유구는 다시 청과 일본에 이중조공을 하면서 다시 중계무역으로 번성을 되찾았지만 중국과 일본 사이에서 침략의 위협에 직면하였다. 결국 18세기 말에 이르러 유구의 경제는 크게 악화되었으며, 19세기 중엽 서양 세력이 청과 일본에 개항의 압력을 가하면서 유구는 중계무역의 거점으로서의 지위를 잃게 된다.

335) 福建布政司를 가리킨다. 이에 대해서는 『太宗實錄』 卷34 永樂 2년 9월 壬寅條 참조.

336) 해당 實錄의 기사(『太宗實錄』 卷34 永樂 2년 9월 壬寅條)를 살펴보면, "候風便, 其人欲歸或往琉球, 尋之去"라 기재되어 있다. 따라서 모두 琉球로 보내도록 하였다는 것은 아니고, 귀국을 원하는 자는 귀국하도록, 琉球로 가기를 원하는 자는 琉球로 계속 가도록 하였다는 내용이 본문에는 생략되어 있음을 알 수 있다.

다.[337] 이 달에 섬라국왕은 영락제가 새서(璽書)를 내려주고 위로하면서 하사품을 주었다는 이유로 사신을 파견하여 감사를 드리며 방물을 바쳤다. [영락제는] 등급을 올려 하사품을 내려주고, 아울러 『열녀전(列女傳)』[338] 100책을 하사하였다. [섬라국의] 사신이 용기(容器)[339]와 형기(衡器)[340]를 반포(頒布)하여 본국의 법도(法度)로 삼기를 청하자, [영락제는] 이를 허락하였다.[341]

先是, 占城貢使返, 風飄其舟至彭亨, 暹羅索取其使, 羈留不遣. 蘇門答剌及滿剌加又訴暹羅恃强發兵奪天朝所賜印誥. 帝降敕責之曰: 「占城·蘇門答剌·滿剌加與爾俱受朝命, 安得逞威拘其貢使, 奪其誥印. 天有顯道, 福善禍淫, 安南黎賊可爲鑑戒. 其卽返占城使者, 還蘇門答剌·滿剌加印誥. 自今奉法循理, 保境睦隣, 庶永享太平之福.」時暹羅所遣貢使, 失風飄至安南, 盡爲黎賊所殺, 止餘孛黑一人. 後官軍征安南, 獲之以歸. 帝憫之, 六年八月命中官張原送還國, 賜王幣帛, 令厚恤被殺者之家. 九月, 中官鄭和使其國, 其王遣使貢方物, 謝前罪.

이보다 앞서 점성의 조공사절이 돌아가다가 풍랑을 만나 [조공사절이 탄] 배가 팽형(彭亨)[342]에 표착하니, 섬라에서 그 사절단을 착취하고, 붙잡아 가두어놓고는 억류시켜 돌려보내지 않았다. 소문답랄(蘇門答剌)[343] 및 만랄가에서 다시 섬라가 [스스로] 강함을 믿고 군대를

337) 『太宗實錄』 卷34 永樂 2년 9월 壬寅條 참조.

338) 『列女傳』: 대개 西漢의 儒者 劉向의 저서로 알려진 본서는 모두 7권으로 이루어졌으며, 105명의 婦女의 행실을 기록한 책으로서 儒家的인 관점에서 婦女의 덕행을 강조하였다. 西漢 成帝의 皇后 趙飛燕이 황제의 총애를 잃은 이후, 그녀의 문란한 행실이 계속되는 것을 목도한 劉向이 과거 賢后貞婦의 행실을 정리하여 헌정했다고 한다.

339) 容器: 물건을 담는 그릇이란 뜻이다.

340) 衡器: 물건의 무게를 다는 器具를 가리킨다. 대체로 穀物과 쇠붙이를 다는 大秤, 솜 같은 것을 다는 中秤, 金·銀·藥劑 등을 다는 小秤으로 나뉜다.

341) 『太宗實錄』 卷34 永樂 2년 9월 辛亥條 참조.

342) 彭亨: 역대의 각종 史書에서 婆鳳, 朋亨, 朋豐, 蓬豐, 湓亨, 彭杭, 彭坊, 邦項 등의 別稱으로도 기재되어 있는데, 그 위치는 말레이반도의 東岸 즉, 지금의 말레이시아의 彭亨(Pahang)州 일대에 있었던 나라를 가리킨다.

343) 蘇門答剌: 인도네시아 서쪽에 있는 큰 섬으로 蘇門答臘이라고도 하는데, 지금의 수마트라(Sumatra)를

동원하여 천조(天朝)에서 하사한 고명(誥命)[344]과 인신(印信)을 빼앗아 갔음을 호소하였다. 영락제는 칙서를 내려 책망하며 말하기를, "점성·소문답랄·만랄가와 너희는 모두 조정의 명을 받았는데, 어떻게 제멋대로 각국의 조공사절을 붙잡아 가두어 억류시키고, 그 고명(誥命)과 인장(印章)을 빼앗는단 말인가! 하늘에는 공도(公道)가 있어서 선자(善者)에게 복을 내리고 불선자(不善者)에게 화를 내리는 법이니, 안남의 려적(黎賊)이 경계의 거울이 된다. 즉각 점성의 사절을 귀국시키고, 소문답랄과 만랄가의 인장과 고명을 돌려주도록 하라. 지금부터 법도를 지키고 이치에 따라 나라를 지키고 인국(隣國)과 화목하게 지내야만이 영원히 태평의 복(福)을 누릴 수 있을 것이다"라고 하였다.[345] 당시 섬라에서 파견한 조공사절이 풍랑을 만나 안남에 표착해서 모두 려적(黎賊)에게 죽임을 당하고 다만 패흑(孛黑) 1명만이 살아남았다. 후에 관군(官軍)[346]이 안남을 정벌한 뒤, 패흑을 데리고 귀국하였다. 영락제는 그를 가엽게 여겨, [영락] 6년 (1408) 8월, 중관 장원(張原)에게 명하여 고국으로 송환시켰고, 섬라국왕에게 폐백(幣帛)을 하사하면서 피살자들의 집안사람들을 두터이 보살피도록 하였다.[347] 9월

가리킨다. 5세기 경 이 섬 남부의 占碑(Jambi)와 巨港(Palembang) 사이에 干陀利(Kantoli)國이 세워졌지만 7세기중엽에 이르러 이를 대신해서 室利佛逝(Srivijaya) 왕국이 흥기하여, 巨港 일대를 중심으로 수마트라, 말레이반도, 婆羅洲의 서부에 걸쳐 패권을 장악하였다. 이후 10세기 초에 이 나라는 三佛齊로 개칭을 하였고, 이후 중국과 통교를 하였으며, 11세기 말 爪哇의 침략을 받아 占碑로 천도하였으나 결국 1397년 마자파힛(Majapahit)에게 멸망당하였다. 이후 이곳에 蘇門答剌國이 들어서는데, 이는 13세기에 八昔(Parsei) 河口에 세워진 須文達那國이 13세기 말에 改稱한 나라라고 하지만 확실한 근거는 아직 없다. 소문답랄국은 明初부터 사신과 방물을 보내 明朝와 通交를 계속 이어왔다. 그러나 16세기 말 국왕을 시해하고 簒位를 하는 등의 내란으로 인해 수마트라의 북쪽에서 새로 강자로 부상한 亞齊(Aceh) 酋長國에 의해 멸망당하고 말았다.

344) 誥命: 誥勅 혹은 誥라고도 한다. 황제가 관원을 임명하거나 追贈하는 데 사용하는 문서를 통칭한다. 여기서는 王으로 임명한다는 사령장이라는 의미로 사용되었다. 한편 明代에 公·侯·伯을 追封할 경우 모두 1등급을 번갈아 승진시키는데, 3品 이상으로 정치의 업적이 대단히 뛰어나거나 死諫·死節·陣亡者에게는 모두 贈官하였다. 現任으로서 처음으로 散階를 除授받거나, 京官으로 一考(3년간의 평가)가 끝난 자 및 外官으로 一考가 끝난 자 중에서 으뜸인 자는 모두 본인에게 誥敕을 지급하였다. 7품 이상은 모두 그 선조를 推恩할 수 있었다. 5品 이상은 誥命을, 6品 이하는 敕命을 제수하였다. 살아있는 자에게 줄 때는 封이라 하고, 죽은 자에게 줄 때는 贈이라 한다.

345) 『太宗實錄』 卷72 永樂 5년 10월 辛丑條 참조.

346) 明朝의 관군, 구체적으로는 黔國公 沐晟이 이끈 明軍을 가리킨다. 『太宗實錄』 卷82 永樂 6년 8월 壬辰條 참조.

347) 『太宗實錄』 卷82 永樂 6년 8월 壬辰條 참조.

에 중관 정화(鄭和)가 섬라국으로 출사(出使)하자, 그 나라 왕이 사신을 보내어 방물을 바치면서 이전의 잘못을 사죄하였다.348)

七年, 使來祭仁孝皇后, 命中官告之几筵. 時奸民何八觀等逃入暹羅, 帝命使者還告其主, 毋納逋逃. 其王卽奉命遣使貢馬及方物, 幷送八觀等還, 命張原齎敕幣奬之. 十年命中官洪保等往賜幣.

[영락] 7년(1409)에 [섬라국의] 사신이 입조하여 인효(仁孝)황후349)에게 제사를 올리[려 하]니, 중관에게 명하여 그에게 [있어야 할] 자리를 알려주도록 하였다.350) 당시 간민(奸民) 하팔관(何八觀) 등이 도주하여 섬라국으로 망명했는데, 영락제는 [섬라국의] 사신351)에게 명하여, 돌아가서 섬라국왕에게 [이 사실을] 알리고 망명을 받아들이지 말도록 하였다.352) 섬라국왕은 곧 명을 받들어 말과 방물을 바치면서 하팔관 등을 송환하자, [영락제는] 장원(張原)에게 명하여 칙서와 폐백을 가지고 가서 국왕을 표창하도록 하였다.353) [영락] 10년(1412)

348) 鄭和를 파견한 것은 永樂 6년 9월 癸酉이며, 暹羅國王이 謝罪의 사절단을 파견한 것은 同年 12월 庚辰이다. 『太宗實錄』 卷83 永樂 6년 9월 癸酉條; 同年 12월 庚辰條 참조.

349) 仁孝皇后: 明朝의 개국공신인 徐達의 장녀이다. 太祖는 徐達의 장녀가 賢淑하다는 이야기를 듣고 徐達을 불러 넷째 아들 朱棣의 배필로 삼자는 제안을 하였다. 이에 洪武 9년(1376)에 燕王妃에 봉해졌는데, 高皇后가 특히 많이 아꼈다고 한다. 燕王을 따라 王府인 北平 즉, 오늘날 北京으로 떠났지만, 高皇后의 타계 후 삼년상을 치르면서 예법에 따라 素食을 했고, 또 高皇后가 생전에 남긴 가르침을 조금도 어기지 않으려 했다. 永樂 원년(1403)에 皇后가 된 그녀는 그 후 永樂帝에게 仁政을 권하고, 급격한 관료의 교체를 반대했으며, 軍民에게 휴식을 줄 것을 권하는 등 황제에게 적지 않은 간언을 하였는데, 채택되는 바가 적지 않았다고 한다. 평생 인자하고 근엄하여 황후로서 존경을 받았으며, 일찍이 『女憲』, 『女誡』에서 내용을 뽑아 『內訓』 20篇을 작성하고, 옛 사람들의 嘉言善行을 모아서 『勸善書』 20권을 발행하여 천하에 반포하기도 하였다. 永樂 5년(1407)에 질병에 걸려서 향년 46세로 崩御하였다. 永樂帝는 이에 크게 비통해 하며, 諡號를 仁孝라 정하였다. 시신은 후에 長陵에 모셔졌다. 永樂帝는 이후 다시는 皇后를 두지 않았다. 한편 仁孝皇后는 황태자인 朱高熾 즉, 永樂帝 사후에 帝位를 계승한 仁宗 洪熙帝의 生母이기도 하다.

350) 『太宗實錄』 卷87 永樂 7년 정월 甲子條 참조.

351) 坤文琨을 가리킨다. 『太宗實錄』 卷97, 永樂 7년 10월 己亥條 참조.

352) 『太宗實錄』 卷97 永樂 7년 10월 己亥條 참조.

353) 『太宗實錄』 卷111 永樂 8년 12월 戊戌條 참조.

에 중관 홍보(洪保) 등에게 명하여 [섬라국에] 가서 폐백을 하사토록 하였다.[354]

十四年, 王子三賴波羅摩剌箚的賴遣使告父之喪. 命中官郭文往祭, 別遣官齎詔封其子爲王, 賜以素錦·素羅, 隨遣使謝恩. 十七年命中官楊敏等護歸. 以暹羅侵滿剌加, 遣使責令輯睦, 王復遣使謝罪. 宣德八年, 王悉里麻哈賴遣使朝貢.

[영락] 14년(1416)에 [섬라국] 왕자 삼뢰파라마랄차적뢰(三賴波羅摩剌箚的賴)가 사신을 보내어 부친의 타계를 고하였다. [영락제는] 중관 곽문(郭文)에게 명하여 [섬라국에] 가서 제사를 거행하도록 하고, 별도로 관원을 보내어 조서를 가지고 가서 그 왕자를 국왕으로 책봉하고, 백금(白錦)·백라(白羅)를 하사하니,[355] [섬라국의 새로운 국왕은 이들에게] 딸려 사신을 보내어 은혜에 감사를 드렸다.[356] [영락] 17년(1419)에 [영락제는] 중관 양민(楊敏) 등에게 명하여 [섬라국왕이 보낸 사신을] 호송하여 귀국시키도록 하였다.[357] 섬라에서 만랄가를 침략하였다는 이유로 사신을 [섬라국에] 보내어 화목하게 지내도록 하니, [섬라국] 왕이 다시 사신을 보내어 사죄하였다.[358] 선덕(宣德) 8년(1433)에 [섬라국] 왕 실리마합뢰(悉里麻哈賴, 재위: 1424~1448)[359]가 사신을 보내어 입조하여 공물을 바쳤다.[360]

初, 其國陪臣柰三鐸等貢舟次占城新州港, 盡爲其國人所掠. 正統元年, 柰三鐸潛附小舟來京, 訴占城劫掠狀. 帝命召占城使者與相質. 使者無以對, 乃敕占城王, 令盡

---

354) 中官 洪保 등을 보내어 하사품을 준 것은 직전에 暹羅國 王이 使臣 坤文琨 등을 보내 表文과 方物을 바친 데 대한 답례의 성격이었다. 이에 대해서는 『太宗實錄』 卷135 永樂 10년 12월 甲子條 참조.

355) 『太宗實錄』 卷176 永樂 14년 5월 壬辰條 참조.

356) 『太宗實錄』 卷195 永樂 15년 12월 癸未條 참조.

357) 이 구절에 해당하는 기사를 『太宗實錄』 永樂 17년의 내용서는 찾지 못했고, 대신 18년 4월 庚申條에 이에 관련된 내용이 보인다. 따라서 『明史』본문의 '17'년은 '18'년의 誤記일 가능성이 있지 않을까 싶다. 『太宗實錄』 卷224 永樂 18년 4월 庚申條 참조.

358) 『太宗實錄』 卷236 永樂 19년 4월 辛亥條 참조.

359) 悉里麻哈賴: 보롬라차 2세를 가리킨다. 이에 대해서는 김영애, 2001: 56, 346 참조.

360) 『宣宗實錄』 卷106 宣德 8년 9월 丙戌條 참조.

還所掠人物. 已, 占城移咨禮部言: 「本國前歲遣使往須文達那, 亦爲暹羅賊人掠去, 必暹羅先還所掠, 本國不敢不還.」 三年, 暹羅貢使又至, 賜敕曉以此意, 令亟還占城人物. 十一年, 王思利波羅麻那惹智剌遣使入貢.

전에 섬라국 배신(陪臣) 내삼탁(柰三鐸) 등의 조공선박이 점성의 신주항(新州港)에 이르러 모두 점성국 사람들에게 약탈을 당하였다.[361] 정통 원년(1436)에 내삼탁이 몰래 조그만 선박을 타고 경사에 이르러 점성의 약탈 정황을 호소하였다. 정통제는 점성의 사신을 소환하여 서로 대질을 시켰다. [점성의] 사신이 대답을 하지 못하자, 곧 점성국 왕에게 칙서를 내려 약탈한 사람과 물자를 모두 돌려주도록 하였다.[362] 얼마 후 점성에서 자문(咨文)을 예부에 보내어 아뢰기를, “본국은 전년에 사신을 수문달라(須文達那)[363]에 보냈지만 섬라의 적인(賊人)에게 약탈을 당했으니, 섬라에서 먼저 약탈한 것을 반환하기만 하면 본국에서도 감히 돌려보내지 않을 수 없을 것입니다”라고 하였다. [정통] 3년(1438)에 섬라의 조공사절이 다시 이르자, 칙서를 내려 이 뜻을 알리면서 빨리 점성의 사람과 물자를 돌려주도록 하였다.[364] [정통] 11년(1446)에 [섬라국] 왕 사리파라마나야지랄(思利波羅麻那惹智剌)이 사신을 보내어 입조하여 공물을 바쳤다.[365]

景泰四年, 命給事中劉洙 · 行人劉泰祭其故王波羅摩剌箚的賴, 封其嗣子把羅蘭米孫剌爲王. 天順元年賜其貢使鈒花金帶. 六年, 王孛剌藍羅者直波智遣使朝貢.

경태 4년(1453)에 급사중 유수(劉洙) · 행인 유태(劉泰)에게 명하여 섬라국의 타계한 국왕 파라마랄차적뢰(波羅摩剌箚的賴)를 제사지내고, 그 뒤를 이은 아들 파라란미손랄(把羅蘭米孫

361) 이 사건은 暹羅國 사신의 奏文에 의하면, 宣德 4년(1429)에 발생한 일이다. 이에 대해서는 『英宗實錄』 卷17 正統 원년 5월 庚寅條 참조.

362) 『英宗實錄』 卷17 正統 원년 5월 庚寅條 참조.

363) 須文達那: 蘇門答剌의 별칭인데, 蘇門答剌 항목을 참조.

364) 『英宗實錄』 卷47 正統 3년 10월 壬戌條 참조.

365) 『英宗實錄』 卷139 正統 11년 3월 癸巳條 참조.

剌)을 국왕으로 봉하도록 하였다.366) 천순 원년(1457)에 그 나라 조공사신에게 꽃무늬를 새겨 넣은 금대(金帶)를 하사하였다.367) [천순] 6년(1462)에 섬라국 왕 패랄남라자직파지(孛剌藍羅者直波智, 재위 1448~1488)368)가 사신을 보내어 입조하여 공물을 바쳤다.369)

成化九年, 貢使言天順元年所頒勘合, 爲蟲所蝕, 乞改給, 從之. 十七年, 貢使還, 至中途竊買子女, 且多載私鹽, 命遣官戒諭諸番. 先是, 汀州人謝文彬, 以販鹽下海, 飄入其國, 仕至坤岳, 猶天朝學士也. 後充使來朝, 貿易禁物, 事覺下吏.

성화(成化) 9년(1473)에 [섬라국의] 조공사신이 천순 원년(1457)에 하사받은 감합(勘合)이 벌레 먹었다면서 새로 발급해달라고 아뢰자, [성화제는] 이를 허락하였다.370) [성화] 17년(1481)에 조공사절이 돌아가다가 중도에 남녀 어린이를 몰래 사고 또 사염(私鹽)을 다수 [타고 간 배에] 적재(積載)하자, [성화제는] 관원을 파견하여 여러 번국(番國)에 [이를] 경계하고 타이르도록 명하였다.371) 이보다 앞서 정주(汀州)372) 출신의 사문빈(謝文彬)이 소금을 판매하러 바다로 나갔다가 풍랑을 만나 섬라국에 표착한 뒤, 벼슬길에 올라 곤악(坤岳)에까지 이르렀는데, 그래도 천조(天朝)의 학사(學士) 같았다. 후에 사절단에 충원되어 입조했는데 금지된 물품을 매매하다가 발각되어 옥리(獄吏)에게 내려졌다.373)

---

366) 『英宗實錄』 卷225 景泰 4년 정월 丁丑條 참조. 劉洙가 正使, 劉泰가 副使로 파견되었다.

367) 『英宗實錄』 卷276 天順 원년 6월 癸丑條 참조.

368) 孛剌藍羅者直波智: 보롬뜨라이록(Boromtrailok) 국왕을 가리킨다. 이에 대해서는 김영애, 2001: 57, 346 참조.

369) 『英宗實錄』 卷344 天順 6년 9월 丁巳條 참조.

370) 『憲宗實錄』 卷116 成化 9년 5월 甲午條 참조.

371) 暹羅와 蘇門答剌 양국의 조공사절이 돌아갈 때, 舟人의 사주로 도중에 貧民子女를 사고 私鹽을 다수 적재하는 등의 여러 不法을 저지르다가, 淮安에 이르러 어떤 자가 巡撫都御史 張瓚에게 고발하면서 발각된 사건이었다. 이에 대해서는 『憲宗實錄』 卷217 成化 17년 7월 丁酉條 참조.

372) 汀州: 唐 開元 24년(736)에 福州와 撫州를 나누어 설치하였는데, 治所는 長汀縣 즉, 오늘날 福建 長汀縣에 두었다. 관할 지역은 오늘날 福建 武夷山 以東과 三明, 永安, 漳平, 龍岩, 永定 등 市縣 以西 지역에 해당한다. 天寶 원년(742)에 臨汀郡으로 바뀌었다가 乾元 원년(758)에 다시 汀州로 환원되었다. 元朝 때에는 福建行省에 속했는데, 至元 15년(1278)에 汀州路로 승격되었다. 明朝 洪武 원년(1368)에 汀州府로 바꾸었다.

十八年遣使朝貢，且告父喪，命給事中林霄·行人姚隆往封其子國隆勃剌略坤息剌尤地爲王．弘治十年入貢．時四夷館無暹羅譯字官，閣臣徐溥等請移牒廣東，訪取能通彼國言語文字者，赴京備用，從之．正德四年，暹羅船有飄至廣東者，市舶中官熊宣與守臣議，稅其物供軍需．事聞，詔斥宣妄攬事柄，撤還南京．十年進金葉表朝貢，館中無識其字者．閣臣梁儲等請選留其使一二人入館肄習，報可．嘉靖元年，暹羅·占城貨船至廣東．市舶中官牛榮縱家人私市，論死如律．三十二年遣使貢白象及方物，象死於途，使者以珠寶飾其牙，盛以金盤，幷尾來獻．帝嘉其意，厚遣之．

[성화] 18년(1482)에 [섬라국 왕이] 사신을 보내어 입조하여 공물을 바치면서 부친의 타계를 고하자, [성화제는] 급사중 임소(林霄)·행인 요륭(姚隆)에게 명하여 [섬라국에] 가서 그 아들 국륭발랄략곤식랄우지(國隆勃剌略坤息剌尤地, 재위 1488~1491)[374]을 국왕으로 책봉하도록 하였다.[375] 홍치 10년(1497)에 [섬라국왕이 사신을 보내어] 입조하여 공물을 바쳤다.[376] 당시 사이관(四夷館)[377]에 섬라식자관(暹羅譯字官)[378]이 없어,[379] 각신(閣臣)[380] 서부(徐溥)[381] 등이 광동(廣東)[382]에 공문(公文)을 보내어 그 나라 언어와 문자에 능통한 자를

373) 사법기관에 送致되어 治罪를 당하였다는 뜻이다.

374) 國隆勃剌略坤息剌尤地: 인타라차 2세(Intharacha II) 국왕을 가리킨다. 이에 대해서는 김영애, 2001: 57~58, 346 참조.

375) 林霄가 正使, 姚隆이 副使로 파견되었다. 『憲宗實錄』 卷229, 成化 18년 7월 庚辰條 참조.

376) 『孝宗實錄』 卷129 弘治 10년 9월 壬子條 참조.

377) 四夷館: 永樂 5년(1407)에 邊疆의 소수민족 및 隣國의 언어와 문자를 번역하는 일을 맡은 전문기관으로서 처음에는 翰林院 소속이었으나 후에 太常寺 少卿이 提督하였다. 안에는 蒙古, 女直, 西番, 西天, 回回, 百夷, 高昌, 緬甸 등 8館이 설치되었는데, 후에 八百과 暹羅의 2館이 增置되었다.

378) 暹羅語 飜譯官을 가리킨다.

379) 暹羅國에서 보낸 表文을 읽을 만한 譯官이 不在했다는 문제가 당시 부각되었다. 이에 대해서는 『孝宗實錄』 卷129 弘治 10년 9월 乙卯條 참조.

380) 閣臣: 大學士를 가리키는데, 여기서는 文淵閣 大學士를 뜻하는 것으로 보인다.

381) 徐溥(1428~1499): 宜興 출신으로, 字는 時用, 號는 謙齋이다. 景泰 5년(1454)에 進士가 되어 翰林院 編修에 제수되었다. 憲宗 成化 연간(1465~1487)에 吏部侍郞으로까지 승진하였다. 孝宗 弘治帝가 즉위하자 文淵閣 大學士를 겸임하며 機務에 참여하고, 禮部尙書로 승진하였다. 弘治 5년(1492)에 首輔가 되었다. 최종적으로는 華蓋殿 大學士에 이르렀다. 內閣에서 모두 12년을 재직하였는데, 目疾로 은퇴하였다. 사후에 文靖이란 諡號를 받았다.

구하여 경사로 보내어 [사이관에] 배치하자고 청하니, [홍치제가] 이를 받아들였다.[383] 정덕(正德) 4년(1509)에 섬라의 선박이 풍랑을 만나 광동에 표착하니, 시박사(市舶司)[384]의 중관[385] 웅선(熊宣)이 수신[386]과 협의하여 그들의 화물(貨物)에 징세하여 군수(軍需)에 충당하였다. 이 일이 보고되자, [정덕제는] 조칙을 내려 웅선이 망령되이 전횡했음을 질책하고, [웅선에게 시박사(市舶司) 태감(太監) 직(職)을] 그만두게 하고 남경(南京)으로 불러들였다.[387] [정덕] 10년(1515)에 [섬라국 왕이 사신을 보내어] 금박을 입힌 표문을 바치면서 입조하여 공물을 바쳤는데, 사이관 내에 섬라국의 글자를 아는 사람이 없었다. 각신 양저(梁儲)[388] 등이 그 사절단 내에서 1~2명을 뽑아 사이관에서 [어학을] 학습토록 하자고 청하니, [정덕제는] 승락의 답보(答報)를 내렸다. 가정 원년(1522)에 섬라·점성의 화물선이 광동에 이르렀다. 시박사의 중관 우영(牛榮)이 가인(家人)을 풀어 사적으로 매매를 하자, 율(律)에 의거하여 사형으로 판결하였다. [가정] 32년(1553)에 [섬라국 왕이] 사신을 보내어 흰 코끼리 및 방물을

382) 廣東布政司를 가리킨다. 이에 대해서는 『孝宗實錄』 卷129 弘治 10년 9월 乙卯條 참조.

383) 『孝宗實錄』 卷129 弘治 10년 9월 乙卯條 참조.

384) 市舶司: 해상무역 관계의 사무를 담당한 관청으로, 市舶提擧司의 약칭이다. 무역세의 징수·상품 판매 허가증의 교부·番船의 送迎 등의 일을 담당하였다. 관명으로서의 시박사는 唐 開元 年間(713~741)에 처음 나타나지만, 제도로서 실질적인 정비가 있었던 것은 南海무역이 크게 발전한 宋代 이후였으며, 廣州를 비롯하여 泉州, 溫州, 明州(즉 寧波), 杭州 등지에 증설되었다. 長官도 처음에는 소재지의 州知事나 轉運使가 겸임했으나, 진귀한 사치품을 다루는 남해무역은 정부수입을 위해서도 그 중요성을 더하게 되었으므로, 1102년에 남해무역을 전담하는 提擧市舶司가 설치되었고, 元代에도 그 사무가 인계되었다. 明代에는 海禁정책을 시행했기 때문에 자연 밀무역 중심이 되었으므로, 市舶司 제도가 활성화되지는 않았으나, 明 初부터 중엽까지 宦官 주도로 운영되었다. 明 後期 倭寇 문제가 심각해지면서 明 중엽에 철폐된 市舶司 제도는 淸朝가 시작된 이후에도 회복되지 않다가, 康熙 연간(1662~1722)에 廣州와 寧波 등 4개의 지역에 海關이 설치되면서 이름을 바꾸어 그 명맥을 이어갔다.

385) 中官은 환관을 의미하는데, 여기서는 市舶司太監을 가리킨다. 이에 대해서는 『武宗實錄』 卷48 正德 4년 3월 乙未條 참조.

386) 守臣: 여기서는 鎭巡官을 가리킨다. 이에 대해서는 『武宗實錄』 卷48 正德 4년 3월 乙未條 참조.

387) 『武宗實錄』 卷48 正德 4년 3월 乙未條 참조. 한편 熊宣의 소환 조치 이후, 正德帝는 역시 다른 환관 즉, 內官監을 市舶司太監으로 대체하였다.

388) 梁儲(1453~1527): 廣東 順德 출신으로, 字는 叔厚, 號는 厚齋, 晩號는 郁洲이다. 成化 14년(1478)에 壯元으로 進士가 되어 翰林院 編修로 제수되었다. 正德 연간(1506~1521)에 吏部尙書, 華蓋殿 大學士, 內閣의 首輔 등을 역임하였다. 世宗 嘉靖帝가 즉위한 뒤 탄핵을 받고, 귀향을 청하였다. 77세로 타계하였는데, 文康이란 諡號를 받았다.

바치도록 하였는데, 코끼리가 도중에 죽자 사신은 구슬 등의 보화로 상아를 장식해서 금박의 쟁반에 가득 담아 꼬리와 함께 가져와서 진헌(進獻)하였다. 가정제는 그 성의를 가상하게 여겨, 후하게 상을 내려주어 돌아가도록 하였다.

隆慶中, 其隣國東蠻牛求婚不得, 慚怒, 大發兵攻破其國. 王自經, 擄其世子及天朝所賜印以歸. 次子嗣位, 奉表請印, 予之. 自是爲東蠻牛所制, 嗣王勵志復仇. 萬曆間, 敵兵復至, 王整兵奮擊, 大破之, 殺其子, 餘衆宵遁, 暹羅由是雄海上. 移兵攻破眞臘, 降其王. 從此歲歲用兵, 遂霸諸國.

융경(隆慶)[389] 연간(1567~1572)에 섬라의 이웃나라인 동만우(東蠻牛)[390]에서 청혼했지만 받아들여지지 않자, 부끄러우면서도 화가 나서 크게 군대를 동원하여 섬라국을 공격하여 격파하였다. [섬라국] 왕이 목을 매어 자살하자, [동만우는] 그 세자를 포로로 잡고 천조(天朝)가 하사한 인장을 빼앗은 뒤 돌아갔다. 차자(次子)가 왕위를 이은 뒤, [명조에 사신을 보내어] 표문을 봉헌(奉獻)하고 인장을 청하니, [융경제는] 하사하였다. 이로부터 [섬라는] 동만우에게 제압을 당하였으므로 계위(繼位)한 왕은 복수하려는 뜻을 다졌다. 만력(萬曆)[391] 연간

389) 隆慶: 明 왕조 13대 황제인 穆宗 朱載垕의 年號이다.

390) 東蠻牛: 미얀마의 따응우(Toungoo) 왕조를 가리킨다. 16세기에 들어서면서 따응우 왕조가 미얀마의 대부분 지역을 장악하였다. 버인나웅(Bayinnaung) 왕은 일련의 정복전쟁을 통하여 영토를 확장하여 버고(Bago)에 수도를 정한 뒤, 서쪽은 인도의 마니푸르, 북쪽은 중국의 雲南, 동쪽은 메콩 강 유역까지 원정하였다. 특히 1563년에는 태국의 캄펭펫(Kampengpet)과 수코타이를 정복한 버인나웅은 아유타야 공략에 다시 나섰다. 이 싸움에서 적지 않은 인명 피해를 내기도 했지만, 1564년 결국 아유타야를 장악하는 데 성공하였다. 물론 아유타야 정벌이 태국 전체를 평정한 것은 아니었지만, 당시 미얀마의 힘이 태국을 능가했음을 보여준다. 아유타야 정복 이후, 버인나웅은 아유타야 왕의 아들에게 영주 자격으로 아유타야를 통치하게 하는 한편, 아유타야 왕과 관료 등 3,000여 명의 포로를 데리고 왔다. 한편 태국은 19세기에 서양의 식민 지배를 받지 않았지만 근대 이전 시기에 미얀마에게 두 차례나 정복된 바 있다. 그 첫 번째가 바로 위 본문에 해당되는 1569년으로, 이후 수십 년 동안 미얀마의 식민지가 되었다. 두 번째는 1767년으로, 이 때 아유타야 왕조는 완전히 미얀마에게 멸망되었다. 이 해에 아유타야 왕국의 한 지방의 수령이었던 중국계 딱신의 주도 하에 미얀마 군대를 몰아내고 톤부리에 새로운 왕조를 건설하게 된다. 이상에 대해서는 김성원, 2001: 167~200; 조흥국, 2007: 248 등 참조.

(1573~1619)에 적병(敵兵)이 다시 이르자, [섬라국] 왕은 군대를 정돈하여 분격(奮擊)하여 크게 격파하여 [동만우 국왕의] 아들을 죽였으며, 나머지 무리들은 밤에 도망가니, 섬라는 이로부터 해상을 제패(制霸)하였다. 군대를 [해외로] 보내어 진랍을 격파하니, 그 왕이 투항하였다. 이로부터 해마다 전쟁을 일으켜 드디어 [주변] 각국의 패자(霸者)가 되었다.

六年遣使入貢. 二十年, 日本破朝鮮, 暹羅請潛師直搗日本, 牽其後. 中樞石星議從之, 兩廣督臣蕭彦持不可, 乃已. 其後, 奉貢不替. 崇禎十六年猶入貢.

[만력] 6년(1578)에 [섬라국 왕은] 사신을 보내어 입조하여 공물을 바쳤다.[392] [만력] 20년(1592)에 일본(日本)이 조선(朝鮮)을 공파하자, 섬라에서 비밀리에 군대를 보내어 직접 일본을 공격해서 그 후방을 견제(牽制)하겠다고 청하였다.[393] 중추(中樞)[394] 석성(石星)[395]이

391) 萬曆: 明 왕조 14대 황제인 神宗 朱翊鈞의 年號이다.

392) 『神宗實錄』 卷80 萬曆 6년 10월 乙酉條에 暹羅國王에게 印章을 하사한 일이 보인다.

393) 이하 태국의 임진왜란 관련 사항에 대해서는 조흥국, 2009: 170~203에 비교적 상세히 언급되어 있다. 즉, 조흥국은 태국 아유타야 정부의 임진왜란 참전에 대한 의사 표명은 당시 동아시아 정세한 대한 태국 정부의 상황판단과 이해관계를 바탕으로 이루어진 것으로 보았다. 즉, 아유타야 정부는 도요토미 히데요시의 위협에 대한 소문을 마닐라를 왕래하던 태국의 상선 혹은 남중국해에서 무역에 종사하던 華商 등 다양한 경로를 통하여 듣고 있었다. 물론 당시 아유타야 정부가 실제로 일본으로 해상 원정을 시도할 형편은 아니었다. 말하자면, 비현실적인 군사적 제안이었던 셈인데, 이는 기본적으로 당시 對중국 무역 내지 중국해 무역에 대한 태국의 이해관계에서 비롯되었다고 보았다. 당시 明朝는 海禁정책을 실시하면서 대외교역을 朝貢무역에 국한시켰다. 아유타야 정부는 적지 않은 이익을 가져다주는 朝貢무역을 적극적으로 이용하려 하였다. 사실 해외무역은 아유타야 정부에게 왕조 초기부터 국가재정을 확보하는 중요한 재원이었다. 해외무역 가운데 對중국 무역은 가장 큰 비중을 차지하고 있었다. 당시 나레수안 정부는 중국 무역 시장이 일본의 한반도 침공과 중국에 대한 군사적 위협으로 위태롭게 되는 것을 좌시할 수 없었던 것이다. 한편 당시 태국의 참전 여하에 대해서 『宣祖實錄』 등 조선 측 사료에서는 明 정부가 이를 용인하기로 결정했거나 태국 군대가 이미 출동한 것으로 묘사하기도 하지만, 위 『明史』 「外國列傳」이나 『明實錄』 등 중국 측 사료에 의하면, 군대의 출동도 明 정부의 승인 결정도 일어나지 않았던 것은 분명하다. 그런데 당시 태국의 제안은 결국 그 나라 특유의 '대나무 외교'에 연원한다는 주장도 있다. 즉, 한편으로는 실용주의적이고 다른 한편으로는 기회주의적인 대외관계 전통의 맥락에서 접근하는 것이다. 당시 아유타야 정부는 明朝에게 군사적 지원을 제안함으로써 明朝에 대한 충성을 입증하고 중국의 태국에 대한 신뢰를 강화시키려 하였으며, 이는 궁극적으로 중국 무역시장에서 태국의 입지와 이해관계를 증대시키는 효과를 노렸다는 것이다.

받아들이자고 건의했지만, 양광(兩廣)[396] 총독 소언(蕭彦)[397]이 불가함을 역설하여 비로소 그만두었다. 그 후에도 공물의 봉헌(奉獻)은 그치지 않았다. 숭정(崇禎)[398] 16년(1643)에도 입조하여 공물을 바쳤다.

其國, 周千里, 風俗勁悍, 習於水戰. 大將用聖鐵裹身, 刀矢不能入. 聖鐵者, 人腦骨也. 王, 瑣里人. 官分十等. 自王至庶民, 有事皆決於其婦. 其婦人志量, 實出男子上. 婦私華人, 則夫置酒同飮, 恬不爲怪, 曰: 「我婦美, 而爲華人所悅也.」 崇信釋教, 男女多爲僧尼, 亦居菴寺, 持齋受戒. 衣服頗類中國. 富貴者, 尤敬佛, 百金之產, 卽以其半施之. 氣候不正, 或寒或熱, 地卑濕, 人皆樓居. 男女椎結, 以白布裹首. 富貴者死, 用水銀灌其口而葬之. 貧者則移置海濱, 卽有群鴉飛啄, 俄頃而盡, 家人拾其骨號泣而棄之於海, 謂之鳥葬. 亦延僧設齋禮佛. 交易用海䝙. 是年不用䝙, 則國必大疫. 其貢物, 有象·象牙·犀角·孔雀尾·翠羽·龜筒·六足龜·寶石·珊瑚·片腦·米腦·糠腦·腦油·腦柴·薔薇水·碗石·丁皮·阿魏·紫梗·藤竭·藤黃·硫黃·沒藥·烏爹泥·安息香·羅斛香·速香·檀香·黃熟香·降眞香·乳香·

394) 中樞: 唐代에는 中書令의 別稱, 宋代에는 樞密院의 별칭이었으나, 明代에는 兵部의 별칭이었다. 본문에서는 兵部尙書를 뜻하는 것으로 보인다.

395) 石星(1538~1599): 大名府 東明 출신이다. 字는 拱宸이고, 號는 東泉이다. 嘉靖 38년(1559)에 進士가 된 뒤, 吏科給事中으로 발탁되었다. 隆慶 초에 上疏하여 內臣들이 방자하고 원칙이 없는 것을 지적하였다가 廷杖을 당하고 쫓겨나 평민이 되었다. 萬曆 초에 다시 기용되어 萬曆 15년(1587)에 兵部尙書, 萬曆 18년(1590)에는 戶部尙書가 되었다. 특히 조선에서의 請援에 적극적인 출정방책을 세워 派兵토록 하였고, 1592년 9월에 영하의 반란의 평정되자 10월에 스스로 出征하고자 했으나 허락받지 못했다. 이에 寧夏 반란을 평정하는데 공을 세운 李如松을 조선에 파견하였다. 이후 일본과의 강화교섭 과정에서 策士인 沈惟敬에게 농락되어 강화가 실패하자, 그 책임을 물어 萬曆 25년(1597) 3월에 관직을 삭탈당하고 하옥되었으며, 이듬해인 1598년에 獄에서 죽었다.

396) 兩廣: 廣東과 廣西를 가리킨다.

397) 蕭彦: 寧國府 涇縣 출신으로, 字는 思學, 號는 念渠이다. 隆慶 5년(1571)에 進士가 되었다. 萬曆 초에 戶科給事中이 되었는데, 후에 右僉都御史로서 雲南을 巡撫하였다. 鄧子龍이 거느리는 병사들에 의한 兵變이 일어나자, 蕭彦은 土·漢의 군대를 동원하여 평정하였다. 후에 兵部 右侍郞이 되어 兩廣의 軍務를 총괄하였다. 사후에 定肅이란 諡號를 받았다.

398) 崇禎: 明 왕조 마지막 황제인 毅宗(思宗) 朱由檢의 年號이다.

樹香·木香·丁香·烏香·胡椒·蘇木·肉荳蔻·白荳蔻·華茇·烏木·大楓子及撒哈剌·西洋諸布. 其國有三寶廟, 祀中官鄭和.

그 나라(섬라국)는 주위가 천 리(千里)이고, 풍속은 강하고 사나우며 수전(水戰)에 익숙하였다. 대장(大將)은 성철(聖鐵)[399]로 몸을 둘러싸서 칼과 화살도 뚫을 수 없었다. 성철이란 사람의 뇌골(腦骨)이다. 국왕은 쇄리(瑣里) 출신이다. 관원은 10등(等)으로 나뉜다. 왕으로부터 서민에 이르기까지 어떤 일이 일어나면, 모두 그 부인(婦人)이 결정하였다. 부인의 의지와 도량은 실로 남편을 뛰어넘었다. 부인이 화인(華人)과 사통(私通)하면 남편은 술자리를 마련하여 [화인과] 함께 마시는데, 편안해하며 이상하게 생각하지 않고 말하기를, "내 아내가 예뻐서 화인이 좋아 한다"고 하였다. 불교를 신봉하여 남녀 다수가 승니(僧尼)였는데, 또한 암자와 절에서 기거하면서 채식을 하며 계율을 지켰다. 의복은 자못 중국(中國)과 비슷하였다. 부귀한 자는 더욱 부처를 경배(敬拜)하여 황금 100량의 재산도 바로 그 반을 시주하였다. 기후는 일정치 않아 춥기도 하고 덥기도 했는데, 지세는 낮으면서 습기가 많았고, 사람들은 모두 다락집[400]을 지어 거주하였다. 남녀 모두 머리를 묶는데 백포(白布)로 머리를 둘렀다. 부귀한 자가 죽으면, 수은(水銀)을 그 입에 부은 뒤 안장(安葬)하였다. 가난한 사람은 [그 시신을] 해변에 옮겨 놓고, 바로 갈까마귀 떼가 날아와 쪼아서 순식간에 다 먹어치우면, 가인(家人)이 그 뼈를 수습하여 크게 곡을 한 뒤 바다에 던지는데, 이를 조장(鳥葬)이라 한다. 승려를 초빙하여 재당(齋堂)을 설치한 뒤, 예불(禮佛)을 하기도 한다. 물건을 사고팔 때에는 해패(海𧴩)를 사용한다. 이 해에 해패(海𧴩)를 사용하지 않으면 나라에 반드시 큰 역병(疫病)이 돌았다. 공물(貢物)로는 코끼리·상아·무소의 뿔·공작의 꼬리·물총새의 날개·구통(龜筒)[401]·발이 여섯 달린 거북·보석·산호(珊瑚)[402]·편뇌(片腦)[403]·미뇌(米腦)[404]·강뇌(糠

399) 聖鐵: 사람의 腦骨 혹은 椰子나 檳榔의 과일 안의 胚胎로 結石한 것으로서, 전설에 의하면 이 聖鐵을 몸에 차면 칼 등의 무기도 들어가지 못하여 護身用으로 사용되었다고 한다. 辟珠라고도 한다.

400) 마룻바닥이 지면보다 높거나 2층으로 지은 집을 뜻한다. 대개 기둥 위에 벽은 없이 마루를 놓는다.

401) 龜筒: 蠵甲, 즉 암황색 반점이 있는 거북의 甲을 말한다, 그 甲에는 채색된 문양이 있고, 玳瑁와 비슷하나 얇으며, 붙이는 장식으로 사용되었다. 『宋史』 列傳54 「謝絳傳」에 "又後苑作制玳瑁器, 索龜筒於市. 龜筒, 禁物也. 民間不得有, 而索不已"라고 되어 있으니, 당시에는 민간에서 가질 수 없는 禁物로서 귀한 물품이었던 것으로 짐작된다.

腦)·뇌유(腦油)·뇌시(腦柴)·장미수(薔薇水)[405]·완석(碗石)[406]·정피(丁皮)·아위(阿魏)[407]·자경(紫梗)·등갈(藤竭)[408]·등황(藤黃)·유황(硫黃)[409]·몰약(沒藥)[410]·오다니(烏爹泥)[411]·안식향(安息香)[412]·라혹향(羅斛香)·속향(速香)[413]·단향(檀香)[414]·황숙향(黃熟

402) 珊瑚: 보석의 일종으로 중국과 인도에서 오래전부터 사용되었다. 특히 紅珊瑚는 티베트에서 護身의 용도로 널리 사용되었다.

403) 片腦: 龍腦, 龍腦香, 氷片, 梅花腦, 梅片, 米腦라고도 한다. 이는 蘇門答剌, 渤泥 등 南洋群島와 印度 등지에서 산출되는 龍腦香樹에 포함된 油脂를 結晶해서 만든다. 龍腦香은 맛이 향기롭고, 순수한 것은 無色透明하여 氷片이라 칭하기도 하고, 매화꽃잎처럼 생긴 것은 梅花腦라고 하는데, 强心劑, 淸涼劑 등 醫藥으로 사용되었고, 방충제나 방부제로도 사용되었다.

404) 米腦: 片腦의 일종인 듯하다.

405) 薔薇水: 薔薇露라고도 하며, 장미꽃을 水蒸氣로 증류하거나 또는 장미수를 물에 녹이거나 하여 얻는 투명한 액체이다. 이는 芳香이 나고 엷은 황색을 띠는데, 宋代 蔡絛의 『鐵圍山叢談』 卷5에 "采薔薇花蒸氣成水, 則屢采屢蒸, 積而爲香, 此所以不敗, 但異域薔薇花氣馨烈非常, 故大食國 薔薇水雖貯琉璃缶中, 蠟密封其外, 然香猶透徹聞數十步"라는 내용에서와 같이 향기가 강렬하여 유리병에 밀봉하여 보관하며, 약품의 냄새나 맛을 조절하는 데 쓰였다.

406) 碗石: 暹羅, 錫蘭 등에서 明朝에 바친 물품 중 하나이다. 중국에서는 鵝蘭石이라는 이름으로 알려져 있다.

407) 阿魏: 傘形科 식물에 속하며, 다년생초로 臭阿魏, 細葉阿魏라고도 부른다. 이란·아프가니스탄이 원산지이다. 처음에는 뿌리 잎만 뭉쳐났다가 약 5년 후에 줄기가 나는데, 줄기는 굵고 높이가 1m 가량이다. 노란색의 잔 꽃이 複繖形으로 피며, 열매는 편평한 달걀 모양이고, 뿌리의 진은 약용으로 사용하는데, 去痰·鎭痙·調經·殺蟲·強壯劑 등의 용도로 쓰인다.

408) 藤竭: 血竭로 麒麟竭이라고도 한다. 麒麟樹의 열매와 줄기에서 채취한 수액으로 만든다. 『明史』에는 藤葛로 기재되어 있는데, 鄭和가 南洋원정을 했을 때 가지고 들어온 것이 기원이 된다. 宋朝 이전에 언급되던 血竭은 龍舌蘭科의 龍血樹의 수액으로 만든 것이고, 明淸시대의 것은 거기에 종려나무과의 등갈의 수액으로 만든 것을 더 추가한 것이다.

409) 硫黃: 천연의 黃을 융해하여 雜質을 제거해서 만드는데, 노란색의 結晶으로 천연적인 홑원소 물질로도 존재한다. 樹脂의 광택이 있으며, 공기 중에서 가열하면 푸르스름한 불꽃을 내며 타 이산화황이 된다. 유황은 고대로부터 이를 태워 생기는 연기에 쐬어 소독하는 소독제로 사용되었지만, 속이 차서 생기는 설사나 치질 따위의 치료제로 쓰였고, 화약을 만드는 데도 사용되었다.

410) 沒藥: 감람과식물인 콤미포라 미르라(C. myrrha)나 콤미포라 아비시니카(C. abyssinica) 등의 樹皮에서 채취한 천연고무수지로 만든 담황색 또는 암갈색의 크고 작은 덩어리를 말하는데, 미르라(myrrha)라고도 한다. 이는 口中香料, 방부제로 사용하고, 약재로도 이용된다.

411) 烏爹泥: 學名은 Acacia catechu로, 콩과 아카시아과에 속하며, 孩兒茶, 烏壘泥라고도 부른다. 印度, 臺灣, 緬甸 및 중국의 廣東, 雲南, 浙江, 廣西 등지의 해발 500~600m의 지구에서 생장한다. 『本草綱目』에 보면, 그 제조법은 "用細茶末裝入竹筒中, 堅塞兩頭, 埋汙泥溝中, 日久取出, 搗出, 搗汁熬制, 卽成烏爹泥"

香)[415]·강진향(降眞香)[416]·유향(乳香)[417]·수향(樹香)·목향(木香)[418]·정향(丁香)[419]·오향(烏香)[420]·후추(胡椒)·소목(蘇木)·육두구(肉荳蔻)·백두구(白荳蔻)·필발(蓽茇)·오목(烏木)[421]·대풍자(大楓子) 및 살합랄(撒哈剌)[422]과 서양(西洋)의 각종 포(布)이다. 그 나라

라고 하고 있으며, 鼻淵(鼻孔裏常流清涕), 牙疳口瘡, 下疳陰瘡, 痔瘡腫痛, 脫肛氣熱 등을 치료하는 데 사용한다고 한다.

412) 安息香: 金銀香이라고도 한다. 수마트라에서는 Kamayan, 타이에서는 Kamyan이라고 한다. 인도네시아 여러 지역에서 산출되는데, 松脂와 비슷하였다. 당시 가장 많이 산출되는 향료였다.

413) 速香: 일종의 香木으로 黃熟香이라고도 하며, 빨리 타는 하등의 香이다. 『本草綱目』에 보면, "香之等凡三, 曰沉, 曰棧, 曰黃熟是也 …… 其黃熟香, 卽香之輕虛者, 俗訛爲速香是矣."라 하고 있고, 『明會典』 卷113 「給賜」4에 보면, 速香은 每斤 2貫이었다고 한다.

414) 檀香: 쌍떡잎식물 단향향과의 상록 기생성 소교목으로, 학명은 Santalum album 이다. 인도네시아 자와섬 동부가 원산지인데, 줄기는 높이가 3~10m이고 지름이 25~30cm이며 나무껍질은 갈색이다. 목재의 바깥 부분은 향기가 없지만, 가운데 부분은 향이 있어 목재의 가운데 부분과 뿌리 부분을 수증기로 증류해서 단향유(sandal oil)를 얻는데, 이는 소독제와 비누, 화장품 등의 향료로 쓰인다.

415) 黃熟香: 檀香의 일종으로 보인다.

416) 降眞香: 紫藤香, 降眞, 降香, 降香, 降眞香, 紫藤香, 降香檀, 花梨母이라고도 하며, 콩과의 降香黃檀(Dalbergia odorifera T. Chen.)의 邊材를 제거한 뿌리의 心材를 말한다. 생김새는 원주형 또는 불규칙한 덩어리이고, 자홍색 또는 홍갈색을 띤다. 절단면은 치밀한 무늬가 있고 질은 단단하며 기름기가 있는데, 약재로는 樹皮나 邊材가 붙어있지 않고 물에 가라앉는 것이 좋다고 한다. 이 약은 특이한 향기가 있고 맛은 맵고 성질은 따듯하며, 氣와 血의 순환을 촉진하고 출혈을 멎게 하고 부기를 가라앉히며 통증을 없애는 효능이 있고, 타박상, 외상출혈에 지혈작용을 한다.

417) 乳香: 薰陸香이라고도 하며, 橄欖科에 속하는 卡氏乳香樹에서 흘러나오는 우유 같은 액즙을 공기 중에 두면 굳어지는데 雜質을 긁어내어 없앤 후 말려서 만든 향이다. 맛은 맵고 약성은 온화한데, 방향제로 사용되고, 혈액순환제로도 쓰이며, 타박상·부스럼·월경통·월경불순·산후복통 등에도 쓰인다.

418) 木香: 쌍떡잎식물 초롱꽃목 국화과의 다년생초로, 雲木香과 川木香을 통칭하여 일컬으며, 學名은 Inula helenium 이다. 유럽과 북아시아가 원산지인데, 잎은 타원형으로 가장자리에 톱니가 있고, 뒷면에 털이 촘촘히 나있으며, 藥草로 재배한다. 즉, 그 뿌리는 발한·이뇨·거담제로 사용하며, 殺蟲의 성분이 있다.

419) 丁香: 쌍떡잎식물 도금양과의 常綠 小喬木으로, 公丁香, 母丁香이라고도 불리며, 學名은 Syzygium aromaticum이다. 말루카제도가 원산지이며, 잎에도 향기가 있고, 꽃은 흰색으로 가지 끝에 모여 달려 있는데, 꽃이 피기 전 꽃봉오리를 수집하여 말린 것을 정향이라고 한다. 정향은 매우 향기로워 그대로 또는 분말로 사용하고, 물이나 증기로 빼낸 정향유를 활용하며, 식품·약품·방부제 등에 쓰이는데, 구토, 설사, 치과의 진통제 등의 약제로 쓰인다. 16세기에 포르투갈인들이 말루카 제도에서 이 식물을 처음 발견했고, 따라서 처음에는 포르투갈의 전유물이었으나 이후 네덜란드에 전해졌다.

420) 烏香: 아편을 가리키며 暹羅, 爪哇,, 榜葛剌 등에서 朝貢品으로 바쳤다.

에는 삼보묘(三寶廟)가 있었는데, 중관 정화(鄭和)를 제사지냈다.

爪哇在占城西南. 元世祖時, 遣使臣孟琪往, 黥其面. 世祖大擧兵伐之, 破其國而還.

조와(爪哇)[423]는 점성의 서남 방면에 위치한다. 원(元)나라 세조(世祖) 때에 사신 맹기(孟琪)를 [조와에] 파견했는데, 맹기의 얼굴에 글자를 새겨 넣었다. 세조가 크게 군대를 일으켜 토벌하여 그 나라를 격파한 뒤 돌아왔다.[424]

---

421) 烏木: 黑檀 줄기 중심부의 검은 부분으로, 빛깔은 순흑색 또는 담흑색으로 몹시 단단하며 광택이 난다. 주로 젓가락, 담배설대, 문갑 등을 만드는 데 쓴다.

422) 撒哈剌: 撒哈剌은 페르시아어로 Agheree라 하며, 皮革 혹은 폭이 넓은 毛絨을 말하는데, 紅과 綠 두 종류가 있다(周連寬, 1991: 78).

423) 爪哇: 오늘날의 인도네시아 일대를 가리킨다. 기원전 2세기 후반기에 최초의 국가인 葉調가 출현하였다. 기원후 3세기에서 7세기 사이에는 수많은 小國과 部落이 혼재하였다. 7세기에서 10세기 사이에는 大國인 室利佛逝(Srivijaya) 왕국과 중국 측 使者와 상인들의 왕래가 끊이지 않았다. 7세기에서 14세기 사이에는 佛教가 전파되었고, 13세기 말에서 14세기 초에는 爪哇에 인도네시아 역사상 가장 강대했던 마자파힛[滿者伯夷]이 건립되었다. 계보 상으로는 싱오사리의 부흥왕조라고도 할 수 있기 때문에 '싱오사리-마자파힛'이라 부르기도 한다. 마자파힛은 싱오사리의 팽창정책을 계승하여 자바와 수마트라는 물론 보르네오 섬이나 순다 지역 등 주변 여러 섬 및 서부 해안 지대까지 장악하였다. 따라서 현재 인도네시아를 구성하는 하나의 정치적 단일 공동체의 원형을 마련한 데에서 매우 중요한 역사적 의미를 가진다고 할 수 있다. 한편 마자파힛 왕국은 힌두 신앙과 불교 신앙이 조합된 형태를 가지는 최후의 국가이기도 하였다. 마자파힛이 14세기 후반부터 급속도로 쇠퇴하는데, 이후 힌두-불교 왕국이 사라지면서 인도네시아 전 지역이 빠른 속도로 이슬람화되었다. 농업과 교역의 발달을 배경으로 번성을 누리던 마자파힛 왕국은 15세기에 들어서면서 이슬람 국가인 말라카 왕국이 수립되면서 결정적 타격을 받게 되었다. 爪哇 각지에 이슬람 국가들이 생겨나기 시작하였는데, 마자파힛은 결국 이들 이슬람 왕국 중 爪哇 동북부 해안 지대의 데막(Demak)에게 멸망당하였다. 한편 鄭和가 西洋으로 出使할 때 인도네시아를 지나갔는데, 말라카에서 외교활동을 전개하기도 하였다. 16세기에 이르러 유럽인이 진출하여 식민지를 세우기 시작하였는데, 네덜란드가 가장 많은 영토를 점령하였다. 네덜란드는 동인도회사를 세워 이곳에 대하여 식민통치를 시작하였다. 1799년에 동인도회사가 해산된 뒤에는 네덜란드 정부가 식민지를 직접 관할하였는데, 이를 네덜란드령 동인도라고 부른다. 제1차 세계대전이 종결된 이후 현지인들은 자치를 쟁취하였고, 제2차 세계대전에서 일본의 투항 소식이 전해진 뒤에 인도네시아는 독립 선언을 발표하였다. 네덜란드는 1949년에 인도네시아에 대한 관할통치권 포기를 선포하여 이로써 인도네시아는 정식으로 독립하였다. 최병욱, 2006: 317~338 등 참조.

424) 至元 29년(1292)의 일이다. 이에 대해서는 『元史』 卷162 「列傳」49 참조.

洪武二年, 太祖遣使以卽位詔諭其國. 其使臣先奉貢於元, 還至福建而元亡, 因入居京師. 太祖復遣使送之還, 且賜以『大統曆』. 三年以平定沙漠頒詔曰:「自古爲天下主者, 視天地所覆載, 日月所照臨, 若遠若近, 生人之類, 莫不欲其安土而樂生. 然必中國安, 而後四方萬國順附. 邇元君妥懽帖木兒, 荒淫昏弱, 志不在民. 天下英雄, 分裂疆宇. 朕憫生民之塗炭, 興擧義兵, 攘除亂略. 天下軍民共尊朕居帝位, 國號大明, 建元洪武. 前年克取元都, 四方底定. 占城·安南·高麗諸國, 俱來朝貢. 今年遣將北征, 始知元君已沒, 獲其孫買的里八剌, 封爲崇禮侯. 朕仿前代帝王, 治理天下, 惟欲中外人民, 各安其所. 又慮諸蕃僻在遠方, 未悉朕意, 故遣使者往諭, 咸使聞知.」九月, 其王昔里八達剌蒲遣使奉金葉表來朝, 貢方物, 宴賚如禮.

홍무 2년(1369)에 태조(太祖)가 사신을 보내어 즉위의 조서로 [즉위 사실을] 조와국에 알렸다.[425] 그 나라의 사신이 먼저 원조(元朝)에 공물을 봉헌하고 돌아가다가 복건에 이르렀을 때, 원나라가 망하자 경사로 들어갔다. 태조가 다시 사신을 보내어 그를 송환(送還)하면서 아울러 『대통력』을 하사하였다.[426] [홍무] 3년(1370)에 사막을 평정[427]한 뒤 조서를 반포하여 이르기를, “옛날부터 천하의 군주는 하늘과 땅이 세상을 뒤덮고 해와 달이 만물을 비추는 곳은 멀든 가깝든 모든 사람들에 대하여 그들이 각자의 터전에서 편안하게 삶을 즐기도록 하고자 하지 않음이 없었다. 그러나 반드시 중국이 안정된 이후에야 사방의 만국이 귀순하는

---

425) 『太祖實錄』 卷38 洪武 2년 정월 乙卯條 참조.

426) 이 사건에 대한 개요는 實錄을 찾아보면, 洪武帝가 爪哇國王에게 반포한 璽書에 기입되어 있는데, 주요 내용을 본 列傳에서는 사건의 기술 형식으로 바꾸어 놓고 있다. 『太祖實錄』 卷39 洪武 2년 2월 辛未條 참조.

427) 洪武 3년(1370)에 사막을 평정하자 洪武帝는 詔書를 천하에 반포하였다. 『太祖實錄』 卷53 洪武 3년 6월 丁丑條 참조. 洪武 2년(1368)에 大都 즉, 오늘날의 北京 지역을 점령한 明軍은 몽골의 잔존세력을 차례차례 격파해가며 북으로 압박해 갔다. 太原에서는 원의 군벌 擴廓帖木兒(쾨쾨티무르, 본명은 王保保)를 물리치고 산서와 섬서를 모두 평정하였다. 洪武 3년 6월 15일에 左副將軍 李文忠과 左丞 趙庸 등이 使臣을 洪武帝에게 보내 상주한 내용에 의하면, 5월 16일에 병사를 이끌고 應昌에 이르러, 元나라 君主의 손자인 買的里八剌 및 그 后妃의 寶册 등의 기물을 획득하였는데, 順帝는 이미 4월 28일 응창에서 죽었다는 내용이었다. 홍무제는 사막 평정의 조서를 반포한 후, 사신에게 詔書를 가지고 안남, 고려, 점성 등에 보내 효유하였다.

것이다. 근자에 원(元)나라 군주 타환첩목아(妥懽帖木兒)가 황음(荒淫)하고 어리석고 나약하며, 그 뜻이 백성[들이 편안한 삶을 영위할 수 있도록 하는 데]에 있지 않았다. [이에] 천하의 영웅들이 영역을 나누어 할거하였다. 짐은 백성들이 도탄에 빠짐을 불쌍히 여겨 의병(義兵)을 일으켜 반란의 무리들을 물리쳤다. 천하의 군민(軍民)들이 공동으로 짐을 제위(帝位)에 추대하여, [이에 짐은] 국호를 대명(大明)이라 하고, 연호를 홍무(洪武)라 하였다. 재작년에 원(元)나라의 도성(都城)[428]을 빼앗아 사방이 평정되었다. 점성·안남·고려 등의 여러 나라가 모두 입조하여 공물을 바쳤다. 올해에는 장수를 파견하여 북정(北征)하여 비로소 원나라 군주가 이미 죽었음을 알게 되었고, 그 손자 매적리팔랄(買的里八剌)을 사로잡은 뒤 그를 숭례후(崇禮侯)로 책봉하였다. 짐은 전대(前代)의 제왕(帝王)을 본받아 천하를 다스리는데, 다만 중외(中外)의 인민들이 각기 소재하는 곳에서 편안히 지내게 하고자 한다. 또 여러 번국(蕃國)은 먼 지방에 편재(偏在)되어 있어 짐의 뜻을 다 알기 어려워, 이 때문에 사신을 보내어 효유하여 모두 이를 알게 하고자 한다"라고 하였다.[429] 9월 조와국 왕 석리팔달랄포(昔里八達剌蒲)가 사신을 보내어 금박을 한 표문을 받들고 입조하여 방물을 바치게 하니, 예절(禮節)에 따라 연회를 베풀고 선물을 하사하였다.[430]

五年又遣使隨朝使常克敬來貢, 上元所授宣敕三道. 八年又貢. 十年, 王八達那巴那務遣使朝貢. 其國又有東·西二王, 東蕃王勿院勞網結, 西蕃王勿勞波務, 各遣使朝貢. 天子以其禮意不誠, 詔留其使, 已而釋還之. 十二年, 王八達那巴那務遣使朝貢. 明年又貢. 時遣使賜三佛齊王印綬, 爪哇誘而殺之. 天子怒, 留其使月餘, 將加罪, 已, 遣還, 賜敕責之. 十四年遣使貢黑奴三百人及他方物. 明年又貢黑奴男女百人·大珠八顆·胡椒七萬五千斤. 二十六年再貢. 明年又貢.

[홍무] 5년(1372)에 [조와국 왕은] 다시 사신을 보내어 [명나라] 조정의 사신 상극경(常克敬)을 따라 입조하여 공물을 바치고, 원(元)나라가 주었던 칙서 3통을 올렸다.[431] [홍무] 8년

428) 大都 즉, 오늘날의 北京 일대를 가리킨다.
429) 『太祖實錄』 卷53 洪武 3년 6월 戊寅條 참조.
430) 『太祖實錄』 卷56 洪武 3년 9월 壬寅條 참조.

(1375)에 다시 공물을 바쳤다.[432] [홍무] 10년(1377)에 [조와국] 왕 팔달나파나무(八達那巴那務)가 사신을 보내어 입조하여 공물을 바쳤다.[433] 조와국은 동·서의 두 왕이 있었는데, 동번왕(東蕃王) 물원로망결(勿院勞網結)과 서번왕(西蕃王) 물로파무(勿勞波務)가 각각 사신을 보내어 입조하여 공물을 바쳤다. 천자(天子)는 그 예의(禮意)가 정성스럽지 않다는 이유로 그 사절단을 억류시켰는데, 얼마 후에 풀어주어 귀국하도록 하였다.[434] [홍무] 12년(1379)에 [조와국] 왕 팔달나파나무가 사신을 보내어 입조하여 공물을 바쳤다.[435] 이듬해(1380)에 다시 공물을 바쳤다. 당시 [홍무제는] 사신을 보내어 삼불제의 국왕에게 인장과 인끈을 하사하였는데, 조와에서 사신을 유인하여 살해하였다. 천자(홍무제)는 노하여 [조와국의] 사신을 한 달여 동안 억류시켜 장차 죄를 물으려 하였는데, 얼마 후 귀국토록 하면서 칙서를 내려 책망하였다.[436] [홍무] 14년(1381)에 [조와국 왕이] 사신을 보내어 흑노(黑奴) 300명과 그 밖의 방물을 바쳤다.[437] 이듬해(1382) 다시 남녀 흑노 100명·대주(大珠) 8알·후추 75,000근을 바쳤다.[438] [홍무] 26년(1393)에 두 차례 공물을 바쳤다.[439] 이듬해(1394)에 다시 공물을 바쳤다.[440]

成祖卽位, 詔諭其國. 永樂元年又遣副使聞良輔·行人甯善, 賜其王絨·綿·織金文綺紗羅. 使者旣行, 其西王都馬板遣使入賀, 復命中官馬彬等賜以鍍金銀印. 西王遣使謝賜印, 貢方物. 而東王孛令達哈亦遣使朝貢, 請印, 命遣官賜之. 自後, 二王幷貢.

---

431) 『太祖實錄』 卷71 洪武 5년 정월 甲子條 참조.

432) 『太祖實錄』 卷96 洪武 8년 정월條 참조.

433) 『太祖實錄』 卷116 洪武 10년 11월 癸未條 참조.

434) 『太祖實錄』 卷126 洪武 12년 9월 壬戌條 참조.

435) 『太祖實錄』 卷126 洪武 12년 10월 己卯條 참조.

436) 이 사건에 대한 개요는 實錄을 찾아보면, 洪武帝가 爪哇國王에게 曉諭한 詔書에 기입되어 있는데, 주요 내용을 본 列傳에서는 사건의 기술 형식으로 바꾼 것이다. 『太祖實錄』 卷134 洪武 13년 10월 丁丑條 참조.

437) 『太祖實錄』 卷139 洪武 14년 10월條 참조.

438) 『太祖實錄』 卷141 洪武 15년 정월 乙未條 참조.

439) 洪武 26년 2월과 11월에 각각 爪哇國王이 파견한 조공사절이 이르렀다. 이에 대해서는 『太祖實錄』 卷225 洪武 26년 2월 丙申條; 同年 11월 丁卯條 참조.

440) 『太祖實錄』 卷232 洪武 27년 4월 庚辰條 참조.

성조(成祖)가 즉위한 뒤, 조서로 조와국에 [즉위 사실을] 알렸다.441) 영락 원년(1403)에 다시 부사(副使)442) 문양보(聞良輔)·행인(行人) 영선(甯善)을 보내어 조와국 왕에게 융(絨)·면(綿)·금실로 무늬를 넣은 비단을 하사하였다.443) 사신이 출발한 뒤 조와국의 서왕(西王) 도마판(都馬板)이 사신을 보내어 입조하여 축하하자, [영락제는] 중관 마빈(馬彬) 등을 보내어 도금한 은인(銀印)을 하사하였다.444) 서왕이 사신을 보내어 하사한 인장에 감사를 드리면서 방물을 바쳤다.445) 동왕(東王) 패령달합(孛令達哈) 역시 사신을 보내어 입조하여 공물을 바치면서 인장을 청하니, [영락제는] 관원을 보내어 하사하였다.446) 이로부터 두 왕이 함께 공물을 바쳤다.

三年遣中官鄭和使其國. 明年, 西王與東王構兵, 東王戰敗, 國被滅. 適朝使經東王地, 部卒入市, 西王國人殺之, 凡百七十人. 西王懼, 遣使謝罪. 帝賜敕切責之, 命輸黃金六萬兩以贖. 六年再遣鄭和使其國. 西王獻黃金萬兩, 禮官以輸數不足, 請下其使於獄. 帝曰:「朕於遠人, 欲其畏罪而已, 寧利其金耶?」悉捐之. 自後, 比年一貢, 或間歲一貢, 或一歲數貢. 中官吳賓·鄭和先後使其國. 時舊港地有爲爪哇侵據者, 滿剌加國王矯朝命索之. 帝乃賜敕曰:「前中官尹慶還, 言王恭待敕使, 有加無替. 比聞滿剌加國索舊港之地, 王甚疑懼. 朕推誠待人, 若果許之, 必有敕諭, 王何疑焉. 小人浮詞, 愼勿輕聽.」

[영락] 3년(1405)에 [영락제는] 중관 정화(鄭和)를 보내어 조와국에 출사토록 하였다. 이듬해(1406) 서왕과 동왕이 전쟁을 벌여 동왕이 패전하여 나라가 멸망되었다. 마침 [명나라] 조정의 사절이 동왕의 경내(境內)를 지나가다가 [명나라] 사병(士兵)들이 저자에 들어가자, 서왕국 사람들이 그들을 죽였는데 [그 수가] 모두 170명이었다. 서왕은 두려워 사신을 보내어

---

441)『太宗實錄』卷12 洪武 35년 9월 丁亥條 참조.

442) 按察副使를 가리킴. 이에 대해서는『太宗實錄』卷22 永樂 원년 8월 癸丑條 참조.

443)『太宗實錄』卷22 永樂 원년 8월 癸丑條 참조.

444)『太宗實錄』卷23 永樂 원년 9월 庚寅條 참조.

445)『太宗實錄』卷34 永樂 2년 9월 己酉條 참조.

446)『太宗實錄』卷35 永樂 2년 10월 己卯條 참조.

사죄하였다. 영락제는 칙서를 내려 몹시 책망하고는 황금 6만 량을 보내어 속죄(贖罪)토록 하였다.[447] [영락] 6년(1408)에 다시 정화를 보내어 조와국에 출사토록 하였다.[448] 서왕이 황금 1만 량을 바치니, 예관(禮官)[449]은 보낸 액수가 부족하다는 이유로 그 사신을 옥에 가둘 것을 청하였다. 영락제가 이르기를, "짐이 원국(遠國) 사람을 대함에 있어 그들이 죄를 두려워하도록 할 뿐, 어찌 그들의 황금을 탐하겠는가?"라 하고 [미납한 5만 량을] 모두 탕감해주었다.[450] 이로부터 매년 한 번씩 공물을 바쳤는데, 간혹 2년에 한 번 공물을 바치기도 하고, 1년에 여러 번 공물을 바치기도 하였다. 중관 오빈(吳賓)·정화(鄭和)가 앞뒤로 조와국에 출사하였다.[451] 당시 구항(舊港)[452] 지역이 조와에게 침략을 당하여 빼앗기게 되었는데, 만랄가 국왕이 조정의 명령을 거짓으로 가탁하여 그들을 착취하였다. 영락제는 이에 칙서를 내려 이르기를, "전에 중관 윤경(尹慶)이 돌아와 국왕이 칙사(勅使)를 공경히 접대하고 파격적으로 예우(禮遇)함이 변함이 없었다고 말하였다. 근자에 듣자니, 만랄가국에서 구항의 땅을 착취하여 [조와국] 왕이 매우 의심하고 두려워한다고 한다. 짐은 성심(誠心)으로 사람을 대하니, 만약 과연 이를 허락하였다면 반드시 칙유(勅諭)가 있었을 것이니, 왕은 무엇을 의심한단 말인가! 소인배들의 헛된 말은 삼가 가벼이 듣지 말라"라고 하였다.[453]

十三年, 其王改名揚惟西沙, 遣使謝恩, 貢方物. 時朝使所攜卒有遭風飄至班卒兒國者, 爪哇人珍班聞之, 用金贖還, 歸之王所. 十六年, 王遣使朝貢, 因送還諸卒. 帝嘉之, 賜敕獎王, 幷優賜珍班. 自是, 朝貢使臣大率每歲一至.

447) 『太宗實錄』卷71 永樂 5년 9월 癸酉條 참조. 西王이 조공사절을 보내어 謝罪한 당일의 기사에 '先是'라 하여 과거의 관련 사실이 기재되어 있는데, 이를 列傳에서 永樂 4년(1406)의 일로 기재한 것이다. 한편 永樂帝는 이 勅書에서 만약 사망한 士兵들의 넋을 위로하는 명목으로 황금 6만 량을 내지 않는다면, '問罪之師' 즉, 죄를 추궁하는 군대를 보낼 것임을 경고하였다.

448) 『太宗實錄』卷83 永樂 6년 9월 癸酉條 참조.

449) 禮官: 禮部의 신하를 가리킨다. 『太宗實錄』卷86 永樂 6년 12월 庚辰條 참조.

450) 『太宗實錄』卷86 永樂 6년 12월 庚辰條 참조.

451) 환관 吳賓이 爪哇國에 出使한 것은 永樂 10년 7월이고, 太監 鄭和가 爪哇 등으로 出使한 것은 그 해 11월의 일이었다. 이에 대해서는 『太宗實錄』卷130 永樂 10년 7월 戊申條; 同年 11월 丙申條 참조.

452) 舊港: 팔렘방을 뜻하는데, 이에 대해서는 三佛齊 항목을 참조바람.

453) 『太宗實錄』卷143 永樂 11년 9월 癸未條 참조.

[영락] 13년(1415)에 조와국 왕 [도마판(都馬板)]이 이름을 양유서사(揚惟西沙)로 바꾸고, 사신을 보내어 은혜에 감사를 드리면서 방물을 바쳤다.454) 당시 조정의 사신이 데려간 사병(士兵) 중에 풍랑을 만나 반졸아(班卒兒)455)국에 표착한 자들이 있었는데, 조와국인 진반(珍班)이 이 소식을 듣고 황금을 들여 몸값을 지불하고 그들을 빼내와 왕이 있는 곳으로 돌아오도록 하였다. [영락] 16년(1418)에 [조와국] 왕이 사신을 보내어 입조하여 공물을 바쳤는데, 이 기회를 이용하여 그 여러 사병들을 [명나라에] 송환하였다. 영락제는 이를 가상히 여겨 칙서를 내려 왕을 표창하고, 아울러 진반에게도 두터이 상을 하사하였다.456) 이로부터 [조와국의] 조공사신은 대개 해마다 한 번씩 이르렀다.

正統元年, 使臣馬用良言:「先任八諦來朝, 蒙恩賜銀帶. 今爲亞烈, 秩四品, 乞賜金帶.」 從之. 閏六月遣古里·蘇門答剌·錫蘭山·柯枝·天方·加異勒·阿丹·忽魯謨斯·祖法兒·甘巴里·眞臘使臣偕爪哇使臣郭信等同往. 賜爪哇敕曰:「王自我先朝, 修職勿怠. 朕今嗣服, 復遣使來朝, 意誠具悉. 宣德時, 有古里等十一國來貢, 今因王使者歸, 令諸使同往. 王其加意撫卹, 分遣還國, 副朕懷遠之忱.」 五年, 使臣回, 遭風溺死五十六人, 存者八十三人, 仍返廣東. 命所司廩給, 俟便舟附歸.

정통(正統) 원년(1436)에 [조와국의] 사신 마용량(馬用良)이 아뢰기를, "선임(先任)의 8체(諦)457)께서 입조하여 황은(皇恩)을 받아 은대(銀帶)를 하사받았습니다. 지금은 아열(亞烈)로서 관질(官秩)은 4품이니 금대(金帶)를 하사하여 주시기 바랍니다"라고 하였다. [정통제는] 이를 수락하였다.458) 윤(閏) 6월에 고리(古里)459)·소문답랄(蘇門答剌)·석란산(錫蘭山)460)

---

454) 『太宗實錄』 卷162 永樂 13년 3월 戊午條 참조.

455) 班卒兒: 말레이시아 동남 해안의 도시인 Panchor를 가리키는데, 元朝의 항해가 汪大淵이 저술한 『島夷志略』에서 처음 이곳을 班卒兒라고 표기하였다.

456) 『太宗實錄』 卷200 永樂 16년 5월 丙辰條 참조. 한편 이 기사에서 班卒兒國에 표착한 士兵으로는 王周鎭 등이었고, 황금을 써서 그들을 빼온 珍班은 爪哇國의 村主였다.

457) 先任의 8諦란 爪哇國의 현 國王 이전의 8명의 前任 國王을 가리킨다. 諦는 여기서는 王을 의미한다.

458) 『英宗實錄』 卷19 正統 원년 윤6월 戊寅條 참조. 한편 전임 8왕들이 과거에 받았던 것이 列傳에는 銀帶로 되어 있지만, 위 實錄의 기사에 의하면 정확하지 않은 언급으로 보인다. 즉, 實錄에는 錫帶로 기재되어 있기 때문이다. 爪哇國 사신 馬用良은 亞烈에게는 金帶를, 전임 8왕과 南巫 등에게는 銀帶를 하사해

· 가지(柯枝)[461] · 천방(天方)[462] · 가이륵(加異勒)[463] · 아단(阿丹)[464] · 홀로모사(忽魯謨斯)[465] · 조법아(祖法兒)[466] · 감파리(甘巴里)[467] · 진랍국의 사신에게 조와의 사신 곽신(郭信) 등과 함께 [돌아]가도록 하였다. 조와[국왕]에게 내리는 칙서에서 이르기를, "왕은 우리 전조(前朝)[468]부터 [왕으로서] 직분(職分)을 지키는 데 태만함이 없었다. 짐이 현재 제위(帝位)를

줄 것을 요청하였다.

459) 古里: 宋代에는 南毗國(Namburi)이라고 했고, 元代의 『島夷誌略』에는 古里佛이라고 기재되어 있으며, 명대의 『瀛涯勝覽』에는 古里라 기재되어 있다. 그런데 『殊域周咨錄』을 보면, 고리국을 西洋고리국으로 칭한다고 하였다(『殊域周咨錄』 卷8 「鎖里 · 古里條」 참조). 이 나라의 영토는 대략 지금의 인도 서남쪽 Kozhikode 일대이다. 이 나라의 원래 이름은 Kallikot이었는데, 古里는 그것을 줄여서 음역한 것이다. 후에 유럽인들이 Calicut이라 불렀다. 고리와 중국의 관계는 당대부터 시작되었다. 이 지역은 해상 교통의 요충지로, 중국은 이곳을 주요한 전진기지로 삼았는데, 인도산 면화와 옥양목의 집산지로서의 대규모 무역항 역할을 하였다. 명대에 고리의 군주는 1405~1419년 사이에 남경과 북경에 외교사절을 꾸준히 파견하였고, 그들이 보낸 사절단이 자금성 낙성식에 참여하여 영락제에게 귀한 말을 선물하기도 하였다(개빈 맨지스, 2004: 114~115).

460) 錫蘭山: 錫蘭은 아랍어 Silan의 음역으로, 산스크리트어로는 Simhala라고 한다. 오래 전에는 僧伽羅國 · 古狼牙修 · 獅子國이라고 불렀는데, 지금의 세렌딥(Serendip)섬에 있던 나라이다. 이 섬은 인도 남쪽에 있는 비교적 큰 섬으로 적도 부근에 위치해 있어 열대기후 지역에 속한다. 섬에는 高地가 상당히 많아서 차 재배가 성행하였으며, 여러 보석들의 광맥이 있다. 이 나라는 중국 명나라 때부터 조공을 하였다.

461) 柯枝: 古盤盤國이라 칭하기도 하며, 國眞으로 번역되기도 한다. 그 지역은 현재 인도 서남부 커랄라 지역의 코친(Cochin) 일대이며 주요한 항구였다. 15세기 초부터 중국의 왕조와 교류하였다.

462) 天方: 현재 사우디아라비아의 메카(Mecca)를 가리킨다. 당시에는 默伽國이라고도 하였다. 『瀛涯勝覽』에 의하면 宣德 5년(1430)에 宣德帝가 鄭和 등을 해외에 파견하여 칙서를 전하고 상을 내렸다고 한다. 그 분대가 고리국에 도착하였을 때, 고리국과 천방국이 서로 교류하는 것을 보고 통사를 파견하였는데, 이들이 천방국에 갔다가 다시 고리국으로 돌아오기까지는 1년이 걸렸다.

463) 加異勒: Cail로, 현재 인도의 남단의 동해안에 위치한 곳이다.

464) 阿丹: 아라비아반도 南端, 아덴(Aden)灣에 면해 있는 지금의 예멘共和國의 港灣都市에 있던 나라이다. 예로부터 海運의 요충지로 오스만제국도 이곳을 점령했으며, 15세기에 鄭和도 이곳에 寄港하였다.

465) 忽魯謨斯: Hormus의 음을 그대로 표기한 것으로 이란 남부의 호르무즈 해협을 가리킨다. 14세기 호르무즈 항구는 지금 이란의 Qeshm 동쪽의 호르무즈 섬이다(黃省曾, 2000: 106).

466) 祖法兒: Zufar나 Djofar의 음을 표기한 것이다. 사우디아라비아 동쪽으로 지금의 Dhofar이다(鞏珍, 1961: 33). 아라비아 반도 동남쪽 연해안에 위치한 이곳은 옛날부터 상업으로 이름난 항구로, 각 나라의 상인들이 운집하던 곳이었다.

467) 甘巴里: 이곳은 인도의 Cape Comarin으로 명나라에서는 이곳을 甘巴里라고 불렀는데, 항해로에서 중요한 지점이었다.

계승하였는데, [왕이] 다시 사신을 보내어 입조하니 그 뜻이 정성됨을 모두 알게 되었다. 선덕 연간(1426~1435)에 고리 등 11국이 입조하여 공물을 바쳤는데, 지금 왕의 사절이 귀국하는 길에 각국의 사신들을 함께 [돌아]가도록 하였다. 왕은 특별히 유의(留意)하여 [각국 사신들을] 잘 대우하여 각각 본국에 돌아가게 함으로써 짐이 [중국과의 거리가] 먼 나라 사람들을 회유(懷柔)하는 진실한 마음에 부합하도록 하라"고 하였다.[469] [정통] 5년(1440)에 [조와국의] 사신이 돌아가다가 풍랑을 만나 익사한 자가 56명, 생존한 자가 83명이었는데, 다시 광동으로 돌아왔다. [정통제는] 담당 관사(官司)[470]에게 명하여 식량을 지급해주고, 편선(便船)[471]을 기다렸다가 승선하여 돌아가도록 하였다.[472]

八年, 廣東參政張琰言:「爪哇朝貢頻數, 供億費煩, 敝中國以事遠人, 非計.」帝納之. 其使還, 賜敕曰:「海外諸邦, 幷三年一貢. 王亦宜體恤軍民, 一遵此制.」十一年復三貢, 後乃漸稀.

[정통] 8년(1443)에 광동 참정(參政)[473] 장염(張琰)[474]이 아뢰기를, "조와의 조공 [사절단 파견]이 빈번하여 [그들에게 하사품으로] 지급하는 데 비용이 많이 들고 번거로우며, [이로 인해] 중국을 피폐케 하여 [중국과의 거리가] 먼 나라 사람들을 떠받는 것은 [좋은] 계책이 아닙니다"고 하니, 정통제가 이를 받아들였다. 조와국의 사신이 돌아갈 때, 칙서를 내려 이르기를, "해외의 각국이 모두 3년에 한 번씩 공물을 바친다. 왕 또한 마땅히 군민(軍民)을 몸소

468) 前朝: 앞선 朝代를 가리키는데, 여기서는 宣德 연간(1426~1435)을 의미한다.

469)『英宗實錄』卷19 正統 원년 윤6월 癸巳條 참조.

470) 담당 官司는 實錄의 관련 기사를 보면, 市舶提擧司를 가리킨다.『英宗實錄』卷70 正統 5년 8월 己卯條 참조.

471) 便船은 實錄의 관련 기사에는 '本國使船' 즉, 자기 나라의 朝貢使節團이 탄 선박을 가리킨다. 말하자면 본국의 朝貢船이 귀로에 편승하여 돌아가도록 하였다는 의미이다.『英宗實錄』卷70 正統 5년 8월 己卯條 참조.

472)『英宗實錄』卷70 正統 5년 8월 己卯條 참조.

473) 정확하게는 右參政이었다.『英宗實錄』卷106 正統 8년 7월 戊戌條 참조.

474) 張琰: 宣德 연간(1426~1435)부터 廣東 右參政으로 근무했는데, 청렴하고 신중한 처신으로 신망을 받았다.『明一統志』卷79「廣東布政司」참조.

구휼하여 [다른 나라와 똑같이] 일률적으로 이 제도를 준수하도록 하라"고 하였다.475) [정통] 11년(1446)에 [조와국은] 다시 세 번 공물을 바쳤는데,476) 후에는 곧 점차 줄어들었다.

景泰三年, 王巴刺武遣使朝貢. 天順四年, 王都馬班遣使入貢. 使者還至安慶, 酗酒, 與入貢番僧鬬, 僧死者六人. 禮官請治伴送行人罪, 使者敕國王自治, 從之. 成化元年入貢. 弘治十二年, 貢使遭風舟壞, 止通事一舟達廣東. 禮官請敕所司, 量予賜賚遣還, 其貢物仍進京師, 制可. 自是貢使鮮有至者.

경태 3년(1452)에 [조와국] 왕 파랄무(巴刺武)가 사신을 보내어 입조하여 공물을 바쳤다.477) 천순 4년(1460)에 [조와국] 왕 도마반(都馬班)이 사신을 보내어 입조하여 공물을 바쳤다.478) 그 사신이 돌아가다가 안경(安慶)479)에 이르렀는데, 술주정을 [할 정도로 술에 취]하여 조공하러 온 번국(番國)480)의 승려와 싸움을 하여, 죽은 승려가 6명이었다. 예관(禮官)은 호송하던 행인을 치죄(治罪)하고, 사신은 본국의 국왕이 스스로 치죄토록 하자고 청하니, [천순제는] 이를 받아들였다.481) 성화 원년(1465)에 [조와국 왕은 사신을 보내어] 입조하여 공물을 바쳤다.482) 홍치 12년(1499)에 [조와국의] 조공사절이 풍랑을 만나 파선(破船)되어

---

475) 『英宗實錄』 卷106 正統 8년 7월 戊戌條 참조.

476) 正統 11년 4월, 10월, 11월에 각각 조공사절을 파견하였다. 이에 대해서는 『英宗實錄』 卷140 正統 11년 4월 壬寅條; 同年 10월 丁酉條; 同年 11월 辛巳條 등 참조.

477) 『英宗實錄』 卷216 景泰 3년 5월 癸巳條 참조.

478) 『英宗實錄』 卷318 天順 4년 8월 辛亥條 참조.

479) 安慶: 南宋 紹興 17년(1147)에 舒州를 安慶軍으로 바꾸었다가 慶元 원년(1195)에 安慶府로 승격시켰다. 元朝 至元 14년(1277)에 安慶路로 승격되었다가 明朝 洪武 초에 寧江府로 바뀌었고, 洪武 6년(1373)에 다시 安慶府로 복귀되어 南京에 直隸하도록 하였다. 淸代에 安徽省의 治所가 두어졌으나 1913년에 철폐되었다.

480) 實錄의 관련 기사를 보면, 長河西番의 승려라고 기재되어 있다. 『英宗實錄』 卷322 天順 4년 윤11월 丙寅條 참조.

481) 『英宗實錄』 卷322 天順 4년 윤11월 丙寅條 참조.

482) 『憲宗實錄』 卷20 成化 원년 9월 丙辰條 참조. 한편 이보다 앞선 同年 7월에, 실은 爪哇國에서 使臣 梁文宣을 파견하여 方物을 바치도록 한 적이 있었다. 그런데 그 朝貢船이 廣東에 이르렀는데, 廣東의 廣海衛 소속 段鎭이란 자가 농간을 부려 朝貢船을 潮州로 유인하여 指揮 周岳과 함께 玳瑁 100여

다만 통사(通事)의 배[483] 1척만이 광동에 이르렀다. 예관(禮官)이 담당 관사(官司)로 하여금 정황을 참작하여 하사품을 내려 돌아가도록 하고, 그 공물은 예정대로 경사로 진헌(進獻)토록 하자고 청하니, [홍치제는] 승낙하였다.[484] 이로부터 조공사절은 이르는 경우가 거의 없었다.

其國近占城, 二十晝夜可至. 元師西征, 以至元二十九年十二月發泉州, 明年正月卽抵其國, 相去止月餘. 宣德七年入貢, 表書「一千三百七十六年」, 蓋漢宣帝元康元年, 乃其建國之始也. 地廣人稠. 性凶悍, 男子無少長貴賤皆佩刀, 稍忤輒相賊, 故其甲兵爲諸蕃之最. 字類瑣里, 無紙筆, 刻於茭蔁葉. 氣候常似夏, 稻歲二稔. 無几榻匕箸. 人有三種: 華人流寓者, 服食鮮華; 他國賈人居久者, 亦尚雅潔; 其本國人最汙穢, 好啖蛇蟻虫蚓, 與犬同寢食, 狀黝黑, 猱頭赤脚. 崇信鬼道. 殺人者避之三日卽免罪. 父母死, 舁至野, 縱犬食之; 不盡, 則大戚, 燔其餘. 妻妾多燔以殉.

그 나라(조와국)는 점성국과 가까워 20일 정도면 이른다. 원(元)나라 군대가 서정(西征)을 할 때, 지원(至元)[485] 29년(1292)[486] 12월에 천주(泉州)[487]를 출발하여 이듬해 정월(正月)에

근 등의 조공물을 착복하였다. 이 사건은 그 후 巡按御史가 실상을 보고하게 되었는데, 결국 段鎭을 大同의 威遠衛로 보내어져 充軍되었다. 爪哇國에서는 이러한 사고에도 불구하고 9월에 다시 조공사절을 보내어 방물을 바쳤다. 위 사건에 대해서는 『憲宗實錄』 卷19 成化 원년 7월 戊申條 참조.

483) 通事, 즉 통역이 탄 배를 뜻하는 것으로 보인다.

484) 『孝宗實錄』 卷155 弘治 12년 10월 丙辰條 참조.

485) 至元이란 연호는 원나라 때 世祖와 惠宗(順帝)의 두 황제가 사용하였기 때문에 주의를 요한다. 다만 惠宗 시기의 至元 연간(1335~1340)은 6년에서 끝나기 때문에, 원문의 至元은 29년인 만큼 世祖 쿠빌라이의 연호임이 분명하다.

486) 至元 29년은 원래 西曆으로 환산하면 1292년이지만, 본문의 경우 泉州를 출발한 달이 12월이므로 실제로는 1293년이었을 것이다.

487) 泉州: 福建의 동남부에 자리하는데 臺灣과 바다로 서로 마주보는 위치에 있다. 옛날부터 해상의 비단길의 起點으로 유명하다. 따라서 바다를 통하여 東西 문명이 활발히 교류되는 장으로서 각광을 받았다. 한편 泉州는 刺桐이 많은 데에서 刺桐城라는 別稱으로도 불려졌다. 또 배출한 학자와 서적이 다수 출간되었기 때문에, 인문적 전통이 깊었는데, 이로부터 泉州는 廣東의 潮州와 함께 대표적인 '濒海鄒魯'로 회자되기도 하였다. 宋元 시기에는 泉州가 대외무역이 특히 활발하게 전개되었는데, 이 과정에서 적지 않은 아라비아 상인들이 왕래하면서 그 중에 상당수는 泉州에 자리를 잡고 장기간 혹은 영원히 거주하기도 하였다. 그들은 해외의 종교를 가져와서 전파하기도 하였는데, 그 중에는 천주교, 景敎,

곧 그 나라에 도착하였으므로, 상호 간의 거리는 1개월여이다. 선덕 7년(1432)에 입조하여 공물을 바칠 때 표문에 '1376년'이라고 썼으니, 대개 한(漢)나라 선제(宣帝) 원강(元康) 원년(전65)으로서, [이 해가] 곧 그 나라가 건국된 해의 개시가 된다. 땅은 넓고 인구는 조밀하였다. 인성(人性)은 사나워서 남자들은 나이의 많고 적음과 신분의 귀천을 막론하고 모두 칼을 찼고, 조금이라도 거스르는 일이 생기면 곧 서로 해쳤기 때문에 그 나라의 군대는 여러 번국(蕃國) 가운데 최강이었다. 글자는 쇄리(瑣里)와 비슷했고, 종이와 붓이 없어서 교장엽(茭蔁葉)[488]에 새겨 넣었다. 기후는 늘 여름 같았고, 벼는 1년에 두 번 수확하였다. 탁자와 걸상, 숟가락과 젓가락이 없었다. 인종은 세 종류가 있었으니, 유랑(流浪)해서 머무르는 화인(華人)은 의복과 음식이 화려하고 신선했고, 외국의 상인으로서 오래 거주하는 자도 우아하고 청결한 생활을 숭상했으며, 본국인은 가장 더러워서 뱀, 개미, 벌레, 지렁이 등을 즐겨 먹었고, 개와 숙식(宿食)을 함께 했으며, 피부는 검고 머리는 원숭이 같은데다 맨발이었다. 귀신을 믿었다. 살인한 자가 3일 동안 피하면 곧 면죄(免罪)되었다. 부모가 죽으면 들쳐 매고 야외로 나아가 개를 풀어서 먹게 하는데, 다 먹지 않으면 크게 슬퍼한 뒤 나머지 시신을 불에 태웠다. 처첩(妻妾)들은 대부분 불길에 넣어 순장(殉葬)시켰다.

其國一名莆家龍, 又曰下港, 曰順塔. 萬曆時, 紅毛番築土庫於大澗東, 佛郎機築於大澗西, 歲歲互市. 中國商旅亦往來不絶. 其國有新村, 最號饒富. 中華及諸番商舶, 輻輳其地, 寶貨塡溢. 其村主卽廣東人, 永樂九年自遣使表貢方物.

그 나라(조와국)는 일명 보가룡(莆家龍)이라 하는데, 하항(下港)이라고도 하고 순탑(順塔)이라고도 한다. 만력 연간(1573~1619)에 홍모번(紅毛番)[489]은 대간(大澗)의 동쪽에 흙으로

이슬람교, 마니교 등이 포함된다. 따라서 당시부터 泉州人들은 儒教와 佛教는 물론 여러 종교를 믿었기 때문에 이곳에 각종 종교의 사원이 다수 세워졌다. 明代 이래로 해외 무역항으로서의 위상은 다소 하락하지만, 특히 明朝와 淸朝 시기에 해외로 진출하는 華僑의 대표적 祖籍으로서도 유명하다.

488) 茭蔁葉: 馬歡의『瀛涯勝覽』「滿剌加國」條에 보면, "海之洲渚岸邊生一等水草, 名茭蔁. 葉長如刀茅, 樣似苦筍, 殼厚, 性軟"이라는 내용이 있는데, 茭蔁은 바다의 沙洲에서 자라는 水草로, 그 잎이 마치 刀茅와 같이 길고 뾰족하여 글자를 새기는 데 사용했던 것으로 보인다.

489) 紅毛番: 서양인 가운데 荷蘭人의 頭髮이 紅色이 많았기 때문에 明代 중국인들은 이들을 紅毛·紅毛夷

만든 창고를 지었고, 불랑기(佛郞機[490])는 대간의 서쪽에 지어서 해마다 서로 무역하였다. 중국의 상인도 왕래가 끊이지 않았다. 그 나라에서 신촌(新村)이라는 곳이 가장 부유한 곳으로 일컬어진다. 중화(中華) 및 여러 번국(番國)의 상선들이 그 지방에 폭주(輻輳)해서 보화가 차고 넘쳤다. 그 촌주(村主)는 곧 광동(廣東)인이었는데, 영락 9년(1411)에 스스로 사신을 파견하여 표문을 올리고 방물을 바쳤다.

闍婆, 古曰闍婆達. 宋元嘉時, 始朝中國. 唐曰訶陵, 又曰社婆, 其王居闍婆城, 宋曰闍婆, 皆入貢. 洪武十一年, 其王摩那駝喃遣使奉表, 貢方物, 其後不復至. 或曰爪哇卽闍婆. 然『元史』「爪哇傳」不言, 且曰: 「其風俗·物産無所考.」 太祖時, 兩國幷時入貢, 其王之名不同. 或本爲二國, 其後爲爪哇所滅, 然不可考.

사파(闍婆[491])는 옛날에는 사파달(闍婆達)이라 칭하였다. 송(宋)나라[492] 원가(元嘉) 연간(424~453)에 처음으로 중국에 입조(入朝)하였다. 당(唐)나라 때에는 가릉(訶陵) 혹은 사파(社婆)라고 불렀고, 그 국왕은 사파성(闍婆城)에 거주하였으며, 송(宋)나라 때에 사파(闍婆)라 칭했는데, [당나라와 송나라 때] 모두 입조하여 공물을 바쳤다. 홍무(洪武) 11년(1378)에 그 나라 왕 마나타남(摩那駝喃)이 사신을 파견하여 표문(表文)을 받들고 와서 방물을 바쳤는

·紅毛番이라 칭했다. 그런데 謝淸高, 『海錄』 卷下 暎咭利國條에 "淸時亦稱英國人爲紅毛番"이라는 내용이 보이거니와 淸代에는 英國 역시도 紅毛番이라 했다. 여기서는 和蘭, 즉 네덜란드를 가리킨다.

490) 佛郞機: 明代에는 포르투갈과 에스파냐 상업세력을 일컫는 말로 사용되었는데, 여기서는 그 가운데 포르투갈을 가리킨다. 한편 佛郞機는 무력을 앞세워 물의를 일으키는 야만적인 존재라는 의미도 담겨 있다. 원래 佛郞機라는 명칭은 이슬람교도들이 유럽인 혹은 서방 기독교도를 지칭했던 것이다. 따라서 중국에서 이들을 佛郞機라 하게 된 것은 중국인들이 동남아에 진출한 뒤 이들보다 앞서 이곳에 있던 이슬람교도들이 이 명칭을 중국인들에게 전했기 때문이다(Matteo Ricci, 1953: 128). 그런가 하면 崔韶子는, 佛郞機라는 어원은 프랑크(Franks)에서 유래한 것이라고 하고 있다(崔韶子, 2002: 27~28). 佛郞機는 포르투갈에서 전래해 들어온 火砲를 칭하기도 한다.

491) 闍婆: 다만 『島夷志略』 爪哇條에는 "卽古闍婆國"이라 기재되어 있고, 또 『瀛涯勝覽』이나 『星槎勝覽』의 爪哇國條에도 "爪哇國者, 古名闍婆"로 기재되어 있어, 위 기사와는 달리 대개 闍婆를 爪哇(Java)를 가리키는 것으로 보고 있다. 따라서 이들 두 나라가 다른 나라인지의 여부는 아직 확실치가 않으므로, 진일보한 연구가 필요하다.

492) 南北朝 시기 오늘날 南京에 수도를 둔 宋朝(420~479)를 가리킨다.

데,[493] 그 후로는 다시 오지 않았다. 혹자는 조와(爪哇)가 바로 사파(闍婆)라고도 한다. 그러나 『원사(元史)』「조와전(爪哇傳)」에는 [관련 내용이] 기재되어 있지 않고, 또 기록하기를, "그 곳의 풍속과 물산은 고찰할 바가 없다"고 하였다. 태조(太祖) 때 양국[494]이 동시에 입조하여 공물을 바쳤는데, 그 왕의 이름이 달랐다. 혹은 본래는 두 나라였는데, 후에 조와에 의하여 멸망되었[다고 하]지만, 고증은 할 수 없다.

蘇吉丹, 爪哇屬國, 後訛爲思吉港. 國在山中, 止數聚落. 酋居吉力石. 其水濇, 舟不可泊. 商船但往饒洞, 其地平衍, 國人皆就此貿易. 其與國有思魯瓦及豬蠻. 豬蠻多盜, 華人鮮至.

소길단(蘇吉丹)[495]은 조와(爪哇)의 속국인데, 후에 사길항(思吉港)으로 와전되었다. 나라는 산 속에 위치하는데, 몇 개의 촌락에 불과하였다. 추장은 길력석(吉力石)에 거하였다. 그곳의 물길은 급해서 배가 정박할 수 없었다. 상선(商船)은 다만 요동(饒洞)에 이르렀는데, 그 지형이 평탄하고 넓어서 국인(國人)들은 모두 이곳에 가서 무역하였다. 소길단의 우호국으로는 사노와(思魯瓦) 및 저만(豬蠻)이 있었다. 저만은 도적이 많아 화인(華人)이 이르는 경우는 거의 없었다.

碟里, 近爪哇. 永樂三年遣使附其使臣來貢. 其地尚釋敎, 俗淳少訟, 物產甚薄.

설리(碟里)는 조와(爪哇)와 가깝다. 영락 3년(1405)에 [설리국 왕은] 사신을 조와의 사신에 딸려 보내어 입조하여 공물을 바쳤다. 그 지역은 불교를 숭상하고, 민풍은 순박해서 소송이 적었으며, 물산은 매우 빈약하였다.

---

493) 『太祖實錄』 卷118 洪武 11년 4월 己酉條 참조.

494) 爪哇國과 闍婆國을 가리킨다.

495) 蘇吉丹: 과거 闍婆의 속국으로서 오늘날 보르네오 즉, Kalimantan Island 서해안의 蘇加丹那港을 가리킨다. 稻米, 波羅蜜, 甘蔗, 芭椒, 胡椒, 丁香, 朱砂 등이 산출된다. 주민들은 甘蔗 즉, 사탕수수로 술을 제조하기도 하였다.

日羅夏治, 近爪哇. 永樂三年遣使附其使臣入貢. 國小, 知種藝, 無盜賊. 亦尚釋敎, 所産止蘇木·胡椒.

일라하치(日羅夏治)는 조와와 가깝다. 영락 3년(1405)에 [일라하치국 왕은] 사신을 조와의 사신에 딸려 보내어 입조하여 공물을 바쳤다. 나라는 작고, 경작할 줄 알았으며, 도적이 없었다. 또한 불교를 숭상했고, 물산은 소목(蘇木)과 후추 뿐이었다.

三佛齊, 古名干陀利. 劉宋孝武帝時, 常遣使奉貢. 梁武帝時數至. 宋名三佛齊, 修貢不絶.

삼불제(三佛齊)[496]는 옛날에는 간타리(干陀利)라고 칭하였다. 유송(劉宋) 효무제(孝武帝)

496) 三佛齊: 인도네시아 서부의 수마트라섬에 해당한다. 수마트라는 동서 교통의 요충인 말라카 해협을 앞에 두고 있는데, 고대부터 인도 문화의 영향을 받았다. 7세기에는 남부의 팔렘방을 중심으로 불교 왕국 스리위자야가 일어나 干陀利國을 대체하여 번영하였다. 사실상 수마트라의 역사는 이때부터 시작된다고 할 수 있다. 중국에서는 이 나라의 國名을 唐代에는 室利佛逝[스리위자야], 佛逝, 舊港 등으로 표기했고, 三佛齊는 宋代 이후부터 불린 명칭이다. 이 나라는 중국과 활발하게 교역을 하는 등 활발한 경제활동을 전개했다. 그 외에도 말라카 해협의 門戶를 끼고 있었기에 팔렘방에는 東西 여러 나라들의 商船이 모여들었다. 이 때문에 무역이 성행하였는데, 이것이 결국 이 나라의 융성을 도왔다. 스리위자야는 11세기 초까지가 전성기였으나, 점차 이웃 나라들에게 침략을 받아 國勢가 기울어져 갔고, 14세기에 이르러 결국 자와에게 멸망당하였다. 한편 팔렘방은 舊港으로 불리어졌는데, 점차 해적의 소굴로 변해갔다. 13~14세기경에 중부의 미낭카바우족은 힌두계 왕국을 세웠으며, 북부의 아체에서는 이슬람세력의 강력한 술탄 왕국이 형성되었다. 특히 수마트라섬의 동북부에 여러 小國이 할거하였는데, 후에 점차 이슬람화가 되었다. 14세기 후반에는 마자파힛 왕조가 수마트라 각지를 정복하여 일시적으로 이곳을 복속시켰다. 16세기경 섬의 동북부에 위치한 파세이가 우세를 점했지만, 그 후로는 아체가 강세가 되어, 포르투갈이 점거한 말라카를 공격하기도 하였다. 그 후 네덜란드와 영국 등의 서양세력이 수마트라로 진출하였지만, 1872년 수마트라 조약으로 영국은 손을 떼고, 네덜란드가 독점적으로 진출했다. 네덜란드는 19세기 말부터 북부의 메단 지방을 중심으로 잎담배와 고무 농원을 개발하였으며, 남부의 팔렘방의 유전 개발과 함께 섬의 개발을 크게 진전시켰다. 결국 네덜란드는 아체 전쟁을 통하여 20세기 초 수마트라 전 지역을 영유하였지만, 1945년 인도네시아공화국의 독립 이후 수마트라는 공화국의 일부가 되었다.

때 일찍이 사신을 파견하여 공물을 바쳤다. 양(梁)나라 무제(武帝) 때에는 여러 차례 [사절(使節)이] 이르렀다. 송(宋)나라 때 삼불제라고 칭했는데, 공물을 바치는 것이 중단되지 않았다.

洪武三年, 太祖遣行人趙述詔諭其國. 明年, 其王馬哈剌札八剌卜遣使奉金葉表, 隨入貢黑熊·火鷄·孔雀·五色鸚鵡·諸香·苾布·兜羅被諸物. 詔賜『大統曆』及錦綺有差. 戶部言其貨船至泉州, 宜徵稅, 命勿徵.

홍무(洪武) 3년(1370)에 태조가 행인 조술(趙述)을 보내 조서로 삼불제국에 [즉위 사실을] 알렸다.[497] 이듬해(1371) 삼불제국 왕 마합랄찰팔랄복(馬哈剌札八剌卜)이 사신을 보내 금박을 입힌 표문을 올리고 [명나라 조정의 사신[498]을] 따라 입조하여 흑곰·화계(火鷄)[499]·공작(孔雀)[500]·다섯 색깔의 앵무새·여러 향료·필포(苾布)[501]·두라피(兜羅被)[502] 등의 여러 물품을 바치도록 하였다. 조서를 내려『대통력』및 비단 등을 차등을 두어 하사하였다.[503] 호부(戶部)에서 삼불제국의 무역선이 천주(泉州)에 이르자 마땅히 상세(商稅)를 징수하자고 아뢰었지만, [홍무제는] 징수하지 말도록 명하였다.[504]

六年, 王怛麻沙那阿者遣使朝貢, 又一表賀明年正旦. 時其國有三王. 七年, 王麻那哈寶林邦遣使來貢. 八年正月復貢. 九月, 王僧伽烈宇蘭遣使, 隨招諭拂菻國朝使入貢.

---

497)『太祖實錄』卷55 洪武 3년 8월 戊寅條 참조.

498) 8월에 三佛齊國으로 파견된 明使 趙述을 가리킨다.『太祖實錄』卷68 洪武 4년 9월 庚申條 참조.

499) 火鷄: 七面鳥를 말하며, 이는 북아메리카와 멕시코가 원산지이지만 콜럼버스(Christopher Columbus)가 북아메리카대륙으로 들어간 1492년 이후, 전 세계에 보급되었다.

500) 孔雀: 꿩과에 속하는 새로, 열대 지방이 그 원산지이며, 수컷은 꼬리를 펴면 큰 부채를 펴놓은 것같이 매우 아름답다.

501) 苾布: '苾'은 芳香이라는 뜻으로, 이는 좋은 향기가 나는 織布를 말한다.

502) 兜羅被: 兜羅는 산스크리트어의 Tula를 음역한 것으로, 얼음이라는 말이며, 被는 이불 혹은 잠옷이라는 뜻으로, 이는 얼음과 같이 흰 이불 혹은 잠옷이 아닌가 한다.

503)『太祖實錄』卷68 洪武 4년 9월 庚申條 참조.

504)『太祖實錄』卷68 洪武 4년 9월 丁丑條 참조.

[홍무] 6년((1373)에 [삼불제국] 왕 달마사마아자(怛麻沙那阿者)가 사신을 보내어 입조하여 공물을 바치고, 또 표문 1통을 올려 이듬해의 정단(正旦)을 축하하였다.[505] 당시 삼불제국은 세 왕이 있었다. [홍무] 7년(1374)에 국왕 마나합보림방(麻那哈寶林邦)이 사신을 보내어 입조하여 공물을 바쳤다.[506] [홍무] 8년(1375) 정월에 다시 공물을 바쳤다.[507] 9월에 국왕 승가열우란(僧伽烈宇蘭)이 사신을 보내어 불름(拂菻)[508]국을 초유(招諭)하는 조정의 사신을 따라 입조하여 공물을 바치도록 하였다.[509]

九年, 怛麻沙那阿者卒, 子麻那者巫里嗣. 明年遣使貢犀牛·黑熊·火鷄·白猴·紅緣鸚鵡·龜筒及丁香·米腦諸物. 使者言:「嗣子不敢擅立, 請命於朝.」天子嘉其義, 命使臣齎印, 敕封爲三佛齊國王. 時爪哇强, 已威服三佛齊而役屬之, 聞天朝封爲國王與己埒, 則大怒, 遣人誘朝使邀殺之. 天子亦不能問罪, 其國益衰, 貢使遂絶.

[홍무] 9년(1376)에 달마사나아자(怛麻沙那阿者)가 죽자 아들 마나자무리(麻那者巫里)가 뒤를 이었다. 이듬해(1377) [마나자무리는] 사신을 보내어 물소·흑곰·화계(火鷄)·흰 원숭이·붉은 색 가장자리의 앵무새·구통(龜筒) 및 정향(丁香)·미뇌(米腦) 등의 물품을 바쳤다.[510] 사신이 아뢰기를, "[왕위를] 승계한 왕자가 감히 자의적으로 즉위하지 않고 조정에 명(命)을 청합니다"라고 하니, 천자는 그 의로움을 가상히 여겨 사신에게 명하여 인장을 가지고 가서 칙서(勅書)로 삼불제국 왕으로 책봉하도록 하였다.[511] 당시 조와가 강대하여 이미 삼불제를

505) 『太祖實錄』 卷86 洪武 6년 12월 庚申條 참조.

506) 『太祖實錄』 卷93 洪武 7년 9월條 참조. 洪武帝는 당시 入朝한 三佛齊國 使臣에게 『大統曆』과 여러 하사품을 주어 國王에게 전하도록 하였다.

507) 『太祖實錄』 卷96 洪武 8년 정월條 참조.

508) 拂菻: 동로마제국을 칭하는 용어로, 漢·魏·晋 때에는 大秦이라고 칭했고, 唐·宋에서는 불름이라고 하였다. 수도는 이스탄불이다. 옛 이름은 密昔兒로 大葱領 위에 있다고 한다. 북으로는 바다에 접해있고 서쪽도 바다인데, 동남으로는 滅力沙, 동으로는 大食·于闐·回紇에서 중국에 이른다고 한다(『殊域周咨錄』 卷11 「拂菻」條 참조).

509) 明朝의 朝使는 普剌이었다. 『太祖實錄』 卷101 洪武 8년 9월 丙戌條 참조.

510) 『太祖實錄』 卷114 洪武 10년 8월 丁巳條 참조.

511) 『太祖實錄』 卷115 洪武 10년 10월 甲戌條 참조.

위세(威勢)로 복종시켜 부리고 예속시켰는데, 천조(天朝)가 [마나자무리를] 국왕으로 책봉하여 자기와 대등하게 되었다는 소식을 듣고 크게 노하여, 사람을 보내 조정의 사신을 유인하여 살해하였다. [그러나] 천자도 죄를 묻지 못하였고, 삼불제국도 더욱 쇠약해져 조공사절도 드디어 끊어졌다.[512)]

三十年, 禮官以諸蕃久缺貢, 奏聞. 帝曰:「洪武初, 諸蕃貢使不絕. 邇者安南·占城·眞臘·暹羅·爪哇·大琉球·三佛齊·浡泥·彭亨·百花·蘇門答剌·西洋等三十國, 以胡惟庸作亂, 三佛齊乃生間諜, 紿我使臣至彼. 爪哇王聞知, 遣人戒飭, 禮送還朝. 由是商旅阻遏, 諸國之意不通. 惟安南·占城·眞臘·暹羅·大琉球朝貢如故, 大琉球且遣子弟入學. 凡諸蕃國使臣來者, 皆以禮待之. 我視諸國不薄, 未知諸國心若何. 今欲遣使爪哇, 恐三佛齊中途沮之. 聞三佛齊本爪哇屬國, 可述朕意, 移咨暹羅, 俾轉達爪哇.」於是部臣移牒曰:「自有天地以來, 卽有君臣上下之分, 中國四裔之防. 我朝混一之初, 海外諸蕃, 莫不來享. 豈意胡惟庸謀亂, 三佛齊遂生異心, 紿我信使, 肆行巧詐. 我聖天子一以仁義待諸蕃, 何諸蕃敢背大恩, 失君臣之禮. 倘天子震怒, 遣一偏將將十萬之師, 恭行天罰, 易如覆手, 爾諸蕃何不思之甚. 我聖天子嘗曰:『安南·占城·眞臘·暹羅·大琉球皆修臣職, 惟三佛齊梗我聲教. 彼以蕞爾之國, 敢倔强不服, 自取滅亡.』爾暹羅恪守臣節, 天朝眷禮有加, 可轉達爪哇, 令以大義告諭三佛齊, 誠能省愆從善, 則禮待如初.」

[홍무] 30년(1397)에 예부의 관원이 여러 번국(番國)이 장기간 공물을 보내지 않는다는 내용으로 상주(上奏)하여 보고하였다. 홍무제가 이르기를, "홍무 초에 여러 번국의 조공사절이 끊이지 않았다. 근자에는 안남·점성·진랍·섬라·조와·대유구(大琉球)[513)]·삼불제·발니·팽형·백화(白花)[514)]·소문답랄·서양(西洋) 등 30국에 달한다. 호유용(胡惟庸)이 반란을 일

512) 『太祖實錄』 卷134 洪武 13년 10월 丁丑條 참조.

513) 大琉球: 琉球를 가리킨다. 明代의 官書에서 大琉球는 현재의 沖繩 즉, 과거의 琉球를 지칭하고, 小琉球는 臺灣의 別稱으로 사용되었다.

514) 白花: 百花라고도 불리는데, 이 나라의 위치는 확실치 않다. 자와섬 서부 北加浪岸(Pekalongan), 加拉璜(Krawan) 일대에 위치해 있었다고도 한다, 한편 이 나라는 서자와의 巴査查蘭(Pajajaran) 王國으로,

으키자, 삼불제는 이에 이간책을 내어 우리 사신을 속여 그곳에 이르게 하였다. 조와 국왕이 이 소식을 듣고 사람을 보내어 [삼불제를] 경계하고 타일러서 예절에 맞게 [사신을] 조정으로 송환하도록 하였다. 이로부터 상인이 막히고, 여러 나라와의 의사소통이 이루어지지 않게 되었다. 오직 안남·점성·진랍·섬라·대유구의 조공만이 예전과 같았고, 대유구는 또한 자제를 보내어 유학시켰을 뿐이었다. 무릇 여러 번국(蕃國)의 사신이 이르면 모두 예의를 갖추어 맞이하였다. 우리가 여러 나라를 대우함이 가볍지 않은데, 여러 나라들의 마음은 어떨지 모르겠다. 지금 사신을 조와국에 보내려 하는데, 삼불제국이 중도에서 방해할까 걱정된다. 듣기에 삼불제는 본래 조와의 속국이었다 하니, 짐의 뜻을 기술하여 자문(咨文)을 섬라국에 보내 [섬라국으로 하여금] 조와에 전달케 하도록 하라"고 하였다. 이에 부신(部臣)[515]이 이첩(移牒)하여 이르기를, "천지가 생긴 이래로 곧 군신 간의 상하 구분과 중국과 사예(四裔[516]))의 경계가 있었다. 우리 조정이 [천하를] 통일[517]한 초기에 해외의 여러 번국(蕃國)이 공물을 바치지 않는 곳이 없었다.[518] 뜻하지 않게, 호유용이 반란을 도모하여 삼불제가 드디어 다른 마음을 품어 우리의 신사(信使)[519]를 속여 멋대로 속임수를 펼쳤다. 우리 성스러운 천자께서 일률적으로 인의(仁義)로 여러 번국을 대우했는데, 어찌하여 여러 번국은 감히 큰 은혜를 어기고 군신의 예의를 어긴단 말인가! 만약 천자께서 진노하셔서 한 명의 편장(偏將)[520]을 보내 10만의 군대를 데리고 가서 삼가 하늘의 징벌을 실행한다면 손바닥을 뒤집듯이 쉬울 터인데, 너의 여러 번국은 어찌하여 생각하지 않음이 이리도 심하단 말인가! 우리 성스러운 천자께서 일찍이 말씀하시기를, '안남·점성·진랍·섬라·대유구는 모두 신하의 직분을 지켰는데, 오직 삼불제만이 우리의 성교(聲敎)를 거부하였다. 저들은 조그마한 나라인데 감히 고집을 부리며 복종하지 않으니 스스로 멸망[의 길]을 취하는 것이다'라 하셨다. 너희 섬라는

都於茂物(Bogor) 부근에 있었다고도 한다.

515) 部臣: 여기서는 禮部의 신하를 가리킨다.

516) 四裔: 四는 사방, 裔는 끝을 의미하니, 결국 사방의 먼 변방의 땅을 가리킨다.

517) 원문은 '混一' 즉, 가지런히 한다는 뜻인데, 여기서는 천하를 통일한다는 의미로 사용하였다.

518) 원문은 '來享'으로서 '來饗'이라고도 쓰는데, 원래의 뜻은 鬼神에게 祭祀를 드리는 곳으로 와서 祭物을 바친다는 것인데, 여기서 확대해서 각지의 諸侯가 天子가 있는 곳으로 와서 貢物을 바친다는 의미로 사용되었다. 본문에서는 蕃國이 入朝해서 方物을 바친다는 뜻으로 사용한 것이다.

519) 信使: 使者 즉, 使臣을 의미한다. 使命을 받들거나 소식 내지 書信을 전달하는 임무를 띠고 파견되는 사신을 가리킨다.

520) 偏將: 副將을 가리킨다.

신하의 예절을 지키고 있어, 천조(天朝)가 예(禮)로 돌봄이 각별하니, 조와에게 전달하여 [그들로 하여금] 대의(大義)로 삼불제에게 알려, 진정으로 잘못을 반성하고 올바른 길을 따른다면, 처음처럼 예로 대할 것임을 알게 하라"고 하였다.[521]

> 時爪哇已破三佛齊, 據其國, 改其名曰舊港, 三佛齊遂亡. 國中大亂, 爪哇亦不能盡有其地, 華人流寓者往往起而據之. 有梁道明者, 廣州南海縣人, 久居其國. 閩·粵軍民泛海從之者數千家, 推道明爲首, 雄視一方. 會指揮孫鉉使海外, 遇其子, 挾與俱來.

당시 조와가 이미 삼불제를 격파하고 그 나라를 점거하고는 이름을 구항(舊港)[522]으로 바꾸니, 삼불제는 드디어 멸망하였다. 국내에 대란이 일어나자 조와 또한 그 땅을 다 소유하지 못하여, 화인(華人)으로 흘러들어가 거주하는 자들이 왕왕 들고일어나 점거하였다. 양도명(梁道明)[523]이란 자는 광주의 남해현(南海縣) 사람으로서 장기간 그 나라에 거주하였다. 민(閩)[524]·월(粵)[525]의 군민(軍民)들로 바다로 나아가 그를 따른 자가 수천 가(家)였는데, 양도명을 우두머리로 추대하여 그 지역에서 웅거(雄據)하였다. 마침 지휘 손현(孫鉉)이 해외로 출사하였다가 그의 아들을 만나 그를 데리고 함께 돌아왔다.[526]

---

521) 『太祖實錄』 卷254 洪武 30년 8월 丙午條 참조.

522) 舊港: 『瀛涯勝覽』에는 浡淋邦이란 番名을 소개하고 있으니, 바로 Palembang을 가리킨다(馬歡/馮承鈞 校注, 1962: 15). 인도네시아 수마트라섬의 巨港인 팔렘방에는 明朝 永樂 연간(1403~1424)에 舊港宣慰司가 설치되었는데, 이 宣慰司는 明代 南洋의 최고행정기구로서 明朝의 동남아 지역 경영에서 중요한 위치를 점하였다.

523) 梁道明: 廣東 南海縣 출신으로, 三佛齊로 건너가 거주하였다. 洪武 연간(1368~1398)에 三佛齊 즉, 수마트라섬이 爪哇에게 멸망당하는 국난 속에서 梁道明은 현지의 福建과 廣東 출신 중국인들에 의하여 새로운 三佛齊의 王으로 추대되었으니, 바로 舊港王이다. 梁道明은 약 10년 동안 수만 명의 군민을 거느리고 爪哇와 항쟁하면서 그 일대에서 雄據하였다. 永樂 3년(1405)에 行人 譚勝受를 따라 入朝하여 方物을 바쳤지만, 후에 明朝와의 관계가 지속되지는 않고 결국 끊기고 말았다.

524) 閩: 오래전부터 福建을 '七閩之地'라 했다. 따라서 이를 간략히 칭하여 福建省을 閩이라 일컫는다. 五代十國의 하나인 閩이라는 나라가 이곳에 있었다.

525) 粵: 오래전부터 廣東과 廣西를 '百粵之地'라 했다. 따라서 광동과 광서를 兩粵이라 칭했으며, 廣東만을 粵省이라 하기도 한다.

永樂三年, 成祖以行人譚勝受與道明同邑, 命偕千戶楊信等齎敕招之. 道明及其黨鄭伯可隨入朝, 貢方物, 受賜而還.

영락 3년(1405)에 성조(成祖)는 행인 담승수(譚勝受)[527]가 양도명과 동향 출신임으로 해서 [그에게] 천호(千戶)[528] 양신(楊信) 등과 함께 칙서를 가지고 가서 [양도명을] 불러오도록 하였다. 양도명 및 그 일당 정백가(鄭伯可)가 [사신을] 따라 입조하여 방물을 바치고는 하사품을 받고 돌아갔다.[529]

四年, 舊港頭目陳祖義遣子士良, 道明遣從子觀政并來朝. 祖義, 亦廣東人, 雖朝貢, 而爲盜海上, 貢使往來者苦之. 五年, 鄭和自西洋還, 遣人招諭之. 祖義詐降, 潛謀邀劫. 有施進卿者, 告於和. 祖義來襲被擒, 獻於朝, 伏誅. 時進卿適遣婿丘彦誠朝貢, 命設舊港宣慰司, 以進卿爲使, 錫誥印及冠帶. 自是, 屢入貢. 然進卿雖受朝命, 猶服屬爪哇, 其地狹小, 非故時三佛齊比也. 二十二年, 進卿子濟孫告父訃, 乞嗣職, 許之. 洪熙元年遣使入貢, 訴舊印爲火毁, 帝命重給. 其後, 朝貢漸稀.

[영락] 4년(1406)에 구항(舊港)의 두목(頭目) 진조의(陳祖義)[530]가 아들 사량(士良)을, 양

526) 『太宗實錄』 卷38 永樂 3년 정월 戊午條 참조.

527) 譚勝受: 廣東 南海 출신이다. 鄕民의 천거로 臨桂縣丞이 되었다가 監察御史로 승진하였다. 다만 후에 사건에 연루되어 行人으로 좌천되었을 때, 양도명과 동향이라는 이유로 勅書를 가지고 가서 양도명을 入朝시키는 데 공을 세웠다. 후에 浙江按察使로 승진하였다. 『東西洋考』 卷3 「西洋列國考」 참조.

528) 千戶: 明代 각 지역에 주둔하는 衛所制下 世襲職의 하나인 千戶所의 長으로서 軍戶 1,120명을 거느린다.

529) 『太宗實錄』 卷38 永樂 3년 정월 戊午條 참조.

530) 陳祖義: 해적 집단의 수령으로서, 祖籍은 廣東 潮州이다. 洪武 연간(1368~1398)에 全家가 南洋으로 이주하였다. 진조의는 말라카에서 10여 년 동안 海盜활동을 하였는데, 해적집단의 수는 전성기 때에 1만 명을 넘었고, 戰船은 100여 척이었다고 한다. 日本, 臺灣, 南海, 印度洋 등에서 횡행하였는데, 약탈한 선척이 1만여 척, 공략한 沿海의 도시가 50여 곳에 달할 정도였다. 明 太祖 洪武帝는 일찍이 50만 량의 白銀을 현상금으로 걸고 그를 체포하려 하기도 하였다. 후에 그는 三佛齊의 渤林邦國으로 달아났는데, 國王 麻那者巫里의 수하에서 大將 노릇을 하였다. 국왕이 죽은 뒤에, 그는 해적들을 소집하여 스스로 왕이 되어 결국 渤林邦國의 왕 노릇을 하였다. 永樂 5년(1407)에 그는 鄭和에게 거짓으로

도명이 조카 관정(觀政)을 보내 함께 입조하였다.[531] 진조의도 광동인이었는데, 비록 입조하여 공물을 바쳤지만 해상에서 도적질을 하여 조공사절로서 왕래하는 자들이 고통스러워하였다. [영락] 5년(1407)에 정화가 서양(西洋)으로부터 돌아오다가 사람을 보내어 초무하고 효유하였다. 진조의는 거짓으로 항복한 뒤 몰래 겁탈을 도모하였다. [그러나] 시진경(施進卿)[532]이란 자가 [이 사실을] 정화에게 고하였다. 진조의가 습격하러 왔다가 사로잡혀 조정에 보내진 뒤 처형되었다.[533] 당시 시진경이 마침 사위 구언성(丘彦誠)을 보내 입조하여 공물을 바치도록 했는데, [영락제는] 구항(舊港) 선위사(宣慰司)를 설치해서 시진경을 선위사(宣慰使)로 삼고, 고명(誥命)과 인장 및 관대(冠帶)를 하사하도록 명하였다.[534] 이로부터 여러 차례 입조하여 공물을 바쳤다. 그러나 시진경이 비록 조정의 명을 받았다고는 하지만 여전히 조와에 복속했고, 그 땅은 협소했기에 옛날 삼불제에 비할 바는 아니었다. [영락] 22년(1424)에 시진

항복했는데, 鄭和가 그의 음모를 간파하고는 교묘하게 습격을 가하여 현장에서 해적 5천여 명을 죽이고 그를 생포하였다. 결국 그해 9월에 鄭和는 진조의를 중국으로 데려와 조정에 바쳤는데, 永樂帝는 각국 使者의 면전에서 진조의를 죽이고, 그 머리를 대중에게 보여 경계의 뜻으로 삼았다.

531) 『太宗實錄』 卷56 永樂 4년 7월 丙辰條 참조. 한편 『瀛涯勝覽』에 의하면, 陳祖義는 廣東 출신으로서 현지의 頭目을 지내면서 지나는 선박을 약탈하는 횡포를 저지르고 있었다고 한다(馬歡·馮承鈞 校注, 1962: 16~17).

532) 施進卿(?~1423): 廣東 출신으로, 후에 明朝의 초기 舊港 통치자가 된 인물이다. 洪武 30년(1397)에 爪哇가 三佛齊를 멸망시킨 후, 梁道明이 三佛齊를 장악하여 國王이 되어 爪哇와 대항하였다. 永樂 3년(1405)에 永樂帝가 사신을 보내어 결국 梁道明은 入朝하여 方物을 바쳤는데, 부하인 施進卿을 남겨 軍民을 지휘토록 한 바 있다. 永樂 5년(1407)에 鄭和가 귀로에 舊港을 들렀다가 陳祖義의 습격을 받았을 때, 施進卿의 협조로 陳祖義를 大破하고 京師로 압송하였다. 그 해에 施進卿이 사위를 파견하여 明朝에 朝貢하자. 永樂帝는 施進卿을 舊港의 宣慰使로 삼았다. 이후 그는 永樂 21년(1423)에 사망하였다. 한편 施氏가 비록 明朝에 의하여 舊港宣慰使로 봉해졌지만, 다른 나라들에 대해서는 여전히 三佛齊國王으로 自稱하였다. 施進卿의 死後에 次女 施二姐가 女王으로 즉위하였는데, 아들 施濟孫과 서로 王位를 다투게 되었다. 施濟孫이 使者를 파견하여 明朝에 册封을 청하자 실제 상황을 파악하지 못한 永樂帝는 중국 전통적인 관례에 따라 조금의 의심도 없이 施濟孫으로 하여금 舊港宣慰使를 계승토록 하였다. 다만 그 후 鄭和가 현지에서 실제 정황을 파악한 후, 施二姐를 舊港의 受領으로 승인하였다. 후에 施濟孫은 다시 使者를 日本 등 각국에 보내어 지지를 요청했지만 성공하지 못하였다. 舊港에서 施二姐의 통치는 正統 5년(1440)까지 이어지지만, 그 뒤에 舊港은 결국 爪哇에게 귀속되어, 三佛齊는 이로써 최종적으로 멸망하게 되었다.

533) 생포되어 京師로 보내진 陳祖義는 결국 참수형에 처해지고 말았는데, 이에 대해서는 『太宗實錄』 卷71 永樂 5년 9월 壬子條 참조.

534) 『太宗實錄』 卷71 永樂 5년 9월 戊午條 참조.

경의 아들 제손(濟孫)이 부친의 부고(訃告)를 알리며 직위의 승계를 청하니, 이를 허락하였다.535) 홍희(洪熙)536) 원년에 사신을 보내어 입조하여 공물을 바치면서 전에 받은 인장이 불에 타 훼손되었음을 호소하니, [홍희제는] 다시 지급해주라고 명하였다.537) 그 후에 조공이 점차 드물게 되었다.

嘉靖末, 廣東大盜張璉作亂, 官軍已報克獲. 萬曆五年商人詣舊港者, 見璉列肆爲蕃舶長, 漳·泉人多附之, 猶中國市舶官云.

가정(嘉靖) 말에 광동(廣東)의 대도(大盜) 장련(張璉)538)이 반란을 일으켰는데, 관군(官軍)이 승리하여 진압했음을 보고하였다. 만력 5년(1577)에 상인으로 구항(舊港)에 이른 자가 장련이 상점을 개설하여 번선(蕃船)의 우두머리가 되었고, 장주(漳州)·천주(泉州) 출신의

535) 『太宗實錄』 卷267 永樂 22년 정월 甲辰條 참조. 한편 이 기사와는 달리 『瀛涯勝覽』에는 관련 기사에서 施進卿 사후에 그 지위가 아들 施濟孫이 아니라 딸인 施二姐로 계승되었다는 내용이 소개되어 있다(馬歡/馮承鈞 校注, 1962: 17). 결국 王位 계승 싸움에서 施二姐에게 밀린 施濟孫이 이를 만회하기 위하여 明朝에 使者를 보내 册封을 받으려 했던 것임을 알 수 있다.

536) 洪熙: 明 왕조 4대 황제인 仁宗 朱高熾의 年號이다.

537) 이 부분에 대한 기술에는 다소 오해의 소지가 있는 것 같다. 列傳의 기록에는 洪熙 원년(1425)에 사신을 보내어 舊印의 교체를 요청하였다고만 기술하였으나, 실은 그 전년도인 永樂 22년(1424)에 施濟孫이 부친의 직위 계승을 요청하면서 舊印을 바꿔줄 것을 청하여 永樂帝의 승인을 일단 얻었고, 이듬해인 洪熙 원년 8월에 결국 洪熙帝는 朝貢使節 張佛羅馬에게 주어 귀국토록 했던 것이다. 이에 대해서는 『太宗實錄』 卷267 永樂 22년 정월 甲辰條; 『宣宗實錄』 卷7 洪熙 원년 8월 壬申條 등 참조.

538) 張璉(?~1563): 飛龍國의 開國 군주로서, 饒平 출신이다. 號는 石琚, 諡號는 英烈이었다. 집안은 貧寒했지만, 남을 위하여 베풀기를 좋아했다고 한다. 후에 饒縣의 庫吏를 맡았는데, 嘉靖 연간(1522~1566)에 朝廷의 부패를 이기지 못하고 族長을 죽인 뒤, 鄭八 등의 반란군에 투신하였다. 鄭八 사후에는 반란군의 수령이 되었다. 嘉靖 39년(1560)에 반란군을 일으켜 飛龍國을 세워 饒平 등 3개 縣을 장악하고, 이듬해에는 10여 만의 반란군을 규합할 정도로 세력을 확충하여 廣東, 福建, 江西, 浙江 등지에서 반란 활동을 벌였다. 嘉靖 41년(1562)에 明朝 정부에서는 兪大猷 등이 지휘하는 20만 대군을 동원하여 진압에 나섰다. 이 싸움에서 참패를 당한 張璉은 남은 무리를 거느리고 배를 타고 해외로 도피하여 해상세력과 연합하여 계속 明朝에 대항하였다. 이후 계속 南下하여 三佛齊를 점탈하여 국왕을 자칭하고 舊港, 말라카 등을 점유하였는데, 漳州와 泉州 출신 및 해외의 화교와 이민자 등의 상당수가 그에게 依附할 정도로 독자적 세력을 구축하는데 성공하였다.

많은 사람들이 그에게 의지하고 있음을 보고, 마치 중국의 시박사(市舶司)의 관리 같다고 하였다 한다.

其地爲諸蕃要會，在爪哇之西，順風八晝夜可至．轄十五洲，土沃宜稼．語云：「一年種穀，三年生金.」言收獲盛而貿金多也．俗富好淫．習於水戰，隣國畏之．地多水，惟部領陸居，庶民皆水居．編筏築室，繫之於椿．水漲則筏浮，無沉溺患．欲徙則拔椿去之，不費財力．下稱其上曰詹卑，猶國君也．後大酋所居，卽號詹卑國，改故都爲舊港．初本富饒，自爪哇破滅，後漸致蕭索，商舶鮮至．其他風俗·物產，具詳『宋史』.

이 지역(삼불제)은 여러 번국(蕃國)의 교통의 요지로서 조와의 서쪽에 위치하는데 순풍을 만나면 8일이면 이르렀다. 15개의 주(洲)를 관할하고, 토질은 비옥하여 경작에 적합하였다. 속담에 이르기를, "1년이면 경작을 하고, 3년이면 황금이 생긴다"라 하였다. 수확량이 풍성해서 황금으로 바꿀 만큼 많다는 말이다.[539] 사람들은 부유하고 음락(淫樂)을 즐겼다. 수전(水戰)에 익숙하여 인접하는 나라들이 두려워하였다. 그 지방은 물이 많았는데, 부락의 수령은 육지에 거주하고 서민들은 모두 물에서 거주하였다. 뗏목을 엮어 거실을 만들어 말뚝에 매어 두었다. 물이 불어나면 뗏목이 떠올라 물에 빠질 걱정이 없었다. 이주하려 하면 말뚝을 뽑아서 가[면 되]니 비용과 힘이 들지 않았다. 아랫사람이 수령을 칭하기를 첨비(詹卑)라고 하였는데, 나라의 임금이라는 뜻이었다. 후에 대추장(大酋長)이 거처하는 곳을 곧 첨비국(詹卑國)이라고 불렀고, 원래의 도성(都城)을 구항(舊港)이라 바꾸었다. 처음에는 본디부터 부유했는데, 조와에게 격파되어 멸망당한 뒤로부터는 점차 쇠락해져 상선도 거의 이르지 않았다. 기타의 풍속과 물산은 모두 『송사(宋史)』에 상세하게 기재되어 있다.

539) 『星槎勝覽』(馬歡·馮承鈞 校注, 1962: 18)에는 이를 "言其米穀盛而爲金也"라 했고, 그 割註에 『島夷志略』의 기사를 소개하고 있는데, "言其穀變而爲金"이라 하였다. 즉 수확하는 米穀의 양이 많아서 그것이 결국에는 황금으로 바뀐다는 내용의 諺語로 보고 있는 것이다.

| 참고문헌 |

국사편찬위원회, 『中國正史朝鮮傳譯注』, 서울: 신서원, 2004

동북아역사재단 편, 『譯註 中國 正史 外國傳(1~12)』, 서울: 동북아역사재단, 2009~2011

朴元熇 등 역, 『명사식화지 역주』, 서울: 소명출판, 2008

馬歡·馮承鈞 校注, 『瀛涯勝覽(校注)』, 臺北: 臺灣商務印書館, 1962

費信·馮承鈞 校注, 『星槎勝覽(校注)』, 臺北: 臺灣商務印書館, 1962

申時行 等修, 『明會典』(萬曆朝重修本), 北京: 中華書局, 1989

吳士連 『大越史記全書』, 東京: 東京大學東洋文化硏究所, 1986

王圻, 『續文獻通考』, 北京: 現代出版社, 1986

陸容, 『菽園雜記』, 臺北: 廣文書局, 1970

二十五史, 北京: 中華書局, 1959~1977

李賢 等撰, 『明一統志』, 臺北: 臺灣商務印書館, 1976

張燮 撰. 『東西洋考』, 臺北: 藝文印書館, 1967

趙如適, 『諸蕃志』, 臺北: 藝文印書館, 1965

周國林 分史 主編, 『二十四史全譯: 明史』, 上海: 漢語大詞典出版社, 2004

周達觀, 『眞臘風土記』, 臺北: 臺灣商務印書館, 1969

焦竑 編, 『獻徵錄』, 上海: 上海書店, 1987

『國榷』, 北京: 中華書局, 1958

『明實錄類纂』, 武漢: 武漢出版社, 1993

『明實錄』, 京都: 中文出版社, 1984

『福建通志』, 北京: 書目文獻出版社, 1988

『山東通志』, 北京: 商務印書館, 2005

『禮部志稿』, 臺北: 臺灣商務印書館, 1969

『浙江通志』, 北京: 商務印書館, 2005

『湖廣通志』, 北京: 商務印書館, 2005

김성원, 『미얀마왕조사』, 부산: 부산외국어대학교 출판부, 2001

김성원, 『미얀마학 입문』, 부산: 부산외국어대학교 출판부, 1998
김영애, 『태국사』, 서울: 한국외국어대학교 출판부, 2001
다뚝 자이날 아비딘 빈 압둘 와히드 · 소병국 편역, 『말레이시아史』, 서울: 오름, 1998
밀천 오스본 · 조흥국 외 역, 『한권에 담은 동남아시아 역사』, 서울: 오름, 2000
石井米雄 · 박경준 역, 『동남아시아의 불교 수용과 전개』, 서울: 불교시대사, 2001
양승윤 외, 『미얀마』, 서울: 한국외국어대학교 출판부, 1999
오스카 베켈 · 조흥국 역, 『인도차이나: 베트남, 캄보디아, 라오스』, 서울: 문덕사, 1994
유인선, 『새로 쓴 베트남의 역사』, 서울: 이산, 2002
이와모도 유다까 외 · 홍사성 역, 『동남아불교사－상좌부 불교의 전개와 현황』, 부천: 반야 샘, 1987
조흥국, 『태국－불교와 국왕의 나라』, 서울: 소나무, 2007
조흥국, 『한국과 동남아시아의 교류사』, 서울: 소나무, 2009
최병욱, 『동남아시아사(전통시대)』, 서울: 대한교과서주식회사, 2006
崔韶子, 『東西文化交流史研究－明 · 淸時代 西學受容』, 서울: 三英社, 2002
郭紅 · 靳潤成, 『中國行政區劃通史－明代卷』, 上海: 復旦大學出版社, 2007
邱炫煜, 『明帝國與南海諸蕃國關係的演變』, 臺北: 蘭臺出版社, 1995
馬司培羅(Maspero, Henri) · 馮承鈞 譯, 『占婆史』, 臺北: 商務印書館, 1973
楊允中 主編, 『鄭和與海上絲綢之路』, 香港: 城市大學出版社, 2005
王天有, 『明代國家機構研究』, 北京: 北京大學出版社, 1992
Anthony Reid, *Southeast Asia in the Age of Commerce 1450～1680. Volume Two: Expansion and Crisis*, New Haven and London: Yale University Press, 1993
D. K. Wyatt, ed., *The Royal Chronicles of Ayutthaya*, Bangkok: The Siam Society, 2000
David Bulbeck et al. eds., *Southeast Asian Exports since the 14th Century: Cloves, Pepper, Coffee, and Sugar*, Singapore: Institute of Southeast Asian Studies, 1998
Friedrich Hirth and W. W. Rockhill, *Chau Ju-kua: His Work on the Chinese and Arab Trade in the Twelfth and Thirteenth Centuries, entitled Chu-fan-chï*, St. Petersburg: Printing Office of the Imperial Academy of Sciences, 1911
Georges Maspero, *The Champa Kingdom: The History of an Extinct Vietnamese Culture*, Bangkok: White Lotus, 2002
Holden Furber, *Rival Empires of Trade in the Orient 1600～1800*, Minneapolis: University of Minnesota Press, 1976
J. V. G. Mills, *Ma Huan Ying-yai Sheng-lan: 'The Overall Survey of the Ocean's Shores'*, London:

Cambridge University Press, 1970

Kalr-Heinz Golzio, *Geschichte Kambodschas: Das Land der Khmer von Angkor bis zur Gegenwart*, Muenchen: C. H. Beck, 2003

Karl L. Hutterer, *Economic Exchange and Social Interaction in Southeast Asia*, Ann Arbor: Center for South and Southeast Asian Studies, The University of Michigan, 1977

M. A. P. Meilink-Roelofsz, *Asian Trade and European Influence in the Indonesian Archipelago between 1500 and about 1630*, The Hague: Martinus Nijhoff, 1962

M. C. Ricklefs, *A History of Modern Indonesia since c. 1200*, 3rd edition, Stanford: Stanford University Press, 2001

Oliver William Wolters, *Early Indonesian Commerce: A Study of the Origins of Śrīvijaya*, Ithaca: Cornell University Press, 1967

Paul Wheatley, *The Golden Khersonese: Studies in the Historical Geography of the Malay Peninsula before A.D. 1500*, Kuala Lumpur: University of Malaya Press, 1961

R. O. Winstedt, *A History of Johore (1365~1941)*, Kuala Lumpur: MBRAS, 1992

R. O. Winstedt, *A History of Malaya*, Singapore: Marican & Sons, 1962

W. P. Groeneveldt, *Historical Notes on Indonesia and Malaya Compiled from Chinese Sources*, JakartaL C.V. Bhratara, 1960

朴元熇, 「明初 文字獄과 朝鮮表箋問題」, 『史學硏究』 25, 1975(→同氏, 『明初朝鮮關係史硏究』, 서울: 일조각, 2002)

李善洪, 「朝鮮時代 對中國 外交文書 硏究」(서울: 韓國學中央硏究院 博士學位論文), 2005.

조흥국, 「근대 이전 한국과 동남아시아간 접촉에 대한 역사적 고찰」, 『국제 · 지역연구』8-1, 1999

조흥국, 「태국역사의 이해」, 『역사학보』 143, 1994

沈愷, 「鄭和時代印度洋情勢與中國的關係」, 『中華科技史學會會刊』 9, 2006

吳明娣, 「明代絲綢對藏區的輸入及其影響」, 『中國藏學』 1, 2007

夫馬進, 「明淸中國による對朝鮮外交の鏡としての對ベトナム外交－冊封問題と'問罪の師'を中 心に」 紀平英作 編, 『グローバル化時代の人文學－對話と寛容の知を求めて(下)』, 京都: 京都大學出版會, 2007)

Matteo Ricci, China in the Sixteenth Century: *The Journals of Matthew Ricci: 1583~1610*, trans. by Louis J. Gallagher, New York: Randomhouse, 1953

『辭海－地理分册・歷史地理』, 上海: 上海辭書出版社, 1982
『中國歷史大辭典』(上・下), 上海: 上海辭書出版社, 2000
史爲樂 主編, 『中國歷史地名大辭典』(上・下), 北京: 中國社會科學出版社, 2005
徐連達 主編, 『中國歷代官制詞典』, 合肥: 安徽教育出版社, 1991
張撝之等 主編, 『中國歷代人名大辭典』(上・下), 上海: 上海古籍出版社, 1999
京大東洋史辭典編纂會編, 『新編東洋史辭典』, 東京: 創元社, 1980
青山定雄 編, 『支那歷代地名要覽』, 東京: 東方文化學院, 1933
下中邦彥 編, 『アジア歷史事典』, 東京: 平凡社, 1962

명사(明史) 권325 외국(外國) 6

발니 · 만랄가 · 소문답랄 · 수문달나 · 소록 · 서양쇄리 · 쇄리 · 람방 · 담파 · 백화 · 팽형 · 나고아 · 여벌 · 남발리 · 아노 · 유불 · 정기의 · 파나서 · 불랑기 · 화란전
(浡泥 · 滿剌加 · 蘇門答剌 · 須文達那 · 蘇祿 · 西洋瑣里 · 瑣里 · 覽邦 · 淡巴 · 百花 · 彭亨 · 那孤兒 · 黎伐 · 南渤利 · 阿魯 · 柔佛 · 丁機宜 · 巴喇西 · 佛郎機 · 和蘭傳)

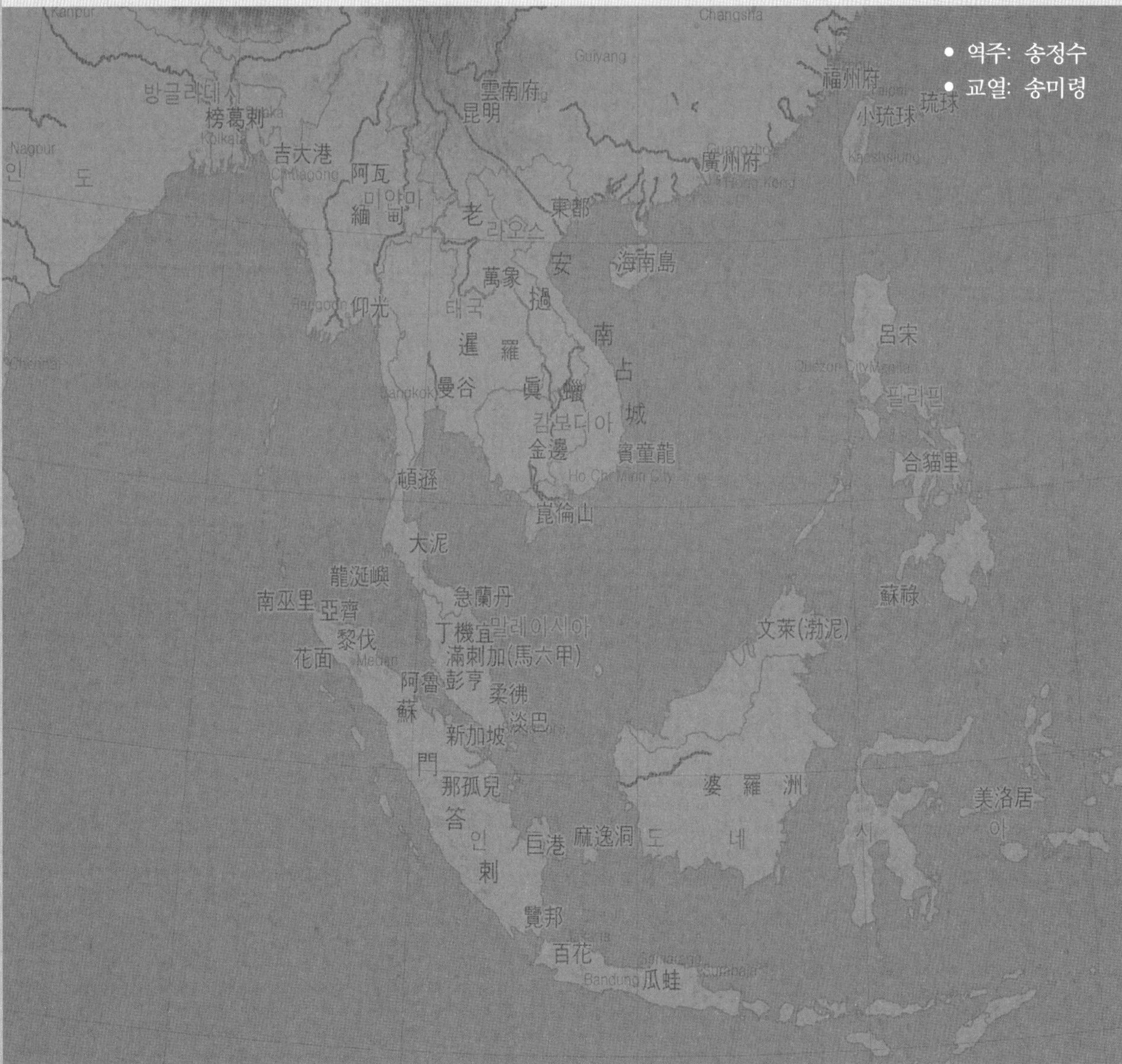

- 역주: 송정수
- 교열: 송미령

「발니·만랄가·소문답랄·수문달나·소록·서양쇄리·쇄리·람방·담파·백화·팽형·나고아·여벌·남발리·아노·유불·정기의·파나서·불랑기·화란전(浡泥·滿剌加·蘇門答剌·須文達那·蘇祿·西洋瑣里·瑣里·覽邦·淡巴·百花·彭亨·那孤兒·黎伐·南渤利·阿魯·柔佛·丁機宜·巴喇西·佛郎機·和蘭傳)」 해제

『명사』 권325 「외국전」은 명대에 중국과 내왕이 있었던 발니(浡泥)·만랄가(滿剌加)·소문답랄(蘇門答剌)을 비롯한 동남아시아 여러 나라, 특히 도서 지역에 산재한 여러 나라에 대한 내용을 담고 있다. 아울러 본전(本傳)에는 불랑기(佛郎機)·화란(和蘭) 등 서구의 나라도 포함하고 있는데, 이는 이들 나라가 명대 중기 이후 동남아시아 지역에 진출하여 도서 지역 여러 나라들과 더불어 중국과 관계를 가졌기 때문이다. 명대 이전 동남아 도서 지역은 자와(Jawa)에서 건설된 마자파힛(Majapahit) 왕국의 지배하에 있었다. 그렇지만 이후 이슬람세력이 이들 지역에 점차 전파해 들어왔거니와 명이 성립되었을 때에는 이 지역에 있는 거의 모든 나라는 이슬람의 술탄(Sultan) 왕국이 되어 있었다. 그러나 이들 나라들이 중국과 교류를 가져온 것은 이른 시기부터였고, 비록 이슬람 국가가 되었지만 이후로도 중국과의 우호적인 관계는 계속 이어졌다. 그것은 '천하일가(天下一家)'라는 이념을 바탕으로 한 중화주의(中華主義)의 전통을 이어 받아, 명조 역시 그들의 위명(威名)을 만방(萬方)에 떨쳐 보이려는 면도 있었고, 한편 동남아 도서 지역 여러 나라도 당시 태국에서 흥기하여 강력한 세력을 이루고 있던 아유타야(Ayutthaya) 왕국의 공세로부터 보호를 받아야만 했거니와 각기 주변 여러 나라와의 경쟁 혹은 공격으로부터 살아남기 위해서 중국의 힘이 필요했던 것이며, 또한 중국과의 교역을 통해 많은 경제적인 이득을 얻을 수 있었기 때문으로 보인다.

본전의 내용을 보면, 우선 홍무(洪武) 연간 초부터 명조는 사신을 동남아 도서 지역 여러 나라에 파견하여 명조 성립의 조서(詔書)를 반포하고 있고, 특히 영락(永樂) 연간에는 정화(鄭和)의 항행(航行)과 더불어 보다 적극적으로 이들 나라에 조서를 반포하여 효유함과 동시에 책봉조공관계를 형성해 나가고 있음을 볼 수 있다. 이는 바로 이전부터 이어져 온 중화주의에 입각한 명조의 위명을 만방에 알리고자 한 것이라 할 것이다. 그런가 하면 동남아 도서 지역 여러 나라들도 명조에 신복(臣服)하여 부단히 사신을 보내 책봉과 조공을 구하고 있고, 특히 발니의 술탄 마나야가나(麻那惹加那, Abdul Majid Hassan)와 그를 계위한 하왕(遐旺, Ahmad), 만랄가의 술탄 배리미소랄(拜里迷蘇剌, Raja Iskandar Shah) 그리고 소록의 여러 왕 역시도 친히 권속(眷屬)과 배신(陪臣)을 이끌고 적극적으로 명에 내조했던 내용이 보인다. 이는 명조의 적극적이고 강압적인 요구를 물리칠 수 없었기 때문이기도 하지만 이들 지역의 불안정한 역학관계 속에서 각기 명조의 보호가 필요했기 때문으로 보인다. 본전의 내용 중에, "발니는 본래 조와(爪哇)에 복속되었는데 다시 소록(蘇祿)의 침략을 받았다", "만랄가는 섬라(暹羅)에 복속되어 매년 부세를 바치고 있고, 섬라가 본국을 침략하려 하니 호소한다", "만랄가의 사절이 안남(安南)에 표착하여 대부분 살해되었다", "불랑기의 침탈을 받았음을 알린다" 등등의 내용이 많이 보이거니와 이는 그러한 사정을 잘 보여주고 있다.

또한 본전에는 명조가 사여(賜與)한 물품 및 그 수량과 여러 나라에서 명에 바친 조공물품이 자세히 나와 있다. 이를 통해서 각기 얻은 경제적인 이득이 어느 정도인지 가늠할 수 있는데, 대체로 명에서 하사한 물품은 금과 은, 보초(寶鈔) 그리고 왕을 비롯한 상층부의 사람들에게 필요한 각종 비단과 관대 및 의식에 필요한 기물(器物) 등이 주를 이루고 있고, 각국에서 명조에 바친 물품은 각 지역에서 산출되는 특산물이 주를 이루고 있다. 특히, 동남아 도서 지역에서 나오는 각종 향료와 진귀한 동식물 및 바다에서 산출되는 여러 물품이 망라되어 있는데, 이는 다른 지역에서 명에 바치는 조공품과 크게 차별을 보이고 있음을 알 수 있고, 또 이들 지역 내에서도 특정한 지역에서만 산출되는 토산물이 무엇인지를 구체적으로 살필 수 있게 한다.

본전의 내용 가운데 특이한 것은 서양의 국가인 불랑기와 화란이 입전(立傳)되어 있다는 점이다. 중국 정사 가운데 서양에 소재한 나라가 처음 소개 된 것은 『후한서(後漢書)』에 소개된 대진(大秦)이지만, 『명사』에 의대리아(意大里亞)와 더불어 본전에 이들 나라가 처음으로 입전되어 소개되고 있는 것은 여러 면에서 의미가 크다. 이들 나라가 입전이 된 것은 명대 중기 이후 동남아시아 지역에 진출하여 도서 지역 여러 나라들과 더불어 중국과 관계를 가졌기 때문이지만, 그 서술 내용은 주로 현실적인 요구에 의한 교역과 교섭이 대부분이다. 특히 전투내용이 많은 부분을 차지하는데 당시 중국이 서양 국가와 실질적으로 처음 조우한 내용을 담고 있다. 따라서 이 내용은 중국이 실질적으로 처음 대하는 서양 국가에 대해 어떻게 인식하고 대응했던가를 짐작케 하는 좋은 자료라 할 수 있다. 예컨대, “불랑기는 만랄가의 근처에 있다”거나 “화란이 불랑기의 근처에 있고, 정화의 항해 때에도 화란이라는 나라는 없었다”는 내용을 보면, 당시 명조는 이들 나라에 대한 구체적인 사전 지식을 갖지 못했고 피상적으로밖에 인식하지 못했음을 알 수 있다. 한편, 이들이 사용한 배의 규모나 장비 그리고 불랑기포(佛郎機砲)나 홍이포(紅夷砲)의 위력이 대단했음을 새롭게 인식하고, 이를 노획하여 이용하려 했던 것은, 당시 중국의 과학기술 문명의 수준이 서양과 비교해서 어느 정도였는가를 가늠케 해 주기도 한다.

주변 여러 민족이나 나라에 대한 중국 정사의 서술방식은『송사(宋史)』에서부터 외국전이라는 편목(篇目)이 세워졌고, 서술내용도 현실적인 상태(狀態)에 적응하는 시대성이 농후한 방식으로 변화가 이루어져 왔다. 이를 이어받아『명사』외국전 대부분이 그러한 방식으로 서술되었지만 본전 역시도 조빙(朝聘), 책봉(冊封), 헌물(獻物), 초유(招諭), 사신왕래(使臣往來), 세세한 전투상황 등 각각의 외국과의 교섭관계와 더불어 그때그때 일어난 사건을 중심 내용으로 서술하였다. 그러면서도 중국과 가깝다고 인식이 되고 교섭이 많은 나라의 순으로 기술하고 있다. 명 말에 새로 조우한 불랑기와 화란을 제외한 발니, 만랄가, 소문답랄 등 18개 나라의 서술이 이러한 체제와 방식으로 서술되었음을 볼 수 있다. 그렇지만 잘 알려져 있지 않은 작은 나라나 종족에 대한 서술에는 예전의 방식대로 여전히 지리(地理), 토속(土俗), 산물(產物) 등 상태에 관한 평면적인 기술로 처리하고 있음을 볼 수 있다.

그리고 서술 내용 가운데 짜깁기한 내용이 종종 보이고, 또 서술 내용이 구체적이지 않은 부분이 없지 않다. 이는 명대에 외족(外族)들에 관한 내용이 실록(實錄)에 자세히 기술되어 있고, 또 이에 관한 저술들이 많이 나와 있음으로 해서 오히려 정사의 외국전이 이들 내용을 바탕으로 쓰여진 부분이 많기 때문으로 보인다. 따라서『명사』외국전이 갖는 가치는 상대적으로 낮아질 수밖에 없지만 여러 서적이나 기록에 있는 내용을 지역별, 시기별로 망라하여 기술해 놓은 것으로는 이만한 것이 없다. 따라서 비록 내용의 구체성은 덜할지 모르지만 명대 동남아 도서 지역 여러 나라들의 실상 및 중국과의 관계를 파악하고 이해하는데 본전이 갖는 가치는 여전히 크다고 할 것이며, 이 시기에 저술된 여러 관련 서적과 아울러 비교해서 본다면 더욱 유익하리라 생각된다.

「발니·만랄가·소문답랄·수문달나·소록·서양쇄리·쇄리·람방·담파·백화·팽형·나고아·여벌·남발리·아노·유불·정기의·파나서·불랑기·화란전(浡泥·滿剌加·蘇門答剌·須文達那·蘇祿·西洋瑣里·瑣里·覽邦·淡巴·百花·彭亨·那孤兒·黎伐·南渤利·阿魯·柔佛·丁機宜·巴喇西·佛郎機·和蘭傳)」 역주

浡泥, 宋太宗時始通中國. 洪武三年八月命御史張敬之·福建行省都事沈秩往使. 自泉州航海, 閱半年抵闍婆, 又逾月至其國. 王馬合謨沙傲慢不爲禮, 秩責之, 始下座拜受詔. 時其國爲蘇祿所侵, 頗衰耗, 王辭以貧, 請三年後入貢. 秩曉以大義, 王旣許諾, 其國素屬闍婆, 闍婆人間之, 王意中沮. 秩折之曰: 「闍婆久稱臣奉貢, 爾畏闍婆, 反不畏天朝邪?」 乃遣使奉表箋, 貢鶴頂·生玳瑁·孔雀·梅花大片龍腦·米龍腦·西洋布·降眞諸香. 八月從敬之等入朝. 表用金, 箋用銀, 字近回鶻, 皆鏤之以進. 帝喜, 宴賚甚厚. 八年命其國山川附祀福建山川之次.

발니(浡泥)[1]는 송(宋) 태종(太宗, 939~997; 재위 976~997)[2] 때에 처음으로 중국과 교통

1) 浡泥: 현재의 Brunei를 일컬으며, 말레이인이 세운 나라이다. 唐代의 史書에는 婆利라 했고, 元代의 史書에는 渤泥라 記載되어 있으며, 明代의 史書에는 일반적으로 文萊라 기재되어 있다. 14세기 무렵 마자파힛(Majapahit) 제국에 속한 이 나라는 교역국으로 크게 발전하고, 15세기 중반에 이슬람 Sultan왕국이 되었으며, 이후 16세기에 걸쳐 매우 강대한 세력을 구가하였다. 특히, 1511년에 기독교 국가인 포르투갈이 교역의 중심지인 말라카를 점령하여 이슬람 상인의 출입을 금지시키자, 이들 이슬람 상인들은 浡泥로 대거 몰려들었다. 이 당시 浡泥의 영토는 인접한 砂拉越(Sarawak)와 沙巴(Sabah)는 물론 북쪽으로 필리핀 남부 일대를 포괄하였다. 그러나 浡泥는 가톨릭 세력인 필리핀과 충돌하였고, 1578년에 스페인의 공격을 받아 수도가 점령당하였다. 17세기 중반에 포르투갈과 동맹하여 스페인을 몰아내는데 성공하였지만 이때부터 외세의 간섭을 받게 되었고, 결국 1888년에 영국의 보호령이 되었다. 1984년에 브루나이는 왕국으로 독립하였고, 현재 인구의 2/3는 말레이인이며, 중국인이 15%를 점하고 있다.

2) 北宋 2대 황제로 宋을 건국한 太祖 趙匡胤의 동생이며, 本名은 趙匡義인데 이후 趙光義, 趙炅으로 개명했음.

했다.[3] 홍무(洪武)[4] 3년(1370) 8월에 어사(御史)[5] 장경지(張敬之)[6]와 복건행성(福建行省)의 도사(都事)[7] 심질(沈秩)[8]에게 명하여 [이 나라에] 사신으로 가게 했다.[9] 천주(泉州)[10]에서 항해(航海)하여 반년이 걸려 사파(闍婆)[11]에 이르고, 또 한 달이 걸려 그 나라에 도착하였

---

3) 『宋史』 卷489 「勃泥傳」에 "太平興國二年, 其王向打遣使施弩, 副使蒲亞里, 判官哥心等齎表貢大片龍腦一家底, 第二等八家底, 第三等十一家底, 米龍腦二十家底, 蒼龍腦二十家底, 凡一家底并二十兩; 龍腦版五, 玳瑁殼一百, 檀香三橛, 象牙六株"라는 記事는 발니국의 사신이 송나라에 처음 왔다는 내용인데, 여기에서 이들이 중국과 최초로 교통한 시기는 바로 太平興國 2年(977)임을 알 수 있다.

4) 洪武: 明 왕조를 창업한 太祖 朱元璋의 年號이다. 明 太祖는 1世 1元制, 즉 한 황제가 하나의 연호만을 제정하여 사용하는 제도를 확립하여, 이후 명청시대 중국의 황제는 하나의 연호만을 제정하여 사용하였다.

5) 御史: 周代에는 立法을 公布하는 官을 일컬었고, 秦漢시대에는 御史大夫의 屬官으로 上奏事務와 百官을 監察하는 업무를 맡았으며, 그 官衙를 御史府라 했다. 후한시대에 御史府를 御史臺로 개칭하였고, 이때부터 御史는 監察官으로서 전문직이 되었다. 明代에 이르러 御史臺는 都察院으로 바뀌고, 그 장관을 都御史(정2품)라 칭했는데, 그 밑에 左·右副都御史(정3품), 左·右僉都御史(정4품)가 있고, 十三道監察御史(정7품)의 경우는 浙江·江西·河南·山東에 각 10명, 福建·廣東·廣西·四川·貴州에 각 7명, 陝西·湖廣·山西에 각 8명, 雲南에 10명이 두어졌다.

6) 張敬之: 生卒年 未詳이며, 『殊域周咨錄』 卷8 「浡泥」條 및 實錄에는 監察御史로 記載되어 있다.

7) 都事: 隋唐시대에 尙書省의 屬官으로 두어져, 文書發信과 庶務를 담당했다. 元代에는 中書省에 속하여 중앙의 御史臺·樞密院·集賢院 등 諸官廳에, 또 지방의 大都督府·宣慰司 등 諸官衙에 두어졌다. 明代에 이르러서는 都察院·布政使司·五軍都督府·都指揮使司 등 제 官衙에 모두 都事가 두어져 諸事務를 맡았다.

8) 沈秩: 生卒年 未詳. 烏程人으로 字는 仲庸이다. 福建行省 都事로 浡泥로 使行을 하였다.

9) 張敬之 등을 浡泥國에 파견한 내용은 『太祖實錄』 卷55 洪武 3년 8월 戊寅條에도 보인다.

10) 泉州: 福建省 남동부 晋江 일대를 관할하는 도시로 일찍이 세계적인 무역항으로 번영했던 곳이다. 晋江 상류의 南安縣이 역사적으로 오래된 곳으로, 唐 開元 6년(718)에 이곳에 晋江縣이 두어져 泉州의 治所로서 지방행정의 중심지 역할을 했으며, 이후 명청시대에 이르러 泉州府라 했다. 唐 중기부터 아라비아 상인들이 이곳에 많이 來航했고, 북송시대에 이곳을 중심으로 외국과의 무역이 융성하여 元祐 2년(1087)에 무역관리기관인 市舶司가 설치되었다. 남송시대에는 수도에 가깝게 위치한 관계로 貿易額이 廣州를 능가할 정도로 가장 번성하여 중국의 해외발전의 일대 근거지가 되었다. 이무렵 아라비아인을 위시해서 많은 외국인들을 위해 蕃坊이라 불리는 전용 居留地가 河岸에 설치되기도 했다. 元代에도 중국 제일의 남해무역항으로서 세계적으로 유명하였으며, 마르코 폴로(Marco Polo), 이븐 바투타(Ibn Battutah) 등이 Zayton, Zaitun이라는 이름으로 세계에서 가장 번화한 항구로 그 상황을 전하고 있다. 일본과 자와 등 동남아시아로 원정을 떠나는 艦隊는 모두 이곳에서 出航을 했던 것으로, 元의 海軍근거지이기도 했다. 그러나 명 중기부터는 점차 쇠퇴하였는데, 港口에 모래가 쌓여 舟航에 불편이 생기고 또 清代에 이르러 福州와 아모이가 개항함으로, 臺灣과의 무역외에는 단지 地方港으로서의 의의밖에 없게 되었다.

11) 闍婆: 『島夷志略』 「爪哇」條에 "卽古闍婆國"이라 하고 있고, 또 『瀛涯勝覽』이나 『星槎勝覽』의 「爪哇國」條

다. [그 나라] 왕(王) 마합모사(馬合謨沙, 재위 1363~1402)[12]는 오만하여 예를 행하지 않았는데, 심질이 이를 꾸짖자 비로소 자리에서 내려와 배례(拜禮)를 하고 조서(詔書)를 받았다. 당시 그 나라는 소록(蘇祿)[13]의 침략을 받아 매우 쇠락하고 궁핍했는데, 왕은 빈곤함을 말하고 3년 후에 입조하여 공물을 바치겠다고 청하였다.

심질이 대의(大義)를 알아듣도록 일러주어서 왕은 이미 허락했지만, 그 나라는 본디 사파에 복속되었던 것으로 사파인이 이간질하자 왕의 마음이 도중에 다시 변하였다. 심질이 이를 꾸짖어 이르기를, "사파는 오랫동안 신하를 칭하여 [천조(天朝)[14]에] 공물을 바치고 있는데, 그대는 사파를 두려워하고 도리어 천조를 두려워하지 않는가?"라고 했다.[15] 이에 [그 나라 왕은] 사신을 보내어 표전(表箋)[16]을 올리고, 학정(鶴頂)[17]·생대모(生玳瑁)[18]·공작(孔雀)[19]·매화대편용뇌(梅花大片龍腦)[20]·미용뇌(米龍腦)·서양포(西洋布)[21]·강진(降眞)[22]

에도 "爪哇國者, 古名闍婆"로 기재되어 있거니와 일반적으로 闍婆는 爪哇(Java)를 가리키는 것으로 알려져 있다. 그런데 『明史』「闍婆傳」에 보면, "闍婆, 古曰闍婆達. 宋元嘉時, 始朝中國. 唐曰訶陵, 又曰社婆, 其王居闍婆城, 宋曰闍婆, 皆入貢. …… 或曰爪哇卽闍婆. 然『元史』「爪哇傳」不言, …… 或本爲二國, 其後爲爪哇所滅, 然不可考"이라고 기재되어 있거니와 이들 두 나라가 같은 나라라는 것은 확실치가 않다.

12) 馬合謨沙: 제1대 浡泥王國 Sultan으로 무함맛 샤(Muhammad Shah)로 불린다. The government of Brunei Darussalam official website 참조.

13) 蘇祿: 蘇祿國(Saltanah Sulu)은 15세기에 필리핀 서남부의 蘇祿群島에 건립된 이슬람 국가이다. 이에 대한 상세한 내용은 이후의 「蘇祿傳」 참조.

14) 天朝: 天子의 朝廷을 말하는데, 여기서는 明朝를 일컬음.

15) 당시 明의 使臣 沈秩과 浡泥 國王 馬合謨沙와의 對談은 『殊域周咨錄』 卷8 「浡泥」條 첫 부분에 자세히 소개되어 있다.

16) 表箋: 表와 箋을 함께 일컬은 말이다. 表는 表文으로, 元旦·冬至·萬壽聖節 및 登極 등 慶祝日에 王公·百官·在外 高級官員이 慶賀의 표시로 올리는 문서를 말하며, 명청시대에 각 藩國이 使臣을 보내 朝貢을 바치며 황제에게 올리는 國書 역시도 表라고 한다. 箋 역시도 元旦·冬至·萬壽節 및 皇太后·皇后壽辰 등 경축일에 올리는 祝賀文이지만 주로 皇太子나 皇太后·皇后 등에 올리는 문서이며, 公的인 문서는 아니다. 明初에 表文을 중심으로 朝鮮과 明朝 사이에 외교적인 알력이 야기되기도 했는데, 그 실상에 대해서는 朴元熇, 1975와 朴元熇, 2002 참조바람.

17) 鶴頂: 鶴 또는 鶴頂鳥의 머리로, 紅色을 띠며 加工한 후 장식물로 이용되었다. 清代에는 大官의 冠 위의 徽章을 장식하는데 쓰였다. 『東西洋考』 卷2 「暹羅」, 物産·鶴頂鳥에 보면, "楊用修載劉安期曰鸏水鳥, 黃喙, 長尺餘. 南人以爲酒器, 卽今之鶴頂也"라 기재되어 있다.

18) 生玳瑁: 살아있는 玳瑁를 말한다. 玳瑁는 瑇瑁라고도 표기되고 있으며, 바다거북과에 속하고, 그 甲은 황갈색을 띠며 光澤이 나고 아름다움으로 장식품을 만들 때 사용되었다. 열대, 아열대 해양에 걸쳐 분포하기 때문에 중국에서는 희귀한 물품이었다.

등 여러 향료(香料)를 바쳤다. [이들 사신은 홍무 4년(1371)] 8월에 장경지 등을 따라 입조(入朝)하였다.[23] 표(表)에는 금박(金箔)을 사용하고 전(箋)에는 은박(銀箔)을 사용했으며, 문자(文字)는 회골(回鶻)[24][의 문자]에 가까웠는데, 모두 그 문자를 새겨서 올렸다. 황제는 기뻐하며 사신들에게 주연(酒宴)을 베풀고 매우 후대하였다. [홍무] 8년(1375)에 복건(福建)의 산천(山川) 다음에 이어 그 나라의 산천에 제사를 지내도록 명하였다.[25]

---

19) 孔雀: 꿩과에 속하는 새로, 열대 지방이 그 원산지이며, 수컷은 꼬리를 펴면 큰 부채를 펴놓은 것같이 매우 아름답다.

20) 梅花大片龍腦: 龍腦의 여러 종류 중 하나이다. 龍腦는 龍瑙라고도 하며, 일반적으로 龍腦香(Dryobalanops aromatica Gaertner)을 일컫는데, 이는 蘇門答剌 등 南方에서 산출되는 龍腦香樹에 포함된 油脂를 結晶해서 만든다. 龍腦香은 맛이 향기롭고, 순수한 것은 無色透明하여 氷片이라 칭하기도 하는데, 强心劑·淸涼劑 등 醫藥으로 사용된다.

21) 西洋布: 무명실로 너비가 넓고 곱게 짠 천으로 얇고 색깔이 매우 희며, 보통 나염해서 침구나 造花에 많이 사용된다. 이 세련된 細綿布를 洋布라고도 하는데, 표백 가공된 상태가 옥처럼 깨끗하기 때문에 지금은 玉洋木이라고도 부른다. 주로 인도 캘리컷(Calicut) 등지에서 생산되는데, 일찍이 宋代에 중국에 들어왔고, 명 중엽 이후 동방에 진출한 서방의 여러 나라를 통해 많이 들어왔으며 진귀한 물품으로 여겨졌다. 明代 王三聘은 『古今事物考』 卷3 「西洋布」에서 서양포를 "其布如雪, 濶七尺"이라 하였고, 淸代 冒辟疆은 『影梅庵憶語』에서 "薄如蟬紗, 沽比雪豔"라 記載하고 있다.

22) 降眞: 降眞香을 말하며, 그 香은 蘇枋木과 비슷하고, 이를 쪄 연기가 오르면 藥으로 먹을 수 있다고 한다. 鷄骨香 또는 紫藤香이라고도 하며, 陶宗儀는 『輟耕錄』 「降眞香」條에서 "降眞香出黔南, 伴和諸雜香, 燒煙直上天, 召鶴, 得盤旋於上"이라 하고 있다.

23) 浡泥 國王 馬合謨沙는 亦思麻逸을 使臣으로 파견하였다. 이에 관해서는 『太祖實錄』 卷67 洪武 4년 8월 癸巳條 참조바람.

24) 回鶻: 몽골 고원과 중앙아시아 일대에서 활약한 투르크계의 민족으로, 오늘날에는 중국의 신장 웨이우얼자치구(新疆維吾爾自治區)에 주로 분포하며, 위구르(Uighur)라 부른다. 위구르라는 이름은 '연맹, 군집(Uy+gur)'이라는 의미에서 비롯된 것으로 알려져 있다. 중국의 史書에서는 匈奴의 후예로서 흉노 공주와 이리의 교합으로 생겨났다는 민족 기원 설화가 전해진다. 北魏에서는 高車, 隋에서는 韋紇, 唐에서는 回紇 또는 回鶻, 宋과 元 시대에는 畏吾兒 등의 명칭으로 불렸다. 특히 788년 위구르 可汗이 唐의 德宗에게 간청해 回紇에서 回鶻로 바꾸어 불렀는데, 이는 빠르기가 매와 같다는 뜻을 가지고 있다. 744년에 回鶻은 동돌궐을 멸망시키고 위구르 제국을 세웠으며, 840년에 키르기즈(Kirgiz)에게 멸망한 뒤에도 甘肅·敦煌·吐魯蕃 등지에 위구르 왕국을 세워 중앙아시아 지역에서 동서의 문화와 유목과 농경 문화를 융합한 수준 높은 문화를 형성하였다. 위구르는 몽골 고원을 거점으로 생활할 때에 돌궐 문자를 썼으며, 서쪽으로 이동한 뒤에는 소그드 문자(Sogdian alphabet)를 기초로 한 위구르 문자를 사용하였다.

25) 山川에 祭祀를 지내는 것은 天地에 告祀하는 것 못지않게 중시되던 古來로부터의 盟誓의 遺習이다. 이보다 앞서 洪武 3年(1370) 正月에 安南, 高麗, 占城 등에도 使臣을 보내 山川에 제사지내도록 했다는 내용이 보인다. 『太祖實錄』 卷48 洪武 3년 정월 庚子條 참조.

永樂三年冬, 其王麻那惹加那遣使入貢, 乃遣官封爲國王, 賜印誥·敕符·勘合·錦綺·綵幣. 王大悅, 率妃及弟妹子女陪臣泛海來朝. 次福建, 守臣以聞. 遣中官往宴賚, 所過州縣皆宴. 六年八月入都朝見, 帝獎勞之. 王跪致詞曰:「陛下膺天寶命, 統一萬方. 臣遠在海島, 荷蒙天恩, 賜以封爵. 自是國中雨暘時順, 歲屢豊登, 民無災厲, 山川之間, 珍奇畢露, 草木鳥獸, 亦悉蕃育. 國中耆老咸謂此聖天子覆冒所致. 臣願睹天日之表, 少輸悃誠, 不憚險遠, 躬率家屬陪臣, 詣闕獻謝.」帝慰勞再三, 命王妃所進中宮箋及方物, 陳之文華殿. 王詣殿進獻畢, 自王及妃以下悉賜冠帶·襲衣. 帝乃饗王於奉天門, 妃以下饗於他所, 禮訖送歸會同館. 禮官請王見親王儀, 帝令准公侯禮. 尋賜王儀仗·交倚·銀器·傘扇·銷金鞍馬·金織文綺·紗羅·綾絹衣十襲, 餘賜賚有差. 十月, 王卒於館. 帝哀悼, 輟朝三日, 遣官致祭, 賻以繒帛. 東宮親王皆遣祭, 有司具棺槨·明器, 葬之安德門外石子岡, 樹碑神道. 又建祠墓側, 有司春秋祀以少牢, 謚曰恭順. 賜敕慰其子遐旺, 命襲封國王.

영락(永樂)[26] 3년(1405) 겨울에 그 나라 왕 마나야가나(麻那惹加那, 1380~1408; 재위 1402~1408)[27]가 사신을 보내 입조하여 공물을 바치자,[28] [조정은] 이에 곧 관원을 보내 [그를] 국왕에 책봉하고, 인고(印誥)[29]·칙부(敕符)[30]·감합(勘合)[31]·금기(錦綺)[32]·채폐

---

26) 永樂: 명 왕조 3대 황제인 成祖 朱棣의 年號임.

27) 麻那惹加那: 馬合謨沙의 아들로, 1402년에 浡泥 王國 제2대 Sultan으로 즉위했으며, 압둘 마짓 핫산(Abdul Majid Hassan)으로 불린다. 그런데 永樂 6년(1408) 10월에 명조를 방문하는 중에 병에 들어 세상을 떠났다.『皇明文衡』卷11「浡泥國恭順王墓碑文」에 "十月乙亥朔, 王卒, 得年二十有八"이라고 하고 있거니와 이 당시 왕의 나이는 향년 28세였음을 알 수 있다.

28) 浡泥 國王 麻那惹加那는 永樂 3년(1405) 11월에 生阿烈伯成을 사신으로 보내 表文을 올리고, 方物을 바쳤다.『太宗實錄』卷49 永樂 3년 11월 丙午條 참조.

29) 印誥: 官印과 册封의 詔書를 일컫는다. 명이 다른 나라에 수여하는 인장은 金印과 鍍金銀印이 있는데, 금인은 朝鮮과 日本에만 주었고, 琉球·安南·占城·爪哇에는 도금은장을 주었다(鄭樑生, 1995: 148~149).

30) 敕符: 朝廷에서 명령을 전달하는데 사용되며, 특히 군대를 모집하는데 그 책임을 맡은 將軍을 증빙하는 印信으로 많이 사용되었다.

31) 勘合: 勘合符 혹은 勘合文册이라고도 한다. 明朝에서 사절단의 眞僞를 확인하기 위해 발행한 증명서이다. 明朝는 외국의 조공사절을 하나의 恩典으로 간주하여 조공의 회수, 선박의 수, 인원 등을 제한하고자 했으며,

(綵幣)[33]를 하사하였다. 왕은 크게 기뻐하여 왕비와 동생, 자녀, 배신(陪臣)[34] 등을 이끌고 바다를 건너 내조(來朝)하였다.[35] [이들 일행이] 복건(福建)에 이르자,[36] 수신(守臣)[37]이 [이 소식을 조정에] 아뢰었다. [조정에서는] 중관(中官)[38]을 보내 연회(宴會)를 베풀고 상을 내렸으며, [이들이] 통과하는 주현(州縣)마다 모두 연회를 베풀도록 하였다.

[영락] 6년(1408) 8월에 도성(都城)[39]에 들어와 조견(朝見)하니, 황제는 이들을 치하하고 위로했다. 왕은 무릎을 꿇고 극진히 아뢰기를, "폐하께서는 천명(天命)을 받아 만방(萬方)을 통일하셨습니다. 신(臣)은 멀리 해도(海島)에서 천은(天恩)을 입어 봉작(封爵)을 받았나이다. 이때부터 나라 안에는 기후가 철에 따라 순조롭고 해마다 곡식이 잘 익어 풍성하며, 백성들에게는 재이(災異)가 없고 산천에는 희귀한 것들이 모두 나오고 초목(草木)과 새와 짐승 또한 모두 번식하고 있습니다. 나라 안의 기로(耆老)[40]들은 모두 이를 성천자(聖天子)께서 비호하

이 내용을 쓴 문서를 양측이 갈라진 한 면씩 보관하고 있다가, 사절이 도착하면 서로 맞추어보아 합치되어야 비로소 정식 사절로 인정했다. 勘合符는 洪武 16년(1383)에 占城을 비롯하여 暹羅·眞臘 등에 발급한 것이 최초의 일인데, 明의 改元, 즉 기본적으로 새로운 황제가 등극할 때마다 새로 발급하였다.

32) 錦綺: 錦은 여러 빛깔을 섞어 짠 무늬가 있는 비단이며, 綺는 絹織을 짜면서 무늬를 같이 수놓은 것을 말하는데, 일반적으로 錦綺는 여러 빛깔로 무늬를 넣어 짠 비단을 일컫는다.

33) 綵幣: 彩幣라고도 하는데, '綵'는 무늬가 있는 비단이고, '幣'는 絹織의 帛을 말하는 것으로, 무늬가 있는 絹織物을 일컫는다.

34) 陪臣: 陪官이라고도 하며, 이는 『禮記』「曲禮」下 '自稱曰陪臣某'의 疏에 "陪重也. 其君已爲王臣, 己今又爲己君之臣. 故自稱對王曰重臣"이라고 한 데에서 緣由한 것으로, 각 功臣 또는 榮爵을 받은 신하들을 일컫는다. 여기서는 중국에 使行하는 重臣이라는 뜻으로, 對中國關係에서 많이 쓰이고 있다.

35) 이에 관한 내용은 『太宗實錄』 卷82 永樂 6년 8월 乙未條에도 있음.

36) 이들 일행이 이른 곳은 福建 福州港이었다. 『殊域周咨錄』 卷8 「浡泥」條 참조.

37) 守臣: 각 지역을 지키고 다스리는 臣下, 즉 각 省의 巡撫, 布政使, 都事 등 鎭巡官을 일컬음.

38) 中官: 中官은 內職의 官, 京官 등의 뜻이 있지만 일반적으로 宦官을 일컬으며, 閹人·寺人이라고도 한다. 중국에서는 周代부터 淸末까지 환관이 있었다. 『明史』 卷74 「職官志」3, 宦官條에 의하면, 명대에는 宦官 十二監이 있었고, 이들의 기관에서는 政事에 관여하지 않은 것이 없었다. 특히, 司禮監은 그 중심에 있었고, 각 기관에는 太監(正四品)·小監(從四品)·監丞(正五品)·典簿(正六品), 從六品인 長隨·奉御 등의 職官이 있었다.

39) 본문의 都城은 당시 수도였던 應天府, 즉 오늘날의 南京을 가리킨다. 應天이란 명칭은 元 至正 16년(1356)에 朱元璋이 集慶路를 應天府로 개칭하면서 불렀고, 明初에 이곳에 定都했다. 그러나 永樂 19년(1421)에 北京으로 遷都하면서 북경이 새롭게 京師로 칭해졌고, 응천부는 이후 正統 6년(1441)에 南京으로 명칭이 바뀌었으며, 淸 順治 2년(1645)에는 江寧府로 개칭되었다.

40) 耆老: 일반적으로는 나이가 많고, 德이 있는 사람을 일컫는다. 고대 南方의 소수민족사회에서는 옳고

여 가려주었기 때문이라고 일컫습니다. 신은 천자(天子)의 용안(龍顔)을 뵙기를 원하여 작은 정성을 다해 위태롭고 먼 길을 꺼려하지 않고 몸소 가속(家屬)과 배신을 이끌고 대궐(大闕)에 이르러 공물을 바쳐 감사의 뜻을 표하나이다"라고 했다. 황제는 여러 번 위로를 하고, 왕비가 중궁(中宮)[41]에 바친 전(箋)과 방물(方物)[42]을 문화전(文華殿)[43]에 진열(陳列)하도록 명하였다. 왕이 어전(御殿)에 이르러 진헌(進獻)을 끝마치자 왕과 왕비 이하 모두에게 관대(冠帶)[44]와 습의(襲衣)[45]를 하사하였다. 황제는 곧 봉천문(奉天門)[46]에서 왕을 초대하여 향연(饗宴)을 베풀고, 왕비 이하는 다른 곳에서 향연을 베풀었으며, 예(禮)를 마치자 회동관(會同館)[47]으로 돌아가게 했다. 예부(禮部)의 관원(官員)이 왕에게 친왕(親王)[48]을 알현(謁見)하여 예의를 표하기를 청하였고, 황제는 공후(公侯)에 준하여 예우(禮遇)하도록 했다.[49] 이윽고

분별이 있게 말을 할 줄 아는 사람을 칭하여 耆老라 했다.

41) 中宮: 황후가 거처하는 中宮殿을 일컬으며, 皇后를 일컫는 말로도 사용된다.

42) 方物은 각국의 土產物을 가리킨다.

43) 文華殿: 南京 紫禁城의 정동쪽 면에 東華門이 있고, 그 안쪽으로 文華殿이 자리잡고 있는데, 洪武 10년(1377)에 건립되어 東宮의 視事之所로 삼았다.

44) 冠帶: 帽子와 腰帶를 일컫는다.

45) 襲衣: 황제가 신하에게 내리는 服裝을 일컫는다.

46) 奉天門: 南京 紫禁城內 宮室의 정남쪽에 있는 門이다. 吳 元年(1367)에 건립되었으며, 정북으로 그 안쪽에는 奉天殿이 있고, 정남의 바깥쪽에는 午門이 있다. 永樂 연간(1403~1424)에 北京으로 천도하였거니와 永樂 18년(1420)에 南京宮室의 制를 모방하여 北京에 자금성이 건립되었는데, 봉천문 역시 남경 자금성과 똑같은 위치와 형태로 세워졌다. '奉天'이란 '奉天承運'의 준말로, 명청시대에 황제가 詔書 등에서 自稱할 때 많이 쓰이던 말이다.

47) 會同館: 외국 사신을 접대하는 기관으로 金나라 때 처음으로 설치되었다. 元代 至元 연간(1335~1340)에 禮部로 하여금 관할토록 했지만 明代에는 兵部에 예속시켜 車駕司로 하여금 宿食과 가져온 물품의 운송 등을 주관케 했다. 그러나 弘治 연간(1488~1505)에는 다시 예부가 관장하였다. 明代에 會同館은 正統 6年(1441)에 南北 2館을 설치하여, 大使 1명, 副使 2명을 두고, 副使 1명에게는 南館을 관리하도록 했다. 瓦剌·朝鮮·日本·安南의 使臣은 南館에 머물렀으며, 나머지 주변 각 衛 및 土司, 각 王府에서 보낸 사신들은 北館에 머물렀다.

48) 親王: 皇帝의 近親 가운데 王으로 封한 사람을 일컫는데, 南朝 말기부터 비롯되었다. 隋代에는 황제의 伯叔兄弟와 皇子를 親王에 봉했으나 唐 이후에는 황제의 형제와 황자를 친왕에 봉했으며, 清代에는 친왕에게 封號를 붙였다.

49) 당시 禮部에서 浡泥 國王이 親王을 謁見하는 禮儀가 아직 定制되지 않았다고 하자, 황제는 "浡泥國王, 藩臣也. 准公侯大臣見親王禮"라 하여 公侯大臣에 준하여 親王에 禮를 갖추어 謁見토록 하였다. 『太宗實錄』 卷83 永樂 6년 9월 丙午朔條 참조.

왕에게 의장(儀仗)[50]·교의(交倚)[51]·은기(銀器)[52]·산선(傘扇)[53]·쇄금안마(鎖金鞍馬)[54]·금직문기(金織文綺)[55]·사라(紗羅)[56]·능견의(綾絹衣)[57] 10습(襲)을 하사하고, 나머지에게도 차등을 두어 하사품을 내렸다.

10월에 왕이 관(館)에서 죽었다. 황제는 애도(哀悼)하여 3일 동안 조회(朝會)를 중단하도록 했고, 관원을 보내어 제(祭)를 올리도록 했으며, 증백(繒帛)[58]을 부조(賻助)하였다. 황태자와 친왕 모두 참배하러 갔고, 담당 관원이 관곽(棺槨)[59]과 명기(明器)[60]를 갖추어 [그를] 안덕문(安德門)[61] 밖 석자강(石子岡)[62]에 안장하였으며, 묘에 이르는 길에 비(碑)를 세웠다.[63] 또 묘 옆에 사당(祠堂)을 세워 관리로 하여금 봄과 가을에 소뢰(少牢)[64]를 갖추어 제사를 올리게 했으며,[65] 시호(諡號)[66]를 공순(恭順)이라 했다. 그의 아들 하왕(遐旺)[67]에게 칙서(敕書)를

---

50) 儀仗: 儀式에 사용하는 武器, 旗幟 등을 가리킨다.

51) 交倚: 交椅라고도 하며, 앉는 의자를 말하는데, 다리가 交叉되고 등받이가 있으며, 접을 수 있는 의자를 말한다. 옛날에는 胡床 또는 交床이라고 칭했다.

52) 銀器: 銀으로 만든 器物이다. 銀은 毒을 만나면 黑色으로 변함으로, 음식을 먹는데 독이 들어있는지의 여부를 확인하기 위해 銀器를 많이 사용하였다.

53) 傘扇: 儀仗에 쓰이는 傘과 扇을 통칭하여 일컫는 말이다. 傘은 긴 손잡이가 있는 우산의 형태로 傘의 바깥 면에 여러 개의 수술이 늘어뜨려져 있고, 扇 역시 긴 손잡이가 있는 부채의 모양으로 해를 가리는데 쓰였다.

54) 鎖金鞍馬: 鎖金을 한 鞍馬를 일컫는데, 鞍馬는 말의 鞍裝을 말하며, 鎖金은 일반적으로 자물쇠를 말하나 여기서는 金으로 고리를 이은 줄을 뜻한다. 따라서 이는 金으로 만든 고리가 달린 鞍裝을 가리킨다.

55) 金織文綺: 일반적으로 織金文綺라 일컬으며, 金絲로 무늬를 짜 넣은 두꺼운 비단을 말한다.

56) 紗羅: 가볍고 엷은 명주와 삼으로 만든 織物로, 주로 여름옷을 만드는데 사용했다.

57) 綾絹衣: 꽃무늬가 있는 綾과 絹으로 만든 옷을 말한다.

58) 繒帛: 명주로 만든 견직물을 통칭하여 일컫는다.

59) 棺槨: 시체를 넣는 널과 널을 넣는 外棺인 덧널을 일컫는다.

60) 明器: 冥器라고도 하며, 장례를 치루면서 제작하는 器物로, 일반적으로 대나무·나무·陶土로 만든다.

61) 安德門: 南京城의 外城에는 18개의 城門이 있는데, 安德門은 남쪽 성벽에 있던 8개의 문 가운데 하나이다.

62) 石子岡: 江蘇省 江寧縣 남쪽에 위치해 있는 곳이다.

63) 浡泥 國王 麻那惹加那의 묘는 현재 中華人民共和國 江蘇省 南京市 雨花台區 烏龜山 南麓, 鐵心橋街道 東向花村緯 九路 9號에 있으며, 全國重點文物保護單位로 지정되어 있다.

64) 少牢: 제사를 드릴 때, 양·돼지의 犧牲物로 만든 음식을 일컫는다.

65) 麻那惹加那는 疾病으로 죽었다. 이에 관한 내용은 『太宗實錄』卷84 永樂 6년 동10월 乙亥朔條 참조.

66) 諡號: 帝王·公卿·儒賢 등에게 그들의 功德을 기려 죽은 뒤에 追贈하여 내리는 이름이다.

67) 遐旺: 본문에 의하면 麻那惹加那의 아들로 1408년에 浡泥國 제3대 왕으로 즉위한 것으로 되어 있다. 그러나 그가 The government of Brunei Darussalam official website상에 3대 Sultan으로 나와 있는

내려 위로하고 그 뒤를 이어 국왕에 봉하도록 명하였다.

遐旺與其叔父上言:「臣歲供爪哇片腦四十斤, 乞敕爪哇罷歲供, 歲進天朝. 臣今歸國, 乞命護送, 就留鎭一年, 慰國人之望. 幷乞定朝貢期及傔從人數.」帝悉從之, 命三年一貢, 傔從惟王所遣, 遂敕爪哇國免其歲供. 王辭歸, 賜玉帶一·金百兩·銀三千兩及錢鈔·錦綺·紗羅·衾褥·帳幔·器物, 餘皆有賜. 以中官張謙·行人周航護行.

하왕과 그의 숙부(叔父)가 아뢰기를, "신은 해마다 조와(爪哇)[68]에 편뇌(片腦)[69] 40근(斤)[70]을 바치고 있는데, 바라옵건대 조와에 칙서를 내려 세공(歲供)[71]을 그만두게 해주신다

아맛(Ahmad, 재위 1408~1425)인지는 확실치가 않다.

68) 爪哇: 인도네시아어로 Jawa, 영어로는 Java라 하며, 지금의 인도네시아 자와(Jawa)섬에 위치한다. 당나라 때 중국에서는 이 나라를 訶陵·闍婆라 칭했는데, 조와국의 마타람(Mataram) 왕조로 보인다. 이들 왕국은 힌두교를 숭상하여, 인접한 불교를 숭상하는 수마트라의 스리위자야(Sriwijaya, 三佛濟)와 대결하였고, 그 대결에서 오히려 스리위자야의 역공을 받아 왕국은 몰락하는 듯 하기도 했다. 그러나 11세기 초에 아이르랑가(Airlangga)가 왕위에 오르면서 스리위자야의 쇠퇴와 함께 다시 번영을 맞이했으며, 잠시 국가가 분할된 시기도 있었지만 13세기 초까지 그 번영은 이어졌다. 그러나 마타람 왕조는 信訶沙里(Singosari)의 앙록(Angrok)에게 멸망했으며, 싱오사리 왕국이 들어섰다. 克塔納伽拉(Kertanagara)가 싱오사리의 국왕으로 있을 때인 1290년에 爪哇는 경쟁자인 스리위자야를 멸망시켰으며, 자와와 수마트라가 하나의 정권하에 놓이게 되었다. 그러나 이 무렵 爪哇는 元의 쿠빌라이의 공격을 받았고, 또 크르타나가라가 싱오사리에 불만을 품고 반란을 일으킨 賈亞卡特望(Jayakatwang)에게 殺害됨으로 왕조는 붕괴되었다. 이후 크르타나가라의 사위로 후계자로 지목받던 비자야(Vijaya)가 몽골군과 반란군 사이에서 절묘한 능력을 발휘해 위기를 모면하고 정권을 잡았다. 비자야는 克塔拉亞薩(Kertarajasa)라고도 하는데, 그는 이전에 피신해 있던 브란타스 강 동쪽의 마자파힛(Majapahit)를 수도로 정하고 마자파힛 왕국을 건설했다. 마자파힛 왕국은 하얌 우룩(Hayam Wuruk) 왕이 지배하던 14세기 중엽에 최고의 전성시기를 맞았지만 이후로 급속도로 쇠퇴하였으며, 결국 1527년에 이슬람세력에게 멸망당하였다(최병욱, 2006: 148~158, 317~322).

69) 片腦: 龍腦·龍腦香·氷片·梅花腦·梅片·米腦라고도 한다. 이는 蘇門答剌·浡泥 등 南洋群島와 印度 등지에서 산출되는 龍腦香樹에 포함된 油脂를 結晶해서 만든다. 龍腦香은 맛이 향기롭고, 순수한 것은 無色透明하여 氷片이라 칭하기도 하고, 매화꽃잎처럼 생긴 것은 梅花腦라고 하는데, 强心劑·淸涼劑 등 醫藥으로 사용되었고, 방충제나 방부제로도 사용되었다.

70) 명대에 1斤은 약 590g이다(京大東洋史辭典編纂會, 1980: 1027).

면 해마다 [이를] 천조에 바치겠나이다. 신은 이제 [저의] 나라로 돌아가고자 하오니 [관원에게 명하여] 호송해 주시고, [그들이] 앞으로 1년 동안 머물면서 백성들의 원망(願望)을 위로하길 청합니다. 아울러 조공(朝貢)할 시기와 시종(侍從)할 사람의 수를 정해주시기를 청하나이다"라고 했다. 황제는 이를 모두 허락하고, 3년에 한 차례 조공하도록 하고, 시종자의 수는 오로지 왕이 보내는 바에 따를 것이라 명하였으며, 이윽고 조와국(爪哇國)에 그 세공을 면제하도록 칙서를 내렸다.[72] 왕이 돌아가겠다고 고하자, 옥대(玉帶)[73] 1조(條)·금(金) 100량(兩)·은(銀) 3,000량(兩) 및 전초(錢鈔)·금기(錦綺)·사라(紗羅)·금욕(衾褥)[74]·장만(帳幔)[75]·기물(器物)[76]을 하사하고, 나머지 [사람] 모두에게도 하사품을 내렸다. 중관 장겸(張謙)과 행인(行人)[77] 주항(周航)에게 호송(護送)하도록 하였다.[78]

初, 故王言:「臣蒙恩賜爵, 臣境土悉屬職方, 乞封國之後山爲一方鎭.」新王復以爲言, 乃封爲長寧鎭國之山. 御制碑文, 令謙等勒碑其上.

---

71) 歲供: 歲貢과 같은 의미로, 諸侯 혹은 屬國이 宗主國에 해마다 바치는 貢物을 일컫는다.

72) 麻那惹加那에게 恭順이란 諡號를 내렸고, 그의 아들 遐旺을 새로운 국왕에 봉했으며, 하왕의 請에 따라 爪哇 國王 都馬板에게 浡泥가 歲貢으로 바치는 片腦를 면제하라는 勅書를 내렸다. 『太宗實錄』 卷85 永樂 6년 11월 戊申條 참조.

73) 玉帶: 玉으로 장식한 腰帶이다. 兪汝楫의 『禮部志稿』 卷18에 "洪武三年定, 凡文武官常朝視事, 以烏紗帽, 圓領衫, 束帶爲公服. 一品玉帶, 二品花犀帶, 三品金鈒花帶, 四品素金帶, 五品銀鈒花帶, 六品七品素銀帶, 八品九品烏角帶"라는 내용을 통해 볼 때, 明代에 玉帶는 一品官만이 착용했던 것으로 보인다.

74) 衾褥: 이불과 요, 즉 寢具를 일컫는다. 『宋史』 卷321 「豊稷傳」에 豊稷이 말하기를 "仁宗衾褥用黃絁, 服御用緋繒, 宜守家法"이라 한 것을 보면, 일반적으로 宮室의 衾褥은 黃絁로 만들어졌음을 알 수 있다.

75) 帳幔: 帷幕이라고도 하며, 주위 사방과 위쪽을 揮帳으로 둘러치는 幕을 일컫는다.

76) 器物: 각종 用具를 총칭하는 말이지만 여기에서는 祭器로 사용하는 尊彝, 즉 酒器를 일컬음.

77) 行人: 周代에는 秋官에 속해 大行人과 小行人 2官이 있었고, 멀리서 天子를 알현코자 온 賓客의 접대를 맡았다. 漢代에는 大鴻臚의 屬官으로 行人令이 있었지만 府內 郎官들에 대한 관리를 담당했다. 明代에 行人司에 行人이 두어졌는데, 正八品官으로 行人司의 장관인 司正과 부관인 左右司副를 보좌하며, 捧節과 出使 등의 임무를 맡았다. 洪武 연간(1368~1398) 처음 두어질 때는 360명이나 되었으나, 永樂 연간(1403~1424) 이후에는 그 수가 크게 줄어들었고, 점차 閒職으로 취급되어 進士출신은 이를 맡으려 하지 않았다. 『明史』 卷74 「職官志」3, 行人司條 참조.

78) 永樂 6年(1408) 12月의 일이다. 『太宗實錄』 卷86 永樂 6년 12월 丁丑條 참조.

이전에 죽은 왕이 말하기를, "신은 천은을 입어 봉작을 받고 신의 경토(境土)는 모두 직방(職方)[79]에 속하오니, 바라옵건대 봉국(封國)의 뒷산을 하나의 방진(方鎭)[80]으로 삼아주십시오"라고 했다. 새로운 왕이 다시 [이를] 말함으로 이에 장령진국(長寧鎭國)의 산(山)[81]이라 봉(封)하였다. 황제가 비문을 지어 장겸 등으로 하여금 그 비문을 [가지고 가] 그 산 위에 새기도록 했다.[82]

其文曰:
上天佑啓我國家萬世無疆之基, 誕命我太祖高皇帝全撫天下, 休養生息, 以治以教, 仁聲義問, 薄極照臨, 四方萬國, 奔走臣服, 充湊於廷. 神化感動之機, 其妙如此. 朕嗣守鴻圖, 率由典式. 嚴恭祗畏, 協和所統. 無間內外, 均視一體. 遐邇綏寧, 亦克承予意.

그 비문에 이르기를, 하늘은 우리 국가가 만세무궁의 터전을 잡도록 도와주시고, 우리 태조(太祖) 고황제(高皇帝, 1328~1398; 재위 1368~1398)[83]에게 천명을 내려 천하를 두루 어루

79) 職方: 周代에 천하의 地圖와 土地에 관한 일을 맡은 官을 말하지만, 여기에서는 國家의 疆土를 일컬음.
80) 方鎭: 한 지방을 鎭守하는 벼슬, 즉 節度使나 都督, 經略 등을 일컫지만, 여기서는 이들 官이 鎭守하는 지방을 일컫는다.
81) 지금의 브루나이 왕국과 말레이시아 사라왁(Sarawak) 주의 경계를 이루는 해발 2,370m의 물루(Mulu) 산을 가리키는 것으로 추정됨.
82) 이에 관한 내용과 이하 碑文의 내용은 『太宗實錄』 卷86 永樂 6년 12월 丁丑條에도 있음.
83) 명 왕조를 창업한 太祖 洪武帝 朱元璋을 가리킨다. 그는 아버지 朱世珍(朱五四라고도 불림)과 巫術師 陳氏의 딸인 어머니 사이에서 막내아들로 1328년에 태어났다. 그의 처음 이름은 興宗(重八로도 불림)이었으나 郭子興의 사위가 되면서 元璋으로 개명하였다. 빈농의 집안에서 태어난 그는 17세 무렵 전염병으로 부모와 큰 형을 잃고, 부근에 있는 皇覺寺에 들어가 중이 되어 3년여에 걸친 유랑생활을 하였다. 이후 그는 至正 12년(1352)에 고향인 濠州(현, 안휘성 鳳陽縣)에 근거지를 둔 곽자흥의 紅巾軍에 가담하여 점차 그의 세력을 키워나갔고, 곽자흥이 죽은 뒤 실질적으로 곽자흥 군단을 이끌면서 강소·안휘·절강 등지를 경략하여 세력을 확대시켰다. 이러한 과정에서 그는 명망있는 유학자와 지주들을 대거 흡수하여 이들의 도움을 받아 일대세력을 형성했는가 하면, 白蓮敎의 색채도 점차 탈각시켜 나갔다. 이윽고, 그는 至正 23년(1363)에 강서 지역에서 漢王을 자칭하며 세력을 떨치던 陳友諒을 鄱陽湖 上에서 타도하여 화중 지방을 손에 넣었으며, 이어서 2년의 사투 끝에 1367년에 강소 지역에 세력을 떨치며 吳王을 칭하고 있던 張士誠을 그의 근거지인 平江(현재의 蘇州)에서 멸하였다. 이어 그는 元의 군대에

만지게 하니 백성들의 생활은 넉넉하고 번성하며, 치리(治理)와 교화(敎化)로써 인후(仁厚)한 명성(名聲)과 덕의(德義)에 찬 평판이 극히 먼 곳까지 전하여 천지를 비추니, 사방의 여러 나라에서 다투어 신복(臣服)해 오는 자가 조정에 가득 넘쳐난다. 신령(神靈)의 조화와 감동의 기운, 그 신묘함은 이와 같도다. 짐은 홍도(鴻圖)[84]를 계승하여 지키고, 전장(典章)과 법식(法式)을 따를 것이다. 엄히 받들고 크게 경외하며 협력과 화합으로 통치하는 바이다. 내외(內外)를 구분하지 않고 모두 하나의 몸으로 보겠노라. 먼 곳이든 가까운 곳이든 백성을 편안하게 하려거든 역시 나의 뜻을 능히 받들라.

乃者浡泥國王, 誠敬之至, 知所尊崇, 慕尚聲教, 益謹益虔, 率其眷屬·陪臣, 不遠數萬里, 浮海來朝, 達其志, 通其欲, 稽顙陳辭曰: 「遠方臣妾, 丕冒天子之恩, 以養以息, 旣庶且安. 思見日月之光, 故不憚險遠, 輒敢造廷.」 又曰: 「覆我者天, 載我者地. 使我有土地人民之奉, 田疇邑井之聚, 宮室之居, 妻妾之樂, 和味宜服, 利用備器, 以資其生, 强罔敢侵, 衆罔敢暴, 實惟天子之賜. 是天子功德所加, 與天地并. 然天仰剛見, 地蹐則履, 惟天子遠而難見, 誠有所不通. 是以遠方臣妾, 不敢自外, 逾歷山海, 躬詣闕廷, 以伸其悃.」 朕曰: 「惟天, 惟皇考, 付予以天下, 子養庶民. 天與皇考, 視民同仁, 予其承天與皇考之德, 惟恐弗堪, 弗若汝言.」 乃又拜手稽首曰: 「自天子建元之載, 臣國時和歲豊, 山川之藏, 珍寶流溢, 草木之無葩者皆華而實, 異禽和鳴, 走獸蹌舞. 國之黃叟咸曰, 中國聖人德化漸曁, 斯多嘉應. 臣土雖遠, 實天子之氓, 故奮然而來覲也.」 朕觀其言文貌恭, 動不逾則, 悅喜禮敎, 脫略夷習, 非超然卓異者不能. 稽之載籍, 自古遏遠之國, 奉若天道, 仰服聲教, 身致帝廷者有之. 至於擧妻子·兄弟·親戚·陪臣頓首稱臣妾於階陛之下者, 惟浡泥國王一人; 西南諸蕃國長, 未有如王賢者. 王之至誠貫於金石, 達於神明, 而令名傳於悠久, 可謂有光顯矣.

패해 의탁해 와 滁州에 머물고 있던 小明王을 영접해 오는 도중에 양자강에서 익사시킴으로 대세를 결정한 다음, 1368년 정월에 應天府에서 황제 즉위식을 갖고 국호를 '大明', 年號를 '洪武'라 정하였다. 그는 31년의 재위 동안 명 왕조의 기틀이 되는 여러 가지 제도와 정책을 행했으며, 1398년 윤 5월에 71세의 나이로 세상을 떠났다. 字는 國瑞이고, 謚號는 高皇帝이며, 廟號는 太祖이다.

84) 鴻圖: 鴻猷라고도 하며, 큰 계획, 즉 帝王의 偉業 혹은 광대한 영토를 말한다.

이전에 발니국왕은 충성하고 공경함이 지극하고, [천조를] 존숭(尊崇)할 줄 알고, 성위(聲威)와 교화(敎化)를 앙모(仰慕)하고 숭상(崇尙)하여 더욱더 삼가고 조심하였으며, 권속(眷屬)[85]과 배신을 이끌고 수만리를 멀다하지 않고 바다를 건너 내조하여 그의 본심과 하고자 하는 바를 말하고, 무릎을 꿇어 절을 하며 아뢰기를, "먼 지방에 있는 신첩(臣妾)[86]은 천자의 은혜를 크게 입어 백성을 부양하고 쉬게 하여 이미 풍성하고 또 편안하나이다. [천자의] 일월(日月)과 같은 광채를 사모하여 알현하고자 험난하고 먼 길을 꺼려하지 않고 무턱대고 조정에 이르렀나이다"라고 했다. 또 이르기를, "저를 덮고 있는 것은 하늘이고, 제가 오르는 것은 땅입니다. 저에게 토지와 백성으로부터 봉양(奉養)을 받도록 하고, 전답과 사람들이 모여 사는 마을이 있도록 하며, 궁실(宮室)에 거주하고, 처첩들의 즐거움과 맛있는 음식을 맛보고 마땅한 의복과 이롭고 유용한 기물이 갖추어져 생활에 보탬이 되게 하고, 강한 자가 감히 침범하지 않으며, 무리들이 감히 난폭하지 않게 한 것은 실로 오직 천자의 은혜입니다. 이는 천자의 공덕(功德)이 더해져 하늘과 땅이 더불어 가지런해진 것입니다. 그런데 하늘은 올려다 보면 볼 수 있고, 땅은 걸으면 밟을 수 있지만, 오직 천자께서는 멀리 계시니 뵙기가 어려워 참으로 통하지 않는 바가 있습니다. 이에 원방(遠方)에 있는 신첩은 감히 소원(疎遠)해질 수 없어 산과 바다를 넘어 몸소 대궐에 이르러 그 정성을 알리나이다"라고 했다.

짐이 이르기를, "오로지 하늘과 돌아가신 선황(先皇)께서 나에게 천하를 넘겨주어 자식처럼 백성을 기르도록 하였노라. 하늘과 선황께서는 백성을 차별 없이 평등하게 사랑하도록 했으니, 나는 하늘과 선황의 덕을 이어받아 오로지 감당하지 못하고 너의 말처럼 하지 못할까 염려하노라"라고 했다. 이에 또 머리가 땅에 닿도록 절을 하며 아뢰기를, "천자께서 건원(建元)[87]한 그 해로부터 신의 나라는 사계절이 온화하고 해마다 곡식이 풍성하며, 산천의 광물과 진귀한 보물이 넘쳐흐르고, 꽃이 없는 초목도 모두 꽃이 피고 열매를 맺으며, 기이한 날짐승이 화답하여 울고, 뛰어 다니는 짐승들은 춤을 추나이다. 나라 안의 나이든 사람들이 모두 말하기를, 중원의 나라에 있는 성인(聖人)의 덕치(德治)와 교화가 점차로 들어와 이로 인해 많은 기쁜 일이 나타났다고 합니다. 신의 영토가 비록 멀리 있으나 실로 천자의 백성이오며, 때문에

85) 眷屬: 家屬과 親屬, 즉 家族과 親族을 일컫는다.

86) 臣妾: 臣과 妾을 뜻하지만, 服從하는 사람을 일컫는다.

87) 建元: 創業한 天子가 年號를 정함을 일컫는다. 중국에서는 漢 武帝가 年號를 처음 제정하여 사용한 이래 역대 황제는 각기의 연호를 제정해서 사용했다.

분발하여 이르러 알현하나이다"라고 했다.

짐은 그의 말에 예모(禮貌)와 공경함이 있고, 거동이 법식(法式)에 위배되지 아니하며, 예교(禮敎)를 기뻐하며 사랑하고, 이인(夷人)의 습속을 없애니, 매우 빼어나고 뛰어난 자가 아니면 할 수 없는 일이다. 전적(典籍)을 살피니, 예로부터 멀리 있는 나라가 천도(天道)에 순응하고 성위(聲威)와 교화(敎化)에 경복(敬服)하여 몸소 조정에 이르렀던 자가 있었다. [그러나] 처자·형제·친척·배신을 거느리고 이르러 궁전의 계단 아래에서 머리가 땅에 닿도록 굽혀 절을 하며 신첩을 칭한 자는 오로지 발니국왕 한 사람이었다. 서남 여러 번(蕃)[88]의 수장으로서 [발니국] 왕과 같이 어진 자는 아직 없었다. 왕의 지극한 정성을 금석(金石)에 새기고, 신령(神靈)에게 알려 아름다운 이름을 오래도록 전하니, 가히 광채가 나타난다고 할 것이다.

茲特錫封王國中之山爲張寧鎭國之山, 賜文刻石, 以著王休, 於昭萬年, 其永無斁.
系之詩曰:
炎海之墟, 浡泥所處.
煦仁漸義, 有順無迕.
㩦㩦賢王, 惟化之慕.
導以象胥, 遹來奔赴.
同其婦子·兄弟·陪臣,
稽顙闕下, 有言以陳.
謂君猶天, 遺以休樂,
一視同仁, 匪偏厚薄.
顧茲鮮德, 弗稱所云.
浪舶風檣, 實勞懇勤.
稽古遠臣, 順來怒趄.

88) 蕃: 藩과 통용되며 울타리라는 의미와 九州 이외의 다른 지역이라는 의미가 있다. 周代에 九州의 밖을 夷服·鎭服·蕃服으로 구분한 데에서 비롯된다. 후에는 域外 혹은 이민족을 일컫는 말로 사용되었다. 이 蕃服은 원래 周代에 九州 밖에 세워진 나라로서, 명의상으로는 歸屬하지만 실제로는 周王室의 제어를 받지 않는 나라를 가리켰는데, 후에는 諸侯國 혹은 중국 이외의 국가를 통칭하는 용어로 사용되었다.

以躬或難, 矧曰家室.
王心亶誠, 金石其堅.
西南蕃長, 疇與王賢.
矗矗高山, 以鎮王國.
鑱文於石, 懋昭王德.
王德克昭, 王國攸寧.
於萬斯年, 仰我大明.

지금 특별히 왕국 안에 있는 산을 장령진국(張寧鎭國)의 산으로 봉하고 문장을 새긴 비석을 내려 왕의 미덕(美德)을 나타내노니, 만년토록 환희 빛내고 영원히 부수지 말지어다. 이에 시를 지어 이르기를,

남쪽바다 섬들, 발니국이 있는 곳이라.
인자로움이 일어나고 의로움이 젖어들어, 순종만이 있을 뿐 거스름은 없었도다.
공근(恭謹)하고 어진 왕은 오로지 교화만을 흠모하고,
역관(譯官)의 인도로 조공하는 데만 분주하였노라.
그의 처자와 형제, 배신과 함께 궐하(闕下)[89]에 꿇어 절을 하며 진언하였는데,
군주를 하늘에 비견하여 좋아하고, 즐거운 음악으로 칭찬을 하며,
하나같이 자애로움으로 대하고, 후박(厚薄)과 편향(偏向)이 없었다고 하노라.
대저 이러한 은덕이 적었다면 이처럼 칭송하지 않았을 것이로다.
파도가 배를 때리고 바람이 돛대에 부딪히니 실로 노고가 간절하고 많았으리라.
옛날 원방의 신하를 살펴보니, 순복(順服)하게 되면 노여움은 달아나버리도다.
몸소 이르기도 어려운데, 하물며 가속을 이끌고 올 수 있겠는가!
국왕의 마음은 참으로 정성되며, 금석(金石)과 같이 견고하여 변하지 않도다.
서남(西南) 지역 번국의 수령들 중 누가 이 같은 국왕의 어짊과 비교할 수 있겠는가?
우뚝 솟은 높은 산이 왕국을 어루만져 편안히 할 것이로다.

89) 闕下: 원래는 궁궐의 아래라는 뜻인데, 황제가 거처하는 宮廷 혹은 京城을 가리킨다.

석비(石碑) 위에 문장을 새겨 국왕의 미덕을 선양하고자 하노니,
국왕의 미덕을 능히 밝혀 왕국의 백성을 안녕토록 할지어다.
만세에 변하지 말고 마음을 기우려 우리 대명(大明)을 앙모할지어다.

라고 했다.

八年九月遣使從謙等入貢謝恩. 明年復命謙賜其王錦綺·紗羅·彩絹凡百二十匹, 其下皆有賜. 十年九月, 遐旺偕其母來朝. 命禮官宴之會同館, 光祿寺旦暮給酒饌. 明日, 帝饗之奉天門, 王母亦有宴. 越二日, 再宴, 賜王冠帶·襲衣, 王母·王叔父以下, 分賜有差. 明年二月辭歸. 賜金百, 銀五百, 鈔三千錠, 錢千五百緡, 錦四, 綺帛紗羅八十, 金織文繡·文綺衣各一, 衾褥·幃幔·器物咸具. 自十三年至洪熙元年四入貢, 後貢使漸稀.

[영락] 8년(1410) 9월에 [발니국왕 하왕은] 장겸 등에 딸려 사신을 보내 입조하여 공물을 바치고, 사은하였다.90) 이듬해(1411)에 [영락제는] 다시 장겸에게 명하여 그 나라 왕에게 금기·사라·채견(綵絹)91) 등 무릇 120필(匹)을 하사하고, 그 밑에 있는 자들에게도 모두 상을 내렸다.92)

[영락] 10년(1412) 9월에 하왕(遐旺)은 그의 모친을 모시고 내조(來朝)하였다.93) 예부의 관원에게 명하여 회동관에서 이들을 초대하여 연회를 베풀게 하고, 광록시(光祿寺)94)에 아침

90) 遐旺은 이때 그의 叔父 蔓的里哈盧를 비롯하여 180명을 보내 方物을 바치고 謝恩하였다. 『太宗實錄』 卷108 永樂 8년 9월 己卯條 참조.

91) 綵絹: 무늬가 彩色된 견직물을 말한다.

92) 永樂 9년(1411) 2월의 일이다. 『太宗實錄』 卷113 永樂 9년 2월 癸巳條 참조.

93) 이에 관한 내용은 『太宗實錄』 卷132 永樂 10년 9월 丁未條에도 보인다. 그런데 遐旺 일행은 이보다 앞서 永樂 10년(1412) 8월에 福建에 이르렀고, 禮部에서 그 소식을 황제에 고하자, 郎中 高謙과 行人 柳昌을 보내 宴會를 베풀어 위로하였다. 『太宗實錄』 卷131 永樂 10년 8월 辛酉條 참조바람.

94) 光祿寺: 吳 元年(1364)에 宣徽院으로 설치되었으나 洪武 元年(1368)에 光祿寺로 고쳤다. 다시 洪武 8년(1375)에 光祿司로 개칭했다가 洪武 30년(1397)에 재차 光祿寺로 고쳤다. 從三品인 卿 1명, 正五品인 少卿 2명, 從六品인 寺丞 2명의 관직을 두었다. 洪武 元年(1368)에 供需庫, 洪武 4년(1371)에 法酒庫,

저녁으로 술과 안주를 넉넉하게 대도록 했다. 다음 날 황제는 봉천문에서 이들에게 향연을 베풀었는데, 왕의 어머니도 연회에 초대되었다. 이틀이 지나 다시 연회를 베풀고 왕에게 관대와 습의를 하사했으며, 왕의 어머니와 왕의 숙부 이하에게도 각기 차등이 있게 사여품을 내렸다.

이듬해(1413) 2월에 돌아가겠다고 고하였다. 금(金) 100량, 은(銀) 500량, 초(鈔) 3,000정(錠)[95], 전(錢) 1,500민(緡)[96], 금(錦) 4단(段), 기백사라(綺帛紗羅) 80필(匹), 금직문수(金織文繡)[97]·문기의(文綺衣)[98] 각 1습(襲), 금욕(衾褥)·위만(幃幔)[99]·기물(器物) 등을 두루 갖추어 하사하였다.[100] [영락] 13년(1415)에서 홍희(洪熙)[101] 원년(1425)에 이르기까지 네 차례 입조하여 공물을 바쳤지만[102] 이후로 조공사절은 점차 적어졌다.

嘉靖九年, 給事中王希文言:「暹羅·占城·琉球·爪哇·浡泥五國來貢, 幷道東莞. 後因私攜賈客, 多絕其貢. 正德間, 佛郎機闌入流毒, 概行屏絕. 曾未幾年, 遽爾議復, 損威已甚.」章下都察院, 請悉遵舊制, 毋許混冒.

萬曆 2년(1574)에 銀庫를 두었으며, 祭享·宴勞·酒醴·膳羞 등의 일을 관장하였고, 이에 필요한 식량과 그 밖의 물자를 거두어 저장하였다. 『明史』 卷74 「職官」3, 光祿寺條 및 『大明會典』 卷217 「光祿寺」條 참조.

95) 錠: 화폐를 헤아리는 단위로, 鈔 5貫에 해당하는 단위이다. 참고로 명대에는 鈔 1貫은 錢 1,000文, 銀 1兩에 준하고, 4貫을 황금 1兩에 준하도록 정하였다. 『明史』 卷81 「食貨」5, 錢鈔條 참조.

96) 緡: 稅課를 계산하는 단위로, 錢 千文을 1緡이라 한다.

97) 金織文繡: 황금으로 짠 비단에 화려한 무늬를 넣어 만든 刺繡를 일컫는다.

98) 文綺衣: 화려한 무늬를 넣어 짠 비단으로 만든 옷을 말한다.

99) 幃幔: 帳幔·帷幕과 같은 뜻으로, 주위 사방과 위쪽을 揮帳으로 둘러치는 幕을 일컬음.

100) 이에 관한 내용은 『太宗實錄』 卷137 永樂 11년 2월 癸亥條에도 보인다.

101) 洪熙: 명 왕조 4대 황제인 仁宗 朱高熾의 年號임.

102) 浡泥 國王 遐旺은 永樂 13年(1415) 2月에 生阿烈微喏耶沙扮 등 29명을 보내 方物을 바쳤으며(『太宗實錄』 卷161 永樂 13년 2월 己丑條). 永樂 15年(1417) 10月에 叔父인 祖麻木 등을 보내 方物을 바쳤다(『太宗實錄』 卷193 永樂 15년 동10월 庚戌條). 또 永樂 19年(1421) 5月에는 叔父인 祖須麻億을 비롯 12명을 보내 方物을 바치고(『太宗實錄』 卷237 永樂 19년 5월 壬申條), 洪熙 元年(1425) 12月에 叔父인 沙那萬喏耶와 臣下인 生阿烈 등을 보내 方物을 바쳤다(『宣宗實錄』 卷12 洪熙 원년 12월 戊辰條).

가정(嘉靖)[103] 9년(1530)에 급사중(給事中)[104] 왕희문(王希文)[105]이 아뢰기를, "섬라(暹羅)[106]·점성(占城)[107]·유구(琉球)[108]·조와·발니 다섯 나라가 와서 공물을 바쳤는데, 모두

103) 嘉靖: 명 왕조 12대 황제인 世宗 朱厚熜의 年號임.

104) 給事中: 吏·戶·禮·兵·刑·工 등 六科에 都給事中(正七品)과 左右給事中(從七品)이 각기 1명씩이 있었고, 給事中(從七品)은 吏科에 4명, 戶科에 8명, 禮科에 6명, 兵科에 10명, 刑科에 8명, 工科에 4명이 있었다. 六科는 六部의 百司를 稽察하는 곳이어서 급사중은 六部의 實務에서 違誤를 駁正하는 剛直한 職責이었다(『明史』 卷74 「職官志」3 六科條 참조).

105) 王希文: 字는 景純이고, 광동성 東莞縣 圓沙人이다. 嘉靖 8年(1529)의 進士로 刑科給事中을 除授받았는데, 直言하는 성격으로 時勢에 따르지 못해 관직에서 물러나 寓居하다 30년 만에 세상을 떠났다. 嘉慶 『東莞縣志』 卷23 「選擧」條; 卷29 「人物」條 참조.

106) 暹羅: 태국의 古稱이며, 영문으로는 시암(Siam)이라고 한다. Siam족은 원래 중국의 운남 일대에 거주했지만 몽골족의 침략을 피해 동남아 지역으로 이동하여, 1238년에 캄보디아 서북쪽 변방지대인 수코타이(Sukhothai)를 점령하여 素可泰(Sukhothai) 왕국을 건설하였다. 이로서 Siam의 본격적인 역사시대가 시작되었는데, 람캄행(Ramkhamhaeng, 재위 1279?~1298) 국왕시기에 최고의 전성시대를 이루었지만 그의 사후 점차 쇠퇴하였다. 이후 라마티보디(Ramadhipati, 재위 1351~1369) 왕이 세운 阿瑜陀耶(Ayutthaya) 왕국이 수코타이를 대신하여 세력의 중심이 되었으며, 중국을 비롯한 주변국가와 통교를 하면서 14세기 말까지 동남아시아 최대의 세력으로 발전하였다. 그런데 15세기에 들어 이슬람세력이 이곳에 들어와 말라카 왕국이 이슬람으로 개종하면서 말레이 반도 남부를 잃게 되었고, 16세기에는 지역의 패권을 노리는 버마의 침공을 집요하게 받아 아유타야가 점령되기도 했다. 이후 나레수언(Naresuan) 왕에 의해 재건되었지만 그가 죽은 뒤 왕위 계승분쟁이 계속해서 일어났으며, 결국 1767년에 버마의 신뷰신(Hsinbyushin)에 의해 멸망당하였다. 이후 딱신(Taksin)에 의해 톤부리 왕조가 세워지고, 뒤이어 방콕 왕조가 세워져 이어지고 있다(최병욱, 2006: 118~132, 248~258).

107) 占城: 占婆·占波라고도 하며, 영문으로는 참파(Champa)라고 부른다. 오늘날 베트남의 중부 일대에 위치한 참파족이 세운 국가로, 당나라에서는 林邑이라고 부르다가 송나라 때에 占城이라고 불렀다. 참파족의 언어는 말레이-폴리네시아어계로 알려져 있으며, 특히 인도문화의 강한 영향을 받아 南天竺의 문자를 사용했고, 인도로부터 바라문교와 불교 등 이른바 인도 종교를 받아들였다. 그런가 하면 일찍이 중국과 밀접한 관계를 맺으며 발전해 왔는데, 중국으로부터 築城術과 무기제조 기술 및 생산기술 등을 전수받았으며, 리(Ly) 왕조시대(1009~1225)에는 중국의 관료제와 유교가 들어와 큰 영향을 미쳤다. 점성은 상아와 무소의 뿔 외에 각종 진귀한 물산이 풍부했고, 중국과 동남아시아 및 서아시아 일대 사이의 항로가 지나가는 곳이라는 지리적인 이점과 이들의 뛰어난 항해술을 이용해서 각국과의 활발한 무역활동을 통해 많은 이익을 거두었다. 그러는 한편 宋代에는 이른바 占城稻가 중국에 전해진 것으로도 유명하다. 그러나 10세기 이래 참파는 베트남의 세력이 남으로 확대되어가는 과정에서 그 공략의 대상이 되었고, 결국 17세기 말에 베트남의 응우엔(阮) 세력에 의해 멸망당하였다(유인선, 2002: 61).

108) 琉球: 琉球王國은 동중국해 서남부에 있었던 섬나라이다. 변혁의 시대인 구스쿠(城砦) 시대를 지나 14세기에 들어와 오키나와 일대에는 按司(안지 혹은 이즈라고도 부름)라 일컫는 지방호족들이 생기면

동완(東莞)[109]을 거쳐 왔습니다. [그러나] 후에는 개인적으로 상인들을 데리고 왔기 때문에 대부분 이들의 진공(進貢)을 거절했습니다. 정덕(正德)[110] 연간(1506~1521)에 불랑기(佛郎機)[111]가 함부로 들어와 해악을 끼쳐서 모든 진공을 거절했습니다. 몇 년이 지나지 않아 갑자기 [이들의 진공을 회복시키자는] 논의가 다시 있었는데, [조정의] 위엄이 이미 매우 손상되어 버렸습니다"라고 하였다. 이 주장(奏章)[112]은 도찰원(都察院)[113]에 교부(交付)되었

서 주잔(中山)·호쿠잔(北山)·난잔(南山)의 三山시대가 시작되었다. 이후 명왕조의 성립과 함께 중국의 영향을 받으면서 통일의 기운이 일어났으며, 결국 주잔의 쇼하시(尙巴志, 재위 1421~1439)에 의해 통일되어 유구 왕국이 세워졌다. 유구라는 명칭이 나타난 것은 이 때이며,『명실록』에 최초로 등장한다. 하지만 각 지방의 안지는 여전히 강하였고 중앙집권적 왕이 등장하지는 못하였다. 제1대 쇼씨 왕조 7대 왕인 쇼도쿠(尙德) 왕이 급사하면서 카나마루(金丸)가 왕위를 선양받아 쇼엔(尙円) 왕을 자처하여 제2대 쇼씨 왕조가 열리는데, 이때 유구는 일본·조선·중국뿐만 아니라 동남아시아의 왕조들과도 무역을 하는 등 전성기를 맞이했다. 그러나 16세기 후반 스페인과 포르투갈 세력이 동남아 지역에 세력을 확대하면서 유구의 세력은 급격히 쇠퇴하였고, 1609년 일본 전국시대가 끝나자 지역정권인 사쓰마(薩摩)藩이 침공해왔다. 이때 유구는 큰 저항을 하지 못하고 패배했으며, 아마미 제도를 빼앗기고, 일본의 조공국이 되었다. 이후 유구는 다시 청과 일본에 이중조공을 하면서 다시 중계무역으로 번성을 되찾았지만 중국과 일본의 사이에서 침략의 위협에 시달렸다. 결국 18세기 말에 이르러 유구의 경제는 크게 악화되었으며, 19세기 중엽 서양 세력이 청과 일본에 개항의 압력을 가하면서 유구는 중계무역의 거점으로서의 지위를 잃게 되었다.

109) 東莞: 東莞은 廣州府에 속하며, 지금의 광동성 東莞縣이다. 남쪽으로 바다에 면해 있으며, 바다 중간에 洲가 있는데, 이곳에 珠池가 있다.

110) 正德: 명 왕조 11대 황제인 武宗 朱厚照의 年號임.

111) 佛郎機: 명대 중국에서는 포르투갈과 스페인 상업세력을 일컫는 말로 사용되었다. 여기에는 때로 무력을 앞세워 물의를 일으키는 야만적인 존재라는 의미가 담겨있다. 원래 佛郎機라는 명칭은 이슬람교도들이 유럽인 혹은 서방 기독교도를 지칭했던 것인데, 중국이 이들을 佛郎機라 하게 된 것은 이들이 동남아에 진출한 뒤 이들보다 앞서 이곳에 있던 이슬람교도들이 이 명칭을 중국에 전래했기 때문이다(Matteo Ricci, 1953: 128). 그런가 하면 崔韶子는, 佛郎機라는 어원은 프랑크(Franks)에서 유래한 것이라고 하고 있다(崔韶子, 2002: 27~28). 佛郎機는 포르투갈에서 전래해 들어온 火砲를 칭하기도 한다.

112) 奏章: 황제에게 올리는 글, 즉 上疏를 말함.

113) 都察院: 明淸시대의 政務監察기관이다. 元代의 감찰기관인 御史臺는 明朝에 답습되었지만 洪武 13년(1380)에 察院만 남기고 폐지되었다. 그러나 감찰의 임무가 중요시되자 洪武 15년(1382)에 都察院을 설치하여 중앙에 監察都御史를 두고, 전국의 12道에 監察御史를 分置시켰다. 이어 左右都御史·左右副都御史·左右僉都御史·經歷, 都事 등 여러 官을 定하고, 또 그 수를 늘려 전국을 巡察토록 하였다. 그들의 임무는 百司에 대한 糾察과 부정한 관리를 적발, 彈劾하는 일이었고, 특히 監察御史는 지방관청의 政務·刑獄을 감시하고, 賦册을 檢查하며, 鄕試 및 武擧에도 臨席했다. 明 중기 이후에는 지방의

고, 모두 옛 제도를 준수할 것을 청함에 따라 거짓으로 사칭하는 것을 허가하지 않았다.[114)]

萬曆中, 其王卒, 無嗣, 族人爭立. 國中殺戮幾盡, 乃立其女爲王. 漳州人張姓者, 初爲其國那督, 華言尊官也, 因亂出奔. 女主立, 迎還之. 其女出入王宮, 得心疾, 妄言父有反謀. 女主懼, 遣人按問其家, 那督自殺. 國人爲訟冤, 女主悔, 絞殺其女, 授其子官. 後雖不復朝貢, 而商人往來不絶.

만력(萬曆)[115)] 연간(1573~1619)에 그 나라 왕이 죽었는데, 후사가 없어 왕족들의 다툼이 일어났다. 나라 안에 살육이 몇 차례 일어난 뒤, 그(죽은 왕)의 딸을 왕으로 세웠다. 장주(漳州)[116)]사람으로 성이 장(張)씨인 자가 있었는데, 이전에 그 나라의 나독(那督)[117)]에 임명되었고, 중국말을 하는 고관이었지만 전란으로 도망쳤었다. 여왕이 옹립되자 영접을 받아 돌아왔다. 그의 딸은 왕궁에 출입하였지만 근심 때문에 병을 얻었는데, 아버지가 반란을 도모하려 한다고 거짓으로 알렸다. 여왕은 두려워하여 사람을 보내 그 집안사람들을 조사하고 심문하자 나독은 자살했다. 백성들이 그 억울함을 호소하자 여왕은 후회하여 그 딸을 목을 매 죽게 하고, 그의 아들에게 관직을 주었다. 그 후 비록 조공은 다시 재개되지 않았지만 상인들의 왕래는 끊이지 않았다.

總督, 巡撫, 提督 밑에도 都御史를 두어 政令의 統一을 기했던 것으로 이들 諸官은 文武監察의 권한을 장악하게 되었다.

114) 이에 관한 상세한 내용은 『世宗實錄』 卷118 嘉靖 9년 동10월 辛酉條에 있음.

115) 萬曆: 명 왕조 14대 황제인 神宗 朱翊鈞의 年號임.

116) 漳州: 복건성 남부 지역의 중심도시로, 漳江의 2대 支流인 九龍江과 龍江이 형성하는 평야 가운데 龍江 左岸의 평야에 위치하고 있다. 漳州는 唐 초기에 처음 두어졌지만 州治所인 龍溪縣은 南朝 梁나라 天監 연간(502~515)에 처음 설치되었다. 漳州는 唐代에 한때 漳浦郡으로, 五代시대에는 閩의 南州로, 宋代에는 다시 漳州로, 元代에는 漳州路로 변하였고, 明代에는 漳州府라 하였다. 이 지역이 크게 발전한 것은 송대부터이며, 明 萬曆 32년(1604)에는 네덜란드 함대가 이곳에 내항하여 통상을 요구하기도 했다. 용강과 구룡강이 합류하는 石碼鎭은 漳州의 外港으로 발달한 도시로, 일찍이 이곳에 장주의 分縣衙門이 설치되었다. 古來로 漳州에서 南方과 臺灣으로 나가는 사람들이 많았다.

117) 那督: 浡泥國의 官職으로, 大官으로 일컬어짐.

國統十四洲, 在舊港之西, 自占城四十日可至. 初屬爪哇, 後屬暹羅, 改名大泥. 華人多流寓其地. 嘉靖末, 閩·粤海寇遺孽逋逃至此, 積二千餘人. 萬曆時, 紅毛番强商其境, 築土庫以居. 其入彭湖互市者, 所攜乃大泥國文也. 諸風俗·物産, 具詳『宋史』.

그 나라는 14주(洲)를 통할하고 구항(舊港)[118]의 서쪽에 있으며, 점성에서 [출발하여] 40일이면 이를 수 있다. 이전에는 조와에 예속되었지만, 후에는 섬라에 예속되어 대니(大泥)[119]라 명칭을 바꾸었다. 중국인이 매우 많이 유망(流亡)하여 그 지역에 거주하였다. 가정 말년에 민(閩)[120]·월(粤)[121] 지역 해구(海寇)의 잔적들이 도망하여 이곳에 이르렀는데, 2,000여 명이 모였다. 만력 연간(1573~1619)에는 홍모번(紅毛番)[122]이 이 나라 경내에서 제멋대로 상

118) 舊港: 지금의 인도네시아 수마트라섬 동남부의 최대의 항구인 巨港을 일컬으며, 팔렘방(Palembang)이라고 불린다. 이곳은 말라카 해협과 순다 해협 등 동서로 통하는 두개의 주요 항로 가까이에 있기 때문에 동서무역을 통제할 수 있는 중요한 곳이었다. 7~11세기에 이곳은 스리위자야(Sriwijaya)의 중심지였으며, 명조에 들어와 이곳에는 華僑集團이 형성되기도 했거니와 永樂 5년(1407)에 명조는 南洋의 여러 나라를 통제하고자 이곳에 舊港宣慰司를 설치하였다(和田久德, 1969: 138~139).

119) 大泥: 지금의 泰國 南部의 北大年港 一帶에 있었던 옛 왕국으로, 빠따니(Pattani)라고 불린다. 이 나라의 술탄은 말레이 술탄의 근친으로 알려져 있다. 말레이 반도에는 일찍이 여러 술탄 왕국이 있었는데, 素可泰(Sukhothai)와 阿瑜陀耶(Ayutthaya) 왕국에 공납을 하였고, 빠따니도 그중의 하나였다. 그러나 1563년에 버마의 공격을 받아 아유타야가 약해지자 빠따니는 아유타야에 반항을 했으며, 술탄 바두르(Bahdur)을 이어 1584년부터 그의 딸로 이어지는 4명의 여술탄(Raja Hijau·Raja Biru·Raja Ungu·Raja Kuning)이 재위하면서 황금시대를 열었다. 이 무렵부터 빠따니는 포르투갈·네덜란드·중국·일본 등지를 잇는 通商港으로 크게 발전하였다. 그러나 여술탄의 시대가 끝난 후 1680년 경에 세력을 회복한 아유타야에 다시 조공을 하게 되었고, 1767년에 아유타야가 버마군에게 함락됨으로 독립을 쟁취하였으나 짜끄리(Chakri) 왕조를 세운 라마(Rama) 1세에 의해 다시 시암의 속국이 되어버렸다. 그런데 원문에서 발니는 섬라에 예속되어 大泥로 개명했다고 했는데, 발니와 대니, 즉 빠따니가 위치하는 지역이 다르거니와 이 내용을 그대로 수긍하기는 어렵다. 아마도 萬曆 연간(1573~1619) 왕족들의 다툼이 일어나면서 발니의 한 일파가 빠따니(Pattani) 지역으로 이주하여 왕국을 건설한 것이 아닌가 한다.

120) 閩: 오래전부터 福建을 '七閩之地'라 했다. 따라서 이를 간략히 칭하여 福建省을 閩이라 일컫는다. 五代十國의 하나인 閩이라는 나라가 이곳에 있었다.

121) 粤: 오래전부터 廣東과 廣西를 '百粤之地'라 했다. 따라서 광동과 광서를 兩粤이라 칭했으며, 廣東만을 粤省이라 하기도 한다.

거래를 하며, 흙으로 창고를 짓고 거주하였다. [그들 중] 팽호(彭湖)[123]에 들어와 교역하는 자는 대니국(大泥國)의 문자로 쓴 문서를 휴대하였다. [이 나라의] 여러 풍속과 물산(物産)은 『송사(宋史)』[124]에 상세하게 기록되어 있다.[125]

滿剌加, 在占城南. 順風八日至龍牙門, 又西行二日卽至. 或云卽古頓遜, 唐哥羅富沙.

만랄가(滿剌加)[126]는 점성 남쪽에 있다. 순풍을 타고 8일이면 용아문(龍牙門)[127]에 이르고,

122) 紅毛番: 서양인 가운데 荷蘭人의 頭發이 紅色이 많았기 때문에 明代 중국인들은 이들을 紅毛·紅毛夷·紅毛番이라 칭했다. 그런데 謝淸高·楊炳南, 『海錄注』 卷下 「暎咭利國」條에 "淸時亦稱英國人爲紅毛番"이라는 내용이 보이거니와 淸代에는 英國 역시도 紅毛番이라 했다. 여기서는 和蘭, 즉 네덜란드를 말한다.

123) 彭湖: 澎湖를 말하며, 현재의 澎湖島로 복건성 晉江縣 동남쪽 바다에 있는 섬이다.

124) 二十五史 중 하나로 宋代의 역사를 기록한 正史이다. 本紀 47권, 志 162권, 表 32권, 列傳 255권 등 전체 496권으로 되어 있다. 1343년 脫脫 등이 황제의 명을 받아 편찬하기 시작했으며 1345년에 완성하였다. 송대의 정치·경제·군사·문화·민족관계·정치제도에 대한 기본 자료를 제공해주고 있다. 다만, 편찬기간이 짧고 元末이라는 편찬시기가 갖는 한계로 인해 내용이 그다지 상세하지 못하다는 단점을 가지고 있다.

125) 『宋史』 卷489 「浡泥傳」 참조바람.

126) 滿剌加: 말라카(Malacca) 왕국을 일컫는다. 팔렘방(Palembang)의 왕자인 파라메스와라(Parameswara)가 1400년 경에 이 왕국을 건설했다고 하는데, 그가 스리위자야(Sriwijaya) 왕실 가계의 왕자인지는 분명하지 않다. 1377년 마자파힛(Majapahit) 왕국의 공격으로 팔렘방이 패하자 파라메스와라와 그의 추종자들은 해상으로 탈출하여 말레이 반도 방향으로 이동하여 이동하였는데, 처음 정착한 곳이 트마섹(Temasek)섬이었다고 한다. 이곳에서 파라메스와라는 사자를 보았다고 하여 이 지역을 '사자의 도시' 또는 '사자의 나라'라는 뜻의 싱가푸라(Singapura)라고 불렀는데, 오늘 날의 싱가포르이다. 이후 이들은 1402년에 다시 말라카로 이동하여 말라카 왕국을 세우고 스리위자야를 잇는 해상 국가로서 비약적인 발전을 보이기 시작했다. 특히, 말라카의 지배자들은 국제 교역상들의 안전을 보장하는데 주력하고, 교역 기반시설을 확충했으며, 매우 정교하고 효율적인 법과 행정체계를 세움으로써 해상 왕국으로 흥기할 수 있었다(최병욱, 2006: 290~292). 그러는 동안 1414년에 파라메스와라는 이슬람교로 개종하고, 자신의 이름을 라자 이스칸다르 샤(Raja Iskandar Shah)로 개명했다. 말라카 왕국은 중국과 우호적인 관계를 유지하면서 1470년 경에 최고의 전성기를 구가하여, 말레이 반도 전역과 수마트라 중동부 지역을 장악하였다. 그러나 이후 말라카 왕국은 점차 쇠락의 길로 접어들었고, 특히 16세기에 접어들어 말라카 왕실은 내분에 휩싸이고 있을 때인 1511년에 인도 고아(Goa)를 점령한

다시 서쪽으로 2일을 가면 이른다. 혹자는 말하기를 옛날에는 돈손(頓遜)[128]이었고, 당나라 때는 가라부사(哥羅富沙)[129]였다고 한다.

永樂元年十月遣中官尹慶使其地, 賜以織金文綺·銷金帳幔諸物. 其地無王, 亦不稱國, 服屬暹羅, 歲輸金四十兩爲賦. 慶至, 宣示威德及招徠之意. 其酋拜里迷蘇剌大喜, 遣使隨慶入朝貢方物, 三年九月至京師. 帝嘉之, 封爲滿剌加國王, 賜誥印·彩幣·襲衣·黃蓋, 復命慶往. 其使者言: 「王慕義, 願同中國列郡, 歲效職貢, 請封其山爲一國之鎭.」 帝從之.

영락 원년(1403) 10월에 중관 윤경(尹慶)[130]을 그 곳에 사신으로 보내어 직금문기(織金文綺)[131]·쇄금장만(鎖金帳幔)[132] 등 여러 물건을 하사했다.[133] 그 곳은 왕이 없고, 또한 나라로

포르투갈의 아퐁소 드 알부케르케(Afonso de Albuquerque)가 군대를 이끌고 말라카를 공격하여 정복함으로 멸망하였다.

127) 龍牙門: 凌牙門·龍牙山門이라고도 칭했는데 지금의 싱가포르 해협을 말한다. 싱가포르 해협은 섬들이 복잡하게 분포되어 통과하기가 힘들다고 해서 龍牙門이라 했다고 한다. 汪大淵의 『島夷誌略』「龍牙門」條에 용아문을 거쳐 서쪽으로 항행하는 것을 두고 "배를 타고 서양으로 간다"라고 했음을 보면, 이 당시 용아문은 東과 西를 가르는 지점이었던 것으로 보인다(임성모 외, 2008: 119).

128) 頓遜: 동남아에 있던 옛 나라로, 다른 이름으로 典遜이라고도 하며, 그 나라가 있던 지역은 지금의 태국 丹那沙林(Tenasserim) 일대로 알려져 있다. 『梁書』卷54 「諸夷」에 보면, "丹那沙林은 頓遜國이라 칭하고, 6世紀 初에 扶南의 屬國이 되었다"고 기록하고 있다.

129) 哥羅富沙: 『新唐書』卷222 「南蠻」下에 "其東南有哥羅, 一曰個羅, 亦曰哥羅富沙羅. 王姓矢利波羅, 名米失鉢羅. 累石爲城, 樓闕宮室茨以草. 州二十四"라는 기사가 있거니와 哥羅富沙는 哥羅·個羅·哥羅富沙羅로 불렸으며, 盤盤(Pan Pan)의 동남쪽에 위치했던 것으로 보인다.

130) 尹慶: 永樂 연간(1403~1424)의 太監으로, 鄭和의 남해원정이 있기 이전 두 차례에 걸쳐 동남아 지역 여러 나라에 出使했다. 1차 使行은 永樂 元年(1403) 10월에 행했는데, 滿剌加·蘇門答剌·爪哇·西洋古里·柯枝를 방문했고, 2차 使行은 永樂 3년(1405) 9월에 행했는데, 滿剌加·蘇門答剌를 방문했다. 후에 중국에서는 尹慶의 사행을 기념하여 南沙群島(북위 8° 48~55′, 동경 112° 12~53′)에 있는 一群의 礁를 尹慶群礁라 명명하기도 했다.

131) 織金文綺: 金絲로 무늬를 짜 넣은 두꺼운 비단이다.

132) 鎖金帳幔: 鎖金은 金으로 고리를 이은 줄을 의미하고, 帳幔은 주위 사방과 위쪽을 휘장으로 둘러치는 幕을 일컫는 것으로, 이는 금으로 만든 고리의 장식이 달린 帳幕을 말한다.

133) 이에 관한 내용은 『太祖實錄』卷24 永樂 원년 동10월 丁巳條에도 보인다.

칭하지도 않았으며, 섬라에 복속되어 매년 금 40량을 부세(賦稅)로 바쳤다.134) 윤경이 [이곳에] 이르러 성위(聲威)와 덕혜(德惠) 및 초무(招撫)의 뜻을 전하였다. 그 추장 배리미소랄(拜里迷蘇剌, 1344~1414; 재위 1400~1414)135)은 크게 기뻐하며 윤경에게 딸려 사신을 보내 입조하여 방물(方物)을 바쳤는데, [영락] 3년(1405) 9월에 경사에 이르렀다.136) 황제는 이를 가상히 여겨 [배리미소랄을] 만랄가 국왕에 봉하고 관인·채폐·습의·황개(黃蓋)137)를 하사하였으며,138) 다시 윤경에게 명하여 [이 나라에] 가도록 했다. 그 나라 사신이 아뢰기를, "왕은 인의(仁義)를 받들고 중국의 열군(列郡)에 포함되기를 원하오며, 해마다 공물을 바치고자 하오니, 청하옵건대 그 곳의 산을 일국의 진(鎭)으로 봉해주십시오"라고 하니, 황제는 이를 허락하였다.

制碑文, 勒山上, 末綴以詩曰:
西南巨海中國通, 輸天灌地億載同.
洗日浴月光景融, 雨崖露石草木濃.
金花寶鈿生青紅, 有國於此民俗雍.
王好善義思朝宗, 願比內郡依華風.

---

134) 이 내용은 馬歡의 『瀛涯勝覽』「滿剌加國」條에도 있는데, 나라를 칭하지 않았을 때에 이곳 바다는 五嶼의 이름만 있었기 때문에 五嶼라 불렀고, 다만 頭目이 이곳을 管掌했는데, 賦稅를 납부하지 않으면 暹羅는 사람을 보내 정벌했다고 한다.

135) 拜里迷蘇剌: 만랄가국을 창시한 인물로, 말레이어로 파라메스와라(Parameswara)라 불리며, 1414년에 이슬람교로 개종한 이후에는 라자 이스칸다르 샤(Raja Iskandar Shah)로 불린다. 그는 팔렘방(Palembang)의 왕자로, 마자파힛(Majapahit) 왕국의 공격으로 팔렘방이 패하자 그의 추종자들과 함께 해상으로 탈출하여 1402년에 말라카에 정착하여 말라카 왕국을 세웠다. 『殊域周咨錄』 卷8 「滿剌加」條에 "本朝永樂三年, 其王西利八兒速剌遣使奉金葉表文朝貢"라는 내용을 보면, 당시 滿剌加 王의 이름이 王西利八兒速剌로 기록되어 있는데, 이는 拜里迷蘇剌을 잘못 기록한 것으로 보인다.

136) 이에 관한 내용은 『太宗實錄』 卷46 永樂 3년 9월 癸卯條에도 보인다.

137) 黃蓋: 黃色의 日傘, 혹은 수레 위를 받치는 황색 비단으로 만든 日傘을 말한다.

138) 본문과 실록에서는 永樂 3년(1405)에 拜里迷蘇剌를 만랄가 국왕에 봉했다고 기재하고 있는데 반해 馬歡의 『瀛涯勝覽』「滿剌加國」條에는 "永樂七年己丑, 上命正使太監鄭和等, 統賚詔勅, 賜頭目雙臺銀印冠帶袍服, 建碑封城, 遂名滿剌加國"이라 기록하고 있거니와 永樂 7년(1409)에도 拜里迷蘇剌을 여전히 두목이라 칭하고 있는데, 이는 馬歡이 잘못 기록한 것으로 보고 있다(萬明, 2005: 45~46).

出入導從張蓋重, 儀文裼襲禮虔恭.
大書貞石表爾忠, 爾國西山永鎮封.
山君海伯翕扈從, 皇考陟降在彼穹.
後天監視久彌隆, 爾衆子孫萬福崇.
慶等再至, 其王益喜, 禮待有加.

[황제는] 비문(碑文)을 지어 산 위에 새기도록 했는데, 말미에 시를 지어 이르기를,

중국과 통교하는 나라 서남 대해(大海)에 있으니, 천지(天地)에 대한 제례(祭禮)가 영원히 같을지니라.

해와 달로 씻으니 경치가 더욱 빛나며, 비와 이슬이 절벽과 바위 위에 내리니 초목(草木)이 무성하도다.

금화보전(金花寶鈿)이 청(青)과 홍(紅)의 광택을 발하노니, 나라 안 백성들의 풍속 또한 화목하도다.

국왕이 선의(善義)를 좋아하고 화하(華夏)[139]를 조종(朝宗)으로 받들고자 하니, 내군(內郡)이 중화의 민풍(民風)처럼 되기를 바라노라.

나가고 들어올 때마다 의장(儀仗)과 장산(帳傘)이 겹겹으로 있어, 의례와 복식의 예가 경건하도다.

그대의 귀복하는 충성을 비석에 새겨 표창하고, 그대 나라 서산(西山)을 진산(鎭山)으로 영원히 봉하노라.

산신(山神)과 해신(海神)이 화합하여 모두 뒤따르고, 선황(先皇)이 이곳 하늘에 오르내리시리라.

훗날에도 오랫동안 흥륭(興隆)하는 지를 살필지니, 너희 자손 후대까지 만복이 가득 찰지니라.

라고 했다.[140] 윤경 등이 다시 이르자, 그 나라 왕은 더욱 기뻐하며 융숭한 예우로 접대하였다.

139) 華夏: 중국인이 자신들을 자랑스럽게 부르는 말이다.

五年九月遣使入貢. 明年, 鄭和使其國, 旋入貢. 九年, 其王率妻子陪臣五百四十餘人來朝. 抵近郊, 命中官海壽·禮部郎中黃裳等宴勞, 有司供張會同館. 入朝奉天殿, 帝親宴之, 妃以下宴他所. 光祿日致牲牢上尊, 賜王金繡龍衣二襲·麒麟衣一襲, 金銀器·帷幔衾裯悉具, 妃以下皆有賜. 將歸, 賜王玉帶·儀仗·鞍馬, 賜妃冠服. 瀕行, 賜宴奉天門, 再賜玉帶·儀仗·鞍馬·黃金百·白金五百·鈔四十萬貫·錢二千六百貫·錦綺紗羅三百匹·帛千匹·渾金文綺二·金織通袖膝襴二; 妃及子侄陪臣以下, 宴賜有差. 禮官餞於龍江驛, 復賜宴龍潭驛. 十年夏, 其侄入謝. 及辭歸, 命中官甘泉偕往, 旋又入貢.

[영락] 5년(1407) 9월에 사신을 보내 입조하여 공물을 바쳤다.[141] 이듬해(1408)에 정화(鄭和)[142]가 그 나라에 사행(使行)하자 곧 입조하여 공물을 바쳤다.[143] [영락] 9년(1411)에 그

---

140) 이 나라의 西山을 '鎭國之山'으로 封하였고, 永樂帝가 친히 지은 碑文은 「鎭國山碑銘」이라는 글로, 그 全文은 『太宗實錄』 卷47 永樂 3년 동10월 壬午條에 記載되어 있다.

141) 이 무렵 蘇門答剌·古里·小葛蘭·阿魯 등의 나라에서도 사신을 보냈다. 『太宗實錄』 卷71 永樂 5년 9월 壬子條 참조.

142) 鄭和(1371~1434?): 洪武 4년(1371) 운남성 곤양(昆陽, 現 운남성 晉寧縣)에서 이슬람 교도 합지(哈只: 하지)의 둘째 아들로 태어났다. 원래 그의 姓은 무함맛의 음에서 따온 馬氏였지만 영락제로부터 鄭氏 姓을 하사받았다. 그의 나이 12세 때에 부친은 병으로 죽고, 그는 포로로 잡혀 거세되어 이듬해인 洪武 16년(1383)에 燕王(후의 永樂帝)에게 환관으로 보내졌다. 建文 元年(1399) '靖難의 變'이 일어날 당시 그는 연왕의 측근으로 종군하여 군공을 세워 큰 신뢰를 받았으며, 이후 영락제로부터 환관의 최고관직인 內官監의 太監을 제수받았다. 이후 永樂 3년(1405)에 해외 여러 나라에 명의 威名을 떨치고 진귀한 물품을 구입할 목적으로 영락제가 계획한 남해원정 함대 사령관으로 임명되었다. 이로부터 28년 동안 전후 7차례에 걸쳐 남해 대원정을 행하였다.

첫 번째 원정은 1405년 6월 15일에 太倉縣 劉家港을 출발하여 1407년 9월 2일에 귀국하였다. 이때 그가 거느린 27,800여 명의 장병은 세계 최고수준의 조선기술로 건조된 대선박 62척에 분승해서 나침반과 항해도를 사용하는 진보된 항해술을 구사하며, 占城(참파)·瓜哇(자와)·舊港(팔렘방)·蘇門答剌(수마트라)·南巫里(인도 서안의 마라발)·古里(캘리컷)·錫蘭(실론) 등 각국을 방문했다.

두 번째 원정은 귀국 다음 달에 출항하여 1409년 7월경에 귀환하였다. 이때의 원정에 대한 기록은 별로 남아있지 않아 분명치는 않지만 대체로 1차 항해와 같은 루트를 거쳤을 것으로 추정된다. 세 번째 원정은 귀환한지 2달만인 1409년 9월에 유가항을 출발 점성·팔렘방·말라카·사이판·켈리컷 등을 방문하고 1411년 6월에 귀환하였다. 그러는 동안 지역 패권을 노리는 아유타야 왕조를 견제하고,

나라 왕은 처자와 배신 540여 명을 이끌고 내조하였다.[144] 경사의 근교에 도착했을 때, 중관

사이판 왕과 싸워 왕을 포로로 잡아 연행하기도 하였으며, 사이판을 원정의 중계 거점으로 삼았다.

네 번째 원정은 1413년 10월부터 1415년 7월에 걸쳐 행해졌다. 이때 방문한 지역은 이전의 범위를 넘어 인도 서쪽 페르시아만 방면 忽魯謨斯(호르무즈)에까지 이르렀다. 그 여정 중에 수마트라의 내분에 개입하여 이들을 복속시켰고, 홀로모사의 왕에게 영락제의 칙서를 전하여 조공을 권하였다. 한편 분견대를 아프리카 동해안에 있는 木骨都束(모가디슈)·麻林(마린디)·卜剌哇(브라와) 등지에까지 파견하였고, 이때 마린디 사절이 중국에서 신성한 동물로 여기는 麒麟을 헌상함으로 이 동물이 처음 중국에 들어왔다.

다섯 번째 원정은 1417년 가을부터 1419년 7월에 걸쳐 행해졌다. 이전의 항해처럼 참파·자와·팔렘방·말라카, 수마트라·사이판을 거쳐 인도 서해안 캘리컷에 이른 후 호르무즈에 도착했다. 이때에도 분견대를 모가디슈·브라와, 마린디까지 파견하였고, 이들 지역 19개국의 사절들과 함께 귀국하였으며, 기린·사자·표범 등 수많은 진기한 헌상품들을 가져와 영락제에 바쳤다.

여섯 번째 원정은 1421년 가을부터 이듬해 8월에 걸쳐 행해졌다. 이때에도 前回와 같이 아프리카 동해안에 이르렀지만 비교적 짧은 기간에 이루어졌다. 그렇지만 원정에서 돌아온 지 1년이 지난 1424년 1월에 팔렘방에 후계분쟁이 일어나 명에 요청이 오자 정화는 영락제로부터 출사의 명을 받고 팔렘방에 다시 나아갔다. 그런데 팔렘방에서 귀국하기 직전에 영락제는 몽골 친정에서 귀환하던 중 榆木川(內蒙古自治區 多倫縣의 서북부)의 幕營에서 崩御하였다. 이로서 仁宗 洪熙帝가 즉위했는데, 인종은 백성에게 무거운 부담을 주는 외국원정에 비판적이었기 때문에 남해원정도 중지되기에 이르렀다.

팔렘방에서 귀국한 정화는 남경 수비에 임명되어 남경과 양자강 유역의 방비에 임하였다. 그런데 仁宗 洪熹帝가 재위 8개월만에 세상을 떠나고 宣宗 宣德帝가 즉위하였다. 새로 즉위한 선종은 외국 사절들이 발길을 끊은 것을 안타깝게 생각해 호르무즈를 비롯한 17개국에 조공을 촉구하기 위해 정화에게 새로운 항해를 명하였다. 여섯 번째 원정을 한 지 10년이 지나서 일곱 번째 원정이 시작되었다. 이때의 원정은 1431년 정월부터 1433년 7월에 걸쳐 행해졌는데, 특히 이 원정에서 古里에 체재하고 있을 무렵 마침 이 나라의 사절이 이슬람교의 성지인 메카(Mecca)로 성지순례를 떠나고 있었는데, 이를 본 정화는 부하 가운데 통역관 등 7명을 뽑아 이들에게 동행을 시켜 마호멧트(Mahomet)의 묘에 참배하도록 하였다.

정화는 28년 동안 7차례에 걸쳐 대 항해를 하였는데, 그 항해 거리는 약 10만 해리(약 18만 5천 Km)에 이르렀다고 한다. 이 같은 원정으로 명 왕조의 위명은 동남아시아 여러 나라는 물론이고, 인도를 비롯해서 페르시아만, 홍해 연안에서 아프리카 동해안에 이르는 지역에 널리 알려졌고, 또 이들 지역에서 수많은 진귀한 물품이 들어오는 등 획기적인 교류가 개시되었다. 또한 원정을 수행한 馬歡·費信·鞏珍 등에 의해 각기 『瀛涯勝覽』·『星槎勝覽』·『西洋番國志』 등의 저작이 이루어짐으로 중국인의 지리적 지식은 동남아시아는 물론이거니와 인도, 아프리카 방면으로까지 확대되었으며, 그 결과로써 많은 중국인들이 동남아시아 각지로 진출하였다. 이들 사이에서 정화는 신으로 받들어지고 있으며, 그를 제사하는 三寶廟는 현재에도 동남아시아 여러 지역에 존재하고 있다. 그런데 이처럼 큰 족적을 남긴 정화의 죽음은 베일에 가려져 분명치가 않다. 일설에 의하면 마지막 항해 도중 캘리컷에서 병으로 죽어 남경의 중화문 밖에 있는 우수산 자락에 매장되었다고도 하지만 그보다는 7차 원정

해수(海壽)와 예부랑중(禮部郎中)[145] 황상(黃裳) 등에게 주연을 베풀어 위로하도록 하고, 담당 관원에게 회동관에서 연회를 거행토록 명하였다. 봉천전에 들어와 조견(朝見)하자 황제는 친히 그를 초대하여 연회를 베풀고, 왕비 이하에게는 다른 곳에서 연회를 베풀었다. 광록시에서는 날마다 제사에나 쓰는 가축과 좋은 술을 보내 극진히 모셨고, 왕에게 금수용의(金繡龍衣)[146] 2습(襲)·기린의(麒麟衣)[147] 1습(襲)·금은기(金銀器)·유만금주(帷幔衾裯)[148] 일체를 구비하여 하사하고, 왕비 이하에게도 모두 하사품을 내렸다.

돌아가겠다고 하자 왕에게 옥대·의장·안마를 하사하고, 왕비에게는 관복을 내렸다. 떠나기 직전에 봉천문에서 주연을 베풀고, 재차 옥대·의장·안마·황금 100량·백금(白金)[149] 500량·초(鈔) 40만 관(貫)·전(錢) 2,600관(貫)·금기사라(錦綺紗羅)[150] 300필(匹)·백(帛) 1,000필(匹)·혼금문기(渾金文綺)[151] 2필(匹)·금직통수슬란(金織通袖膝襴)[152] 2건(件)을 내리고, 왕비와 왕자, 왕의 조카, 배신 이하에게는 각기 차등에 따라 주연을 베풀었다.[153] 예부의 관원은 용강역(龍江驛)[154]에서 송별연을 열었고, 다시 용담역(龍潭驛)[155]에서 연회를 베풀었

에서 귀국한 해, 아니면 그 이듬해인 1434년에 세상을 떠났을 것이라는 설이 널리 알려져 있다.

143) 永樂 7년(1409) 2월에 滿剌加 國王 拜里迷蘇剌은 阿卜剌賈信을 사신으로 보내 方物을 바쳤다. 『太宗實錄』 卷88 永樂 7년 2월 乙亥條 참조.

144) 永樂 9년(1411) 7월의 일이다. 『太宗實錄』 卷117 永樂 9년 추7월 甲申條 참조.

145) 禮部郎中: 禮部의 屬官으로 正五品職이며, 예부 소속의 儀制·祠祭·主客·精膳四淸吏司에 각기 郎中 1명을 두었다. 이들 가운데 諸蕃의 朝貢·接待·給賜의 일은 主客의 郎中이 담당하였다. 『明史』 卷72 「職官」1, 禮部條 참조.

146) 金繡龍衣: 황금의 실로 龍의 무늬를 刺繡한 옷을 말하는데, 황제나 왕이 착용하는 龍袍를 일컫는다.

147) 麒麟衣: 麒麟服을 말하며, 『明史』 卷67 「輿服」3에 "(洪武) 二十四年定, 公·侯·駙馬·伯服, 繡麒麟·白澤. 文官一品仙鶴, 二品錦鷄, ……"라는 내용이 있거니와 이는 明代 公·侯·駙馬·伯의 常服이다.

148) 帷幔衾裯: 帷幔은 사방을 둘러치는 揮帳이고, 衾裯는 이불과 홑이불로, 이는 휘장과 이부자리를 가리킨다.

149) 白金은 銀을 가리킨다.

150) 錦綺紗羅: 錦綺는 여러 빛깔로 무늬를 넣어 짠 비단을 일컫고, 紗羅는 가볍고 엷은 명주와 삼으로 만든 織物로, 이는 여러 무늬를 넣어 짠 엷고 가벼운 비단을 일컫는다.

151) 渾金文綺: 아직 製鍊되지 않은 금으로 무늬를 놓은 비단을 일컫는다.

152) 金織通袖膝襴: 金絲로 소매와 무릎부분에 무늬를 織造하여 만든 내리닫이 옷을 말한다.

153) 永樂 9년(1411) 9월의 일로, 이에 관한 내용은 『太宗實錄』 卷119 永樂 9년 9월 癸酉條에도 상세히 記載되어 있다.

154) 龍江은 南京 金川門 밖의 長江에 연해있는 지역을 가리키는데, 지금의 南京市 挹江門에서 下關에 이르는 지역이며, 이곳에 설치한 驛站을 말한다.

155) 龍潭은 南京의 서북쪽에 위치하며, 句容縣 북쪽으로 80里에 위치하고 長江에 연해있는 지역으로, 이곳

다.[156] [영락] 10년(1412) 여름에 왕의 조카가 입조하여 [은혜에] 사례하였다.[157] 귀국하겠다고 하자 환관 감천(甘泉)에게 같이 가도록 명하였는데,[158] 오래지 않아 또 입조하여 방물을 바쳤다.[159]

十二年, 王子母幹撒于的兒沙來朝, 告其父訃. 卽命襲封, 賜金幣. 嗣後, 或連歲, 或間歲入貢以爲常.

[영락] 12년(1414)에 왕자 모간살우적아사(母幹撒于的兒沙, 재위 1414~1424)[160]가 내조하여 아버지가 세상을 떠났다는 소식을 고하였다. 이에 세습하여 [그를 국왕에] 봉하도록 명하고, 금폐(金幣)[161]를 하사하였다.[162] 그 후로 매 해, 혹은 해를 걸러 입조하여 공물을 바치기를 상례(常例)로 했다.

十七年, 王率妻子陪臣來朝謝恩. 及辭歸, 訴暹羅見侵狀. 帝爲賜敕諭暹羅, 暹羅乃奉詔. 二十二年, 西里麻哈剌以父沒嗣位, 率妻子陪臣來朝.

[영락] 17년(1419)에 왕이 왕비, 왕자, 배신을 이끌고 내조하여 은혜에 사례하였다.[163] 귀국

에 설치한 驛站을 말한다.

156) 『太宗實錄』 卷119 永樂 9년 9월 丙子條 참조.

157) 滿剌加 國王은 永樂 10년(1412) 6월에 그의 조카 西里撒麻剌札牙를 사신으로 보냈다. 『太宗實錄』 卷129 永樂 10년 6월 壬申條 참조.

158) 永樂 10년(1412) 9월의 일이다. 『太宗實錄』 卷132 永樂 10년 9월 丁酉條 참조.

159) 永樂 11년(1413) 8월에 滿剌加 國王은 조카인 賽的剌者를 비롯하여 165명을 보내 方物을 바쳤다. 『太宗實錄』 卷142 永樂 11년 8월 壬申條 참조.

160) 母幹撒于的兒沙: 말라카 왕국 제2대 술탄으로 므갓 이스칸다르 샤(Megat Iskandar Shah)로 불린다.

161) 金幣: 金貨, 즉 금으로 만든 돈을 말한다.

162) 永樂 12년(1414) 9월의 일이다. 『太宗實錄』 卷155 永樂 12년 9월 壬辰條 참조.

163) 永樂 17년(1419) 9월의 일이다. 『太宗實錄』 卷216 永樂 17년 9월 丙午條 참조. 그런데 實錄의 기록에 이 당시 來朝한 滿剌加 國王은 亦思罕答兒沙라 기록되어 있고, 또 『殊域周咨錄』 卷8 「滿剌加」條에 "[永樂] 十七年, 國王亦思罕答兒沙嗣立. 復率妻子入朝"라 기재되어 있거니와 暹羅 國王에 내린 칙서의 내용

하겠다고 말하면서 섬라가 침략하려는 정황이 보인다고 호소하였다. 황제는 이를 위해 칙서를 내려 섬라를 효유하니, 섬라는 곧 유지를 받들었다.[164] [영락] 22년(1424)에 서리마합랄(西里麻哈剌, 재위 1424~1444)[165]은 부왕(父王)이 죽자 왕위를 잇고 왕비와 왕자, 배신을 이끌고 내조하였다.[166]

宣德六年遣使者來言:「暹羅謀侵本國, 王欲入朝, 懼爲所阻, 欲奏聞, 無能書者, 令臣三人附蘇門答剌貢舟入訴.」 帝命附鄭和舟歸國, 因令和齎敕諭暹羅, 責以輯睦隣封, 毋違朝命. 初, 三人至, 無貢物, 禮官言例不當賞. 帝曰:「遠人越數萬里來愬不平, 豈可無賜.」遂賜襲衣·綵幣, 如貢使例.

선덕(宣德)[167] 6년(1431)에 사신을 보내와 아뢰기를, "섬라가 본국을 침략하려고 하여 왕이 입조하고자 하오나 [그들이 침략해 올까] 두려워 주저하옵고, 천자께 아뢰고자 해도 [주문(奏文)을] 능히 쓸 수 있는 자가 없어 신하 3명에게 명하여 소문답랄(蘇門答剌)[168]의 조공선

에도 "比者, 滿剌加國王亦思罕答兒沙嗣立, 能繼乃父之志, 躬率妻子詣闕朝貢, ……(『太宗實錄』卷217 永樂 17년 동10월 癸未條)"라 하여, 亦思罕答兒沙가 왕위를 계승한 것으로 되어 있다. 그러나 永樂 18년(1420) 9월에 滿剌加 國王 母幹撒于的兒沙가 段姑麻剌什的을 사신으로 보냈다는 기록이 있고, 또 일반적으로 말라카 술탄의 계보에 亦思罕答兒沙가 보이지 않음을 보면, 구체적인 사실관계를 확인할 수 없지만 당시 국왕은 여전히 母幹撒干的兒沙였고, 亦思罕答兒沙가 당시 滿剌加 國王이었다는 것은 착오가 아닌가 한다.

164) 永樂 17년(1419) 10월에 永樂帝는 暹羅 國王 三賴波磨剌札的에게 勅書를 내렸다. 칙서의 내용은 『太宗實錄』卷217 永樂 17년 동10월 癸未條 참조.

165) 西里麻哈剌: 母幹撒于的兒沙의 아들이며, 말라카 왕국 제3대 술탄으로, 무함맛 샤(Muhammad Shah)로 불리고, 일반적으로는 라자 텡가(Raja Tengah)로 알려져 있다.

166) 永樂 22년(1424) 3월의 일이다. 『太宗實錄』卷269 永樂 22년 3월 丁酉條 참조. 『殊域周咨錄』卷8 「滿剌加」條의 기록에는 "[永樂] 二十年, 其子西哩麻哈剌以父新歿, 率其妃及陪臣至闕朝貢"이라 하고 있거니와 西里麻哈剌이 내조한 것은 永樂 20년(1422)으로 되어 있는데, 이는 잘못인 것으로 보인다.

167) 宣德: 명 왕조 5대 황제인 宣宗 朱瞻基의 年號임.

168) 蘇門答剌: 인도네시아 서쪽에 있는 큰 섬으로 蘇門答臘이라고도 하며, 지금의 수마트라(Sumatra)이다. 5세기 경 이 섬 남부의 占碑(Jambi)와 巨港(Palembang) 사이에 干陀利(Kantoli) 國이 세워졌지만 7世紀 中葉에 이를 대신해서 室利佛逝(Srivijaya) 王國이 흥기하여, 巨港 一帶를 중심으로 수마트라, 말레이 반도, 婆羅洲 서부에 걸쳐 패권을 장악했다. 이후 10세기 초에 이 나라는 三佛齊로 개칭을 하였고,

에 딸려 보내 호소하게 했나이다"라고 했다.

황제는 [사신을] 정화의 배에 딸려 귀국토록 명하고, 이에 정화에게 칙서를 가지고 가 섬라를 효유하도록 했는데, 인근의 봉국(封國)과 화목하게 지내고 조정의 명을 어기지 말도록 꾸짖었다. 당초(當初)에 3명이 이르렀지만 공물이 없자 예부의 관원은 전례에 따라 상을 내림이 합당하지 않다고 말하였다. [그러나] 황제는 이르기를, "원방(遠方)의 사람이 수만리를 건너 와 불평을 하소연한다고 해서 어찌 사여물이 없을 수 있겠는가!"라고 했다. 마침내 습의·채폐를 조공사신의 예(例)에 따라 내렸다.[169]

八年，王率妻子陪臣來朝．抵南京，天已寒，命俟春和北上，別遣人齎敕勞賜王及妃．洎入朝，宴賚如禮．及還，有司爲治舟．王復遣其弟貢駝馬方物．時英宗已嗣位，而王猶在廣東．賜敕奬王，命守臣送還國．因遣古里·眞臘等十一國使臣，附載偕還．

[선덕] 8년(1433)에 왕이 왕비, 왕자, 배신을 이끌고 내조하였다. 남경에 이르렀으나 기후가 이미 추워져서 따뜻한 봄을 기다려 상경(上京)하도록 명하고, 따로 사람을 보내 칙서를 가지고 가서 왕과 왕비에게 노고를 위로하였다.[170] [그들이] 입조하였을 때에 예제(禮制)에 따라 연회를 베풀고 상을 내렸다.[171] 돌아갈 때에 담당 관원은 그들을 위해 배를 손질하였다. 왕은 다시 그의 동생을 보내 타마(駝馬)[172]와 방물을 바쳤다.[173] 이 때 영종(英宗)[174]이 이미 황제

이후 중국과 통교를 하였으며, 11세기 말 爪哇의 침략을 받아 占碑로 천도하였으나 결국 1397년 마자파힛(Majapahit)에게 멸망당하였다. 이후 이곳에 蘇門答剌 國이 들어서는데, 이는 13세기에 八昔(Parsei) 河口에 세워진 須文達那 國이 13세기 말에 改稱한 나라라고 하지만 확인되지는 않는다. 소문답랄 국은 明初부터 중국에 사신과 방물을 보내 通交를 계속 이어왔다. 그러나 16세기 말 王을 시해하고 簒位를 하는 등의 내란으로 인해 수마트라의 북쪽에서 새로 강자로 부상한 亞齊(Aceh) 酋長國에 의해 멸망당하였다.

169) 宣德 6년(1431) 3월의 일로, 巫寶赤納 等이 사신으로 왔다. 이상의 내용과 暹羅에 내린 詔勅의 내용은 『宣宗實錄』 卷76 宣德 6년 3월 壬寅條 참조.

170) 宣德 8년(1433) 10월의 일이다. 『宣宗實錄』 卷106 宣德 8년 동10월 丙寅條 참조.

171) 宣德 9년(1434) 4월에 滿剌加 國王 西里麻哈剌은 그의 동생과 배신 등 228명을 이끌고 경사에 이르렀다. 『宣宗實錄』 卷110 宣德 9년 하4월 乙丑條 참조.

172) 駝馬: 馳馬라고도 하며, 낙타와 말을 일컬음.

173) 宣德 10년(1435) 3월의 일로, 滿剌加 國王은 그의 동생 剌殿把剌을 사신으로 보냈다. 『英宗實錄』 卷3

위를 이었고, 왕은 여전히 광동에 있었음으로 칙서를 내려 왕에게 표창하였으며, 수신에게 명하여 [그들] 나라에 호송하여 돌려보내도록 하였다. 고리(古里)[175]·진랍(眞臘)[176] 등 11개 나라의 사신들이 왔었는데, [이들을] 동승시켜 모두 되돌려 보냈다.[177]

宣德 10년 3월 乙酉條 참조.

174) 英宗(1427~1464; 재위 1435~1449, 1457~1464): 宣德帝의 장남으로, 이름은 朱祁鎭이며, 명 왕조 6대와 8대 황제에 즉위한 인물이다. 그는 부친인 선덕제가 재위한 지 10년만인 1435년에 젊은 나이로 세상을 떠났기 때문에 겨우 8살의 나이로 황제위에 올랐으며, 正統이라는 연호를 제정하였다. 비록 어려서 즉위했으나 어진 宰相으로 평판이 높았던 楊士奇·楊榮·楊溥 등 이른바 '三楊'이 잘 보필함으로써 정치상 큰 문제는 없었다. 그러나 이들이 죽거나 늙어 정무를 감당할 수 없게 되면서 司禮太監 王振이 권력을 독점하게 되었다. 이때부터 여러 문제들이 야기되었는데, 특히 正統 14년(1449)에 오이라트의 에센(也先)이 명을 공격했을 당시 英宗은 왕진의 권유로 친정을 하다 土木堡에서 敗績하여 포로로 잡혀가게 되었다. 이듬해에 生還해 돌아왔지만 배다른 동생으로 새로운 황제가 된 景宗에게 幽閉를 당하였다. 그러나 景泰 8년(1457)에 그를 추종하던 廷臣과 宦官들이 이른바 '奪門의 變'이라는 政變을 일으켜 그는 재차 황제에 즉위하였으며, 天順이라는 年號를 제정하고 통치에 임하였다. 그러나 그의 두 번째 재위도 8년만인 1464년에 그가 세상을 떠남으로 끝이 났다. 그의 謚號는 睿皇帝이며, 陵은 裕陵이다.

175) 古里: 宋代에는 南毗國(Namburi)이라고 했고, 元代의 『島夷誌略』에는 古里佛이라고 기재되어 있으며, 명대의 『瀛涯勝覽』에는 古里라 기재되어 있다. 그런데 『殊域周咨錄』을 보면, 고리국을 西洋고리국으로 칭한다고 하였다(『殊域周咨錄』 卷8 「鎖里·古里」條 참조). 이 나라의 영토는 대략 지금의 인도 서남쪽 Kozhikode 일대이다. 이 나라의 원래 이름은 Kallikot이었는데, 古里는 그것을 줄여서 음역한 것이다. 후에 유럽인들이 Calicut이라 불렀다. 고리와 중국의 관계는 당대부터 시작되었다. 이 지역은 해상교통의 요충지로, 중국은 이곳을 주요한 전진기지로 삼았는데, 인도산 면화와 옥양목의 집산지로서의 대규모 무역항 역할을 하였다. 명대에 고리의 군주는 1405~1419년 사이에 남경과 북경에 외교사절을 꾸준히 파견하였고, 그들이 보낸 사절단이 자금성 낙성식에 참여하여 영락제에게 귀한 말을 선물하기도 했다(개빈 맨지스, 2004: 114~115).

176) 眞臘: 6세기 메콩강 중앙 유역에서 일어난 크메르족의 나라를 일컫는다. 진랍은 초기에 扶南(Funan)의 속국이었으나, 차츰 강대해져 7세기에는 역으로 부남을 병합하였고, 중국 수나라에 조공하였다. 그러나 8세기 무렵에 한때 水眞臘과 陸眞臘으로 분열되었으나 8세기 말 자야바르만 2세(Jayavarman II)에 의해 통일이 되어 크메르 왕국이 건설되었다. 이 왕국은 1432까지 이어지는데, 이 시대에 앙코르 와트(Angkor Wat), 앙코르 톰(Angkor Thom) 등이 건설되었기 때문에 앙코르시대라고도 한다(최병욱, 2006: 90~108). 그러나 14세기 후반부터 타이의 아유타야 왕조가 진랍으로 쳐들어와, 1432년에 앙코르 왕국은 앙코르를 포기하고, 남쪽 메콩강 유역의 프놈펜(Phnom Penh)으로 천도하였다(최병욱, 2006: 210). 이후 진랍이란 명칭은 더 이상 사용되지 않게 되었으며 16세기 후반부터는 캄보디아란 이름이 사용되었다.

177) 宣德 10년(1435) 4월의 일로, 勅書의 내용은 『英宗實錄』 卷4 宣德 10년 하4월 壬寅朔條 참조바람.

正統十年，其使者請賜王息力八密息瓦兒丟八沙護國敕書及蟒服·傘蓋，以鎭服國人．又言：「王欲親詣闕下，從人多，乞賜一巨舟，以便遠涉．」帝悉從之．

정통(正統)178) 10년(1445)에, 그 나라 사신이 왕인 식력팔밀식와아주팔사(息力八密息瓦兒丟八沙, 재위 1444~1446)179)에게 호국(護國)의 칙서와 망복(蟒服)180)·산개(傘蓋)181)를 하사해 주시어 백성들을 편안하게 다스릴 수 있도록 청하였다. 또 이르기를, "왕이 친히 대궐에 이르려고 하는데 따르는 사람들이 많으므로 멀리서 오는데 편하도록 한 척의 큰 배를 하사해 주기를 청하나이다"라고 하니, 황제는 모두 이를 허락하였다.182)

景泰六年，速魯檀無答佛哪沙貢馬及方物，請封爲王．詔給事中王暉往．已，復入貢，言所賜冠帶毀於火．命制皮弁服·紅羅常服及犀帶紗帽予之．

경태(景泰)183) 6년(1455)에, 속노단무답불나사(速魯檀無答佛哪沙, 재위 1446~1459)184)

勅書의 내용 가운데, 明朝에서 大八櫓船을 내어준 것은 만랄가 국왕을 還國시키기 위함이며, 다만 여기에 古里國 등 11개국 사신을 "附載同回"케 했다는 기록이 있는데, 이 내용을 바탕으로 당시 명조와 만랄가국의 관계가 다른 나라에 비해 매우 밀접하였음을 보여준다는 지적도 있다(萬明, 2005: 47).

178) 正統: 명 왕조 6번째 황제인 英宗 朱祁鎭의 연호이다. 영종은 중국 황제 가운데 유일하게 1435년~1449년과 1457년~1464년에 걸쳐 두 번 재위했는데, 그 첫 번째 시기의 연호가 정통이며, 두 번째 시기의 연호는 天順이다.

179) 息力八密息瓦兒丟八沙: 말라카 왕국 제4대 술탄으로, 아부 샤힛 샤(Abu Syahid Shah)로 불린다. 그는 이슬람교를 대신 힌두교를 신봉함으로써 결국 재위 18개월만에 타밀(Tamil)의 무슬림(Muslim)인 벤다하라(Bendahara)에 의해 살해되었다.

180) 蟒服: 용의 무늬가 있는 明代의 官服으로, 袞龍袍에 있는 무늬보다 용의 四肢에 있는 발톱 수가 하나가 적다. 蟒服에 있는 용의 수도 官品에 따라 다르다.

181) 傘蓋: 긴 손잡이가 있는 우산형태의 儀仗物로, 傘面 바깥으로는 수술이 달려있다.

182) 正統 10年(1445) 3월의 일로, 滿剌加國 사신 謨者那가 이를 청하였다. 『英宗實錄』 卷127 正統 10년 3월 壬寅條 참조.

183) 景泰: 명 왕조 7대 황제인 景宗 朱祁鈺의 年號임.

184) 速魯檀無答佛哪沙: 무함맛 샤(Muhammad Shah)의 아들로, 말라카 제5대 술탄에 올랐으며, 무자파르 샤(Muzaffar Shah)로 불린다.

가 말과 방물을 바치면서 왕으로 봉해주기를 청하였다.185) 급사중 왕휘(王暉)에게 조서를 내려 사신으로 가도록 했다.186) 얼마 안 되어 다시 입공하여 말하기를, 하사해 준 관대가 불에 타 훼손되었다고 하였다. [이에] 가죽으로 만든 변복(弁服)187)·홍라상복(紅羅常服)188) 및 서대(犀帶)189)와 사모(紗帽)190)를 그에게 주도록 명하였다.191)

天順三年，王子蘇丹芒速沙遣使入貢，命給事中陳嘉猷等往封之．越二年，禮官言：「嘉猷等浮海二日，至烏豬洋，遇颶風，舟壞，飄六日至清瀾守御所獲救．敕書無失，諸賜物悉沾水．乞重給，令使臣復往．」從之．

천순(天順)192) 3년(1459)에, 왕자 소단망속사(蘇丹芒速沙, 재위 1459~1477)193)가 사신을

185) 景泰 6년(1455) 5월의 일로, 滿剌加 國王 速魯檀無答佛哪沙는 哪吽 등을 보내 來朝하여 방물을 바치게 했다. 『英宗實錄』 卷253 景泰 6년 5월 己未條 참조.

186) 『殊域周咨錄』 卷8 「滿剌加」條의 기록에 "景泰中, 王子無答佛哪沙請封. 遣兵科給事中王暉往封之"라 되어 있거니와 明朝는 兵科給事中 王暉를 보내 速魯檀無答佛哪沙를 滿剌加 國王에 冊封하였다.

187) 弁服: 冕服 다음가는 禮服으로, 황제가 政事를 보거나 문관이 公事를 행할 때 입는 鹿皮로 만든 복장이며, 唐代 이후로 爵位와 品階에 따라 그 등급이 정해졌다.

188) 紅羅常服: 常服은 황제나 문무백관이 평상시 집무할 때 입는 옷으로, 붉은 비단으로 만든 常服을 말하는데, 黃色은 황제가, 붉은 색의 常服은 일반적으로 1품에서 4품관이 입는 官服이다.

189) 犀帶: 通犀帶의 略稱으로, 通犀라고도 하며, 관료들이 의장을 갖출 때 허리에 두른 띠를 말한다. 일반적으로는 무소의 뿔로 만든 장식을 붙였으나 洪武 3년(1370)에 이에 대한 제도가 정해져, 一品官은 玉帶, 二品官은 花犀帶를 착용하는 등 관품에 따라 그 재질과 문양을 달리했다.

190) 紗帽: 沙帽라고도 하며, 문무백관이 관복을 입을 때 갖추어 쓴 絹紗로 만들어진 모자를 말한다. 北齊시대에는 宮內에서 황제만이 紗帽를 썼던 것이지만 隋代에 와서는 신하들까지도 이를 쓰게 되었다.

191) 景泰 6年(1455) 7月에 端麻古淩釘이 사신으로 와 이같이 아뢰었다. 『英宗實錄』 卷256 景泰 6년 추7월 丙申條 참조.

192) 天順: 명 왕조 8대 황제인 英宗 朱祁鎭의 年號이다. 영종은 명 왕조 6대 황제였지만 '土木堡의 變'으로 몽골에 포로로 잡혀갔다가 生還하여, 天順 元年(1457)에 이른바 '奪門의 變'이라는 政變을 통해 경태제를 이어 8대 황제로 재차 즉위하였고, 이때 天順이라는 연호를 새롭게 제정하여 사용하였다. 洪武帝가 1世 1元制를 확립하면서 명 왕조의 황제는 각기 하나만의 연호를 제정해 사용했지만, 이와 같이 英宗은 이전에 사용한 '正統'이라는 연호와 더불어 '天順'이라는 연호를 제정하여 사용하게 되었던 것으로, 명청시대 황제 가운데 2개의 연호를 사용한 황제가 되었다.

193) 蘇丹芒速沙: 무자파르 샤(Muzaffar Shah)의 아들로 말라카 제6대 술탄에 올랐으며, 만수르 샤(Mansur

보내 입조하여 공물을 바치자[194] 급사중 진가유(陳嘉猷)[195] 등에게 명하여 [그 나라에] 가서 그를 [왕에] 봉하도록 했다.[196] 2년이 지나 예부의 관원이 아뢰기를, "진가유 등이 항해한 지 이틀 만에 오저양(烏豬洋)[197]에 도착했는데, 태풍을 만나 배가 파손되어 6일간 표류하다가 청란(淸瀾)[198]에 이르러 수어소(守御所)[199]의 구조를 받았습니다. 칙서는 잃어버리지 않았으나 여러 하사물은 모두 물에 젖었다고 합니다. 다시 [이를] 보내주기를 청하오니 사신을 다시 보내도록 하십시오"라고 하니, 이를 허락하였다.[200]

成化十年, 給事中陳峻冊封占城王, 遇安南兵據占城不得入, 以所齎物至滿剌加, 諭其王入貢. 其使者至, 帝喜, 賜敕嘉獎. 十七年九月, 貢使言:「成化五年, 貢使還, 飄抵安南境, 多被殺, 餘黥爲奴, 幼者加宮刑. 今已據占城地, 又欲呑本國. 本國以皆爲王臣, 未敢與戰.」適安南貢使亦至, 滿剌加使臣請與廷辨. 兵部言事屬旣往, 不足深較. 帝乃因安南使還, 敕責其王, 幷諭滿剌加, 安南復侵陵, 卽整兵待戰. 尋遣給事中林榮·行人黃乾亨冊封王子馬哈木沙爲王. 二人溺死, 贈官賜祭, 予廕, 恤其家, 餘敕有司海濱招魂祭, 亦恤其家. 復遣給事中張晟·行人左輔往. 晟卒於廣東,

---

Shah)로 불린다.

194) 天順 3년(1459) 6월의 일이다.『英宗實錄』卷304 天順 3년 6월 戊午條 참조.

195) 陳嘉猷(?~1467): 字는 世用이며, 浙江 餘姚縣人이다. 景泰 辛未年 進士로 禮科給事中이 되어 만랄가에 사행하였으며, 이후 通政司 左參議를 거쳐 右通政에 올랐으나 成化 3년(1467)에 세상을 떠났다.

196) 天順 3년(1459) 8월의 일로, 給事中 陳嘉猷를 正使, 行人 彭盛을 副使로 滿剌加國에 보냈다. 이들이 가지고 간 勅書의 내용 등은『英宗實錄』卷306 天順 3년 8월 丙寅條 참조바람.

197) 烏豬洋: 광동 廣海衛 소속의 上川島 앞바다를 가리킴. 上川島 앞바다에 조그만 섬에 烏豬山이 있다.

198) 淸瀾: 광동 文昌縣 동남 35里에 위치하고, 사방이 산으로 둘러싸인 험준한 곳이다. 南海로 통하는 곳으로 수심이 깊고, 항구에는 珊瑚와 暗礁가 있다. 항구 남쪽에 淸瀾所가 있는데, 이는 이곳에 설치된 守禦千戶所를 말한다.

199) 守禦所: 守禦千戶所를 말한다. 明의 軍制의 하나로 洪武 23년(1390)에 전국에 衛所制度가 설립되었다. 각 省의 都指揮使司의 관할 하에 몇 개의 衛가 설치되고, 그 밑에 일정의 千戶所와 百戶所가 설치되었는데, 이들 천호소 가운데 어느 한 곳에 單獨으로 주둔하여 직접 都指揮使司가 관할하는 千戶所를 守禦千戶所라 부른다.

200) 天順 5년(1461) 3월의 일로, 당시 禮部尙書 石瑁가 이와 같이 奏請하였다.『英宗實錄』卷326 天順 5년 3월 戊午條 참조.

命守臣擇一官爲輔副, 以終封事.

성화(成化)[201] 10년(1474)에 급사중 진준(陳峻)이 [칙서를 가지고 가] 점성왕(占城王)을 책봉하고자 했으나,[202] 안남의 군대가 점성을 점거하여 들어갈 수 없게 되자,[203] 가져간 물건을 가지고 만랄가에 이르러서, 그 왕에게 유지를 내려 입공하도록 했다.[204] 그 나라 사신이 입조하자 황제는 기뻐하며 칙서를 내리고 칭찬하여 포상하였다.[205] [성화] 17년(1481) 9월에 조공사신이 아뢰기를, "성화 5년(1469)에 조공사신이 귀환하는 중에 안남의 국경에 표착(漂着)하였는데, 대부분이 살해되고 남은 자는 얼굴에 입묵(入墨)[206]되어 노예가 되고, 어린 아이에게는 궁형(宮刑)이 가해졌습니다. 지금 이미 점성의 영토는 점거되었고 또 본국을 병탄(倂呑)시키려고 합니다. 본국은 모두 왕의 신하가 되어 감히 싸우고자 하지 않습니다"라고 했다.

마침 그 때 안남국의 조공사신도 이르렀는데, 만랄가 사신이 조정에서 같이 논쟁할 것을 청하였지만 병부(兵部)는 사안이 이미 일어난 일에 속하므로 잘잘못을 따질 필요가 없다고 말하였다. 황제는 곧 안남의 사신이 돌아가려 하자 칙서를 내려 그 나라 왕을 꾸짖고, 아울러 만랄가에도 유지를 내렸는데, 안남이 다시 침범한다면 즉시 군대를 정비하여 싸움에 임할 것이라고 했다.[207] 이윽고 급사중 임영(林榮)[208]·행인 황건형(黃乾亨)을 보내 왕자인 마합목

---

201) 成化: 명 왕조 9대 황제인 憲宗 朱見深의 年號임.

202) 成化 8년(1472)에 占城의 임시 국왕인 槃羅茶悅이 국왕의 승계를 승인해줄 것과 印符를 내려줄 것을 청하자 禮部에서 正統 연간(1436~1449)의 예를 준용할 것을 건의하였으며, 이에 工科右給事中 陳峻과 行人司行人 李珊을 파견하였다. 『憲宗實錄』卷105 成化 8년 6월 丁亥條 참조.

203) 安南은 成化 7년(1471)에 占城을 공격하여 그 나라 왕 盤羅茶全를 포로로 붙잡았으며, 3년이 지나 다시 점성을 공격하여 그 나라 왕 盤羅茶悅을 포로로 잡고 정복하였고, 마침내 그 나라를 交南州로 명칭을 바꾸었다. 『明史』卷321 「安南傳」 참조.

204) 成化 10년(1474) 12월의 일로, 당시 占城은 安南에 이미 정복되어 交南州로 그 명칭이 바뀌었다고 한다. 이에 관한 내용은 『憲宗實錄』卷136 成化 10년 12월 乙未條 참조바람.

205) 成化 11년(1475) 5월에 滿剌加는 端馬密 등을 사신으로 보내 表文을 올리고 方物을 바쳤다. 『憲宗實錄』卷141 成化 11년 5월 甲寅條 참조.

206) 入墨: 먹물로 살 속에 글씨나 그림을 새겨 넣는 것을 말하며, 刺文이라고도 하는데, 고대시대 이래 죄인에게 가하는 형벌 중의 하나로 행해졌다.

207) 成化 17년(1481) 9월에 만랄가국 사신인 端亞媽剌的那査 등이 來朝하여 위와 같이 진언하였다. 본문과

사(馬哈木沙, 재위 1477~1488)[209]를 왕으로 봉하고자 했다.[210] [그런데] 두 사람이 [사신으로 가는 도중에] 익사하여 관직을 추증(追贈)하고 제(祭)를 지내도록 했고, 그 가문[의 자손]에게 관직을 내리고 구휼을 하였으며, 나머지 사람에게는 담당 관원에게 칙서를 내려 바닷가에서 초혼제(招魂祭)[211]를 지내도록 하고, 또한 그 집안을 구휼토록 하였다.[212] 다시 급사중 장성(張晟)과 행인 좌보(左輔)를 보냈다. [그런데] 장성이 광동에서 죽자, 수신에게 명하여 한 명의 관리를 택하여 좌보의 부사(副使)로 삼도록 했으며, 이로써 책봉의 임무를 마쳤다.[213]

正德三年, 使臣端亞智等入貢. 其通事亞劉, 本江西萬安人蕭明擧, 負罪逃入其國, 賂大通事王永·序班張字, 謀往浡泥索寶. 而禮部吏侯永等亦受賂, 僞爲符印, 擾郵傳. 還至廣東, 明擧與端亞智輩爭言, 遂與同事彭萬春等劫殺之, 盡取其財物. 事覺, 逮入京. 明擧淩遲, 萬春等斬, 王永減死罰米三百石, 與張字·侯永幷戍邊, 尙書白鉞以下皆議罰. 劉瑾因此罪江西人, 減其解額五十名, 仕者不得任京職.

정덕 3년(1508)에 사신 단아지(端亞智) 등이 입조하여 공물을 바쳤다.[214] 그들의 통역을 맡은 아유(亞劉)는 본래 강서성 만안(萬安)[215] 사람인 소명거(蕭明擧)였는데, 죄를 짓고 그 나라로 도망쳤으며, 대통사(大通事)[216]인 왕영(王永)과 서반(序班)[217]인 장자(張字)에게 뇌

관련한 상세한 내용은 『憲宗實錄』 卷219 成化 17년 9월 壬申條 참조바람.

208) 『殊域周咨錄』 卷8 「滿剌加」條의 내용 가운데 "上命禮科給事中林榮爲正使, 行人黃乾亨爲副使往封之"라는 기록에서 林榮은 당시 禮科給事中임을 알 수 있다.

209) 馬哈木沙: 만수르 샤(Mansur Shah)의 아들로 말라카 왕국 제7대 술탄에 즉위했으며, 알라우딘 리아얏 샤(Alauddin Riayat Shah)로 불린다.

210) 成化 17년(1481) 7월의 일이다. 『憲宗實錄』 卷217 成化 17년 추7월 辛丑條 참조. 그런데 『殊域周咨錄』 卷8 「滿剌加」條에는 成化 14년(1478)의 일로 기록되어 있는데, 이는 잘못으로 보인다.

211) 죽은 사람의 魂靈을 慰勞하는 祭祀

212) 成化 19년(1483) 12월의 일로, 禮科給事中인 林榮에게는 都給事中을, 行人 黃乾亨에게는 司副를 贈했으며, 이들의 아들 1명씩을 國子監生으로 하였다. 이에 대한 상세한 내용은 『憲宗實錄』 卷247 成化 19년 12월 乙丑條 참조바람.

213) 이에 관한 내용은 『憲宗實錄』 卷252 成化 20년 5월 乙巳條 및 卷269 成化 21년 8월 丁未條 참조바람.

214) 正德 3년(1508) 12월의 일이다. 『武宗實錄』 卷45 正德 3년 12월 庚午條 참조.

215) 萬安: 明代 강서성 吉安府 소속의 縣으로, 唐代에 萬安鎭으로 설치되었다가 宋代에 縣으로 승격되었다.

물을 주고 발니로 가 보물을 찾자고 모의하였다. 그리고 예부의 관리인 후영(侯永) 등도 뇌물을 받고 거짓으로 부인(符印)[218]을 만들어 주어 역참(驛站)[219]을 어지럽혔다. 돌아와 광동에 이르러서 소명거는 단아지 무리들과 언쟁을 하였는데, 드디어 통역사인 팽만춘(彭萬春) 등과 함께 이들을 겁살(劫殺)하고 그들의 재물을 모두 취하였나. 일이 발각되어 경사에 붙잡혀 들어와 소명거는 능지(凌遲)를 당하고, 팽만춘은 참형(斬刑)에 처해졌으며, 왕영은 사형을 감면받은 대신 쌀 300석(石)의 벌을 받고, 장자와 후영은 변방에 충군(充軍)[220]되고, 상서(尙書)인 백월(白鉞)[221] 이하 모두는 재판에 회부되었다.[222] 유근(劉瑾)[223]은 이 일로 강서인(江西人)에게 죄를 주어 과거 응시자의 수를 50명 줄였고, 벼슬하는 자도 경직(京職)에 임명될

---

216) 大通事: 명청시대에 會同館에 通譯의 일을 맡는 通事序班을 두었고, 이를 通事 혹은 序班이라고 불렀는데, 大通事는 이들 중 우두머리를 일컫는다.

217) 序班: 明代 朝廷儀禮의 侍班, 齊班, 糾儀와 傳贊 등의 일을 맡은 從九品職이다. 鴻臚寺의 屬官으로 司儀, 司賓 兩府署에 각기 50명을 두었으나, 嘉靖 36년(1557)에 8명을 없앴다가 萬曆 11년(1583)에 다시 6명을 設하였다(『明史』 卷74 「職官志」3, 鴻臚寺條). 그런가 하면 翰林院 소속의 四夷館에도 序班을 두어 조공국에서 올린 表文을 번역하고, 번역을 학습하는 학생을 양성하였으며, 會同館에도 通事序班을 두어 통역의 일을 맡도록 했는데, 張字는 회동관의 통사서반이었다. 특히, 명대에 회동관의 통사서반에는 본국 언어를 잘하는 본국인을 사용하는 경우가 많았다. 예컨대 조선의 통사서반의 경우 거의가 조선출신의 東寧衛人이었다(鄭惠仲, 2010: 54~55).

218) 符印: 符節·印信 등 증빙문서를 總稱하며, 符信이라고도 하는데, 木片이나 竹片에 글을 쓰고 證印을 찍은 후에 두 쪽으로 나누어 각기 보관하였다가 후일에 서로 맞추어 증거로 삼았다.

219) 驛站: 驛傳을 말한다. 명대에는 北京을 중심으로 7大 路程이 있었는데, 이 路程에 따라서 馬驛·水驛·遞運所·急遞所의 4種의 驛傳이 있었다. 또한 이 驛傳은 內地의 驛傳과 邊地의 驛傳이 있었다.

220) 充軍이란 죄를 범한 자를 衛所로 보내어 軍士로서 사역시키는 것을 말한다.

221) 白鉞(1454~1510): 字는 秉德이며, 河北 南宮人이다. 成化 연간(1465~1487)의 進士로 編修를 제수받았고, 正德 3년(1508)에 禮部尙書에 올랐으며, 正德 5년(1510)에는 太子少保가 되어 內閣學士를 겸임하였고, 詹事府의 일을 담당했다. 죽어서 太子太保를 贈받았고, 諡號를 文裕라 했다.

222) 이 때 관련자 중 提督市舶司의 內官인 潘忠만이 특별히 용서받았다. 이에 관한 상세한 내용은 『武宗實錄』 卷59 正德 5년 춘정월 己卯條 참조바람.

223) 劉瑾(?~1510): 섬서성 興平縣 사람으로 魏忠賢, 王振과 더불어 명대 惡宦官 가운데 한 사람으로 꼽힌다. 원래 姓은 談氏였으나 그를 천거한 태감의 姓을 따서 劉氏로 개성을 하였다. 成化 연간(1465~1487)에 입궁하여 太監이 되었고, 正德 연간(1506~1521)에 武宗의 총애를 받아 司禮監을 관장하였다. 당시 武宗을 같이 모셨던 馬永成·高鳳·羅祥·魏彬·丘聚·谷大用·張永 등과 함께 이른바 '八虎'라 불렸는데, 이들 가운데 유근이 가장 교활하고 잔인하였다. 그는 각종 전횡을 일삼다가 태감 張永에 의해 고발당하여 결국 磔刑에 처해졌다. 『明史』 卷304 「劉瑾傳」 참조.

수 없도록 했다.

後佛郎機强, 擧兵侵奪其地, 王蘇端媽末出奔, 遣使告難. 時世宗嗣位, 敕責佛郎機, 令還其故土. 諭暹羅諸國王以救災恤隣之義, 迄無應者, 滿剌加竟爲所滅. 時佛郎機亦遣使朝貢請封, 抵廣東, 守臣以其國素不列『王會』, 羈其使以聞. 詔予方物之直遣歸, 後改名麻六甲云.

후에 불랑기(佛郎機)가 강성해져 군대를 몰아 그 땅을 침탈하니, 왕 소단마말(蘇端媽末, 재위 1488~1528)[224]은 도망하여 사신을 보내 국난(國難)을 알렸다.[225] 이 때 세종(世宗, 1507~1566; 재위 1521~1566)[226]이 황위를 이었는데, 칙서를 내려 불랑기를 꾸짖고 그들의 옛 땅을 되돌려 주라고 명하였다. 섬라 등 여러 나라 왕에게 재난을 구하고 인방(隣邦)을 구휼해야 한다는 뜻의 유지를 내렸지만[227] 끝내 응해 오는 자가 없었으며, 만랄가는 결국

---

224) 蘇端媽末: 알라우딘 리아얏 샤(Alauddin Riayat Shah)의 아들로 말라카 왕국 제8대 술탄에 올랐으며, 마흐무드 샤(Mahmud Shah)로 불린다. 그의 재위 중인 1511년에 포르투갈의 침략을 받아 왕국은 멸망했으며, 이후 그는 현재 싱가포르 동남쪽의 民丹(Bintan)섬으로 망명하여 포르투갈에 대한 저항운동을 전개했고, 이후 수마트라 동부로 옮겨갔다.

225) 蘇端媽末은 爲昔英을 明에 사신으로 보내, 여러 나라의 王에게 유지를 내려 군대를 보내도록 하여 나라를 회복해주기를 明 황제에게 청하였다. 『世宗實錄』 卷4 正德 16년 추7월 己卯條 참조.

226) 世宗: 憲宗 成化帝의 손자이고, 興獻王 朱祐杬(弘治帝의 동생이며, 正德帝의 숙부)의 아들이며, 정덕제를 이어 명 왕조 12대 황제로 즉위한 朱厚熜이다. 그는 1521년에 부친을 이어 獻王에 올랐지만 같은 해에 정덕제가 후사도 없이 갑자기 崩御함으로 황제위를 이어받았으며, 嘉靖이라 開元하였다. 世宗 嘉靖帝는 즉위하여 정치의 일신을 이루고자했지만 '大禮의 議'라는 사건이 일어나 그 뜻은 좌절이 되고, 이후 道敎에 심취하여 정치에 관심을 쓰지 않음은 물론 궁궐에 세운 道敎의 사원인 萬壽宮에 은거해버렸다. 그러는 동안 嚴崇이 정치의 실권을 장악하게 되고, 그가 정치를 전횡하는 동안 '北虜南倭'라는 외환에 시달리게 되었다. 또한 이 무렵 스페인, 포르투갈 등 유럽 상인들도 중국 연해에 들어와 활동을 했는데, 왜구토벌에 도움을 준 포르투갈 상인에게 마카오 거주를 허락하였거니와 對明 무역활동도 허락하였다. 그는 46년 동안 재위하였지만 국내외로 여러 문제를 안고 있었기 때문에 이렇다 할 치적을 남기지 못하고, 嘉靖 45년(1566)에 60세의 나이로 불로장수의 丹藥에 중독되어 세상을 떠났다. 그의 諡號는 肅皇帝이며, 陵은 永陵이다.

227) 正德 16년(1521) 7월에 兵部는 議論하여 "請敕責佛朗機, 令歸滿剌加之地. 諭暹羅諸夷以救患恤隣之義. ……"라 황제에게 奏請하였고, 世宗은 이를 허락했다. 『世宗實錄』 卷4 正德 16년 추7월 己卯條 참조.

멸망하였다. 그 때 불랑기도 사신을 보내 조공하고 책봉을 청하였는데,[228] [사신이] 광동에 이르자 수신은 본디 그 나라는 『왕회(王會)』[229]에 배열되어 있지 않았으므로 그 사신을 붙잡아두었다고 아뢰었다. 유지를 내려 [사신에게] 방물을 주어 곧 되돌려 보내도록 했는데, 그 후 마육갑(麻六甲)[230]이라고 명칭을 바꾸었다.

滿剌加所貢物有瑪瑙·珍珠·玳瑁·珊瑚樹·鶴頂·金母鶴頂·瑣服·白苾布·西洋布·撒哈剌·犀角·象牙·黑熊·黑猿·白麂·火鷄·鸚鵡·片腦·薔薇露·蘇合油·梔子花·烏爹泥·沉香·速香·金銀香·阿魏之屬.

만랄가가 공물로 바치는 물품은 마노(瑪瑙)[231]·진주·대모·산호수(珊瑚樹)[232]·학정·금모학정(金母鶴頂)[233]·쇄복(瑣服)[234]·백필포(白苾布)[235]·서양포·살합랄(撒哈剌)[236]·서각

228) 佛郎機는 加必丹末을 사신으로 보내 입공하고, 책봉을 청하였다. 『武宗實錄』 卷158 正德 13년 춘정월 壬寅條 참조바람.

229) 王會는 『逸周書』의 「王會」에서 비롯된 것인데, 周나라 때 諸侯, 四夷 혹은 周나라 天子에 조공하는 藩屬國의 王들의 聚會를 말하며, 「王會」에는 이들 나라에 대한 명칭이 나열되어 있다. 明代에도 明朝로부터 王에 책봉되어 조공하는 번속국을 기록하였거니와 본문에서의 『王會』는 명에 조공하는 나라의 명칭을 나열한 책으로 보인다.

230) 麻六甲: 馬六甲이라고도 하며, 말레이어로는 Melaka, 영어로는 Malacca로 音譯된다.

231) 瑪瑙: 玉髓의 일종으로, 광택이 나고 아름다워 器皿이나 裝飾品을 만드는데 사용한다.

232) 珊瑚樹: 珊瑚枝라고도 하고, 紫金牛科의 常綠 小灌木이며, 學名은 *Ardisia pusilla DC.*이다. 높이는 5~8cm이며, 잎은 돌려나고 타원형이다. 따뜻한 지방 해안지대의 숲이나 골짜기에 나는데, 6월에 작은 흰색 꽃이 피고 9월에 붉은 열매가 익어 아름다움으로 관상용 庭園樹로 널리 가꾸며, 타박상, 류머티즘의 약용으로도 쓰인다. 주로 중국 남부, 대만, 일본, 동남아시아 등지의 해발 300m 이하 상록수림에서 자생한다.

233) 金母鶴頂: 鶴頂은 鶴 또는 鶴頂鳥의 머리로, 加工한 후 장식물로 이용되었던 것이며, 金母는 沙金 가운데 큰 것을 뜻하는 것으로, 이는 큰 沙金이 달린 鶴頂을 가리키는 것으로 보인다.

234) 瑣服: 方以智의 『通雅』 「衣服」에 "『外國志』: 答烈, 古大宛也, 有瑣伏花毯. 洪州載織鳥毳爲瑣伏, 又作鎖袱, 今實有瑣服, 自廣舶來, 今廣州人亦能假之, ……"라는 내용이 있는데, 瑣服은 瑣伏, 鎖袱이라고도 하며 새의 깃털로 織造하여 만든 衣料를 말한다.

235) 白苾布: '苾'은 芳香이라는 뜻으로, 이는 좋은 향기가 나는 하얀 織布를 말한다.

236) 撒哈剌: 페르시아어로 Sagheree라 하며, "一種如紅線褐, 名'撒哈剌'"이라고 하고 있거니와(萬明, 2001: 29~30) 撒哈剌은 붉은색 실로 만든 버선모양의 신발을 일컫는데, 홍색과 아울러 연두색도 있다(周連

(犀角)[237]·상아(象牙)[238]·흑웅(黑熊)[239]·흑원(黑猿)[240]·백궤(白麂)[241]·화계(火鷄)[242]·앵무(鸚鵡)[243]·편뇌·장미로(薔薇露)[244]·소합유(蘇合油)[245]·치자화(梔子花)[246]·오다니(烏爹泥)[247]·침향(沉香)[248]·속향(速香)[249]·금은향(金銀香)[250]·아위(阿魏)[251] 등이다.

寬, 1991: 78).

237) 犀角: 무소의 뿔로, 犀牛角이라고도 한다. 이는 각종 角雕品에 이용되어 고대 帝王과 귀족들의 사치품으로 사용되어 왔고, 또 解毒辟邪의 효능이 있다고 하여 帝王이 사용하는 杯盞 등 器皿를 만드는데 이용되었다.

238) 象牙: 일반적으로는 코끼리의 어금니를 말하지만 河馬, 野豬, 海象 등의 어금니도 象牙라 일컫는다. 상아는 예술품을 가공하는 재로나 장식품으로도 사용되었다.

239) 黑熊: 아시아의 黑熊은 일반적으로 온몸의 털이 검고 광택이 나며 가슴에는 흰 털의 반달무늬가 있다. 때문에 月熊·月牙熊·狗熊이라고도 칭하며, 달리 黑瞎子라고도 한다.

240) 黑猿: 여러 원숭이 種의 하나이다. 털이 검은 원숭이로, 개체의 수도 가장 많아 일반적으로 잘 알려져 있으며, 樹上생활을 좋아한다.,

241) 白麂: 일반적으로 노루는 황갈색 혹은 흑갈색의 털을 가지지만 이는 純白色의 털은 가진 노루로, 예로부터 중국에서는 나라의 보물 혹은 神物로 여겨왔다.

242) 火鷄: 七面鳥를 말하며, 이는 북아메리카와 멕시코가 원산지이지만 콜럼버스(Christopher Columbus)가 북아메리카대륙을 발견한 1492년 이후 전 세계에 보급되었다.

243) 鸚鵡: 鸚鵡科에 속하는 새들의 총칭으로, 일반적으로 앵무새라 한다.

244) 薔薇露: 薔薇水라고도 하며, 장미꽃을 水蒸氣로 蒸溜하거나 또는 장미유를 물에 녹이거나 하여 얻는 투명한 液體이다. 이는 芳香이 나고 엷은 황색을 띠는데, 宋代 蔡絛의 『鐵圍山叢談』 卷5에 "采薔薇花蒸氣成水, 則屢采屢蒸, 積而爲香, 此所以不敗, 但異域薔薇花氣馨烈非常, 故大食國 薔薇水雖貯琉璃缶中, 蠟密封其外, 然香猶透徹聞數十步"라는 내용에서와 같이 향기가 강렬하여 유리병에 밀봉하여 보관하며, 약품의 냄새나 맛을 조절하는 데 쓰인다.

245) 蘇合油: 蘇合, 蘇合香이라고도 한다. 『本草綱目』集解의 「蘇合香」條에 "按 寰宇志云, 蘇合油出安南三佛齊諸番國, 樹生膏可爲藥, 以濃而無滓者爲上, 葉廷珪香譜云, 蘇合香油出大食國"이라 하고 있고, 『諸蕃志』 「志物」의 蘇合香油條에 "蘇合香油出大食國, 氣味大抵類篤耨, 以濃而無滓爲上, 蕃人多用以途身, 閩人患大風者亦倣之可合軟香, 及入醫用"이라 하고 있음을 보면, 그 產地는 安南 등 남방제국 및 大食國이며, 나무의 汁을 짜서 만들었고, 약용과 의료용으로 사용했던 것으로 보인다. 馮承鈞의 『諸蕃志』校注에 의하면 蘇合香油는 곧 Storax油이고, 大秦國에서 나오며, 희랍어로는 Sturaz라 하였다. 그리고 『明會典』 卷105 「朝貢」1에 보면, 蘇合油는 每斤 3貫이었다고 한다.

246) 梔子花: 學名은 *Gardenia jasminoides*로, 꼭두서니과(茜草科)에 속하며, 木丹·鮮支·卮子·越桃·水橫枝·支子花·山梔花·黃雞子·黃荑子·黃梔子·黃梔·山黃梔·玉荷花·白蟾花라고도 불린다. 常綠灌木樹로 꽃은 매년 端午節을 전후로 해서 피는데, 6개의 하얀색 꽃잎이 피고, 아름답고 향기가 매우 진하다. 9~10월에는 주황색 열매가 맺는데, 당뇨·지혈·황달·불면증·결막염 등의 약재로 쓰인다.

247) 烏爹泥: 學名은 *Acacia catechu*로, 콩과 아카시아屬에 속하며, 孩兒茶, 烏壘泥라고도 부른다. 印度·臺灣,

有山出泉流爲溪, 土人淘沙取錫煎成塊曰斗錫. 田瘠少收, 民皆淘沙捕魚爲業. 氣候朝熱暮寒. 男女椎髻, 身體黝黑, 間有白者, 唐人種也. 俗淳厚, 市道頗平. 自爲佛郎機所破, 其風頓殊. 商舶稀至, 多直詣蘇門答剌. 然必取道其國, 率被邀劫, 海路幾斷. 其自販於中國者, 則直達廣東香山澳, 接踵不絶云.

산에서 솟아나는 샘은 흘러 개천을 이루는데, 그 지방 사람들은 모래를 일구어 주석(朱錫)[252]을 취했고, 이를 쪄서 덩어리로 만든 것을 두석(斗錫)이라 한다. 밭은 척박하여 수확이

緬甸 및 중국의 廣東·雲南·浙江·廣西 등지의 해발 500~600m의 지구에서 생장한다.『本草綱目』에 보면, 그 제조법은 "用細茶末裝入竹筒中, 堅塞兩頭, 埋汙泥溝中, 日久取出, 搗出, 搗汁熬制, 卽成烏爹泥"라고 하고 있으며, 鼻淵(鼻孔裏常流淸涕)·牙疳口瘡·下疳陰瘡·痔瘡腫痛·脫肛氣熱 등을 치료하는데 사용한다고 한다.

248) 沉香: 沉은 沈의 俗字이다. 南方諸國에서 산출되는 것으로 동아시아에서 焚香의 대표적인 것이다.『本草綱目』釋名 「沈水香·密香」條에 "木之心節置水則沈, 故名沈水, 亦曰水沈半沈者爲棧香, 不沈者爲黃熟香. 南越志言, 交州人稱爲密香, 謂其氣如密脾也. 梵書名阿迦嚧香"이라 하고 있는데, 瑞香科에 속하는 常綠喬木인 沈香木, 즉 물보다 무거운 香木의 樹脂를 凝結시켜 만든 것으로 黑色 또는 褐色이 난다.『諸蕃志』「志物」의 沈香條에 "堅黑者爲上, 黃者次之"라 하였고, 馮承鈞의 校注에는 "沈香 一名沈水香, 卽學名 *Aquilaria agallocha*者是也"라고 기재되어 있다.『明會典』卷105 「朝貢」1에 보면, 安南國·淡巴國의 貢物이었고,『明會典』卷113 「給賜」4에, 沈香은 每斤 3貫이었다고 한다.

249) 速香: 일종의 香木으로 黃熟香이라고도 하며, 빨리 타는 下等의 香이다.『本草綱目』에 보면, "香之等凡三, 曰沉, 曰棧, 曰黃熟是也 …… 其黃熟香, 卽香之輕虛者, 俗訛爲速香是矣"라 하고 있고,『明會典』卷113 「給賜」4에 보면, 速香은 每斤 2貫이었다고 한다.

250) 金銀香:『瀛涯勝覽』에 "金銀香中國與他國皆不出, 其香如銀匠鈒銀器黑膠相似, 中有一塊似白蠟一般在內, 好者白多黑少, 低者黑多白少"라고 하고 있는 바와 같이 그 香은 金銀器에 아로새기는 검은 아교와 같으며, 또 중국과 다른 나라에서는 산출이 되지 않는데,『明會典』「朝貢」1·2에 보면, 오로지 占城과 滿剌加의 貢物만으로 나와 있다.『明會典』卷113 「給賜」4에 보면, 金銀香은 每斤 五百文이었다고 한다.

251) 阿魏: 傘形科 植物에 속하며, 多年生草로 臭阿魏, 細葉阿魏라고도 부른다. 이란·아프가니스탄이 原產地이다. 처음에는 뿌리잎만 뭉쳐났다가 약 5년 후에 줄기가 나는데, 줄기는 굵고 높이가 1m 가량이다. 노란색의 잔꽃이 複繖形으로 피며, 열매는 扁平한 달걀 모양이고, 뿌리의 진은 약용으로 사용하는데, 去痰·鎭痙·調經·殺蟲·強壯劑로 쓰인다.

252) 朱錫: 천연 금속 입자로도 산출되지만 주로 광물인 錫石을 가열·용융하여 주석을 분리하고 건식법이나 전해제련법으로 정제하여 산출한다. 연하며 푸른빛이 나는 은백색의 금속으로 延性과 展性이 많으며 녹슬지 않고, 古代에는 구리와 합금하여 青銅을 만드는 재료로 많이 쓰였다. 세계적으로 산출량은 많지 않으며, 말레이반도 부근 및 러시아의 북극해 연안에서 많이 생산된다.

적어 백성들은 모두 모래를 일구고 고기잡이를 업(業)으로 하였다. 기후는 아침은 덥고 저녁에는 춥다. 남녀 모두 머리를 묶고, 신체는 검푸르며, 간혹 백인(白人)이 있는데 [이는] 당인(唐人)[253]의 종족이다. 풍속은 순박하고 시장의 거래는 매우 공평하다. 불랑기에 점령되면서 그 풍속은 갑자기 달라졌다. 상선은 드물게 이르고 대부분 소문답랄에 직접 이르렀다. 그러나 반드시 그 나라로 가는 길을 취하면 대체로 해적에게 습격당했기 때문에 바닷길은 거의 단절되었다. 그들 가운데 스스로 중국과 거래하려는 자는 광동의 향산오(香山澳)[254]에 직접 도달했는데, 그 족적(足跡)이 끊이지 않았다고 한다.

蘇門答剌, 在滿剌加之西. 順風九晝夜可至. 或言卽漢條枝, 唐波斯·大食二國地, 西洋要會也.

소문답랄(蘇門答剌)은 만랄가의 서쪽에 있다. 순풍을 타고 9일이면 이를 수 있다. 혹자는 말하기를, 한나라 때에는 조지(條枝)[255]라고 했고, 당나라 때에는 파사(波斯)[256]와 대식(大食)[257] 두 나라의 영지(領地)였으며, 서양(西洋)[258]으로 가는 요충지였다고 한다.

---

253) 唐人: 외국인들이 중국인을 通稱하여 부르는 말이다. 唐代에 중국은 최고의 번성기를 구가하였거니와 唐의 위세는 중앙아시아, 서아시아 및 남해 제국에 크게 떨쳤다. 이로부터 遠近의 여러 나라는 중국을 唐山 혹은 唐土, 중국인을 唐人, 중국의 문자를 唐字라 칭하였으며, 宋·元·明·淸시대에도 이와 같이 칭하였다. 또한 동남아 지역의 華僑들도 자신들을 唐人이라 칭하고, 그들이 모여 사는 곳도 唐人街라 칭하고 있다. 『明史』 卷324 「眞臘傳」에 보면, "唐人者, 諸蕃呼華人之稱也, 凡海外諸國盡然"라 기재되어 있다.

254) 香山澳: 香山은 광동성 廣州府 中山縣에 위치하며, 이 지역에 바닷물이 육지로 만입한 곳을 일컫는다.

255) 條枝: 『史記』 「大宛列傳」, 『漢書』 및 『後漢書』 「西域傳」, 『魏略』 등에 보이는데, 이 나라의 위치는 (1) 安息의 서쪽에 있다, (2) 安息에서 大秦으로 가는 교통로상에 위치해 있다, (3) 西海에 臨해 있다, (4) 安息에 복속해 있다라고 기재되어 있다. 이 나라의 정확한 위치에 대해서는 Caldaea설, Fars설, Syria설 등으로 나뉘고 있는데 확실하지가 않다(동북아역사재단, 『史記 外國傳 譯註』, 2009: 265~266 참조).

256) 波斯: 페르시아(Persia)를 일컫는다.

257) 大食: 唐代 이래의 中國史書, 즉, 『舊唐書』·『新唐書』·『宋史』·『遼史』 등에 大食國이라 기재되어 있는데, 이는 움마야드(Umayyad) 왕조시대의 아랍제국을 일컫는다.

258) 西洋: 명대에 사용되었던 서양이라는 용어는 중국 남해안으로부터 南洋群島 및 멀리 아라비아 海까지를 포함하는 개념이었다. 17세기 이후에는 그 범위가 다소 축소되었는데, 보르네오(『明史』에서는 渤泥라고 표기하고 있음)를 기준으로 그 동쪽은 東洋, 그 서쪽은 西洋이라고 칭하였다(崔韶子, 2002: 19~

成祖初，遣使以卽位詔諭其國．永樂二年遣副使聞良輔·行人甯善賜其酋織金文綺·絨錦·紗羅招徠之．中官尹慶使爪哇，便道復使其國．三年，鄭和下西洋，復有賜．和未至，其酋宰奴里阿必丁已遣使隨慶入朝，貢方物．詔封爲蘇門答剌國王，賜印誥·彩幣·襲衣．遂比年入貢，終成祖世不絶．鄭和凡三使其國．

성조 연간(1403~1424) 초기에 사신을 보내 즉위의 조서를 내려서 그 나라를 효유(曉諭)했다.[259] 영락 2년(1404)에는 부사 문양보(聞良輔)와 행인 영선(甯善)을 보내 그 추장에게 직금문기·융금(絨錦)[260]·사라를 하사하고, 이를 불러 위로하였다.[261] 중관 윤경(尹慶)을 조와에 사신으로 보냈을 때에도 가는 길에 다시 그 나라에 가도록 했다. [영락] 3년(1405)에 정화가 서양으로 갈 때에도 다시 하사품을 내렸다. 정화가 아직 이르지 않아서 그 추장 재노리아필정(宰奴里阿必丁)은 이미 윤경에게 딸려 사신을 보내 입조하여 방물을 바쳤다. [황제는] 조서를 내려 [그 추장을] 소문답랄 국왕에 봉하고, 인고·채폐·습의를 하사하였다.[262] 마침내 해마다 입조하여 공물을 바쳤고, 성조시대가 끝날 때까지 끊이질 않았다. 정화는 무릇 세 차례 그 나라에 사행했다.

先是，其王之父與隣國花面王戰，中矢死．王子年幼，王妻號於衆曰：「孰能爲我報仇者，我以爲夫，與共國事．」有漁翁聞之，率國人往擊，馘其王而還．王妻遂與之合，稱爲老王．旣而王子年長，潛與部領謀，殺老王而襲其位．老王弟蘇幹剌逃山中，連年率衆侵擾．十三年，和復至其國，蘇幹剌以頒賜不及己，怒，統數萬人邀擊．和勒

22). 한편 宮崎市定은, 동양·서양의 개념이 등장한 때는 宋代까지 소급해서 볼 수 있다고 주장하였다. 그에 따르면 동·서양은 남해를 동남해와 서남해로 양분해서 이해하는 것으로, 그 기점은 泉州 혹은 廣州였다고 한다(임성모 외, 2008: 116~117).

259) 永樂 원년(1403) 8월에 蘇門答剌을 비롯하여 爪哇, 西洋鎖里 등 여러 番國에 사신을 보내 영락제 즉위의 조서를 내렸다. 『太宗實錄』 卷22 永樂 원년 8월 癸丑條 참조.

260) 絨錦: 부드럽고 가는 털이 있는 견직물을 일컫는다.

261) 按察副使 聞良輔와 行人 寧善이 蘇門答剌에 간 것은, 實錄에는 永樂 원년(1403) 8월의 일로 나타나고 있다. 『太宗實錄』 卷22 永樂 원년 8월 癸丑條 참조.

262) 永樂 3年(1405) 9月의 일이다. 『太宗實錄』 卷46 永樂 3년 9월 癸卯條 참조.

部卒及國人御之，大破賊衆，追至南渤利國，俘以歸．其王遣使入謝．

이보다 앞서 그 나라 왕의 아버지는 인접한 나라 화면왕(花面王)[263]과 싸우다 화살에 맞아 죽었다.[264] 왕자는 나이가 어렸기에 왕의 처는 민중에게 큰소리로 말하기를, "누구인가 나의 원수를 갚아줄 수 있는 자가 있으면, 나는 [그를] 남편으로 삼아 국사(國事)를 같이 할 것이다"라고 했다. 늙은 어부가 이를 듣고 백성들을 이끌고 나가 싸워 그 왕(화면왕)을 베고 돌아왔다. 왕의 처는 드디어 노어부와 함께 했는데, 노왕(老王)이라 칭하였다. 그런데 이미 왕자는 장성하여 은밀히 부족의 수령과 모의하여 노왕을 죽이고 그 왕위를 이어받았다.[265] 노왕의 동생 소간랄(蘇幹剌)[266]은 산중으로 도망가, 매년 무리를 이끌고 침범하여 어지럽혔다. [영락] 13년(1415)에 정화가 다시 이 나라에 이르렀는데, 소간랄은 사은품이 자기에게 내리지 않자 분노하여 수만 명을 거느리고 습격하였다. 정화는 부하 병졸과 백성들의 힘을 합해 이를

263) 花面王: 那孤兒의 王을 일컫는다. 馬歡의 『瀛涯勝覽』 「那孤兒」條에 보면, "所管人民皆於面上剌三尖青花爲號, 所以稱爲花面王"이라 하고 있거니와 嚴從簡의 『殊域周咨錄』 卷9 「蘇門答剌」條에도 "花面王者, 卽那孤兒王也. 國小, 僅比大村, 祗乾餘家. 人皆鰲面, 以故號花面"이라 하고 있다.

264) 이와 관련된 내용은 馬歡의『瀛涯勝覽』 「蘇門答剌國」條에도 있고, 嚴從簡의 『殊域周咨錄』 卷9 「蘇門答剌」條에도 있다. 그렇지만 이들 내용의 큰 줄거리는 같지만 몇몇 세부적인 내용에서는 서로 다름이 보이며, 의문점도 많다. 화면왕과 싸우다 전사한 당시 소문답랄국의 왕이 누구인가만 하더라도 확실치가 않다. 『殊域周咨錄』의 내용에는 국왕이 화면왕과 싸우다 죽은 사건이 일어난 시기를 永樂 5년(1407)으로 기재하고 있다. 그렇다면 宰奴里阿必丁은 이보다 2년 전인 永樂 3년(1405)에 국왕에 책봉되었던 것으로(『太宗實錄』 卷46 永樂 3년 9월 癸卯條), 당시 소문답랄의 국왕은 宰奴里阿必丁이라 할 것이다. 그렇지만 宰奴里阿必丁은 실록의 여러 기사에서 이후에도 明에 조공을 하고 있음을 볼 수 있거니와 그는 아닌 것 같다.

265) 이 사건이 일어난 해를 『瀛涯勝覽』이나 『殊域周咨錄』에는 永樂 10년(1412)으로 기록하고 있다. 이 때 왕의 아들이 老王을 죽이고 왕위를 계승했다고 하는데, 그가 누구인지 확실치 않다. 이후에 이어지는 내용에서 鄭和가 蘇幹剌을 격파해 준 은혜에 보답하기 위해 宰奴里阿必丁이 방물을 바쳤다는 기록(『太宗實錄』 卷168 永樂 13년 9월 壬寅條)으로 보아, 왕의 아들은 다름 아닌 宰奴里阿必丁임을 추정할 수 있지만 실록의 다른 기사에서 宰奴里阿必丁이 왕으로 즉위한 것은 이미 永樂 3년(1405)의 일임을 확인할 수 있거니와 여전히 의문이 남는다.

266) 蘇幹剌과 관련된 내용은 『瀛涯勝覽』 「蘇門答剌國」條와 『殊域周咨錄』 卷9 「蘇門答剌」條에도 나오고 있는데, 여기에는 각기 蘇幹剌(馮承鈞의 校注本에는 영문으로 Sekandar로 표기되었음), 蘇乾剌로 기재되어 있으며, 또 본문과는 달리 老王의 동생이 아니라 노왕의 嫡子로 기록되어 있다.

방어하고 적의 무리를 크게 격파하였으며, 남발리국(南渤利國)에까지 추격하여 붙잡아 돌아오니, 그 나라 왕은 사신을 보내 사례했다.[267]

宣德元年遣使入賀. 五年, 帝以外蕃貢使多不至, 遣和及王景弘遍歷諸國, 頒詔曰: 「朕恭膺天命, 祗承太祖高皇帝·太宗文皇帝·仁宗昭皇帝大統, 君臨萬邦, 體祖宗之至仁, 普輯寧於庶類. 已大赦天下, 紀元宣德. 爾諸蕃國, 遠在海外, 未有聞知. 茲遣太監鄭和·王景弘等齎詔往諭, 其各敬天道, 撫人民, 共享太平之福.」 凡歷二十餘國, 蘇門答剌與焉. 明年遣使入貢者再. 八年貢麒麟.

선덕 원년(1426)에 사신을 보내 [황제 즉위에 대해] 하례를 드렸다.[268] [선덕] 5년(1430)에 황제는 외번(外蕃)의 조공사신이 많이 이르지 않자, 정화와 왕경홍(王景弘)[269]을 보내 여러 나라를 편력(遍歷)하도록 하고 조서를 반포하여 말하기를, "짐은 공순(恭順)히 천명을 받고, 태조 고황제(太祖 高皇帝)·태종 문황제(太宗 文皇帝, 1360~1424; 재위 1402~1424)[270]·인종 소황제(仁宗 昭皇帝, 1378~1425; 재위 1424~1425)[271]의 대통(大統)을 공경(恭敬)하게

267) 蘇門答剌 國王 宰奴里阿必丁은 永樂 13년(1415) 9월에 왕자인 剌査加那因을 보내 方物을 바쳤다. 이와 관련된 내용은 『太宗實錄』 卷168 永樂 13년 9월 壬寅條 참조바람.

268) 宣德 元年(1426) 5月에 宰奴里阿必丁은 巴母를 비롯 117명을 보내 來朝했다. 『宣宗實錄』 卷17 宣德 원년 5월 乙巳條 참조. 그런데 『殊域周咨錄』 卷9 「蘇門答剌」條에는 이 일이 일어난 해를 永樂 11년(1413)이라 기록하고 있거니와 정화가 붙잡은 것은 소간랄이 아니라 죽은 왕의 아들이며, 漁翁王(老王)의 아들, 즉 소간랄이 감격하여 방물을 바쳤다고 기록하고 있는데, 이는 잘못으로 보인다.

269) 王景弘: 生卒年 未詳. 福建人으로, 永樂 3년(1405)에 副使로서 鄭和를 따라 出使한 이래, 2차·3차·7차 정화의 航行에 동행하여 西洋 諸國을 遍歷하였다. 이후 宣德 9年(1434)에 蘇門答剌에 出使하였고, 爪哇에 이르러 이곳에서 죽었다.

270) 명 왕조 3대 황제인 成祖 永樂帝 朱棣를 가리킨다. 그는 태조의 4째 아들로, 성년이 되는 洪武 13년(1380)에 燕王에 봉해졌고, '靖亂의 變'이라는 政變을 통해 建文帝로부터 帝位를 찬탈하여 황제가 되었다. 이후 그는 北京으로의 遷都, 漠北에 대한 대대적인 親征, 南海遠征 등 수많은 치적을 쌓았다. 그러나 그는 재위한 지 22년만인 1425년 北征에서 돌아오는 길에 楡木川(현, 內蒙古自治區 多倫縣의 서북부)에서 갑자기 세상을 떠났다. 諡號는 文皇帝이며, 廟號는 太宗이었으나 嘉靖 연간(1522~1566)에 成祖로 廟號를 바꾸었고, 그의 陵은 長陵이다.

271) 명 왕조 4대 황제인 仁宗 洪熙帝 朱高熾를 가리킨다. 그는 永樂帝의 장남으로 태어나 영락제가 황제위에 오르면서 永樂 2년(1404)에 황태자로 책봉되었고, 부친이 갑자기 세상을 떠나자 1424년에 황제에

이어받아 만방(萬邦)에 군림하여 조종(祖宗)의 지극한 인덕(仁德)을 체현(體現)하고, 서민들을 두루 편안케 하였노라. 이미 천하에 대 사면령을 내리고, 연호를 선덕이라 했다. 너희 여러 번국(蕃國)[272]들은 멀리 해외에 있어 아직 들어 알지 못하므로, 이에 태감(太監) 정화와 왕경홍 등에게 [즉위의] 조서를 가지고 가 훈유(訓諭)하게 하노니 각기 천도(天道)를 경건히 받들고 백성들을 어루만져 태평한 복을 함께 향유토록 하라"라고 하였다. [정화와 왕경홍 등은] 무릇 20여 나라를 두루 방문하였는데, 소문답랄은 그 중의 하나였다.[273] 이듬해(1431)에 사신을 파견하여 두 차례 입조하여 공물을 바쳤다.[274] [선덕] 8년(1433)에는 기린(麒麟)[275]을 바쳤다.[276]

九年, 王弟哈利之漢來朝, 卒於京. 帝憫之, 贈鴻臚少卿, 賜誥, 有司治喪葬, 置守塚戶. 時景弘再使其國, 王遣弟哈尼者罕隨入朝. 明年至, 言王老不能治事, 請傳位於子. 乃封其子阿卜賽亦的爲國王, 自是貢使漸稀.

[선덕] 9년(1434)에 왕의 동생 합리지한(哈利之漢)[277]이 내조했는데, 경사에서 죽었다. 황제는 이를 가엾게 여겨 홍려소경(鴻臚少卿)[278]의 관직을 추증(追贈)하고 조서를 내렸으며,

---

즉위했다. '祖宗의 偉功을 守成한다'라는 卽位의 조서를 발하여, 영락제의 대외 적극정책에 반해 內治에 중점을 두어 통치코자 하였다. 그러나 몸이 허약하여 즉위한 지 겨우 8개월만인 1425년에 죽음으로 이러한 노력의 결실은 거두지 못했다. 諡號는 昭皇帝이며, 廟號는 仁宗이고, 陵은 獻陵이다.

272) 蕃國: 藩國이라고도 한다. 원래는 周代에 九州 밖에 세워진 나라로서, 명의상으로는 歸屬하지만 실제로는 周王室의 제어를 받지 않는 나라를 가리켰는데, 후에 諸侯國 혹은 중국 이외의 국가를 통칭하는 용어로 사용되었다. 蕃國의 의미에 대한 상세한 설명은 邱炫煜, 1995: 6~18, 34~41. 참조.

273) 宣德 5年(1430) 6月의 일로, 鄭和는 蘇門答剌을 비롯하여 24개의 番國과 舊港宣慰司를 遍歷했다. 이에 관한 내용은 『宣宗實錄』 卷67 宣德 5년 6월 戊寅條 참조.

274) 蘇門答剌 國王 宰奴里阿必丁은 宣德 6년(1431) 3월에 馬下末을, 8월에는 都者看을 明에 사신으로 보냈다. 『宣宗實錄』 卷77 宣德 6년 3월 甲午條 및 卷82 宣德 6년 8월 戊申條 참조.

275) 麒麟: 소말리아어의 Giri를 음역한 것이다. 아랍어로는 Zurafa라고 하는데, 이는 徂蠟, 徂剌法으로 표기하며, 대체로 동아프리카에서 운반되어 특산물로 바쳐졌다(黃省曾, 2000: 90).

276) 宣德 8年(1433) 8月의 일로, 宰奴里阿必丁은 동생 哈利之漢을 보내 기린을 비롯하여 코끼리·말 등 여러 물품을 바쳤는데, 宣德帝가 奉天門에서 이를 받을 때, 麒麟은 상서로운 동물이라 하여 禮部尙書 胡濙을 비롯한 여러 신하들은 황제에게 賀禮를 드렸다. 『宣宗實錄』 卷105 宣德 8년 8월 辛亥朔條 참조.

277) 哈利之漢: 實錄에는 哈利之漢으로 기재되어 있는데, 실록의 기재가 옳은 것 같다.

278) 鴻臚少卿: 명대에 朝會, 賓客, 吉凶·儀禮의 일을 담당하는 관청으로 鴻臚寺가 있고, 正四品의 鴻臚寺卿

담당 관원에게 장례를 치르게 하고 묘를 지키는 사람을 두도록 했다.[279] 그때 왕경홍은 다시 그 나라에 사신으로 갔는데, 왕은 그의 동생 합니자한(哈尼者罕)을 [왕경홍에게] 딸려 보내 입조케 하였다. 이듬해에 이르러, 왕이 연로하여 다스릴 수가 없으니 아들에게 왕위를 전할 것을 청하였다. 이에 곧 그의 아들 아복새역적(阿卜賽亦的)을 국왕에 봉하였는데,[280] 이로부터 조공사신은 점차 적어졌다.

成化二十二年, 其使者至廣東, 有司驗無印信勘合, 乃藏其表於庫, 却還其使. 別遣番人輸貢物京師, 稍有給賜. 自後貢使不至.

성화 22년(1486)에 그 나라 사신이 광동에 이르렀지만 담당 관원이 감합에 인장이 찍혀있지 않은 것을 확인하고, 바로 창고에 그 표문을 넣어두고 그들 사신을 되돌려 보냈다. 이와는 별도로 번인(番人)을 보내 공물을 경사로 운반해 갔지만 하사품이 적었다.[281] 이로부터 조공사신은 이르지 않았다.

迨萬曆間, 國兩易姓. 其時爲王者, 人奴也. 奴之主爲國大臣, 握兵柄. 奴桀黠, 主使牧象, 象肥. 俾監魚稅, 日以大魚奉其主. 主大喜, 俾給事左右. 一日隨主入朝, 見王尊嚴若神, 主鞠躬惟謹, 出謂主曰:「主何恭之甚?」主曰:「彼王也, 焉敢抗.」曰:「主第不欲王爾, 欲之, 主卽王矣.」主詫, 叱退之. 他日又進曰:「王左右侍衛少, 主擁重兵出鎭, 必入辭, 請以奴從. 主言有機事, 乞屛左右, 王必不疑. 奴乘間刺殺之, 奉主爲王, 猶反掌耳.」主從之, 奴果殺王, 大呼曰:「王不道, 吾殺之. 吾

이 그 長을 맡고 있는데, 從五品인 左·右少卿 각 1명을 두어 이를 보좌했다.

279) 宣德 9年(1434) 2月의 일이다. 『宣宗實錄』 卷108 宣德 9년 2월 辛未條 참조.

280) 宣德 10년(1435) 4월의 일이다. 『英宗實錄』 卷4 宣德 10년 하4월 癸卯條 참조.

281) 成化 22년(1486) 6월의 일로, 廣東布政司는 이들 사신을 되돌려 보내고, 斤薌 등 3명에게 貢物을 京師로 가져가도록 했다(『憲宗實錄』 卷279 成化 22년 6월 庚子條 참조). 『殊域周咨錄』 卷9 「蘇門答剌」條에 보면, 成化 22년(1486)에 사신으로 온 인물은 馬力麻이며 海商을 하는 자인데, 소문답랄의 사신을 假裝하여 私的으로 무역을 하였다고 기록하고 있다.

主卽王矣．敢異議者，齒此刃!」衆懾服不敢動，其主遂簒位，任奴爲心腹，委以兵柄．未幾，奴復殺主而代之．乃大爲防衛，拓其宮，建六門，不得闌入，雖勳貴不得帶刀上殿．出乘象，象駕亭而帷其外，如是者百餘，俾人莫測王所在．

만력 연간(1573~1619)에 이르러 그 나라는 두 차례 [왕의] 성(姓)이 바뀌었다. 이 때 왕이 된 자는 노복(奴僕)이었다. 노복의 주인은 나라의 대신(大臣)으로 병권(兵權)을 장악하고 있었다. 노복은 교활하였는데, 주인이 [그에게] 코끼리를 기르게 하자 코끼리는 살이 쪘고, 어세(魚稅)를 감독하도록 하자 날마다 큰 물고기를 그의 주인에게 바쳤다. 주인은 크게 기뻐하고, [그를] 신변에 두어 일을 맡도록 했다. 하루는 주인을 따라 조정에 들어갔는데, 신(神)처럼 존귀하고 장엄한 모습인 왕을 보고 주인이 몸을 굽혀 오로지 삼가며 공손히 하자, 나와서 주인에게 이르기를, "주인님께서는 어찌 그에 대해 지극히 공경합니까?"라고 하자, 주인이 말하기를, "그는 왕이니, 감히 거스를 수 있겠는가?"라고 했다. [그러자 노복은 또] 말하기를, "주인님께서는 차제에 왕이 되고 싶지 않으십니까? 되고 싶다면 주인님께서는 왕이 될 것입니다"라고 했다. 주인은 의아해 하며 꾸짖어 이를 물리쳤다.

다른 날 또 나아가 아뢰기를, "왕의 좌우에 있는 시위(侍衛)의 수가 적으니, 주인님께서 많은 병사를 이끌고 나가서 진수(鎭守)하겠다고 하면 반드시 들어와 고하라고 할 것인데, 노복을 데리고 가겠다고 청하십시오. 주인님께서 기밀(機密)의 사안이 있다고 말하며 좌우를 물리쳐 주기를 청하면, 왕은 반드시 의심하지 않을 것입니다. 노복인 제가 기회를 틈타 그를 죽이면, 주인님께서 왕으로 받들어지는 것은 손바닥을 뒤집는 것처럼 쉬울 것입니다"라고 했다. 주인은 이를 따르고, 노복이 과연 왕을 죽이고 크게 외쳐 말하기를, "왕은 어질지 못하여 내가 그를 죽였노라. 나의 주인이 곧 왕이다. 감히 다른 뜻이 있는 자는 이 칼에 죽을 것이다!"라고 하니, 수많은 사람들이 두려워 굴복하여 감히 움직이지 못하였고, 그의 주인은 드디어 왕위를 빼앗아 노복을 심복으로 임용했으며, 병권을 [그에게] 맡겼다. 얼마 지나지 않아 노복은 다시 그의 주인을 죽이고 그를 이었다. 이에 방위를 튼튼히 하고 그 궁전을 넓혀 6개의 문을 세우니, 함부로 들어 갈 수 없었고, 비록 공훈(功勳)이 있고 지위가 높은 자라 할지라도 칼을 차고 전(殿)에 올라갈 수 없었다. 출궁을 할 때는 코끼리를 타며, 코끼리 위에 세운 가정(駕亭)[282]은 그 겉에 휘장(揮帳)이 둘러쳐졌고, 이와 같은 것이 100여 정(亭)이나 되었는데, [이는] 사람들로 하여금 왕이 있는 곳을 추측할 수 없게 한 것이다.

其國俗頗淳, 出言柔媚, 惟王好殺. 歲殺十餘人, 取其血浴身, 謂可除疾. 貢物有寶石·瑪瑙·水晶·石青·回回青·善馬·犀牛·龍涎香·沉香·速香·木香·丁香·降眞香·刀·弓·錫·鎖服·胡椒·蘇木·硫黃之屬. 貨舶至, 貿易稱平. 地本瘠, 無麥有禾, 禾一歲二稔. 四方商賈輻輳. 華人往者, 以地遠價高, 獲利倍他國. 其氣候朝如夏, 暮各秋, 夏有瘴氣. 婦人裸體, 惟腰圍一布. 其他風俗類滿剌加. 簒弑後, 易國名曰啞齊.

그 나라의 풍속은 매우 순박하고, 말은 부드럽고 애교스러운데, 오직 왕은 살육을 좋아한다. 해마다 10여 명을 죽여 그 피로 목욕하며 말하기를 질병을 없앨 수 있다고 하였다.[283] 공물로는 보석·마노·수정·석청(石青)[284]·회회청(回回青)[285]·선마(善馬)[286]·서우(犀牛)[287]·용연향(龍涎香)[288]·침향·속향·목향(木香)[289]·정향(丁香)[290]·강진향(降眞香)[291]·도(刀)·

282) 駕亭: 코끼리를 편안하게 타기 위해 코끼리 등 위에 만들어 놓은 亭子와 같은 집을 말함.

283) 이 때문에 백성들은 모두 두려워 복종했다고 한다. 『殊域周咨錄』 卷9 「蘇門答剌」條 참조.

284) 石青: 石子青이라고도 하며, 무명이 또는 無名子라는 검은 돌덩이 또는 돌알갱이 형태로서 처음엔 물에 일구어 가려내 磁器青料로 썼으나 명대 후기부터는 가마의 불에 단소해서 雜質을 제거한 뒤 사용했다. 回回青이 사용되기 이전에는 대체로 석청이 사용되었다.

285) 回回青: 코발트 성분의 돌가루를 말하며, 回青이라고도 한다. 도자기에 푸른 채색을 올리는 顔料의 하나로, 15세기 경에 페르시아에서 중국에 들어왔으며, 금값과 같이 매우 비싸게 거래되었다고 한다.

286) 善馬: 良馬 혹은 駿馬를 일컬음.

287) 犀牛: 열대 지방의 습지에 사는 초식 동물로, 무소 즉 코뿔소를 일컬음.

288) 龍涎香: 향유고래 창자 속의 담즙이 굳어져 생긴 지방덩어리를 말한다. 영어로는 Ambergris라고 하며, 향기가 없는 하얀색의 물질이지만 保香性이 강하여 보향제로 사용된다. 즉, 용연향 자체는 거의 향기가 없지만 다른 물질의 나쁜 냄새를 희석시켜주거나 제거해주며, 오랫동안 향기를 품어주는 성질이 있어서 향료를 만들 때 반드시 필요한 재료이다.

289) 木香: 쌍떡잎식물 초롱꽃목 국화과의 다년생 초로, 雲木香과 川木香을 통칭하여 일컬으며, 學名은 *Inula helenium*이다. 유럽과 북아시아가 원산지인데, 잎은 타원형으로 가장자리에 톱니가 있고, 뒷면에 털이 촘촘히 나있으며, 藥草로 재배한다. 즉, 그 뿌리는 발한·이뇨·거담제로 사용하며, 殺蟲의 성분이 있다.

290) 丁香: 쌍떡잎식물 도금양과의 常綠 小喬木으로, 公丁香·母丁香이라고도 불리며, 學名은 *Syzygium aromaticum*이다. 말루쿠 제도가 원산지이며, 잎에도 향기가 있고, 꽃은 흰색으로 가지 끝에 모여 달려

궁(弓)·석(錫)·쇄복(鎖服)[292]·호초(胡椒)[293]·소목(蘇木)[294]·유황(硫黃)[295] 등이 있다. 화물선이 이르고, 무역의 가격은 공평했다. 땅은 본래 척박하여 보리는 없고 벼만 있으며, 벼는 1년에 두 번 수확한다. 사방에서 상인들이 많이 몰려든다. 중국인들이 [이곳에] 오는 것은 먼 지역이기 때문에 가격이 높아 다른 나라에 비해 이익을 배로 남길 수 있기 때문이다. 기후는 아침은 여름 같고, 저녁은 가을 같으며, 여름에는 [이 지역 풍토병인] 열병의 기운이 있다. 부인들은 나체로 [다니고] 오로지 한 겹의 천만을 허리에 두른다. 기타의 풍속은 만랄가와 유사하다. 왕을 시해하고 찬위한 후, 나라의 이름을 바꾸어 아제(啞齊)[296]라고 불렀다.

있는데, 꽃이 피기 전 꽃봉오리를 수집하여 말린 것을 정향이라고 한다. 정향은 매우 향기로워 그대로 또는 분말로 사용하고, 물이나 증기로 빼낸 정향유를 활용하며, 식품·약품·방부제 등에 쓰이는데, 구토, 설사, 치과의 진통제 등의 약제로 쓰인다. 16세기 포르투갈인들이 말루쿠 제도에서 이 식물을 처음 발견했고, 따라서 처음에는 포르투갈의 전유물이었으나 이후 네덜란드에 전해졌다.

291) 降眞香: 紫藤香·降眞·降香·降香·降眞香·紫藤香·降香檀·花梨母이라고도 하며, 콩과의 降香黃檀(*Dalbergia odorifera T. Chen.*)의 邊材를 제거한 뿌리의 心材를 말한다. 생김새는 원주형 또는 불규칙한 덩어리이고, 자홍색 또는 홍갈색을 띤다. 절단면은 치밀한 무늬가 있고 질은 단단하며 기름기가 있는데, 약재로는 樹皮나 邊材가 붙어있지 않고 물에 가라앉는 것이 좋다고 한다. 이 약은 특이한 향기가 있고 맛은 맵고 성질은 따듯하며, 氣와 血의 순환을 촉진하고 출혈을 멎게 하고 부기를 가라앉히며 통증을 없애는 효능이 있고, 타박상, 외상출혈에 지혈작용을 한다.

292) 鎖服: 瑣服과 같은 말로 쓰이며, 새의 깃털로 織造하여 만든 衣料를 말한다.

293) 胡椒: 胡椒科에 속한 多年生 常綠樹로, 學名은 *Piper nigrum L.*이며 古月, 黑川, 百川이라고도 불린다. 胡椒는 인도 서남해안 열대우림이 원산지이며, 해발 500m 이하의 평지에서 재배된다. 그런데 호초는 일반적으로 호초나무의 열매껍질을 일컬으며, 후추라고 부르는데, 이는 향료·방부제·조미료로 사용되며, 健胃·消炎·解毒 등의 약용으로도 쓰인다.

294) 蘇木: 蘇枋 혹은 蘇方이라고도 하는 南方 특산의 喬木으로서 楊弓을 만드는데 사용했으며, 그 나무의 樹皮를 깎아 흘러나온 樹液 또는 대패질한 가루로부터는 赤色이나 紫色의 염료를 추출하였다. 王圻, 『續文獻通考』 卷33 「土貢考」 및 『大明會典』 卷30 「庫藏」1 등 참조.

295) 硫黃: 천연의 黃을 融解하여 雜質을 제거해서 만드는데, 노란색의 結晶으로 천연적인 홑원소 물질로도 존재한다. 樹脂의 광택이 있으며, 공기 중에서 가열하면 푸르스름한 불꽃을 내며 타 이산화황이 된다. 유황은 고대로부터 이를 태워 생기는 연기에 쐬어 소독하는 소독제로 사용되었지만, 속이 차서 생기는 설사나 치질 따위의 치료제로 쓰였고, 화약을 만드는데도 사용되었다. 수마트라와 자와는 화산대에 속한 지역으로, 지금도 이곳에서 많은 천연의 유황이 산출되고 있다.

296) 啞齊: 史書에 亞齊라고도 記載되어 있으며, 영문으로는 아체(Aceh)이다. 16~17세기에 수마트라 북부 쿠타라자(Kutaraja, 지금의 班達亞齊, Banda Aceh)를 중심으로 강성했던 이슬람 술탄국이었으며, 남부에 있던 蘇門答剌國을 멸하였다. 이후 19세기에 이르러 수마트라에 있던 여러 나라는 하나씩 네덜란드의 식민지가 되었으나 亞齊國만이 20세기까지 독립을 유지하였다. 그러나 결국 亞齊戰爭(1873~1904)

須文達那, 洪武十六年, 國王殊旦麻勒兀達盼遣使俺八兒來朝, 貢馬二匹, 幼苾布十五匹, 隔著布·入的力布各二匹, 花滿直地二, 番綿綢直地二, 兜羅綿二斤, 撒剌八二箇, 幼賴革著一箇, 撒哈剌一箇, 及薔薇水·沉香·降香·速香諸物. 命賜王『大統曆』·綺羅·寶鈔, 使臣襲衣. 或言須文達那卽蘇門答剌, 洪武時所更, 然其貢物與王之名皆不同, 無可考.

수문달나(須文達那)는 홍무 16년(1383)에 국왕인 수단마륵올달분(殊旦麻勒兀達盼)이 사신 엄팔아(俺八兒)를 보내 내조하여, 말(馬) 2필, 유필포(幼苾布)[297] 15필, 격저포(隔著布)·입적역포(入的力布) 각 2필, 화만직지(花滿直地) 2필, 번면주직지(番綿綢直地) 2필, 두라면(兜羅綿)[298] 2근(斤), 살랄팔(撒剌八) 2개, 유뢰혁저(幼賴革著) 1개, 살합랄(撒哈剌) 1개 및 장미수·침향·강향·속향 등 여러 물품을 바쳤다. [이에] 왕에게는 『대통력(大統曆)』[299]·기라(綺羅)[300]·보초(寶鈔)[301]를, 사신에게는 습의(襲衣)를 하사하도록 했다.[302] 혹자는 수문달나는 곧 소문답랄(蘇門答剌)이며, 홍무 연간(1368~1398)에 바뀌었다고 말하는데,[303] 그들이 보낸

의 패배로 네덜란드의 속국이 되었는데, 곧 또다시 독립을 쟁취하였다.

297) 幼苾布: '幼'는 奧妙하다는 뜻이고, '苾'은 芳香이라는 의미로, 이는 오묘한 향기가 나는 織布를 말한다.

298) 兜羅綿: 兜羅는 얼음이라는 말이고, 綿은 솜으로, 즉 兜羅綿은 얼음 같이 흰 부드러운 솜을 일컬으며, 兜羅毦라고도 한다.

299) 『大統曆』: 明初 劉基가 撰進한 曆書인데, 실은 元朝의 『授時曆』을 극히 일부만을 바꾼 채 거의 그대로 사용했다. 후에 추산한 日蝕이 맞지 않는 일이 잦아 개정하자는 논의가 있었지만 明末까지 변함없이 사용되었다. 崇禎 말년에 아담 샬(Adam Schall) 등이 서양의 曆法 등을 참조하여 『崇禎曆書』를 만들었고, 이것이 淸朝에 이르러 『時憲曆』으로 이어져 공식 曆書로 반포되었다.

300) 綺羅: 화려하고 아름다운 명주로 만든 織造品, 혹은 화려하고 아름다운 帷帳을 말함.

301) 寶鈔: 明代의 법정 통용지폐인 大明通行寶鈔를 가리킨다. 太祖 초기에 寶源局을 應天에 설치하고 大中通寶錢을 주조하여 역대의 錢과 함께 유통시켰다. 즉위 후, 洪武通寶錢을 반포하고, 각 省에 寶泉局을 설치해 보원국과 함께 錢을 주조하도록 하였다. 洪武 7년(1374)에 寶鈔提擧司를 설치하였고, 이듬해에 中書省에 詔를 내려 大明寶鈔를 만들고 민간에 통행케 하였다. 桑穰(뽕나무 가지껍질로 만든 섬유)을 재료로 썼는데, 모양은 네모였고, 높이는 1尺, 폭은 6寸이었으며, 바탕은 청색이고, 바깥은 용의 문양과 꽃무늬였다. 寶鈔에 대한 상세한 설명은 朴元熇 등, 2008: 314~319 참조.

302) 洪武 16년(1383) 12월의 일이다. 『太祖實錄』 卷158 洪武 16년 12월 甲午條 참조.

303) 馬歡은『瀛涯勝覽』「蘇門答剌國」條에서 "蘇門答剌國, 卽古須文達那國是也"라고 기록하고 있고, 費信의 『星槎勝覽』「蘇門答剌國」條에서도 蘇門答剌의 옛 이름은 須文達那였다고 하고 있다.

공물과 왕의 이름이 모두 같지 않으니, 자세히 검토할 수가 없다.

蘇祿, 地近浡泥·闍婆. 洪武初, 發兵侵浡泥, 大獲, 以闍婆援兵至, 乃還.

소록(蘇祿)304)은 발니와 사파에 가까이에 있다. 홍무 연간 초에 군대를 보내 발니를 침략하여 많은 것을 얻었으나, 사파의 원병(援兵)이 이르자 곧 돌아갔다.

永樂十五年, 其國東王巴都葛叭哈剌·西王麻哈剌叱葛剌麻丁·峒王妻叭都葛巴剌卜幷率其家屬頭目凡三百四十餘人, 浮海朝貢, 進金鏤表文, 獻珍珠·寶石·玳瑁諸物. 禮之若滿剌加, 尋幷封爲國王. 賜印誥·襲衣·冠帶及鞍馬·儀仗器物, 其從者亦賜冠帶有差. 居二十七日, 三王辭歸. 各賜玉帶一, 黃金百, 白金二千, 羅錦文綺二百, 帛三百, 鈔萬錠, 錢二千緡, 金繡蟒龍·麒麟衣各一. 東王次德州, 卒於館. 帝遣官賜祭, 命有司營葬, 勒碑墓道, 謚曰恭定, 留妻妾傔從十人守墓, 俟畢三年喪遣歸. 乃遣使齎敕諭其長子都馬含曰: 「爾父知尊中國, 躬率家屬陪臣, 遠涉海道, 萬里來朝. 朕眷其誠悃, 已錫王封, 優加賜賚, 遣官護歸. 舟次德州, 遭疾殞歿. 朕聞之, 深爲哀悼, 已葬祭如禮. 爾以嫡長, 爲國人所屬, 宜卽繼承, 用綏藩服. 今特封爾爲蘇

---

304) 蘇祿: 蘇祿國(Saltanah Sulu)은 15세기에 필리핀 서남부의 蘇祿群島에 건립된 이슬람 국가이며, 일찍이 중국·아랍·棉蘭老(Mindanao)·維薩亞(Visayas)·婆羅洲(Borneo) 사이의 교통의 요충지였다. 1349년에 汪大淵이 저술한 『島夷志略』에 이 나라의 物產과 東·西·洞 三酋長의 나라가 있다는 내용이 기록되어 있지만, 14세기 초에 이미 아랍인과 인도의 무슬림 상인들이 蘇祿群島에 들어와 무역을 하면서 이슬람교를 전파하였다. 특히, 이때 馬哈茂德(Mahmud) 등 선교사들이 크게 활동하여 이 지역의 왕공과 귀족 및 상인들이 이슬람교를 신봉하게 되었고, 15세기 중엽에는 清眞寺라는 이슬람 사원이 건립되었는가 하면 1450년에 이슬람 귀족과 상인들의 지지 하에 정식으로 蘇祿 술탄국이 창건되었다. 이로서 술탄이 政敎 最高의 領袖가 되어 政敎合一의 이슬람 정치제도에 의해 통치를 행하였고, 이 때문에 이곳은 이슬람 문화에 크게 물들게 되었다. 이후 1578년에 스페인의 침략을 받아 식민지가 되었으며, 이로부터 3세기 동안 이들에 대한 지속적인 투쟁이 전개되었다. 그러다가 1899년에 미국으로 그 종주권이 넘어가고, 1903년 필리핀과 미국의 전쟁 이후, 蘇祿에 摩洛省이 세워져 군사통치가 행해졌으며, 이후 蘇祿은 필리핀의 일부분이 되었다.

祿國東王. 爾尚益篤忠貞, 敬承天道, 以副眷懷, 以繼爾父之志. 欽哉.」

영락 15년(1417)에 그 나라 동왕(東王) 파도갈팔합랄(巴都葛叭哈剌)[305]과 서왕(西王) 마합랄질갈랄마정(麻哈剌叱葛剌麻丁),[306] 동왕(峒王)의 처(妻) 팔도갈파랄복(八都葛巴剌卜)[307]이 그들의 가속과 신하들, 무릇 340여 명을 이끌고 바다를 건너 입조하여 공물을 바쳤는데, 금루표문(金鏤表文)[308]을 올리고, 진주·보석·대모 등 여러 물품을 헌상했다.[309] 만랄가와 같이 이들을 예우했으며, 이윽고 이들을 함께 국왕에 봉하였다. 인고·습의·관대 및 안마·의장기물(儀仗器物)을 하사하고, 이들을 따라온 자에게도 차등을 두어 관대를 하사했다.[310] 27일간 머물고 세 명의 왕은 돌아가겠다고 하였다. [이에] 각각 옥대(玉帶) 1조(條), 황금(黃金) 100량(兩), 백금(白金) 2천 량, 나금문기(羅錦文綺)[311] 200필, 백(帛) 300필, 초(鈔) 1만 정(錠), 전(錢) 2천 민(緡), 금수망용(金繡蟒龍)[312]·기린의(麒麟衣) 각 1습(襲)를 하사했다.

동왕이 덕주(德州)[313]에서 유숙했는데, 그 관(館)에서 죽었다. 황제는 관원을 보내 제사를 지내게 하고, 담당 관원에게 명하여 장례를 치르게 했다.[314] [그리고] 묘에 이르는 길에 비문을 새기게 하고, 공정(恭定)이라는 시호(諡號)[315]를 내렸으며, 처첩(妻妾)과 시종 10명이 머물며 묘를 지키다가 3년 상(喪)이 끝난 다음 돌아가도록 했다. 이에 곧 사신에게 칙서를 가지고 가 그의 장자 도마함(都馬含)에게 효유하여 이르기를, “너의 아버지는 중국을 존숭하여

305) 巴都葛叭哈剌: 『殊域周咨錄』 卷9 「蘇祿」條에는 巴都葛叭答剌로 기재되어 있다.

306) 麻哈剌叱葛剌麻丁: 실록의 기사에는 麻哈剌托葛剌麻丁, 麻哈剌吒葛剌麻丁으로 기재되어 있고, 『殊域周咨錄』 卷9 「蘇祿」條에는 巴都葛叭蘇哩로 기재되어 있다.

307) 『殊域周咨錄』 卷9 「蘇祿」條에는 洞王 叭都葛巴剌卜으로 기재되어 있다.

308) 金鏤表文: 金箔을 아로새긴 表文으로, 金葉表라고도 한다.

309) 永樂 15년(1417) 8월에 이들 一行은 明에 來朝했다. 『太宗實錄』 卷192 永樂 15년 8월 甲申朔條 참조.

310) 『太宗實錄』 卷192 永樂 15년 8월 庚戌條에 같은 내용이 있음.

311) 羅錦文綺: 여러 빛깔로 무늬를 넣어 짠 비단을 말하며, 일반적으로 錦綺라고 일컫는다.

312) 金繡蟒龍: 황금의 실로 龍과 蟒의 무늬를 刺繡한 옷을 말하는데, 金繡龍衣는 황제나 왕이 착용하는 龍袍를 말하며, 金繡蟒衣는 고관들이 입는 蟒服이다.

313) 德州: 산동 濟南府 소속의 德州를 말한다. 이전에는 陵州·陵縣으로 불리기도 했다.

314) 황제는 禮部郎中 陳士啓를 보내 祭를 지내도록 했다. 祭文과 碑文의 내용은 『殊域周咨錄』 卷9 「蘇祿」條에 있다.

315) 諡號: 帝王이나 관직에 있던 자 및 儒賢들이 죽은 뒤에 그들의 功德을 稱頌하여 追贈하는 稱號를 말한다.

받들어야 함을 알고 몸소 가속과 배신을 이끌고 멀리 바닷길을 건너 만(萬) 리를 와 내조하였다. 짐은 그의 진실된 정성을 어여삐 여겨 이미 국왕의 봉호(封號)316)를 내리고 후하게 재물을 내렸으며, 관원을 보내 호송하여 돌아가게 하였다. [그런데] 배가 덕주에 도달했을 때, 병을 얻어 세상을 떠났다. 짐은 이 소식을 듣고 깊이 애도하여 이미 예에 따라 장례와 제사를 지냈다. 그대는 적장자(嫡長子)이고 백성들이 [그대를] 따르는 바이니, 마땅히 계승하여 원방(遠方)의 봉국(封國)을 편안하게 해야 할 것이다. 지금 특별히 그대를 소록국(蘇祿國) 동왕(東王)에 봉하노라. 그대가 충정(忠貞)을 더욱 돈독히 하여 천도(天道)를 경건하게 받드는 것이, 짐의 어여삐 여기는 뜻에 부합하는 것이요, 네 아버지의 뜻을 잇는 것이다. 이를 받들지어다" 라고 했다.317)

十八年，西王遣使入貢．十九年，東王母遣王叔叭都加蘇里來朝，貢大珠一，其重七兩有奇．二十一年，東王妃還國，厚賜遣之．明年入貢，自後不復至．萬曆時，佛郎機屢攻之，城據山險，迄不能下．

[영락] 18년(1420)에 서왕이 사신을 보내 입조하여 공물을 바쳤다.318) [영락] 19년(1421)에 동왕(東王)의 어머니가 왕의 숙부 팔도가소리(叭都加蘇里)를 보내 내조하고, 대주(大珠) 1과(顆)를 바쳤는데, 그 무게가 7량으로 진귀했다.319) [영락] 21년(1423)에 동왕(東王)의 비(妃)가 그의 나라로 돌아갔는데, 후하게 하사품을 내려 그녀를 보냈다.320) 이듬해(1424)에 입조하여 공물을 바쳤지만321) 그 후로 다시 이르지 않았다. 만력 연간(1573~1619)에 불랑기가 여러 차례 이를 침공하였는데, 성(城)이 험준한 산에 있어서 끝내 함락할 수가 없었다.

316) 封號: 帝王이 封하여 내려준 號를 말하며, 여기서는 諡號를 말한다.

317) 永樂 15년(1417) 9월의 일로, 이에 관한 내용은 『太宗實錄』 卷192 永樂 15년 9월 乙丑條에도 있음.

318) 永樂 18년(1420) 8월의 일이다. 『太宗實錄』 卷228 永樂 18년 8월 乙卯條 참조.

319) 永樂 19년(1421) 4月의 일로, 東王의 母는 王의 叔父인 叭都加蘇哩를 사신으로 보내 方物을 바쳤다. 『太宗實錄』 卷236 永樂 19년 하4월 癸卯條 참조.

320) 永樂 21년(1423) 7월의 일로, 東王의 妃인 叭都葛蘇哩는 東王이 德州에서 죽은 지 6년 만에 본국으로 돌아갔다. 『太宗實錄』 卷261 永樂 21년 추7월 己丑條 참조.

321) 永樂 22년(1424) 10월에 生亞烈巴欲을 사신으로 보내 方物을 바쳤다. 『仁宗實錄』 卷3 永樂 22년 동10월 丁巳條 참조.

其國, 於古無所考. 地瘠寡粟麥, 民率食魚蝦, 煮海爲鹽, 釀蔗爲酒, 織竹爲布. 氣候常熱. 有珠池, 夜望之, 光浮水面. 土人以珠與華人市易, 大者利數十倍. 商舶將返, 輒留數人爲質, 冀其再來. 其旁近國名高藥, 出玳瑁.

이 나라는 옛날에 [어떠했는지] 살펴진 바가 없다. 토지는 척박하여 곡식이 적어 백성들은 모두 물고기와 새우를 먹으며, 바닷물을 끓여서 소금을 만들고, 사탕수수를 빚어 술을 만들었으며, 대나무를 짜서 포(布)를 만들었다. 기후는 항상 더웠다. 주지(珠池)[322]가 있는데, 밤에 이를 바라보면 빛이 수면위에 떠있다. 그 지역 사람들은 진주를 중국인과 교역했는데, 큰 것은 수십 배의 이익을 남겼다. 상선(商船)이 돌아갈 때마다 몇 명의 인질(人質)을 남겨서 [그 상선이] 다시 오도록 했다. 그 나라 부근에 고약(高藥)[323]이라 부르는 나라가 있는데, 대모(玳瑁)를 산출했다.

西洋瑣里, 洪武二年命使臣劉叔勉以卽位詔諭其國. 三年平定沙漠, 復遣使臣頒詔. 其王別里提遣使奉金葉表, 從叔勉獻方物. 賜文綺・紗羅諸物甚厚, 幷賜『大統曆』.

서양쇄리(西洋瑣里),[324] 홍무 2년(1369)에 사신 유숙면(劉叔勉)에게 명하여 즉위의 조서를 가지고 가 그 나라를 효유하도록 했다.[325] [홍무] 3년(1370)에 사막(沙漠)을 평정하고 다시

322) 珠池: 唐代 劉恂이 찬술한 『嶺表錄異』의 「池珠」條에 "廉州邊海中有洲島, 島上有大池, 謂之珠池. 每年刺史修貢, 自監珠戶入池采以充貢"이라 하고 있거니와 珠池는 바다의 섬 위에 珍珠가 있는 연못을 말한다.

323) 高藥: 현재 필리핀의 팔라완(Palawan)섬과 파나이(Panay)섬 사이에 있는 쿠요(Cuyo)섬에 있었던 나라로 보임(Mills, 1970: 199).

324) 西洋瑣里: 『古今圖書集成』「西洋瑣里部彙考」에 "西洋瑣里稱爲西洋國"이라 하고 있고, 『殊域周咨錄』卷8 「瑣里・古里」條에는 "瑣里國又曰西洋瑣里國, 古里國又曰西洋古里國, 或爲二國, 或爲四國"이라 하고 있거니와 서양쇄리는 서양국이라고도 칭했으며, 쇄리와 같은 나라이면서도 혹 서로 다른 두 개의 나라라고 하고 있다. 이 나라는 馮承鈞의 『瀛涯勝覽校注』 등 여러 서적에 Cola, Chola로 표기되어 있는데, Chola는 朱羅王國으로 지금의 인도 東海岸 Thanjavur에 위치한 나라였다고 하고 있다. 한편 楊允中, 2005, 2장에 보면, Chola는 科羅曼德爾群島 해안, 즉 뉴질랜드 북섬 코로만델(Coromandel)에 있던 나라였다고 한다.

325) 洪武 2년(1369) 정월의 일로, 洪武帝는 사신을 파견하여 卽位의 詔書를 日本을 비롯 占城, 爪哇, 西洋瑣

사신을 보내 조서를 반포하였다.[326] 그 나라 왕 별리제(別里提)는 사신을 보내 금박을 입힌 표를 올리고 유숙면에게 딸려 방물을 헌상하였다. 이에 문기·사라 등 여러 물품을 후하게 하사하고, 아울러 『대통력』을 내렸다.[327]

成祖頒卽位詔於海外諸國, 西洋亦與焉. 永樂元年命副使聞良輔·行人寧善使其國, 賜絨錦·文綺·紗羅. 已, 復命中官馬彬往使, 賜如前. 其王卽遣使來貢, 附載胡椒與民市. 有司請徵稅, 命勿徵. 二十一年偕古里·阿丹等十五國來貢.

성조는 즉위의 조서를 해외 여러 나라에 반포했는데, 서양쇄리도 그 중에 있다.[328] 영락 원년(1403)에 부사(副使) 문양보(聞良輔)와 행인 영선(甯善)에게 그 나라에 사신으로 가도록 명하고, 융금·문기·사라를 하사했다.[329] 그 후 다시 중관 마빈(馬彬)에 명하여 사신으로 가도록 했으며, 전과 같이 하사품을 내렸다.[330] 그 나라 왕은 곧 사신을 보내 공물을 보내왔고, 이에 덧붙여 호초(胡椒)와 백성을 싣고 와 교역하였다. 담당 관원이 징세를 청하였으나 세를 거두지 말라고 명하였다.[331] [영락] 21년(1423)에 고리·아단(阿丹)[332] 등 15개 나라와 함께 내조하여 공물을 바쳤다.[333]

里 등에 반포하였다. 『太祖實錄』 卷38 洪武 2년 춘정월 乙卯條 참조.

326) 洪武 3년(1370) 6월의 일이다. 그 詔書의 내용은 『太祖實錄』 卷38 洪武 3년 6월 戊寅條 참조바람.

327) 洪武 3년(1370) 9월에 西洋瑣里 國王은 亦迭納瓦里沙를 사신으로 보내 來朝하여 表文을 올리고, 方物을 바쳤다. 『太祖實錄』 卷38 洪武 3년 9월 乙卯條 참조.

328) 洪武 35년(1402) 9월의 일이다. 『太宗實錄』 卷12 洪武 35년 9월 丁亥條 참조.

329) 永樂 원년(1403) 8월에 永樂帝는 按察副使 聞良輔와 行人 寧善을 西洋瑣里를 비롯 爪哇, 蘇門答剌 등 諸番國에 파견하였다. 『太宗實錄』 卷22 永樂 원년 8월 癸丑條 참조.

330) 永樂 원년(1403) 9월의 일이다. 『太宗實錄』 卷23 永樂 원년 9월 庚寅條 참조.

331) 永樂 원년(1403) 10월에 回回哈只(이슬람 하지)인 馬哈沒奇剌泥를 사신으로 보내 방물을 바쳤다. 이때 이들 나라의 交易者에 대해 商稅를 징수하자는 의견에 대해 永樂帝는 "商稅者, 國家以抑逐末之民, 豈以爲利. 今夷人慕義遠來, 乃欲侵其利. 所得幾何, 而汚辱大體萬萬矣"라 하여 허락하지 않았다. 『太宗實錄』 卷24 永樂 원년 동10월 甲戌條 참조.

332) 阿丹: 아라비아반도 南端, 아덴(Aden)灣에 면해있는 지금의 예멘共和國의 港湾都市에 있던 나라이다. 예로부터 海運의 요충지로 오스만 제국도 이곳을 점령했으며, 15세기에 鄭和도 이곳에 寄港했다.

333) 永樂 21년(1423) 9월의 일이다. 『太宗實錄』 卷263 永樂 21년 9월 戊戌條 참조.

瑣里，近西洋瑣里而差小．洪武三年，命使臣塔海帖木兒齎詔撫諭其國．五年，王卜納的遣使奉表朝貢，幷獻其國土地山川圖．帝顧中書省臣曰：「西洋諸國素稱遠蕃，涉海而來，難計歲月．其朝貢無論疏數，厚往薄來可也．」乃賜『大統曆』及金織文綺·紗羅各四匹，使者亦賜幣帛有差．

쇄리(瑣里)[334]는 서양쇄리와 가까이에 있으나 [그보다는] 조금 작다. 홍무 3년(1370)에 사신 탑해첩목아(塔海帖木兒)에게 명하여 조서를 가지고 가 그 나라를 안무(按撫)하고 효유하도록 했다.[335] [홍무] 5년(1372)에 그 나라 왕 복납적(卜納的)이 사신을 보내 표문을 받들고 입조하여 공물을 바쳤으며, 아울러 그 나라의 토지와 산천의 지도(地圖)를 헌상했다. 황제는 둘러본 다음 중서성(中書省)[336]의 대신에게 이르기를, "서양의 여러 나라는 본디 원번(遠蕃)으로 바다를 건너오니, 세월을 헤아리기가 어렵다고 한다. 그들의 조공이 희소하든 빈번하든 막론하고 후하게 가져가고 박하게 가져와도 좋을 것이다"라고 하였다. 이에 곧 『대통력』 및 금직문기·사라 각 4필을 하사하고 사신에게도 차등을 두어 폐백(幣帛)[337]을 하사하였다.[338]

---

334) 瑣里: 『殊域周咨錄』 卷8 「瑣里·古里」條에는 "瑣里國又曰西洋瑣里國, 古里國又曰西洋古里國, 或爲二國, 或爲四國"이라 하고 있거니와 쇄리는 서양쇄리와 같은 나라이면서도 혹 서로 다른 두 개의 나라라고 하고 있다. 이 나라는 馮承鈞의 『瀛涯勝覽校注』 등 여러 서적에 Cola, Chola로 표기되어 있는데, 인도 동해안에 있던 나라로 11세기에 강대하였다. 중국에서는 인도인이나 인도화 된 동남아인을 지칭할 때 이 단어를 사용하였다(沈愷, 2006: 38).

335) 洪武 3년(1370) 6월의 일이다. 그 詔書의 내용은 『太祖實錄』 卷38 洪武 3년 6월 戊寅條 참조바람.

336) 中書省: 唐代 三省六部制가 시행되면서 확립된 官廳으로 詔勅을 起草하고, 上奏에 대한 批答의 草案을 작성하였다. 그러나 宋代부터 전제군주제가 강화되면서 기능을 다하지 못했고, 元代에는 尙書省에 대신해서 정치의 중추기관이 되었다. 明朝는 건국 직후 元의 舊制를 답습하여 軍事를 담당하는 都督府와 糾察을 담당하는 御史臺와 함께 政事를 총괄하는 中書省을 두었다. 중서성의 장관으로 左·右相國을 두었는데, 相國의 이름은 洪武 元年에 丞相으로 바꾸었다. 그러나 洪武 13년(1380)에 일어난 '胡惟庸의 모반사건' 이후에 中書省은 폐지되었고, 그 휘하의 6部는 독립되어 황제에 직속되었으며, 이후로 영구히 그 부활을 금지하였다(『續文獻通考』 卷51 「職官考」).

337) 幣帛: 오늘날에는 新婦가 婚禮를 마치고 시댁에 와서 媤父母를 비롯한 여러 시댁 어른들에게 드리는 첫 人事를 말하지만 이전에는 禮를 갖추어 보내는 물건이란 뜻으로 쓰였다. 『殊域周咨錄』 卷8에 보면 당시 홍무제는 幣帛으로 瑣里의 사신에게 彩緞와 紗羅 各 二疋을 내렸다고 기재되어 있다.

338) 洪武 5년(1372) 정월의 일로, 瑣里 國王은 撒馬牙茶嘉兒와 斡的亦剌丹八兒山 등을 사신으로 보내 表文과 方物을 바쳤다. 이와 관련한 내용은 『太祖實錄』 卷71 洪武 5년 춘정월 壬子條 참조바람. 『殊域周咨錄』

覽邦, 在西南海中. 洪武九年, 王昔里馬哈剌札的剌札遣使奉表來貢. 詔賜其王織金文綺·紗羅, 使者宴賜如制. 永樂·宣德中, 嘗附隣國朝貢. 其地多沙礫, 麻麥之外無他種. 商賈鮮至. 山坦迤無峰巒, 水亦淺濁. 俗好佛, 勤賽祀. 厥貢, 孔雀·馬·檀香·降香·胡椒·蘇木. 交易用錢.

람방(覽邦)[339]은 서남해 안에 있다. 홍무 9년(1376)에 [그 나라] 왕 석리마합랄찰적랄찰(昔里馬哈剌札的剌札)[340]이 사신을 보내 표문을 받들고 조공해왔다. [이에] 조서를 내려 그 나라 왕에게 직금문기·사라를 하사하고 사신에게 법도에 따라 연회를 베풀고 하사품을 내렸다.[341] 영락·선덕 연간에도 항상 인접한 나라에 빌붙어 입조하여 공물을 바쳤다. 그 나라 땅은 대부분이 모래와 자갈이라서 마(麻)와 보리 외에 다른 작물은 재배할 수가 없다. 상인들은 매우 드물게 이른다. 산세는 평탄하게 이어지고 뾰족뾰족한 산봉우리는 없으며, [계곡의] 물 또한 얕고 혼탁하다. 풍속은 불교를 애호하고 힘써 제사를 드린다. 바치는 공물은 공작·말·단향(檀香)[342]·강향·호초·소목이며, 교역(交易)에 돈(錢)을 사용한다.

淡巴, 亦西南海中國. 洪武十年, 其王佛喝思羅遣使上表, 貢方物, 賜賚有差. 其國, 石城瓦屋. 王乘輿, 官跨馬, 有中國威儀. 土衍水清, 草木暢茂, 畜産甚伙. 男女勤於耕織, 市有貿易, 野無寇盜, 稱樂土焉. 厥貢, 苾布·兜羅綿被·沉香·速香·檀

卷8 「瑣里·古里」條에도 "五年, 瑣裏國主卜納的亦遣使貢, 奉金字表文, 並圖其土地山川以獻. 上賜國主『大統曆』及織金·彩緞·紗羅各四疋, 賜使臣彩緞·紗羅各二疋"이라 기재되어 있다.

339) 覽邦: 여러 史書에 欖邦·覽旁·哪彭·覽房·攬邦·覽傍이라고도 기재되어 있는데, 지금의 수마트라섬 남부 楠榜省(Lampung)에 있던 옛 나라를 말한다.

340) 昔里馬哈剌札的剌札: 실록에는 昔里馬哈剌扎的剌札로 기재되어 있다.

341) 洪武 9년(1376) 8월의 일로, 覽邦 國王은 吾剌里剌沙를 사신으로 보내 表文과 方物을 바쳤다. 『太祖實錄』 卷108 洪武 9년 8월 己亥條 참조.

342) 檀香: 쌍떡잎식물 단향향과의 상록 기생성 소교목으로, 학명은 *Santalum album*이다. 인도네시아 자와섬 동부가 원산지인데, 줄기는 높이가 3~10m이고 지름이 25~30cm이며 나무 껍질은 갈색이다. 목재의 바깥 부분은 향기가 없지만 가운데 부분은 향이 있어 목재의 가운데 부분과 뿌리 부분을 수증기로 증류해서 단향유(Sandal oil)를 얻는데, 이는 소독재와 비누, 화장품 등의 향료로 쓰인다.

香・胡椒.

담파(淡巴)[343] 역시도 서남해 안에 있는 나라다. 홍무 10년(1377)에 그 나라 왕 불갈사라(佛喝思羅)가 사신을 보내 표문을 올리고 방물을 바치니, 차등을 두어 하사품을 내렸다.[344] 그 나라는 돌로 쌓은 성과 기와집이 있다. 왕은 수레를 타고 관원은 말을 타는데, 중국의 위의(威儀)와 흡사하다. 토지는 비옥하고 물은 맑으며, 초목이 무성하고, 가축이 풍부하다. 남자와 여자들은 농사일과 베를 짜는데 열심이고, 시장에서는 무역을 하며, 성 밖에는 도둑이 없어 낙토(樂土)라고 일컫는다. 바치는 공물은 필포(苾布)·두라면피(兜羅綿被)·침향·속향·단향·호초이다.

百花, 居西南海中. 洪武十一年, 其王剌丁剌者望沙遣使奉金葉表, 貢白鹿・紅猴・龜筒・玳瑁・孔雀・鸚鵡・哇哇倒掛鳥及胡椒・香・蠟諸物. 詔賜王及使者綺・幣・襲衣有差. 國中氣候恒煥, 無霜雪, 多奇花異卉, 故名百花. 民富饒, 尚釋敎.

백화(百花)[345]는 서남해 안에 있다. 홍무 11년(1378)에 그 나라 왕 날정랄자망사(剌丁剌者望沙)가 사신을 보내 금박을 입힌 표문을 올리고, 백록·홍후(紅猴)[346]·구통(龜筒)[347]·대모·공작·앵무·와와도괘조(哇哇倒掛鳥)[348] 및 호초·향·랍(蠟)[349] 등 여러 물품을 공물로 바

343) 淡巴: 이 나라가 어디에 위치해 있었는지는 확실치 않다. 다만 지금의 巴淡島, 즉 수마트라의 동쪽, 싱가폴의 남쪽에 있는 寥內 群島(Kepulauan Riau)에 속한 Batam에 있었던 나라가 아닌가 한다.

344) 淡巴 國王은 洪武 10년(1377) 7월에 施那八智를 사신으로 파견하였다.『太祖實錄』卷113 洪武 10년 추7월 乙巳條 참조.

345) 百花: 白花라고도 불리는데, 이 나라의 위치는 확실치 않다. 자와섬 서부 北加浪岸(Pekalongan), 加拉璜(Krawan) 一帶에 위치해 있었다고도 하고, 한편 이 나라는 서자와의 巴查查蘭(Pajajaran) 王國으로, 都於茂物(Bogor) 附近에 있었다고도 한다.

346) 紅猴: 紅猴子의 俗稱으로, 붉은색 원숭이를 일컫는다.

347) 龜筒: 蠵甲, 즉 암황색 반점이 있는 거북의 甲을 말한다, 甲에는 채색된 문양이 있고, 玳瑁와 비슷하나 얇으며, 붙이는 장식으로 사용되었다.『宋史』「謝絳傳」에 "又後苑作制玳瑁器, 索龜筒於市. 龜筒, 禁物也. 民間不得有, 而索不已"라고 하고 있음을 보면 예전에는 민간에서 가질 수 없는 禁物이었던 것으로 보인다.

쳤다. [이에 조서를 내려] 왕 및 사신에게 기(綺)·폐(幣)·습의를 차등을 두어 하사했다.[350] 나라 안의 기후는 항상 덥고, 서리와 눈이 없으며, 신기한 꽃과 기이한 풀이 많아 이 때문에 백화(百花)라 부른다. 백성들은 부유하고, 불교를 숭상한다.

彭亨, 在暹羅之西. 洪武十一年, 其王麻哈剌惹答饒遣使齎金葉表, 貢番奴六人及方物, 宴賚如禮. 永樂九年, 王巴剌密瑣剌達羅息泥遣使入貢. 十年, 鄭和使其國. 十二年, 復入貢. 十四年, 與古里·爪哇諸國偕貢, 復命鄭和報之.

팽형(彭亨)[351]은 섬라의 서쪽에 있다. 홍무 11년(1378)에 그 나라 왕 마합랄야답요(麻哈剌惹答饒)가 사신을 보내 금박을 입힌 표문을 가져오고, 번노(番奴)[352] 6명과 방물을 바치니, 예에 따라 연회를 베풀고 하사품을 내렸다.[353] 영락 9년(1411)에는 왕 파랄밀쇄랄달라식니(巴剌密瑣剌達羅息泥)가 사신을 보내 입조하여 공물을 바쳤다.[354] [영락] 10년(1412)에 정화가 그 나라에 사행했다.[355] [영락] 12년(1414)에 다시 입조하여 공물을 바쳤다.[356] [영락]

---

348) 哇哇倒掛鳥: 새의 이름으로 倒挂鳥라고도 하며, 倒挂子·倒挂雀이라고도 한다. 蘇軾은 「松風亭下梅花盛開」라는 그의 詩의 注에 "嶺南珍禽倒挂子, 綠毛紅喙, 似鸚鵡而小, 自海東來"라 하고 있고, 宋代 朱彧의 『萍洲可談』 卷2에 "海南諸國有倒挂雀, 尾羽備五色, 狀如鸚鵡, 形小似雀, 夜則倒懸其身"이라고 하고 있거니와 倒挂鳥는 녹색의 털에 오색의 꼬리와 붉은 부리를 가지고 있는 앵무새와 같지만 크기는 참새와 같은 진귀한 새를 일컫는다. 이 새는 인도네시아, 파푸아뉴기니 부근에서 서식하며, 와와라는 울음소리를 내기 때문에 哇哇倒掛鳥라고 한다.

349) 蠟: 동물, 광물 혹은 식물로 만든 油質로, 可塑性을 가지고 있고, 타거나 용해되기 쉬운데 물에는 용해되지 않는다. 일반적으로는 꿀을 짜낸 찌꺼기를 끓여 만든 기름 즉, 蜜蠟을 일컬으며, 蠟燭의 簡稱으로 사용되기도 한다.

350) 洪武 11년(1378) 12월의 일로, 百花 國王은 八智亞壇을 사신으로 보냈다. 『太祖實錄』 卷121 洪武 11년 12월 丁未條 참조.

351) 彭亨: 여러 史書에 婆凰·朋亨·朋豐·蓬豐·湓亨·彭杭·彭坊·邦項 등으로도 기재되어 있으며, 말레이반도 東岸, 즉 지금의 말레이시아의 彭亨(Pahang)州 一帶에 있었던 나라이다.

352) 番奴: 少數民族 혹은 外國人으로 奴僕이 된 자를 일컫는다.

353) 洪武 11년(1378) 12월에, 彭亨 國王은 淡罔麻都를 사신으로 보내 表文을 올리고, 番奴 6명과 方物을 바쳤다(『太祖實錄』 卷121 洪武 11년 12월 丁未條 참조). 彭亨은 실록에 湓亨으로 기재되어 있으며, 彭亨은 湓亨 또는 彭坑으로도 불렸다.

354) 永樂 9년(1411) 7월의 일이다. 『太宗實錄』 卷117 永樂 9년 추7월 乙亥條 참조.

14년(1416)에 고리·조와 등 여러 나라와 함께 공물을 바치자,[357] 다시 정화에 명하여 그들에게 보답하도록 했다.[358]

其國, 土田沃, 氣候常溫, 米粟饒足, 煮海爲鹽, 釀椰漿爲酒. 上下親狎, 無寇賊. 然惑於鬼神, 刻香木爲像, 殺人祭賽, 以禳災祈福. 所貢有象牙·片腦·乳香·速香·檀香·胡椒·蘇木之屬.

그 나라는 전토(田土)가 비옥하고 기후가 항상 따뜻하여 쌀과 곡식이 풍족하고, 바닷물을 끓여서 소금을 만들고 야자의 즙을 빚어 술을 만든다. 위와 아랫사람들이 친하여 허물이 없고 도적이 없다. 다만 귀신(鬼神)을 섬겨 향목(香木)을 깎아 상(像)을 만들고, 사람을 죽여 제사를 지냄으로써 재앙을 물리치고 복을 빈다. 바치는 공물로는 상아·편뇌·유향(乳香)[359]·속향·단향·호초·소목 등이다.

至萬曆時, 有柔佛國副王子娶彭亨王女, 將婚, 副王送子至彭亨, 彭亨王置酒, 親戚畢會. 婆羅國王子爲彭亨王妹婿, 擧觴獻副王, 而手指有巨珠甚美, 副王欲之, 許以重賄. 王子靳不予, 副王怒, 卽歸國發兵來攻. 彭亨人出不意, 不戰自潰. 王與婆羅王子奔金山. 浡泥國王, 王妃兄也, 聞之, 率衆來援. 副王乃大肆焚掠而去. 當是時, 國中鬼哭三日, 人民半死. 浡泥王迎其妹歸, 彭亨王隨之, 而命其長子攝國. 已, 王復位, 次子素凶悍, 遂毒殺其父, 弒其兄自立.

---

355) 永樂 10년(1412) 11월의 일이다. 『太宗實錄』 卷134 永樂 10년 11월 丙申條 참조.

356) 永樂 12년(1414) 8월의 일로, 彭亨 國王은 蘇麻目門的里를 사신으로 파견하였다. 『太宗實錄』 卷154 永樂 121년 8월 甲寅條 참조.

357) 永樂 14년(1416) 11월의 일이다. 『太宗實錄』 卷182 永樂 14년 11월 戊子朔條 참조.

358) 永樂 14년(1416) 12월의 일이다. 『太宗實錄』 卷183 永樂 14년 12월 丁卯條 참조.

359) 乳香: 薰陸香이라고도 하며, 橄欖科에 속하는 卡氏乳香樹에서 흘러나오는 우유 같은 액즙을 공기 중에 두면 굳어지는데 雜質을 긁어내어 없앤 후 말려서 만든 향이다. 맛은 맵고 약성은 온화한데, 방향제로 사용되고, 혈액순환제로도 쓰이며, 타박상·부스럼·월경통·월경불순·산후복통 등에도 쓰인다.

만력 연간(1573~1619)에 이르러, 유불국(柔佛國)[360] 부왕(副王)의 아들이 팽형왕(彭亨王)의 딸을 취하여 장차 혼인하고자 하여 부왕이 아들을 보내 팽형에 이르자, 팽형왕은 주연을 열고 친척들을 모두 불러 모았다. 파라국(婆羅國)[361]의 왕자는 팽형왕의 매부로, 술잔을 들어 부왕에게 권했는데, 손가락에 끼고 있는 커다란 진주가 매우 아름다워 부왕이 이를 갖고자 하니, 많은 값을 치루고 가져갈 것을 허락하였다. [그런데 파라국의] 왕자가 욕만 보이고 주지 않자, 부왕은 화가 나 곧 귀국해서 군대를 동원하여 침공하니, 팽형인은 뜻밖에 일을 당하여 나가 싸우지도 못하고 궤멸을 당하였다. 왕과 파라국 왕자는 금산(金山)으로 달아났다.

발니국왕은 왕비의 오빠였는데, 이 소식을 듣고 무리를 이끌고 구원해 왔다. 부왕은 이에 제멋대로 집을 태우고 노략질 한 후 돌아갔다. 바로 이때에 나라 안은 3일 동안 귀신이 우는 소리가 나고 백성들 반이 죽었다. 발니 왕이 그 여동생을 데리고 돌아가자 팽형국의 왕은 이들을 뒤따라갔고, 그의 장자(長子)에게 대신 나라를 다스리도록 했다. 얼마 후 왕이 복위(復位)했으나, 둘째 아들은 본디 포악하고 사나워 급기야 그의 아버지를 독살하였으며, 그의 형도 시해(弑害)하고 스스로 왕위에 올랐다.

那孤兒，以蘇門答剌之西，壤相接．地狹，止千餘家．男子皆以墨刺面爲花獸之狀，故又名花面國．猱頭裸體，男女止單布圍腰．然俗淳，田足稻禾，强不侵弱，富不驕貧，悉自耕而食，無寇盜．永樂中，鄭和使其國．其酋長常入貢方物．

나고아(那孤兒)[362]는 소문답랄의 서쪽에 있으며, 국경이 서로 접해 있다. 땅은 협소하여

360) 柔佛國: 柔佛은 말레이어로 Johor라고 하며, 말레이시아 남부에 위치했던 나라인데, 그 서쪽으로 말라카, 수마트라와 서로 마주하고 있다. 1511년에 말라카가 포르투갈에 점령된 후 蘇丹馬末沙(Mahmud Shah)는 柔佛의 民丹(Bintan)島로 도망하여 柔佛 王朝를 창립하였다. 그는 포르투갈로부터 말라카를 탈환하고자 반공을 개시했으나 1526년에 포르투갈이 함대를 보내 民丹島를 공격하여 부수자 蘇丹馬末沙는 蘇門答臘의 甘帕(Kampar)으로 이동하여 이곳에서 1528年에 세상을 떠났다. 이후 그의 장자 蘇丹阿拉烏丁 2세(Sultan Alauddin Riayat Shah II)가 계승하여 Johor Lama에 수도를 정하고 유불 왕국을 이어나갔다.

361) 婆羅國: 지금의 보르네오섬인 加里曼丹(Kalimantan)섬에 있던 나라로, 중국의 史書에는 渤泥(Poni), 婆利(Poli)라 기재되어 있기도 하다. 후에 그 명칭은 婆羅乃(Brunei)로 변하였거니와 汶萊로 통용되고 있다.

겨우 천여 가(家)에 지나지 않다. 남자는 모두 얼굴에 검은 문신을 하여 꽃 모양의 짐승의 형상을 하고 있기 때문에 또 화면국(花面國)이라고 부른다.363) 원숭이 머리를 하고 발가벗으며, 남녀는 단지 한 겹의 베(布)만을 허리에 두른다. 그렇지만 풍속은 순박하며, 전토에는 벼가 풍족하고, 강한 자가 약한 자를 능멸하지 않으며, 부유한 자가 가난한 자에게 거만하지 않고, 모두 스스로 경작하여 먹고 살며 도적이 없다. 영락 연간(1403~1424)에 정화가 그 나라에 사행하였다. 그 나라 추장은 항상 입조하여 방물을 바쳤다.

黎伐, 在那孤兒之西. 南大山, 北大海, 西接南渤利. 居民三千家, 推一人爲主. 隶蘇門答剌, 聲音風俗多與之同. 永樂中, 嘗隨其使臣入貢.

여벌(黎伐)364)은 나고아의 서쪽에 있다. 남쪽에는 큰 산이 있고, 북쪽에는 큰 바다가 있으며, 서쪽으로는 남발리(南渤利)와 접해 있다. 거주민은 3,000가(家)이고, 한 사람을 추거(推擧)하여 군주(君主)로 삼았다. 소문답랄에 예속되어 있음으로 언어와 풍속은 [소문답랄과] 같다. 영락 연간(1403~1424)에 항상 그 나라(소문답랄) 사신을 따라 입조하여 공물을 바쳤다.

南渤利, 在蘇門答剌之西. 順風三日夜可至. 王及居民皆回回人, 僅千餘家. 俗朴實, 地少穀, 人多食魚蝦. 西北海中有山甚高大, 曰帽山, 其西復大海, 名那沒黎洋, 西

---

362) 那孤兒: 15세기 수마트라섬 북부에 위치해 있던 작은 국가이다. 馮承鈞은 那孤兒를 바탁(Batak)으로 표기하고 있거니와 Batak人은 수마트라 동북부 고지에 있는 토바(Toba) 호수를 중심으로 생활을 해왔고, 이들 지역의 중심지는 호수의 동쪽에 있는 메단(Medan)이었다. 이를 감안한다면, 那孤兒는 메단(Medan)을 중심으로 세워진 국가였을 것으로 생각된다.

363) 汪大淵의 『島夷志略』「花面」條에 보면, 남자뿐만 아니라 남녀 모두가 黑汁을 얼굴에 入墨했기 때문에 花面이라 한다고 기록하고 있는데, 費信도 『星槎勝覽』「花面國」條에 "男女大小皆以黑汁刺面, 爲花獸之狀"이라 기록하고 있으며, 馬歡의 『瀛涯勝覽』「那孤兒」條에도 "所管人民皆於面上刺三尖靑花爲號, 所以稱爲花面王"이라 기재되어 있다.

364) 黎伐: 馬歡의 『瀛涯勝覽』에는 黎代(Lide)로 표기되어 있으며, '伐'은 '代'의 잘못된 표기로 보인다. 이 나라는 15세기 무렵 수마트라 북부에 있던 작은 국가로 那孤兒의 서쪽에 위치해 있으며, 지금의 인도네시아 亞齊省(Aceh province)에 속해 있는 도시인 Meureudu에 있던 나라이다.

來洋船俱望此山爲准. 近山淺水內, 生珊瑚樹, 高者三尺許. 永樂十年, 其王馬哈麻沙遣使附蘇門答剌使入貢. 賜其使襲衣, 賜王印誥·錦綺·羅紗·彩幣. 遣鄭和撫諭其國. 終成祖時, 比年入貢, 其王子沙者罕亦遣使入貢. 宣德五年, 鄭和遍賜諸國, 南渤利亦與焉.

남발리(南渤利)[365]는 소문답랄의 서쪽에 있다. 순풍을 타면 3일이면 이를 수 있다. 왕과 거주민은 모두 회회인(回回人)[366]인데, 겨우 천여 가(家)이다. 풍속은 순박하며, 토지에서 나는 곡식은 적어 사람들 대부분은 물고기와 새우를 먹고 산다. 서북쪽 바다 안에 산이 있는데 매우 높아 모산(帽山)[367]이라 부르며, 그 서쪽으로 또 큰 바다가 있는데 나몰려양(那沒黎洋)[368]이라 부르고, 서쪽에서 오는 양선(洋船)은 모두 이 산을 바라보며 기준으로 삼는다. 산 가까이에 있는 얕은 물 안에는 산호수(珊瑚樹)[369]가 사는데, 높이가 3척(尺)[370]이 넘는다.

영락 10년(1412)에, 그 나라 왕 마합마사(馬哈麻沙)가 소문답랄의 사신에 딸려 사신을 보내 입조하여 공물을 바쳤다. [이에] 그 사신에게 습의를 하사하고, 왕에게는 인고·금기·사라·채폐를 하사했다.[371] 정화를 보내 그 나라를 안무하고 효유했다.[372] 성조의 치세 동안 매년 입조하여 공물을 바쳤으며, 그 나라 왕자 사자한(沙者罕) 역시 사신을 보내 입조하여 공물을

365) 南渤利: 실록에는 喃渤利로 기재되어 있거니와 여러 사서에 南無里·藍無里·南巫里·蘭無里·南浡里·那沒黎·喃勃利·喃渤利·南勃利·南浡利·南渤里·南孛里 등으로 기재되어 있다. 또한『爪哇史頌』와『馬來紀年』에는 각기 Lamuri, Lambri로 音譯되어 있는데, 지금의 인도네시아의 班達亞齊(Banda-Aceh) 一帶에 위치해 있던 나라이다.

366) 回回人: 이슬람인을 가리킨다.

367) 帽山: 수마트라섬 西北 海上에 있는 섬으로, 말레이시아 柔佛州 동해안의 奧爾島(Pulau Aur)에 있는 이른바 東西竺山을 일컫는 것으로 생각된다.

368) 那沒黎洋: 南巫里洋·巫里洋 등으로도 불리는데, 지금의 수마트라섬 북부 尼科巴(Nicobar) 群島 일대의 해역을 일컫는다(陳佳榮, 2002: 266).

369) 珊瑚樹: 일반적으로 珊瑚樹는 따뜻한 지방 해안지대의 숲이나 골짜기에 나는 관상수를 일컫는다. 그러나 본문의 내용에 산 가까이에 있는 얕은 물 안에서 살고 있다고 하고 있거니와 여기서 말하는 珊瑚樹는 수심이 얕은 깨끗하고 따뜻한 물에서 자라는 珊瑚礁를 가리키는 것으로 보인다.

370) 명대에 1尺은 31.1cm(표준제)로, 3尺은 약 93.3cm이다.

371) 永樂 10년(1412) 9월의 일이다.『太宗實錄』卷132 永樂 10년 9월 戊戌條 참조.

372) 永樂 10년(1412) 11월의 일이다.『太宗實錄』卷134 永樂 10년 11월 丙申條 참조.

바쳤다.[373] 선덕 5년(1430)에, 정화는 여러 나라를 편력하여 하사품을 내렸는데, 남발리도 그 중의 하나였다.[374]

阿魯, 一名啞魯, 近滿剌加. 順風三日夜可達. 風俗·氣候大類蘇門答剌. 田瘠少收, 盛藝芭蕉·椰子爲食. 男女皆裸體, 以布圍腰. 永樂九年, 王速魯唐忽先遣使附古里諸國入貢. 賜其使冠帶·綵幣·寶鈔, 其王亦有賜. 十年, 鄭和使其國. 十七年, 王子段阿剌沙遣使入貢. 十九年·二十一年, 再入貢. 宣德五年, 鄭和使諸蕃, 亦有賜. 其後貢使不至.

아노(阿魯)[375]는 일명 아노(啞魯)라고 하며, 만랄가 가까이에 있다. 순풍을 타고 3일이면 도달할 수 있다. 풍속과 기후는 대체로 소문답랄과 같다. 전토는 척박하여 수확이 적어, 파초(芭蕉)[376]와 야자(椰子)[377]를 많이 심어 이를 먹고 산다. 남녀는 모두 벌거벗었고, 천으로 허리를 두를 뿐이다. 영락 9년(1411)에, 그 나라 왕 속노당홀선(速魯唐忽先)이 고리 등 여러 나라에 딸려 사신을 보내 입조하여 공물을 바쳤다. 그 사신에게 관대·채폐·보초를 하사하고, 그 나라 왕에게도 하사품을 내렸다.[378] [영락] 10년(1412)에 정화가 그 나라에 사행했다.[379]

373) 永樂 17년(1419) 9월의 일이다. 『太宗實錄』卷216 永樂 17년 9월 丙午條 참조.

374) 宣德 5년(1430) 6월의 일로, 鄭和는 詔書를 가지고 南渤利를 비롯 24개의 番國과 舊港宣慰司를 편력하여 曉諭했다. 그 조서의 내용은 『宣宗實錄』卷67 宣德 5년 6월 戊寅條 참조바람.

375) 阿魯: 馬歡의 『瀛涯勝覽』에는 啞魯(Aru)로 표기되어 있거니와 "其國王國人皆是回回人, 山林中出一等飛虎, 如貓大, 遍身毛灰色. 有肉翅, 如蝙蝠一般, 但前足肉翅生連後足, 能飛不遠"이라 기재하고 있다. 이로 보아 이 나라는 이슬람국이었고, 이들 종족은 날다람쥐처럼 날래었음을 알 수 있다. 또한 여러 사서에 亞路, 亞魯, 啞路 등으로 기재되어 있는데. 이 나라는 수마트라섬에 있던 옛 나라로, 지금의 인도네시아 북동부에 있는 日里(Deli)河 유역과 棉蘭(Medan) 일대에 위치해 있던 나라이다.

376) 芭蕉: 쌍떡잎식물 파초과의 多年生草로, 學名은 *Musa basjoo*이다. 높이는 약 5m, 지름은 약 20cm로 자라고, 뿌리줄기는 크고 옆으로 작은 덩이줄기가 생겨 번식한다. 열매는 바나나와 비슷하고 10월에 익으며, 잎·잎자루·뿌리의 즙은 이뇨·해열·진통·진해작용이 있으므로 약용으로도 쓰인다.

377) 椰子: 椰子樹의 열매로, 코코넛(Coconut)이라 한다. 말레이시아가 원산지로, 연한 녹색의 열대과일로서 즙이 많아 음료로 마시며, 열매 안쪽의 젤리처럼 생긴 과육은 단맛과 고소한 맛이 나 그대로 먹거나 기름을 짠다. 익으면 갈색이 되고 과육도 단단해진다.

378) 永樂 9년(1411) 7월의 일이다. 실록에는 國王 速魯唐忽先을 速唐忽光으로 기재되어 있는데, 오류로

[영락] 17년(1419)에는 [그 나라의] 왕자 단아랄사(段阿剌沙)가 사신을 보내 입조하여 공물을 바쳤다.380) [영락] 19년(1421)과 21년(1423)에 다시 입조하여 공물을 바쳤다.381) 선덕 5년(1430)에 정화가 여러 번국에 사행했을 때, [그 나라에] 역시 하사품을 내렸다.382) 그 후로 조공사신이 이르지 않았다.

柔佛, 近彭亨, 一名烏丁礁林. 永樂中, 鄭和遍歷西洋, 無柔佛名. 或言和曾經東西竺山, 今此山正在其地, 疑卽東西竺. 萬曆間, 其酋好構兵, 隣國丁機宜·彭亨屢被其患. 華人販他國者多就之貿易, 時或邀至其國.

유불(柔佛)은 팽형에 가까이 있으며, 일명 오정초림(烏丁礁林)이라 부른다. 영락 연간(1403~1424)에, 정화가 서양을 편력할 때에는 유불이라는 이름이 없었다. 혹자는 말하기를 정화가 일찍이 동서축산(東西竺山)383)을 경유했는데, 지금 이 산이 바로 그 지역에 있었던 것으로 동서축(東西竺)384)이 아닐까라고 한다. 만력 연간(1573~1619)에, 그 추장은 출병하여 전쟁하기를 좋아해서, 인접한 나라인 정기의(丁機宜)385)와 팽형은 여러 차례 환란을 당하였다.

보인다. 『太宗實錄』 卷117 永樂 9년 추7월 乙亥條 참조.

379) 永樂 10년(1412) 11월의 일이다. 『太宗實錄』 卷134 永樂 10년 11월 丙申條 참조.

380) 永樂 17년(1419) 9월의 일이다. 『太宗實錄』 卷216 永樂 17년 9월 丙午條 참조.

381) 永樂 19년(1421) 정월과 永樂 21년(1423) 9월의 일이다. 『太宗實錄』 卷233 永樂 19년 춘정월 戊子條 및 卷263 永樂 21년 9월 戊戌條 참조.

382) 宣德 5년(1430) 6월의 일로, 鄭和는 詔書를 가지고 阿魯를 비롯하여 24개의 番國과 舊港宣慰司를 편력하였다. 그 조서의 내용은 『宣宗實錄』 卷67 宣德 5년 6월 戊寅條 참조바람.

383) 東西竺山: 말레이시아 柔佛州 동해안의 奧爾島(Pulau Aur)에는 對稱으로 錐形의 複式火山(Strato-volcano)이 있는데, 이를 일컫는 것으로 생각된다.

384) 東西竺: 말레이시아 柔佛州 동해안에 있는 奧爾島(Pulau Aur)를 일컫는다. 이 섬에는 두개의 높은 봉우리가 서로 마주보고 있는데, 일찍이 元代의 여행가인 汪大淵이 이곳에 이르렀거니와 그가 저술한 『島夷志略』에서 이곳을 東西竺이라 하였고, "山石嵯峨形勢對峙"라 기록하고 있다.

385) 丁機宜: 宋代 趙汝适이 쓴 『諸蕃志』에는 登牙儂, 元代 汪大淵이 쓴 『島夷志略』에는 丁家廬로 기재되어 있거니와 여러 사서에 丁伽蘆·丁呵兒·丁佳奴·丁機奴 등 여러 명칭으로 기재되어 있다. 이 나라는 지금의 말레이시아 동부 丁加奴(Kuala Trengganu) 一帶에 있던 옛 小國인데, 8세기 무렵에는 三佛齊의 勢力 下에 있었고, 1365년에는 마자파힛(Majapahit)의 번속국이 되었다. 이후 15세기에 들어와서는 滿剌加의 일부분이 되었거니와 16세기에는 暹羅에 臣服했다.

중국인으로 다른 나라에 팔린 자들이 대부분 이 지역에서 거래되었는데, 당시 혹 이 나라에 불러들여 왔는지 모른다.

國中覆茅爲屋, 列木爲城, 環以池. 無事通商於外, 有事則召募爲兵, 稱强國焉. 地不產穀, 常易米於隣壤. 男子薙發徒跣佩刀, 女子蓄發椎結, 其酋則佩雙刀. 字用茭蔁葉, 以刀刺之. 婚姻亦論門閥. 王用金銀爲食器, 群下則用磁. 無匕箸. 俗好持齋, 見星方食. 節序以四月爲歲首. 居喪, 婦人薙發, 男子則重薙, 死者皆火葬. 所產有犀·象·玳瑁·片腦·沒藥·血竭·錫·蠟·嘉文簟·木棉花·檳榔·海菜·窩燕·西國米·跂吉柿之屬.

나라 안에는 모초(茅草)[386]를 이어 집을 짓고 나무를 줄지어 세워 성(城)을 쌓았으며, 연못으로 둘러쳤다. 전쟁이 없으면 외계(外界)와 거래를 하고, 전쟁이 있으면 바로 모집하여 군대를 만드니, 강국이라 일컬었다. 토지에서는 곡식이 나지 않아서 항상 인접한 나라와 쌀을 교역한다. 남자는 머리를 깎고 맨발이며 허리에 칼을 차고, 여자는 머리를 묶어 쪽진 머리를 하며, 그 추장은 쌍도(雙刀)를 허리에 찬다. 글자를 쓸 때에는 교장엽(茭蔁葉)[387]이나 칼을 사용하여 새긴다. 혼인은 또한 문벌(門閥)을 따진다. 왕은 금과 은으로 만든 식기(食器)를 사용하고, 신하들은 자기(磁器)를 사용한다. 숟가락과 젓가락은 없다.

풍속은 재계(齋戒)[388]를 좋아하였고, 별들을 보고서야 비로소 음식을 먹는다. 절기의 순서는 4월을 세수(歲首)[389]로 삼는다. 상(喪)을 지낼 때에 부인(婦人)은 머리를 깎고 남자는 한차례 더 머리를 깎으며, 죽은 자는 모두 화장을 한다. 생산되는 물품으로는 코뿔소(犀)·코끼리(象)·대모·편뇌·몰약(沒藥)[390]·혈갈(血竭)[391]·석(錫)·랍(蠟)·가문점(嘉文

386) 茅草: 벼과식물인 띠를 일컫는다. 그 뿌리는 인효작용이 강하여 藥用으로 쓰이며, 잎은 지붕을 이는데 사용된다.

387) 茭蔁葉: 馬歡의 『瀛涯勝覽』 「滿剌加國」條에 보면, "海之洲渚岸邊生一等水草, 名茭蔁. 葉長如刀茅, 樣似苦筍, 殼厚, 性軟"이라는 내용이 있거니와, 茭蔁은 바다의 沙洲에서 자라는 水草로 그 잎이 마치 刀茅와 같이 길고 뾰족하여 글자를 새기는데 사용했던 것으로 보인다.

388) 齋戒: 心身을 깨끗이 하고 禁忌를 범하지 않도록 하는 일을 말하며, 潔齋라고도 한다.

389) 歲首: 한 해의 처음을 말한다.

簟)[392] · 목면화 · 빈랑(檳榔)[393] · 해채(海菜)[394] · 와연(窩燕)[395] · 서국미(西國米)[396] · 기길시(跂吉柿)[397]의 등이 있다.

> 始其國吉寧仁爲大庫, 忠於王, 爲王所倚信. 王弟以兄疏己, 潛殺之. 後出行墮馬死, 左右咸見吉寧仁爲祟, 自是家家祀之.

이전에 이 나라 길영인(吉寧仁)이 큰 창고를 지어 왕에 충성하자, 왕이 [그를] 믿고 의지하였다. 왕의 동생은 [이로 인해] 형이 자기와 소원해지자 비밀리에 길영인을 죽여 버렸다. 후에 [왕의 동생이] 밖으로 나가 말에서 떨어져 죽자, 좌우의 사람들은 모두 길영인을 숭배했고, 이로부터 집집마다 그를 제사지냈다.

---

390) 沒藥: 감람과식물인 콤미포라 미르라(C. myrrha)나 콤미포라 아비시니카(C. abyssinica) 등의 樹皮에서 채취한 천연고무수지로 만든 담황색 또는 암갈색의 크고 작은 덩어리를 말하는데, 미르라(Myrrha)라고도 한다. 이는 口中香料, 방부제로 사용하고, 약제로도 이용된다.

391) 血竭: 주로 수마트라섬 沼澤地에서 자생하는 종려목 야자나무과의 덩굴식물인 麒麟樹의 열매와 줄기에서 채취한 樹脂를 結晶해서 만들기 때문에 麒麟竭이라고도 한다. 색은 붉고, 맛은 짜면서도 단맛인데, 跌撲傷을 다스리고, 破血과 惡毒瘡에 효과가 좋다.

392) 嘉文簟: 여러 가지 아름다운 무늬가 새겨진 자리를 말한다.

393) 檳榔: 빈랑나무의 열매를 말하며, 學名은 *Areca catechu*이다. 빈랑은 중국의 남부, 태국, 베트남 등 동남아 일대에서 재배되는데, 야자나무와 비슷하며 노란 열매를 맺는다. 빈랑나무의 씨인 檳榔子와 열매껍질은 성질이 따뜻하고 맛이 맵고 쓴데, 心腹痛·脚氣衝心·積聚 등에 쓰이며, 殺蟲劑로도 쓰인다.

394) 海菜: 甘藿, 紫菜, 海帶라고도 하며, 바다에서 나는 식용의 식물로 미역을 말한다. 식이섬유와 칼슘, 요오드 등이 풍부하여 산후조리에 사용되고, 변비·비만의 예방과 철분·칼슘 보충에 쓰인다.

395) 窩燕: 일반적으로 燕窩라고 하며, 燕菜, 燕根, 燕蔬菜라고도 하는데, 金絲燕이라는 바다제비가 지은 집, 혹은 이것으로 만든 음식을 말한다. 바다제비인 금사연은 대륙에 살다가 겨울이 되면 따뜻한 남중국해 및 동남아의 바닷가에 이르러 알을 낳는 산란기를 맞이한다. 이때 새끼를 키우기 위해 목구멍의 침샘에서 끈적이는 분비물을 내어 둥지를 만드는데, 이를 窩燕이라 하며, 이것으로 만든 음식은 최상의 음식으로 황제에게 진상을 하였다.

396) 西國米: 棕櫚科 植物인 西谷椰子의 木髓로 만든 澱粉을 말하는데, 莎木面, 莎而, 沙孤米라고도 한다. 이는 성질이 따뜻하고 맛은 달며, 주로 끓여 죽으로 만들어 먹는데, 脾胃가 虛弱하거나 消化不良인 사람에게 좋다고 한다.

397) 跂吉柿: 동남아 일대가 원산지이고, 藤黃科에 속한 熱帶果樹인 莽吉柿(Mangosteen)를 일컫는 것이 아닌가 한다.

丁機宜，爪哇屬國也，幅員甚狹，僅千餘家．柔佛黠而雄，丁機宜與接壤，時被其患．後以厚幣求婚，稍獲寧處．其國以木爲城．酋所居，旁列鍾鼓樓，出入乘象．以十月爲歲首．性好潔，酋所食啖，皆躬自割烹．民俗類爪哇，物產悉如柔佛．酒禁甚嚴，有常稅．然大家皆不飲，維細民無籍者飲之，其曹偶咸非笑．婚者，男往女家持其門戶，故生女勝男．喪用火葬．華人往商，交易甚平．自爲柔佛所破，往者亦鮮．

정기의(丁機宜)는 조와의 속국이며, 강역이 매우 협소하여 겨우 천여 가(家)에 지나지 않는다. 유불(柔佛)은 교활하고 강대하였는데, 정기의는 이 나라와 영토가 접해 있어 때때로 환란을 입었다. 후에 많은 예물을 바치고 혼인을 청하여 조금 편안할 수 있었다. 이 나라는 나무로 성을 쌓았다. 추장이 거주하는 곳에는 그 옆에 종루(鐘樓)와 고루(鼓樓)가 줄지어 늘어서 있고, 출입할 때에는 코끼리를 탄다. 10월을 세수로 하였다. 성정(性情)은 청결함을 좋아하고, 추장은 먹는 음식을 모두 친히 스스로 요리를 한다. 민속은 조와와 유사하고, 물산(物產)은 모두 유불과 같다. 술은 매우 엄하게 금지하며, 평상시에 세(稅)를 부과했다. 그런데 지체가 높은 집은 모두 [술을] 마시지 않았지만 오직 영세민과 호적이 없는 자들만이 마셨는데, 이들 무리들은 다 같이 비방하고 비웃었다. 결혼을 하면 남자는 여자의 집에 가 그 집안을 도와 지켜야만 했기에, 이 때문에 아들보다 딸을 낳으려고 하였다. 사람이 죽으면 화장을 한다. 중국인이 가서 거래를 해도 교역은 매우 공평했다. 유불과 싸워 패배한 뒤로, [이곳에] 가는 자(商人) 또한 희소(稀少)해졌다.

巴喇西，去中國絶遠．正德六年遣使臣沙地白入貢，言其國在南海，始奉王命來朝，舟行四年半，遭風飄至西瀾海，舟壞，止存一小艇，又飄流八日，至得吉零國，居一年．至秘得，居八月．乃遵陸行，閱二十六日抵暹羅，以情告王，獲賜日給，且賜婦女四人，居四年．迄今年五月始附番舶入廣東，得達闕下．進金葉表，貢祖母綠一，珊瑚樹・琉璃瓶・玻璃盞各四，及瑪瑙珠・胡黑丹諸物．帝嘉其遠來，賜賚有加．

파나서(巴喇西)[398]는 중국에서 거리가 대단히 멀다. 정덕 6년(1511)에 사신 사지백(沙地

白)을 보내 입조하여 공물을 바쳤는데, [사신이] 말하기를 그 나라는 남해(南海)[399]에 있고, 처음으로 왕명을 받들고 내조했는데, 배로 4년 반이 걸렸으며, [오는 도중에] 회오리바람을 만나 서란해(西瀾海)[400]에 이르러 배가 파손되고 겨우 한 척의 작은 거룻배만 남았고, 또 8일을 표류하다가 득길영국(得吉零國)[401]에 이르러 1년을 머물렀다고 하였다. [이후] 비득(秘得)[402]에 이르러 8개월을 머물고, 육지를 따라 가 26일이 걸려 섬라에 이르러서 사정을 왕에 고하니, 날마다 먹을 것을 공급해 주고, 또 부녀자 4명을 내려 주어 4년을 머물렀다고 하였다. 마침내 금년 5월에 번국의 배에 빌붙어 비로소 광동(廣東)에 들어와 대궐에 도달할 수 있었다고 하였다. 금박을 입힌 표문을 올리고, 조모록(祖母綠)[403] 1괴(塊)·산호수·유리병(琉璃瓶)[404]·파리잔(玻璃盞)[405] 각 4개 및 마노주(瑪瑙珠)·호흑단(胡黑丹)[406] 등 여러 물품

---

398) 巴喇西: 巴喇西가 어느 나라였는가에 대해서는 논란이 진행되고 있고, 이와 관련해서 일찍이 정화의 함대가 남아메리카에까지 이르렀다는 논의도 제기되고 있다. 畢全忠과 Gavin Menzies는 巴喇西는 巴西, 즉 브라질이라 하여, 正德 6년(1511)에 이 나라 사신 沙地白이 중국에 오기 전에 이미 정화가 이곳에 이르렀다고 하고 있다. 이에 대해 金國平, 吳志良 등은 巴喇西는 薩珊 왕조 치하의 波斯(Persia)이며, 지금의 伊朗(Iran)이라 주장하고 있다(金國平·吳志良, 2004: 410~420).

399) 南海: 先秦시대에 南海는 九州 밖의 '四海' 가운데 하나로서 원래는 오늘날 중국의 東海와 南海를 가리켰는데, 점차 그 범주가 廣東과 베트남의 海域을 넘어 동남아시아 일대까지 포괄하게 되었다. 한편 '南海'는 南宋 이래로 東·西洋이라는 용어로 대치되기도 하였는데, 특히 明代 중엽 이후에는 南洋이라는 용어가 널리 사용되었다. 南海라는 용어의 범주와 시대별 변화 양상에 대해서는 邱炫煜, 1995: 19~33 참조.

400) 西瀾海: 祝允明의 『野記』 卷4에 "西瀾海之名, 或卽錫蘭海的異稱"이라 하고 있는데, 細蘭海라고도 하며, 지금의 斯里蘭卡(Sri Lanka) 부근의 해협을 일컫는다.

401) 得吉零國: 畢全忠은 지금의 孟加拉(Bengal) 北部에 있던 나라라고 하고 있다(畢全忠, 2003: 53). 그런데 『古代南海地名彙釋』에는 撻吉郡, 즉 지금의 印度 혹은 미얀마 東南岸의 丹那沙林(Tenasserim)이라 하고 있다.

402) 秘得: 畢全忠은 지금의 不丹(Bhutan)이라 하고 있으나(畢全忠, 2003: 53), 『古代南海地名彙釋』에는 지금의 미얀마 중부의 敏鐵拉(Meiktila), 혹은 지금의 태국 서북부의 梅塔(Medha)라 하고 있다.

403) 祖母綠: 희귀한 綠色寶石의 일종으로, 綠柱石類에 속한다. 祖母綠이 중국에 전래해 온 것은 漢代에 실크로드를 통해 페르시아에서 들어온 것으로 추정되며, 그 명칭이 붙여진 것은 16세기 무렵이다. 영어로는 Emerald라고 하는데 옛 페르시아어에서 기중국에서는 "呂宋綠" 또는 "綠寶石"이라고도 부른다. 여러 사람들은 祖母綠을 고귀함과 사랑, 생명을 상징하는 물품으로 여겼다.

404) 琉璃瓶: 琉璃로 만든 瓶이다. 琉璃는 중국에서 玻璃의 古稱이며, 투명하고 强度와 硬度가 매우 높으며, 공기가 통과하지 않는 物料이다.

405) 玻璃盞: 玻璃로 만든 작은 잔을 말한다. 玻璃는 투명하고 强度와 硬度가 매우 높으며, 공기가 통과하지

을 바쳤다. 황제는 먼 길을 온 것을 가상히 여겨 등급을 올려 하사품을 내려주었다.

佛郎機, 近滿剌加. 正德中, 據滿剌加地, 逐其王. 十三年遣使臣加必丹末等貢方物, 請封, 始知其名. 詔給方物之直, 遣還. 其人久留不去, 剽劫行旅, 至掠小兒爲食. 已而夤緣鎭守中貴, 許入京. 武宗南巡, 其使火者亞三因江彬侍帝左右. 帝時學其語以爲戲. 其留懷遠驛者, 益掠買良民, 築室立寨, 爲久居計.

불랑기(佛郎機)는 만랄가에 가깝다. 정덕 연간(1506~1521)에 만랄가의 영토를 점거하고 그 나라 왕을 좇아냈다.[407] [정덕] 13년(1518)에, [불랑기는] 사신 가필단말(加必丹末)[408] 등을 보내 방물을 바치고 책봉을 청하여서, 처음으로 그 나라의 이름을 알게 되었다. 조서(詔書)를 내려 방물의 가치만큼 주어 돌려보내도록 했다.[409] [그런데] 그 사람들은 오래 머물며 떠나지 않고 길가는 사람들을 협박하고 어린 아이를 빼앗아 먹이로 삼기에 이르렀다.[410]

않는 物料이다. 옛 중국에서는 琉璃라 칭하였고, 매우 귀중한 물품이었기 때문에 財富와 地位의 象徵이기도 했다.

406) 胡黑丹: 西域에서 온 黑色 顔料로 일컬어짐.

407) 포르투갈 인들은 1509년 수마트라와 말라카섬에 이르렀고, 2년 후인 1511년에 당시 인도 총독이었던 아퐁소 드 알부케르케(Afonso de Albuquerque)는 말라카를 정복하여 극동 진출을 위한 전진기지로 삼았다(강석영·최영수, 2005: 481). 당시 만랄가 국왕은 蘇端媽末, 즉 술탄 마흐무드(Mahmud)였는데, 현 싱가포르 동남쪽의 벤탄(Bentan)섬으로 망명하여 포르투갈에 대한 저항운동을 시작했다. 이후 그는 수마트라 동부로 옮겨갔으며, 그를 계승한 아들이 최종적으로 정착한 곳이 말레이 반도 남단의 조호르(Johor)였고, 그의 자손들은 이후 말레이 각지의 술탄이 되었다(최병욱, 2006: 299).

408) 加必丹末: 본문에 의하면, 加必丹末이 포르투갈인으로 중국에 최초로 사신으로 온 인물로 기재되어 있으나 포르투갈의 기록에 의하면, 正德 12년(1517)에 포르투갈 인도총독의 특사인 皮萊資(Tomé Pires)가 최초로 광주에 도달하여 통상을 요구한 것으로 기재되어 있다(吳志良·楊允中, 1999: 附件一: 澳門大事記). 그렇지만 加必丹末이 곧 皮萊資인지는 확인되지 않는다.

409) 正德 13년(1518) 정월의 일로, 加必丹末이 佛郎機의 사신으로 와 方物을 바치고, 冊封과 勘合을 주기를 청하였다. 이에 廣東鎭巡 等 官員이 남해의 諸番에 불랑기라 일컫는 나라가 없고, 또한 사신은 본국의 문서를 가지고 있지 않음으로 믿기 어렵다고 했다. 이에 正德帝는 "令諭還國, 其方物給與之"라 유지를 내렸다(『武宗實錄』 卷158 正德 13년 춘정월 壬寅條 참조바람). 『殊域周咨錄』 卷9 「佛郎機」條에는 正德 14년(1519)에 加必丹末 등 30명이 入貢하여 冊封을 청했다고 기록되어 있다.

410) 이들이 어린 아이를 먹었다는 내용은 『殊域周咨錄』 卷9 「佛郎機」條에 보인다.

얼마 안 되어 진수환관(鎭守宦官[411])에게 뇌물을 주고 입경(入京)을 허락받았다.[412] 무종(武宗, 1491~1521; 재위 1505~1521)[413]이 남순(南巡)[414]했을 때, 그 나라(불랑기) 사신은 화자(火者)[415] 아삼(亞三)[416]을 강빈(江彬)[417]의 도움으로 황제 옆에서 시중을 들게 했다. 황제

---

411) 鎭守宦官: 鎭守는 한 지방을 總鎭하는 자라는 뜻으로 明代 武官職의 하나였는데, 洪熙 元年(1425)에 환관인 王安이 감숙성의 鎭守가 됨으로 최초로 환관이 鎭守에 임명되었고, 이후 正統 연간(1436~1449)에는 각 省의 여러 鎭에 환관이 두루 임명되었다. 鎭守宦官 혹은 鎭守太監이라는 명칭은 이로부터 나타났다. 그러나 이는 嘉靖 8년(1529)에 革罷되었다. 『明史』 卷73 「職官」3, 宦官條 참조.

412) 正德 15년(1520) 1月에 皮萊資(Tomé Pires) 使節團은 廣州에서 北上하여 5月에 南京에 이르고, 正德 16년(1521) 1월에 北京에 도착하여 會同館에 머물렀다(吳志良, 楊允中, 1999: 附件一, 澳門大事記 참조).

413) 武宗: 弘治帝의 외아들로 태어났으며, 이름은 朱厚照이고, 명 왕조 11대 황제이다. 효종 홍치제가 1505년에 세상을 떠남으로 15세의 나이로 황제에 즉위하였으며, 年號를 正德으로 정하고 통치에 임하였다. 그러나 그는 어려서부터 환관들과 가까이 하면서 길들여진 방종과 안일한 생활을 버리지 못하고 역조 황제 가운데서 유례없는 기인으로 성장하였으며, 특히 劉謹을 비롯한 八狐라 일컫는 惡宦官들에 둘러싸여 온갖 亂行을 일삼았다. 따라서 정치의 실권은 유근에게 장악되어 문란하였고, 백성들의 생활은 어려워져 수많은 민란이 일어났으며, 황실 내부에서도 政變이 잇따랐다. 결국 그는 재위한 지 16년만인 1521년에 31세의 젊은 나이로 후사도 없이 豹房新寺에서 세상을 떠났다. 그의 諡號는 毅皇帝이며, 陵은 康陵이다.

414) 南巡: 황제가 강남 지역을 살피기 위해 巡幸하는 것을 南巡이라 한다. 당시 武宗이 南巡한 것은, 正德 14년(1519) 6월에 南昌의 寧王 朱宸濠가 10만의 대군으로 거병을 했는데, 이 난을 진압한다는 명분으로 행하였다. 그러나 王守仁에 의해 이 난은 간단하게 평정되었기 때문에 武宗은 南京에서 음락유희를 즐기다가 이듬해인 1520년에 京師로 귀로하였다. 그런데 귀로 도중에 淸江浦(현, 강소성 淮陰縣)에서 고기잡이놀이를 하다 물에 빠져 건강이 나빠졌으며, 이때 나빠진 건강이 결국 회복되지 못하여 이듬해에 세상을 떠났다.

415) 火者: 지위가 낮은 宦官, 厨房에서 불을 때는 사람, 이슬람교 敎祖의 後裔나 이슬람 上層部 귀족의 尊稱 등으로 사용되는데, 여기에서는 환관을 일컬음.

416) 亞三: 嚴從簡의 『殊域周咨錄』에 보면, "有火者亞三, 本華人也, 從役被國久, 至南京, 性頗詰慧"라고 기록되어 있다. 그의 籍貫은 不詳인데, 다만 海道副使 顧應祥의 『靜虛齋惜陰錄』 卷12 「雜論」3에 江西 浮梁人으로 되어 있다. 그는 중국인이었으나 일찍이 포르투갈어를 할 줄 알았기 때문에 皮萊資(Tomé Pires)의 통역을 맡았다.

417) 江彬(?~1522): 河北 宣府人으로 처음 관직은 蔚州衛指揮僉事가 되었으며, 이후 宣府·大同·遼東·延綏 四鎭의 統帥가 되었고, 正德 6년(1511)에 邊兵을 이끌고 畿內 각지의 亂을 토벌함으로 황제의 총애를 받아 國姓인 朱氏 姓을 하사받았다. 武宗에게 北邊을 巡幸하도록 했으며, 또 南征을 하도록 권하였을 뿐 아니라 음락에 빠지도록 하였다. 그의 官은 錦衣衛指揮使, 副將軍에 이르렀으나 正德 16년(1521) 3월에 武宗이 죽자 황태후의 명에 의해 체포되어 磔刑에 처해졌다.

는 때때로 [아삼에게] 그들의 말을 배우며 즐거워했다. 그 나라 사신은 회원역(懷遠驛[418])에 머물면서 더욱 노략질을 일삼고 양민을 사들이며, 집을 짓고 채(寨)를 세워 오랫동안 거주하고자 했다.

十五年, 御史丘道隆言:「滿剌加乃敕封之國, 而佛郎機敢幷之, 且啖我以利, 邀求封貢, 決不可許. 宜却其使臣, 明示順逆, 令還滿剌加疆土, 方許朝貢. 倘執迷不悛, 必檄告諸蕃, 聲罪致討.」御史何鰲言:「佛郎機最凶狡, 兵械較諸蕃獨精. 前歲駕大舶突入廣東會城, 礮聲殷地. 留驛者違制交通, 入都者桀驁爭長. 今聽其往來貿易, 勢必爭鬪殺傷, 南方之禍殆無紀極. 祖宗朝貢有定期, 防有常制, 故來者不多. 近因布政吳廷擧謂缺上供香物, 不問何年, 來卽取貨. 致番舶不絶於海澨, 蠻人雜遝於州城. 禁防旣疏, 水道益熟. 此佛郎機所以乘機突至也. 乞悉驅在澳番舶及番人潛居者, 禁私通, 嚴守備, 庶一方獲安.」疏下禮部, 言:「道隆先宰順德, 鰲卽順德人, 故深晰利害. 宜俟滿剌加使臣至, 廷詰佛郎機侵奪隣邦·擾亂內地之罪, 奏請處置. 其他悉如御史言.」報可.

[정덕] 15년(1520)에 어사(御史) 구도융(丘道隆[419])이 아뢰기를, "만랄가는 칙서를 내려 책봉한 나라인데 불랑기는 감히 그 나라를 병합하였고, 또 이로움으로 우리를 꾀어 책봉과 진공(進貢)을 구하고자 하니, 결코 허락할 수 없습니다. 마땅히 그 사신을 물리쳐서 순리(順理)와 역리(逆理)를 분명하게 보이고, 만랄가에게 강토를 돌려주어야만 조공을 허락하겠다고 해야 합니다. 만일 이런 저런 핑계로 뉘우치지 않고 고치지 않으면 반드시 여러 번국에 격문(檄文)을 발하여 죄상을 알리고 토벌해야 합니다"라고 했다.

어사(御史) 하오(何鰲[420])가 아뢰기를, "불랑기는 가장 흉악하고 교활하며 병기(兵器)가

418) 懷遠驛: 永樂 3년(1405)에 각국의 조공사절이 많아지자 복건·절강·광동의 세 市舶司에 驛館을 설치하여 이들을 묵게 하였는데, 복건에는 來遠驛을, 절강에는 安遠驛을, 광동에는 懷遠驛을 설치하였다. 『明史』 卷81 「食貨」5, 市舶條 참조.

419) 丘道隆: 字는 懋之이며, 上杭人이다. 正德 연간(1506~1521)의 進士로 順德知縣이 되었으며, 일을 嚴明果斷하게 처리함으로 백성들이 敬畏하며 心服했고, 이후 給事中에 올랐다.

420) 何鰲(1497~1559): 字는 巨卿, 號는 沅溪이며, 浙江省 山陰(현 紹興)人이다. 正德 연간(1506~1521)의

여러 번국과 비교해서 가장 뛰어납니다. 지난해에는 큰 배를 몰아 돌연 광동의 성성(省城)에 들어와 포성(砲聲)으로 땅을 진동시켰습니다. 역관(驛館)에 머무는 자는 제도를 어기면서 내통을 하고, 도성(都城)에 들어온 자는 성질이 사납고 교만하여 수령(首領)과 다툽니다. 지금 그들이 왕래하여 무역하는 것을 들건대, 위세를 내세워 반드시 싸우고 살상을 하니 남방의 환란과 위태로움이 끝이 없습니다. 선조(先祖)들이 조공의 기한을 정하고 상규(常規)를 세워 방비함으로 해서 오는 사람이 많지 않았습니다. 근래에 포정사(布政使)[421] 오정거(吳廷擧)[422]의 말에 의하면, 상공(上供)하는 향물(香物)이 모자라는데도 시도 때도 없이 와서 재물을 가져간다고 합니다. 번인의 배가 해안에 끊이지 않고, 만인(蠻人)이 주성(州城)에 매우 번잡하게 많습니다. 이들을 금지하고 방비함이 이미 소홀해져 [그들에게] 뱃길이 더욱 익숙해졌습니다. 이 때문에 불랑기가 기회를 틈타 돌진하여 이르게 된 것입니다. 청하옵건대 해안가에 있는 번인들의 배와 숨어서 거주하는 번인들을 모두 쫓아내고 사적인 통행을 금하며 수비를 엄히 하면, 머지않아 곧 안녕을 얻을 것입니다"라고 했다.

이 주소(奏疏)를 예부에 내리고 이르기를, "구도융은 이전에 순덕(順德)[423]을 맡아 다스리고, 하오는 곧 순덕 사람이기 때문에 그 이로움과 해로움을 깊이 있게 밝혔도다. 마땅히 만랄가

進士로 刑部主事에 임명되었고, 正德 14년(1529)에 武宗에게 南巡을 하지 말도록 諫하다가 杖刑을 받기도 했다. 嘉靖 연간(1522~1566)에 四川布政司參議, 河南右布政使에 올랐고, 嘉靖 31년(1552)에 刑部尙書에 올랐으며, 嘉靖 35년(1556)에 사직하고 돌아와 집에서 세상을 떠났다.

421) 布政使: 명대 지방의 民政을 담당하는 官이다. 명 태조는 洪武 14년(1381)에 지방 관료조직에 대한 대대적인 개편을 행하였는데, 전국의 13개 省에 承宣布政使司·都指揮使司·提刑按察使司를 설치하여 각기 民政·軍事·司法의 일을 분담케 하였다. 승선포정사사에는 從二品인 左, 右布政使 각 1명과 그 밑에 從三品인 左·右參政을 두어 省의 民政과 財政의 일을 담당토록 했다. 그러나 명 중기 이후 포정사의 위에 總督·巡撫·巡按 등의 官이 설치되면서 지방 최고행정장관으로서의 지위를 잃게 되고 이들의 屬僚로 전락하였다.

422) 吳廷擧(1459~1525): 字는 獻臣이고, 號는 東湖이며, 湖北 嘉魚(현, 武昌)人이다. 成化 23년(1487)에 진사가 되어 廣東 順德知縣을 제수 받았다. 弘治 9年(1496)에는 四川 成都府 同知로 승차하고, 弘治 18년(1505)에 松江知府가 되었으며, 正德 4년(1509)에 廣東右參議, 瓊州兵備副使에 올랐으나 유근에 반대하다 탄핵되어 옥에 갇히기도 했다. 그러나 유근이 주살된 후, 다시 雲南兵備副使·江西右參政·廣東右布政使·右副都禦史, 工部 및 兵部右侍郎이 되었고, 이 기간 동안에 그는 賑濟湖南饑荒과 番舶進貢交易法을 입안하기도 했다. 이후 그는 사직을 하고 梧州에 있는 東湖書院에서 66세의 나이로 병에 들어 세상을 떠났다.

423) 順德: 광동 廣州府 소속의 順德縣을 말함. 秦漢시대에는 番禺縣이라 불렸고, 隋 이후에는 南海縣이라 불렸으며, 明代에 들어와 순덕현이라 했다.

의 사신이 오기를 기다려, 조정은 불랑기가 인방(隣邦)을 침탈하고 내지(內地)를 소란케 한 죄를 꾸짖고, 그 처리를 주청하라. 기타는 모두 어사(御史)의 말과 같이 하라"고 [황제는] 결재하여 허락했다.[424]

亞三侍帝驕甚. 從駕入都, 居會同館. 見提督主事梁焯, 不屈膝. 焯怒, 撻之. 彬大詬曰: 「彼嘗與天子嬉戲, 肯跪汝小官邪?」 明年, 武宗崩, 亞三下吏. 自言本華人, 爲番人所使, 乃伏法, 絶其朝貢. 其年七月, 又以接濟朝使爲詞, 攜土物求市. 守臣請抽分如故事, 詔復拒之. 其將別都盧旣以巨礮利兵肆掠滿剌加諸國, 橫行海上, 復率其屬疏世利等駕五舟, 擊破巴西國.

아삼은 황제에게 시중을 들면서 매우 교만했다. 어가(御駕)를 수행하여 도성에 들어와 회동관에 머물렀다. 제독주사(提督主事)[425] 양작(梁焯)[426]을 보고도 무릎을 꿇어 절을 하지 않았다. 양작이 노(怒)하여 그에게 매질을 했다. [그러자] 강빈이 크게 꾸짖으며 말하기를, "그는 늘 천자와 함께 즐겁게 장난질을 하는 사이인데, 어찌 너 같은 소관(小官)을 향해 무릎을 꿇을 수 있겠는가?"라고 하였다. 이듬해(正德 16년, 1521)에 무종이 세상을 떠나자, 아삼은 사법관에 보내졌다. 자신(아삼)은 본래 중국인으로 번인에게 이용되었노라고 말하였는데, 곧 형벌을 받아 죽임을 당했으며,[427] 그 나라의 조공은 끊어졌다.

이 해 7월에 또 이어서 조정에 건너온 사신이 고하였는데, 토산물을 가지고 와 교역을 청하였다. 수신은 구례(舊例)에 따라 추분(抽分)[428]하기를 청하였으나 조령을 내려 다시 이를

424) 御史 丘道隆과 御史 何鰲의 주청 및 이에 대한 황제의 諭旨 등 상세한 내용은 『武宗實錄』 卷194 正德 15년 12월 己丑條 참조바람.

425) 提督主事: 提督會同館主事를 말하며, 그 품계는 正六品職이다. 禮部主客清吏司에서 회동관을 관리하기 위해 弘治 연간(1488~1505)에 설치하였으나 이후 폐지와 설치를 반복하였다.

426) 梁焯: 『明史』에 그의 傳은 없으며, 다만 『廣東通誌』에 그의 字는 日孚이고, 南海人이며, 霍韜와 더불어 같이 進士가 되었다는 기록이 있다.

427) 무종이 세상을 떠나자 황태후의 命에 의해 江彬은 주살을 당하고 亞三 역시 투옥되었다가 사형에 처해졌다. 『廣東通誌』에 기재된 "武宗晏駕. 是日, 皇太後懿旨誅彬. 已而火者亞三等就獄, 稱本華人, 爲外夷所役. 於是, 與寫亦虎先等皆伏誅. 有詔佛郎機不許入貢(『明清時期澳門問題檔案文獻匯編』 第5권, 14에 所收)"을 참조.

거절하였다.[429] 그 나라 장수 별도로(別都盧)[430]는 이미 거포(巨砲)와 예리한 병기로 만랄가 등 여러 나라를 멋대로 탈취하여 해상을 횡행하였고, 또 그 부하 소세리(疏世利)[431] 등에게 5척의 배를 이끌고 가도록 하여 파서국(巴西國)[432]을 격파했다.

嘉靖二年遂寇新會之西草灣, 指揮柯榮·百戶王應恩御之. 轉戰至稍州, 向化人潘丁苟先登, 衆齊進, 生擒別都盧·疏世利等四十二人, 斬首三十五級, 獲其二舟. 餘賊復率三舟接戰. 應恩陣亡, 賊亦敗遁. 官軍得其礮, 卽名爲佛郎機, 副使汪鋐進之朝. 九年秋, 鋐累官右都御史, 上言:「今塞上墩台城堡未嘗不設, 乃冠來輒遭蹂躪者, 蓋墩台止瞭望, 城堡又無制遠之具, 故往往受困. 當用臣所進佛郎機, 其小止二十斤以下, 遠可六百步者, 則用之墩台. 每墩用其一, 以三人守之. 其大至七十斤以上, 遠可五六里者, 則用之城堡. 每堡用其三, 以十人守之. 五里一墩, 十里一堡, 大小相依, 遠近相應, 寇將無所容足, 可坐收不戰之功.」帝悅, 卽從之. 火礮之有佛郎機自此始. 然將士不善用, 迄莫能制寇也.

가정 2년(1523)에, 마침내 신회(新會)[433]의 서초만(西草灣)[434]에 침범해 오자, 지휘(指

428) 抽分: 현물의 일부를 稅로 징수한다는 뜻이다. 여기서는 외국 상품에 대한 과세로서 일종의 輸入稅를 가리킨다.

429) 正德 16년(1521) 7월에 廣東의 鎭巡 等 官員이 올린 "海洋船有稱佛朗機國接濟使臣衣粮者, 請以所賫番物, 如例抽分"이라는 奏請에 대해 禮部에서 "佛朗機非朝貢之國, 又侵奪領封, 獷悍違法, 挾貨通市, 假以接濟爲名, …… 宜敕鎭巡等官亟逐之, 毋令入境"이라 하여 이들이 境內에 들어오는 것을 허락하지 말라고 논의하여 올리니, 皇帝는 이를 가납하였다. 『世宗實錄』 卷4 正德 16년 추7월 己卯條 참조.

430) 別都盧: 본명은 Pedro Homem이며, 당시 포르투갈 船隊의 統帥인 馬丁 阿豐索 德 梅羅(Martin Afonso de Mello Coutinho)의 수하 船長이었다(金國平, 2000: 14).

431) 疏世利: 張天澤의 考證에 의하면, 그의 본명은 Syseiro라고 함(金國平, 2000: 14).

432) 巴西國: 巴西는 일반적으로 브라질로 일컬어지고 있지만, 若昂·德·巴羅斯의 『若昂·德·巴羅斯亞洲旬年史』에 보면 "費爾南·佩雷斯·德·安德拉德一路上首先遇到的是巴西, 其地爲蘇門答剌島上諸國之首, 地理學家錯誤地將該島視爲陸地, 稱之爲黃金半島"라 기재되어 있거니와 여기에 있는 巴西에 대해 金國平은, 『南海誌』에는 不斯麻, 『元史』「武帝本紀」에는 八昔, 『明實錄』과 『明史』에는 巴西로 기재되어 있거니와 이는 포르투갈어로 Pacem이며, 지금의 수마트라섬 東北岸의 波審(Passier) 부근이라 하고 있다(金國平, 2000: 211).

揮)[435] 가영(柯榮)과 백호(百戶)[436] 왕응은(王應恩)이 이들을 방어했다. 전쟁터가 초주(稍州)[437]로 옮겨져서는 귀화해 온 반정구(潘丁苟)[438]가 앞에서 성을 오르자 무리들이 일제히 따라 올라가 별도로와 소세리 등 42명을 생포하고, 35명을 참수했으며, 그들의 선박 2척을 노획하였다. 나머지 적들은 다시 3척의 배를 이끌고 접전했다. 왕응은은 전사했지만 적 또한 패하여 도주했다. 관군은 그들의 포(砲)를 획득했는데, 곧 명칭을 불랑기(佛郎機)[439]라 하고 부사(副使) 왕굉(汪鋐)[440]이 이를 조정에 바쳤다.

[가정] 9년(1530) 가을에 왕굉은 [그 공적으로] 우도어사로 승진하였는데 아뢰기를, "지금

433) 新會: 광동성 廣州府 新會縣을 말함. 南朝 宋나라 때 新會郡이 설치되었으나 隋代에 郡을 폐지하고 新會縣이라 하였다.

434) 西草灣: 西草灣이 어디에 위치해 있었는가에 대해서는 여러 說이 제시되고 있다. 즉, 新會의 蒲草灣說, 香山 西草灣說, 新安 大嶼山 茜草灣說, 香港 西草灣說이 그것인데, 근자에 金國平은 여러 자료를 통한 考證에서 香港의 鯉魚門 부근에 있는 西草灣에서 충돌이 일어났음을 밝히고 있다(金國平, 2000: 16~18).

435) 指揮는 衛를 관장하는 指揮使의 약칭으로 正三品職이며, 1衛는 5,600명의 병사를 단위로 편성되었다.

436) 百戶는 所를 관할하는 千戶(正五品)의 屬官으로 100명 정도의 병사를 통솔하는 正六品職이다.

437) 稍州: 稍州는 西草灣의 북쪽에 위치한 곳이며, 지금의 沙洲라 추정되고 있다(金國平, 2000: 15~17).

438) 潘丁苟: 대부분의 학자들은 외국인으로써 歸化해 온 인물로 보고 있는데, 다만 伯希和(Paul Pelliot)는 江蘇 崇明 向化人으로 보고 있다(伯希和, 1949: 103).

439) 佛郎機: 佛郎機는 일반적으로 나라의 이름으로 알려져 있지만 여기 본문에서의 佛郎機는 포루투갈의 火砲를 일컫는다. 이 火砲가 중국에 처음 전해진 것은 본문에서와 같이 嘉靖 2년(1523)에 포르투갈과의 전투에서 노획한 때이며, 이후 명조는 이를 모방하여 '子母炮'라는 砲를 만들어 사용했다. 佛郎機砲는 後裝式 火砲인데, 그 안에 子銃이 장착되었기 때문에 佛郎機銃이라고도 한다. 『籌海圖編』 卷12上 「經略」 3에 보면, "쇠로 만들어졌고, 길이는 5, 6尺이고, 가운데(腹)가 크고 목(頸)이 기다랗게 생겼으며, 가운데에 난 구멍에는 장약된 다섯 개의 소총이 돌아가면서 발사될 수 있도록 넣어져 있고, 총 외부는 나무로 감싸고 쇠로 테를 둘러 갈라지거나 찢어지지 않게 했다"라고 기록되어 있다. 또 『明會典』 卷193 「火器條」에 보면, 명조는 佛郎機를 모방하여 大樣, 中樣, 小樣 三種의 불랑기를 만들었으며, 嘉靖 2年(1523)에 32문의 불랑기를 만들었는데, 그 중 무거운 것은 300여 斤이었다고 기록되어 있다.

440) 汪鋐(1466~1536): 字는 宣之, 行榮四이고, 號는 誠齋이며, 강서 婺源人이다. 弘治 15年(1502)에 진사가 되었고, 正德 6年(1511)에 廣東提刑按察司僉事, 正德 9年(1514)에 本司副使, 正德 10年(1515)에는 奉敕巡視廣東海道가 되어 過疆戎務를 처리했으며, 正德 16年(1521)에는 廣東提刑按察使가 되었다. 그러는 동안 그는 西方 제국주의 침입에 맞서 수차례 전쟁을 치렀다. 특히 그는 嘉靖 元年(1522) 9月에 佛朗機의 首領 別都盧(Pedro Homem)가 1,000명의 병사를 이끌고 新會縣 茜草灣에 침입하자 明軍艦隊를 出擊시켜 이들을 격파하고, 別都盧를 생포하였다. 이후 그는 廣東布政使司 右布政使, 浙江布政使司 右布政使, 浙江布政使司 左布政使, 都察院 右副都禦史, 欽差提督, 刑部右侍郎 等을 역임했다.

새(塞) 위에 돈대(墩台)[441]와 성보(城堡)[442]가 비록 설치되었다고는 하나 곧 외적이 침범해 오면 쉽게 유린되오며, 대체로 돈대는 요망대(瞭望臺)에 불과하고 성보는 또 먼 곳을 공제(控制)할 기구가 없어서 왕왕 곤란을 받습니다. 응당 신이 바친 불랑기를 이용하시옵고, 그 작은 것은 겨우 20근(斤)[443] 에 미치지 않은 것으로 멀리 600보(步)[444]를 공제할 수 있으니, 이를 돈대에 이용하면 됩니다. 매 돈(墩)마다 한 문을 이용하고 3명이 이를 지키면 됩니다. 그 큰 것은 70근[445]이 넘으며 멀리 5~6리[446]를 공제할 수 있음으로 성보에 이를 이용하면 됩니다. 매 보(堡)마다 3문을 이용하고 10명이 이를 지키면 됩니다. 5리에 하나의 돈대가 있고 10리에 하나의 성보가 있으니, 크고 작은 포가 서로 의지하여 멀고 가까움에 서로 대응할 수 있음으로, 앞으로 외적이 쉽게 침범할 수 있는 곳이 없고, 앉아서 싸우지 않고 이길 수 있습니다" 라고 했다. 황제는 기뻐하며, 곧 이를 따랐다. 화포(火砲)인 불랑기가 있게 된 것은 이때부터 비롯한다. 그러나 장졸(將卒)들이 잘 사용하지 못하여 결국 외적을 제어할 수 없었다.

初, 廣東文武官月俸多以番貨代, 至是貨至者寡, 有議復許佛郎機通市者. 給事中王希文力爭, 乃定令, 諸番貢不以時及勘合差失者, 悉行禁止, 由是番舶幾絕. 巡撫林富上言: 「粵中公私諸費多資商稅, 番舶不至, 則公私皆窘. 今許佛郎機互市有四利. 祖宗時諸番常貢外, 原有抽分之法, 稍取其餘, 足供御用, 利一. 兩粵比歲用兵, 庫藏耗竭, 籍以充軍餉, 備不虞, 利二. 粵西素仰給粵東, 小有徵發, 卽措辦不前, 若番舶流通, 則上下交濟, 利三. 小民以懋遷爲生, 持一錢之貨, 卽得展轉販易, 衣食其中, 利四. 助國裕民, 兩有所賴, 此因民之利而利之, 非開利孔爲民梯禍也.」 從之. 自是佛郎機得入香山澳爲市, 而其徒又越境商於福建, 往來不絕.

---

441) 墩台: 성곽 중간 중간에는 앞쪽으로 튀어 나온 부분을 말하는데, 성을 수비하는 군대가 敵을 살피고, 엄폐할 수 있도록 만든 것이다.

442) 城堡: 적을 막기 위해 임시로 만든 소규모의 要塞로, 城壘, 城子라고도 한다.

443) 명대에 1斤은 590g으로, 20斤은 약 11.8kg의 무게이다.

444) 명대에 1步는 1.555m로, 600步는 933m의 거리이다.

445) 명대에 1斤은 590g으로, 70斤은 41.3kg의 무게이다.

446) 명대에 1里는 약 576m로, 5~6里는 약 2,880~3,456m 정도의 거리이다.

당초에, 광동 문무관(文武官)의 월봉(月俸)은 대부분 번화(番貨)로 대신했는데, 이 번화가 적게 이르자 다시 불랑기의 통상(通商)을 허락해야 한다는 논의가 있었다. 급사중(給事中) 왕희문(王希文)은 힘써 논쟁을 벌이고, 이에 법령을 정해 여러 번(番)이 때를 맞추지 않고 보내오거나 감합이 다르거나 없는 것은 모두 금지시키니, 이로 인해 번(番)의 배가 몇 차례 끊겼다.

순무(巡撫)447) 임부(林富)448)가 아뢰기를, "월(粤) 안의 공사(公私)의 여러 비용이 대부분 상세(商稅)에서 조달되는데, 번(番)의 선박이 이르지 않으니 공사가 모두 곤궁합니다. 지금 불랑기와의 무역을 허가한다면 네 가지의 이로움이 있습니다. 조종(祖宗)의 시기에 여러 번이 일상적으로 바치는 것 외에, 본래 추분(抽分)의 법이 있어 그 나머지를 조금만 취해도 어용(御用)으로 바치기에 족하니, 이것이 첫 번째 이로움입니다. 양월(兩粤)은 해마다 용병(用兵)으로 창고가 소모되어 비는데, 이것으로 군향(軍餉)에 충당하여 뜻밖의 재난에 대비할 수 있으니, 이것이 두 번째 이로움입니다. 월서(粤西)는 본래 월동(粤東)으로부터 공급을 받아 조금만 징발해도 조달할 수 없는데, 만일 번의 선박을 유통케 하면 상하가 서로 구제할 수 있으니, 이것이 세 번째 이로움입니다. 미천한 백성은 화물의 교역으로 생활을 하고, 1전(錢)의 화물만 있어도 교역을 하려고 해 의식(衣食)이 그 안에 있으니, 이것이 네 번째 이로움입니다. 나라의 부유한 백성을 도와서 [부유한 자나 가난한 자] 양자(兩者)가 서로 믿고 의지하게 하는 것, 이것이 백성들의 이득으로 백성들을 이롭게 하는 것이이요, 처음에 이득이 없다고 해서 백성들에게 화(禍)를 양성하는 것은 아닙니다"라고 하니, 이를 허락했다. 이로부터 불랑기는 향산오(香山澳)에 들어와 교역을 하였으며, 이들 무리는 월경(越境)을 하여 복건에서도 교역을 했는데, 왕래가 끊이지 않았다.

---

447) 巡撫: 明淸시대의 지방장관으로 總督과 함께 '督撫'라고 불렀다. 명 초기에는 중앙에서 지방에 파견한 임시직이었으나 宣德 연간(1426~1434)부터 常設化되어 省 또는 그 일부를 관할하였으며, 명 말에는 20여 개나 되었다. 원래는 文官으로 주로 民政을 專擅하였으나 이후로 軍事職까지 兼職하고, 都御史를 兼하기도 하여 省의 布政使, 按察使, 都指揮使를 지휘하는 지방장관으로서 實權을 가지게 되었다.

448) 林富: 字는 守仁이고, 弘治 연간(1488~1505)의 進士로 南京大理寺評事가 되었다. 劉謹을 싫어하여 投獄되었으나, 유근이 誅殺된 후 廣東廣西右布政使에 오르고, 이후 兩廣의 巡撫가 되어 嶺東의 賊首 王基와 海寇 黃秀山 등을 토벌하였으며, 이후 兵部右侍郎·右僉都御史에 올랐다.

至二十六年，朱紈爲巡撫，嚴禁通番．其人無所獲利，則整衆犯漳州之月港·浯嶼．副使柯喬等御却之．二十八年又犯詔安．官軍迎擊於走馬溪，生擒賊首李光頭等九十六人，餘遁去．紈用便宜斬之，怨紈者御史陳九德遂劾其專擅．帝遣給事中杜汝禎往驗，言此滿剌加商人，歲招海濱無賴之徒，往來鬻販，無僭號流劫事，紈擅自行誅，誠如御史所劾．紈遂被逮，自殺．蓋不知滿剌加卽佛郎機也．

[가정] 26년(1547)에 이르러 주환(朱紈)[449]이 순무가 되어 번인과 교통하는 것을 엄금했다. 이들 번인들은 이익을 얻을 방도가 없자 무리들을 정돈하여 장주(漳州)의 월항(月港)[450]과 오서(浯嶼)[451]를 침범하였다. 부사(副使) 가교(柯喬)[452] 등은 이들을 막아 물리쳤다.[453] [가정] 28년(1549)에 또 조안(詔安)[454]을 침범했다. 관군은 주마계(走馬溪)[455]에서 이들을 맞아 싸워 적의 우두머리인 이광두(李光頭) 등 96명을 생포했고, 나머지는 달아났다.

---

449) 朱紈(1492~1549): 字는 子純이고, 長洲(현, 江蘇省 吳縣)人이다. 正德 16년(1521)의 進士로 景州 知州를 시작으로 여러 관직을 역임했으며, 嘉靖 26년(1547)에 右副都御史로서 浙閩海防軍務提督이 되었고, 浙江巡撫에 임명되어 倭寇를 막는데 힘썼다. 특히, 이때 그는 海防시설과 인원을 증강시켜 出入船舶에 대한 감시를 엄격히 했으며, 연해 주민을 保甲에 편성하여 海寇의 搜捕에 노력함으로써 海禁政策을 강력하게 실행해 나갔다. 이와 아울러 그는 李光頭 등 豪强 96명을 살해했는데, 지금까지 밀무역으로 많은 이득을 보았던 절강, 복건의 朝野 鄕紳層이 이를 문제 삼아 조사받도록 했고, 하옥되었으며, 결국 그는 憤에 못이겨 음독 자살하였다.『明史』卷205「朱紈傳」참조.

450) 月港: 복건 漳州府 海澄縣 서쪽에 위치하며, 남쪽으로는 南溪와 접해 있고, 서북쪽으로 바다와 통해 있는데, 그 지형이 달과 같아 月港이라 했다.

451) 浯嶼: 浯洲嶼라고도 하며, 복건의 金門島를 말한다.

452) 柯喬(1497~1550): 字는 遷之이고, 號는 雙華이며, 世世로 柯村에 居하였다. 嘉靖 8년(1529)의 進士로, 御史, 經筵講官·湖廣按察史僉事·福建布政司參議 等의 職을 역임했는데, 福建에서 按察司副史로 재임하는 기간에 海盜와 접촉하는 權貴들을 물리침으로 인해 이들의 원한을 사 嘉靖 29년(1550) 고향인 青陽 柯村에 돌아가게 되었다. 이후 嘉靖 33년(1554)에 사면이 되어 京職을 제수 받았지만 병으로 세상을 떠났다.

453) 이 사건과 관련해서 巡撫御史 金城은 浯嶼 指揮 丁桐과 前任 海道副使 姚翔鳳이 뇌물을 받고 불랑기의 入境을 허락해 주었다 하여 이들을 탄핵하였다.『世宗實錄』卷330 嘉靖 26년 11월 癸巳條 참조.

454) 詔安: 복건 漳州府 詔安縣이다. 이전에는 漳浦縣에 속했으나 明代에 분리하여 조안현을 설치했다. 詔安이라는 명칭은 南詔를 취하면 편안히 다스릴 수 있다는 뜻이다.

455) 走馬溪: 복건 漳州府 詔安縣 소속의 東山島 서남부에 있는 岐下村 후면에 위치한 곳이다.

주환이 제멋대로 이들을 참살(斬殺)하자, 주환에게 원한이 있던 어사 진구덕(陳九德)[456]이 마침내 그의 독단적인 행동을 탄핵하였다. 황제는 급사중 두여정(杜汝禎)[457]을 보내 조사토록 했는데 아뢰기를, 이들 만랄가 상인은 해마다 해변의 무뢰배(無賴輩)를 모집하여 물건을 사고팔기 위해 왕래를 하지만 분수에 넘치는 칭호를 자칭하거나 이리저리 떠돌며 약탈하는 일이 없으며, 주환이 제멋대로 주살을 자행(自行)한 것은 진실로 어사가 탄핵한 바와 같다고 했다.[458] 주환은 마침내 체포되고, 자살을 하였다. 무릇 만랄가가 곧 불랑기임을 알지 못했다.

自紈死. 海禁復弛, 佛郎機遂縱橫海上無所忌. 而其市香山澳·壕鏡者, 至築室建城, 雄踞海畔, 若一國然, 將吏不肖者反視爲外府矣. 壕鏡在香山縣南虎跳門外. 先是, 暹羅·占城·爪哇·琉球·浡泥諸國互市, 俱在廣州, 設市舶司領之. 正德時, 移於高州之電白縣. 嘉靖十四年, 指揮黃慶納賄, 請於上官, 移之壕鏡, 歲輸課二萬金, 佛郎機遂得混入. 高棟飛甍, 櫛比相望, 閩·粵商人趨之若鶩. 久之, 其來益衆. 諸國人畏而避之, 遂專爲所據. 四十四年僞稱滿剌加入貢. 已, 改稱蒲都麗家. 守臣以聞, 下部議, 言必佛郎機假托, 乃却之.

주환이 죽은 뒤로, 해금(海禁)은 다시 이완되었으며, 불랑기는 이윽고 거리낌 없이 해상을 마음대로 누볐다. 그리고 향산오와 호경(壕鏡)[459]에서 거래를 하는 자들은 집을 짓고 성(城)을 쌓기에 이르렀는데, 그 웅장함이 해변에 걸쳐 자리잡고 있어 마치 하나의 나라와 같고, 또 미련한 서리(胥吏)들은 오히려 이를 지방의 관부(官府)로 여겼다. 호경은 향산현(香山縣) 남쪽 호도문(虎跳門)[460] 밖에 있다. 이전에 섬라·점성·조와·유구·발니 등 여러 나라들의 무역은 모두 광주에서 행했는데, 시박사(市舶司)[461]를 설치하여 이를 통령(統領)했다. 정덕

456) 陳九德: 陳九德은 당시 巡按直隷御史의 관직에 있었다.

457) 杜汝禎: 杜汝禎은 兵科給事中이었고, 황제의 명을 받아 福建 巡按禦史인 陳宗夔과 會同하여 사태의 眞相을 조사하였다.

458) 이에 관한 상세한 내용은 『世宗實錄』 卷363 嘉靖 29년 추7월 壬子條 참조바람.

459) 壕鏡: 香山縣 남쪽 虎跳門 밖에 있는 지금의 高欄島로 추정됨.

460) 虎跳門: 현 廣東省 珠海市 鬥門區에 위치하며, 江門市를 거쳐 廣州로 들어가는 水路의 관문이다.

461) 市舶司: 市舶은 貿易船이라는 뜻이며, 市舶司는 원래 내외의 무역선 및 무역상인에 관한 일체의 업무를 관장하는 곳이다. 그렇지만 명조에서는 국초 이래 내지인의 해외출항과 무역을 금하는 이른바 海禁정

연간(1506~1521)에는, 고주(高州)[462]의 전백현(電白縣)[463]으로 [시박사를] 옮겼다.

가정 14년(1535)에, 지휘 황경(黃慶)이 뇌물을 받고 상관에게 청하여 이(시박사)를 호경으로 옮기고 매년 2만 금(金)을 부세(賦稅)로 받았는데, [이로써] 불랑기는 마침내 이곳에 혼입(混入)해 들어올 수 있었다. [호경은] 높은 처마와 기와집이 즐비하게 마주 보고 서 있는데, 민(閩)과 월(粤)의 상인들은 마치 집오리처럼 이곳을 향해 재촉해 갔다. 오랜 세월이 지나서 그 나라(불랑기)에서 오는 자는 더욱 많아졌다.[464] 여러 나라 사람들은 두려워하여 이들을 피하고, 오로지 이들만이 웅거(雄據)하는 곳으로 되어버렸다. [가정] 44년(1565)에 만랄가라고 거짓으로 칭해 입조하여 공물을 바쳤다. 이후 포도려가(蒲都麗家)[465]로 개칭(改稱)하였다. 수신이 조정에 보고하니 예부에 내려 논의하도록 하였는데, 필시 불랑기가 남의 이름을 모칭(冒稱)한 것이라고 말하자, 이에 이를 거절하였다.[466]

萬曆中，破滅呂宋，盡擅閩·粵海上之利，勢益熾．至三十四年，又於隔水青州建寺，高六七丈，閎敞奇閟，非中國所有．知縣張大猷請毀其高墉，不果．明年，番禺擧人盧廷龍會試入都，請盡逐澳中諸番，出居浪白外海，還我壕鏡故地，當事不能用．番人旣築城，聚海外雜番，廣通貿易，至萬餘人．吏其土者，皆畏懼莫敢詰，甚有利其寶貨，佯禁而陰許之者．總督戴燿在事十三年，養成其患．番人又潛匿倭賊，敵殺官

책을 시행했기 때문에 시박사는 오로지 朝貢무역의 업무만을 담당하였다. 명대 市舶司는 洪武 초에 太倉의 黃渡에 설치했지만 곧 없앴고, 다시 寧波·泉州·廣州에 설치하여 영파는 日本과, 천주는 琉球와, 광주는 占城·暹羅·西洋諸國과의 조공무역을 관장토록 하였다. 『明史』 卷81 「食貨」5, 市舶條 참조.

462) 高州: 高州府를 말하며, 治所는 茂名으로, 電白·信宜 등의 縣을 관할한다. 지금의 광동성 茂名市와 電白, 高州 등의 縣이다.

463) 電白縣: 광동 高州府 電白縣인데, 漢代의 高涼縣의 지역이었으며, 唐代에는 保安·保寧으로 불렸고, 明代에 電白縣이라 했다.

464) 이상의 내용은 『熹宗實錄』 卷11 天啓 원년 6월 丙子條에도 있음.

465) 蒲都麗家: 葡萄牙, 즉 Portugal의 譯音임.

466) 嘉靖 44년(1565) 4월의 일로, 당시 禮部에서의 논의는 "南番國無所謂蒲麗都家者, 或佛朗機詭托也. 請下鎭巡官詳審, 若或詭托, 卽爲謝絕, 或漢人通誘者以法治之"라 하였고, 황제는 이를 嘉納했다. 『世宗實錄』 卷545 嘉靖 44년 하4월 癸未條 참조. 한편 원문에 있는 蒲都麗家가 실록에는 蒲麗都家로 기재되어 있는데, 포르투갈의 음역과 관련해 보면 蒲麗都家가 옳은 것으로 보인다.

軍. 四十二年, 總督張鳴岡檄番人驅倭出海, 因上言: 「粤之有澳夷, 猶疽之在背也. 澳之有倭賊, 猶虎之傅翼也. 今一旦驅斥, 不費一矢, 此聖天子威德所致. 惟是倭去而番尚存, 有謂宜剿除者, 有謂宜移之浪白外洋就船貿易者, 顧兵難輕動. 而壕鏡在香山內地, 官軍環海而守, 彼日食所需, 咸仰於我, 一懷異志, 我卽制其死命. 若移之外洋, 則巨海茫茫, 奸宄安詰? 制御安施? 似不如申明約束, 內不許一奸闌出, 外不許一倭闌入, 無啓釁, 無弛防, 相安無患之爲愈也.」 部議從之. 居三年, 設參將於中路雍陌營, 調千人戍之, 防御漸密. 天啓元年, 守臣慮其終爲患, 遣監司馮從龍等毁其所築青州城, 番亦不敢拒.

만력 연간(1573~1619)에 여송(呂宋)[467]을 공격하여 멸망시키고, 민(閩), 월(粤) 해상(海上)의 이익을 모두다 손에 넣어 세력이 더욱 강성해졌다.[468] [만력] 34년(1606)에 이르러 또 물막이가 있는 청주(靑州)[469]에 절을 지었는데, 높이가 6~7장(丈)[470]으로 높고 훤히 트여 있으며, 기이하고 유심(幽深)한 곳에 있지만 중국의 소유는 아니었다. 지현인 장대유(張大猷)[471]가 그 높은 담장을 허물라고 했지만 그렇게 하지 않았다.[472] 이듬해(1607)에, 번우(番禺)[473]의 거인(擧人)[474]인 노정용(盧廷龍)이 회시(會試)[475]를 보기 위해 경사(京師)에 와서,

467) 呂宋: Luzon 섬에 있던 옛 나라. 1521년에 포르투갈의 마젤란(Ferdinand Magellan)이 이곳에 상륙하면서 세계에 알려지게 되었고, 1565년에 스페인에 의해 점령되었다.

468) 萬曆 8년(1580)에 포르투갈은 스페인을 병합하여 同君聯合 정치체제를 이룸으로써, 스페인의 해상세력까지도 모두 포괄하게 되었다.

469) 靑州: 香山澳에 있는 靑州島를 말한다. 이 섬에 있는 靑州山에 절을 지었다는 내용이 실록에도 보인다. "廣東巡按王尊德以拆毁香山澳夷新築靑州島具狀上聞, …… 萬曆三十四年于對海築靑州山寺, 高可六七丈, ……(『熹宗實錄』 卷11 天啓 원년 6월 丙子條)" 참조.

470) 건축과 관련된 척도(營造尺)로 명대에 1丈은 3.2m로, 6~7丈은 약 19.2~22.4m에 해당한다.

471) 張大猷: 明의 千總으로, 淸 太祖 누르하치가 遼陽을 함락했을 당시 淸에 투항하여 牛彔額眞을 제수받고 漢軍鑲黃旗의 旗人이 되어, 이후 江南提督에까지 오른 인물이 아닌가 한다.

472) 이 내용은 『熹宗實錄』 卷11 天啓 원년 6월 丙子條에 상세한 기록이 있음.

473) 番禺: 광동 廣州府 番禺縣이다. 番山과 禺山을 합하여 지은 이름인데, 隋代에는 南海縣이라고 했지만 당대에 남해현과 더불어 번우현을 두었다. 明淸시대에 이곳은 남해현과 더불어 광동성 및 광주부의 治所였다.

474) 擧人: 명청시대 鄕試에 합격한 자에게 주어진 呼稱으로, 거인이 되면 향시에 응하지 않고 몇 차례

오(澳) 안에 있는 여러 번인들을 모두 축출하여 낭백(浪白)[476] 밖의 바다에 나가 거주하게 하고, 호경의 옛 땅을 돌려받아야 한다고 청하였으나 일을 담당하는 자들은 그렇게 할 수가 없었다. 번인(番人)이 성(城)을 쌓은 뒤, 해외의 잡번(雜番)들이 몰려들어 널리 무역을 하였는데, 만(萬)여 명에 이르렀다. 그 지역에 있는 관리들은 모두 두려워하여 감히 꾸짖을 수 없었으며, 심지어 [관리들 가운데는] 그들의 보화(寶貨)를 탐하여 금지하는 체하면서 남몰래 허락하는 자도 있었다. 총독(總督)[477]인 대요(戴燿)[478]가 재임한 13년 동안 그러한 화환(禍患)이 이루어졌다. 번인들은 또 은밀히 왜적(倭賊)을 은닉시키고 관군(官軍)을 적대하여 죽였다.

[만력] 42년(1614)에, 총독 장명강(張鳴岡)[479]은 번인에게 격문을 발하여 왜구를 바다 밖으로 쫓아내도록 하고, 이에 아뢰기를, “월(粤)에 오이(澳夷)가 있는 것은 악창(惡瘡)이 등에 있는 것과 같습니다. 오(澳)에 왜적(倭賊)이 있는 것은 호랑이에 날개가 붙어 있는 것과 같습니다. 지금 일단 쫓아내면서 한 개의 화살도 낭비하지 않았으니, 이는 성천자(聖天子)의 성위(聲威)와 은덕(恩德)의 소치입니다. 오직 왜적은 떠나고 번인은 그대로 남아 있는데, 어떤 이는 마땅히 토벌하여 제거해야 한다고 하고, 어떤 이는 마땅히 낭백(浪白) 밖의 바다로 이들을 옮겨 선상(船上)에서 무역을 하도록 해야 한다고 합니다만, 생각컨대 군대는 가볍게 움직이기가 어렵습니다. 그러나 호경은 향산의 내지에 있고 관군이 바다를 둘러싸 지키고 있으므

會試에 응시할 수 있었고, 명 초기에는 거인의 자격만으로도 관직을 제수 받기도 했다(吳金成, 1986: 33~36).

475) 會試: 과거제의 2단계 시험으로, 宋代에는 省試라 칭하였으나 元代에 會試라 바꾸어, 명청시대에 통용되었다. 회시는 鄕試가 치러진 이듬해, 즉 丑·辰·未·戌年에 시행되었다(歷史學會 編, 1983: 15~20).

476) 浪白: 일반적으로 白浪으로 쓰이며, 하얗게 이는 파도를 말한다.

477) 總督: 明淸시대의 지방장관으로 巡撫와 함께 ‘督撫’라고 불렸다. 명 중기 正統 연간(1436~1449)에 지방의 巡察을 위해 중앙에서 지방에 임시로 파견한 武官으로 ‘提督’이라고도 했다. 그러나 명 말에 邊防이 중요시되고 지방이 혼란하면서 상설화되었다. 지방 행정장관인 布政使 등의 위에 있으면서 지방의 軍務行政을 總轄했다. 巡撫가 文官으로 주로 民政을 專擔했던 것에 비해 總督은 주로 軍政을 專擔했다.

478) 戴燿: 복건 長泰人으로, 字는 德輝이다. 隆慶 연간(1567~1572)의 進士로, 이후 右都御史가 되었고, 粤西의 巡撫가 되었으며, 萬曆 26년(1598)에 兩廣總督이 되었다. 양광총독으로 13년 동안 재임하면서 그는 편의대로 일을 처리했으며, 세심한 주의를 기우리지 않았다. 『漳州府志』卷29에 그의 傳이 있다. 한편 戴燿가 양광총독에 재임한 것은 13년이 아니라 11년이었다는 주장도 제기되고 있다(金國平·吳志良, 2004: 139).

479) 張鳴岡: 『神宗實錄』卷527 萬曆 42년 12월 乙未條에 張鳴岡의 상소문이 있거니와 당시 그의 직책은 總督兩廣軍務巡撫廣東地方兵部右侍郎兼右僉都御史였다.

로, 그들은 매일 필요한 먹을거리를 모두 우리에게 의지해야 하니, 일단 다른 뜻을 품으면 우리는 곧 그들의 목숨을 마음대로 할 수 있습니다. 만일 이들을 외양(外洋)으로 옮기면 망망대해(茫茫大海)에서 간악한 무리들이 어지럽힘을 어찌 꾸짖을 것이며, 이들을 어찌 공제(控制)하고 막을 수 있겠습니까? 마치 약속을 거듭 설명하는 것 같지 않으면서도 안으로는 한 명의 간자(奸者)도 함부로 나가도록 허락하지 않고, 밖으로는 한 명의 왜구도 들어오도록 허락하지 않는 것이어서, 화근이 발생함이 없고 방비가 이완됨이 없으니, 점차 서로 편안하고 환란이 없게 될 것입니다"라고 하였는데, 부서에서 논의하니, 이를 허락하였다.[480] 3년이 지나 중로(中路)의 옹맥영(雍陌營)[481]에 참장(參將)[482]을 설치하고 1,000명을 조련하여 이를 지키게 하니, 방어는 점차 엄밀해졌다.[483] 천계(天啓)[484] 원년(1621)에, 수신은 그들이 결국 환란을 일으킬 것임을 염려하여, 감사(監司)[485] 풍종용(馮從龍)[486] 등을 보내 그들이 쌓은 청주성(靑州城)을 부수었는데, 번인 또한 감히 항거하지 않았다.

其時, 大西洋人來中國, 亦居此澳. 蓋番人本求市易, 初無不軌謀, 中朝疑之過甚, 迄不許其朝貢, 又無力以制之, 故議者紛然. 然終明之世, 此番固未嘗爲變也. 其人長身高鼻, 貓睛鷹嘴, 拳髮赤鬚, 好經商, 恃强陵轢諸國, 無所不往. 後又稱干系臘國. 所產多犀象珠貝. 衣服華潔, 貴者冠, 賤者笠, 見尊長輒去之. 初奉佛教, 後奉天主教. 市易但伸指示數, 雖累千金不立約契, 有事指天爲誓, 不相負. 自滅滿剌加·巴西·呂宋三國, 海外諸蕃無敢與抗者.

이때에 대서양인(大西洋人)이 중국에 건너와 이들도 이곳 오(澳)에 거주했다.[487] 대체로

480) 이 내용은 『神宗實錄』 卷527 萬曆 42년 12월 乙未條에도 있음.

481) 雍陌營: 萬曆 42年(1614)에 포르투갈의 침략에 대비해 兩廣總督 張鳴崗의 건의로 蓮花莖의 서쪽 香山縣 穀字都 雍陌村에 세운 營이며, 여기에 參將府를 설치했다.

482) 參將: 明代 변경 지역에 鎭守한 總兵官을 일컫는다.

483) 이 내용은 『熹宗實錄』 卷11 天啓 원년 6월 丙子條에도 있는데, 萬曆 42년(1614)의 일로 기재되어 있다.

484) 天啓: 명 왕조 16대 황제인 熹宗 朱由校의 年號임.

485) 監司: 州縣에 대한 監察의 권한을 가지고 있는 지방관을 말하는데, 명대에는 按察使가 감찰의 임무를 맡고 있었기 때문에 이를 일컬어 監司라 했다.

486) 馮從龍: 天啓 元年(1621) 당시 廣東右參政監司였다.

번인의 본의는 교역을 구하는 것이어서 본래 반란을 도모할 [생각이] 없었으나, 중국 조정은 이들에 대한 의심이 지나치게 심하여 끝내 그들의 조공을 허락하지 않고, 또 이들을 제압할 힘이 없었기 때문에 논의만 분분했다. 그러나 명조의 치세가 끝날 때까지 이들 번인들은 진실로 일찍이 변란을 일으키지 않았다. 이 사람들은 키가 크고 코가 높으며, 눈은 고양이의 안구(眼球)와 같고, 입은 매의 부리와 같으며, 주먹에는 붉은 털이 나있다.488) 이들은 거래를 좋아하는데, 강성함에 기대어 여러 나라를 유린하여 이르지 않은 곳이 없었다. 후에 다시 간계랍국(干系臘國)이라 칭하였다.489) 산물로는 물소, 코끼리, 진주가 많다. 의복은 화려하고 깨끗하며, 귀족은 관을 쓰고 비천한 자는 삿갓을 쓰는데, 웃어른을 보면 이를 벗는다. 처음에는 불교를 신봉했으나 후에는 천주교를 신봉했다.490) 교역은 단지 손가락을 펴서 숫자를 표시하고, 비록 천금(千金)을 벌 수 있다고 해도 계약을 하지 않았으며, 일이 있으면 하늘에 맹세하고 서로 속이지 않았다. 만랄가·파서·여송 3국을 멸망시키면서부터 해외의 여러 번국은 감히 이들에 대항하지 못했다.

和蘭，又名紅毛番，地近佛郎機．永樂·宣德時，鄭和七下西洋，歷諸番數十國，無所謂和蘭者．其人深目長鼻，發眉須皆赤，足長尺二寸，頎偉倍常．

화란(和蘭)은 또 홍모번(紅毛番)이라 부르며, 그 지역은 불랑기와 가깝다. 영락·선덕 연간에 정화가 7차례 서양으로 나가 제번(諸番) 수십 개 국을 편력했지만 화란이라 일컫는 나라는 없었다. 그 나라 사람은 눈이 깊고, 코가 크며, 머리와 눈썹, 수염이 모두 붉고, 발의 길이는 1척(尺) 2촌(寸)이며,491) 그 장대한 용모가 보통 사람의 배이다.

---

487) 萬曆 29년(1601)에 和蘭人이 香山澳에 이르렀으며, 이후 臺灣과 彭湖를 점거하였던 것으로, 여기서 대서양인이란 和蘭人을 일컫는다.

488) 이처럼 人物 描寫를 동물을 묘사하듯이 기술하는 것은 중국이 他國人에 대해 불만스럽고 못마땅할 때 쓰이는 표현 방식이며, 포르투갈의 경우가 제일 심한 例에 속한다는 지적이 있다(崔韶子, 2002: 33).

489) 干系臘(崔韶子는 干絲臘이라 표기하고 있음)이라는 명칭은 카스틸라(Castilla)에서 유래한 것으로, 이를 포르투갈이라고 하는 것은 그릇된 판단이라는 지적도 있다(崔韶子, 2002: 28).

490) 이처럼 기술한 것은, 이들의 식민지가 回教圈이었다는 점에서이거나 西方에서 온 宗教도 來世 지향적이라는 점에서 일으킨 착오일 것이라는 지적이 있다(崔韶子, 2002: 33).

萬曆中，福建商人歲給引往販大泥·呂宋及咬𠺕留吧者，和蘭人就諸國轉販，未敢窺中國也．自佛郎機市香山，據呂宋，和蘭聞而慕之．二十九年駕大艦，攜巨礮，直薄呂宋．呂宋人力拒之，則轉薄香山澳．澳中人數詰問，言欲通貢市，不敢爲寇．當事難之．稅使李道卽召其酋入城，遊處一月，不敢聞於朝，乃遣還．澳中人慮其登陸，謹防御，始引去．

만력 연간(1573~1619)에, 복건상인은 해마다 통행증을 받아 대니·여송 및 교류파(咬𠺕吧)[492]에 가서 장사를 했고, 화란인은 여러 나라에 가서 남의 손을 빌어 장사를 할 뿐 아직 감히 중국을 엿보지 못했다. 불랑기가 향산에서 교역을 하면서 여송을 점거하자, 화란은 이를 듣고 부러워하였다.

[만력] 29년(1601)에, [화란인은] 큰 포를 장착한 거대한 배를 몰아 여송에 곧장 들어갔다. 여송 사람들이 힘을 다해 이에 항거하자 방향을 바꾸어 향산오에 다다랐다.[493] 오(澳)에 있던 사람들이 수차례 캐묻자, 통교를 하여 공시(貢市)[494]를 하고자 하는 것이지 감히 침범하려는 것은 아니라고 하였다. 일을 담당하는 자는 이를 거절했다. 세사(稅使)인 이도(李道)[495]가 그들의 우두머리를 성(城)으로 불러들여 한 달 동안 놀며 거처했는데, 감히 조정에 보고하지는 못하고 되돌려 보냈다. 오(澳) 중에 있는 사람들은 그들이 육지로 올라올까 염려하여 엄히 경계하고 방어하니 비로소 물러갔다.

海澄人李錦及奸商潘秀·郭震，久居大泥，與和蘭人習．語及中國事，錦曰：「若欲通貢市，無若漳州者．漳南有彭湖嶼，去海遠，誠奪而守之，貢市不難成也．」其酋麻韋

491) 명대에 1尺은 31.1cm(표준제)이고, 1寸은 3.11cm임으로, 이들의 발 길이는 37.3cm 정도였다.

492) 咬𠺕吧: 喻常森은 이를 巴達維亞(Batavia)라고 하고 있는데, 巴達維亞은 자와섬 서북 해안에 위치하며 지금의 자카르타(Jakarta)를 일컫는다.

493) 萬曆 29년(1601) 9월 27일에 和蘭의 군함 Amsterdam號와 Gouda號가 澳門의 해안에 이르렀다(吳志良, 楊允中, 1999: 附件一: 澳門大事記 참조).

494) 貢市: 외국이나 異族의 상인이 조공사절을 따라 지정된 장소에서 무역을 하는 것을 말한다.

495) 李道는 萬曆 27년(1599)에 湖口의 船稅를 담당하였다.

郎曰:「守臣不許, 奈何?」曰:「稅使高寀嗜金銀甚, 若厚賄之, 彼特疏上聞, 天子必報可, 守臣敢抗旨哉.」酋曰:「善.」錦乃代爲大泥國王書, 一移寀, 一移兵備副使, 一移守將, 俾秀·震齎以來. 守將陶拱聖大駭, 亟白當事, 繫秀於獄, 震遂不敢入. 初, 秀與酋約, 入閩有成議, 當遣舟相聞, 而酋卞急不能待, 卽駕二大艦, 直抵彭湖. 時三十二年之七月. 汛兵已撤, 如入無人之墟, 遂伐木築舍爲久居計. 錦亦潛入漳州偵探, 詭言被獲逃還, 當事已廉知其狀, 幷繫獄. 已而議遣二人諭其酋還國, 許以自贖, 且拘震與俱. 三人旣與酋成約, 不欲自彰其失, 第云「我國尙依違未定」. 而當事所遣將校詹獻忠齎檄往諭者, 乃多攜幣帛·食物, 覬其厚酬. 海濱人又潛載貨物往市, 酋益觀望不肯去. 當事屢遣使諭之, 見酋語輒不競, 愈爲所慢. 而寀已遣心腹周之范詣酋, 說以三萬金餽寀, 卽許貢市, 酋喜與之. 盟已就矣, 會總兵施德政令都司沈有容將兵往諭. 有容負膽智, 大聲論說, 酋心折, 乃曰:「我從不聞此言.」其下人露刃相詰, 有容無所懾, 盛氣與辨, 酋乃悔悟, 令之范還所贈金, 止以哆囉嗹·玻璃器及番刀·番酒餽寀, 乞代奏通市. 寀不敢應, 而撫·按嚴禁奸民下海, 犯者必誅, 由是接濟路窮, 番人無所得食, 十月末揚帆去. 巡撫徐學聚劾秀·錦等罪, 論死·遣戍有差.

해징(海澄)496) 사람인 이금(李錦)과 간상(奸商)인 반수(潘秀)·곽진(郭震)이 오랫동안 대니에 머물며 화란인과 매우 친숙하였다. 중국의 사정에 대해 말을 했는데, 이금이 말하기를, "만일 통교하여 공시(貢市)를 하려면 장주(漳州)만한 곳이 없다. 장주 남쪽에 팽호서(彭湖嶼)가 있는데, 바다 멀리 떨어져 있어 만일 이를 탈취하여 지키면 교역을 하는데 어렵지 않다"라고 하니, 그 추장 마위랑(麻韋郎)497)이 말하기를, "수신이 허락하지 않으면 어찌하는가?"라고 하였다. [이에 이금이] 말하기를, "세사(稅使) 고채(高寀)498)는 금은(金銀)을 매우 좋아하므

496) 海澄: 복건 漳州府 소속의 海澄縣이다. 南朝 梁나라 이래 龍溪縣의 지역인데, 明代에 들어와 龍溪와 漳浦縣 지역을 관할하는 海澄縣을 설치했다. 일찍이 송대부터 福州·興化·泉州와 더불어 4대 造船 기지였으며, 대외 무역항으로도 유명해서 소위 '小蘇杭'이라 불렸다. 그러나 17세기 중엽 이후 九龍江 부근의 厦門이 등장하면서 쇠락하기 시작했다.

497) 麻韋郎: 실록에는 韋麻郎으로 기재되어 있는데, 여타 기록에도 韋麻郎(Wijbrant Van Waarwick)으로 기재되어 있거니와 실록의 기사가 옳은 것으로 보인다.

498) 高寀: 順天 文安人으로, 神宗이 신임하는 太監으로서 御馬監 監丞을 맡아 萬曆 27년(1599)에 京口稅務를

로, 만일 그에게 후하게 뇌물을 주어 그로 하여금 알아서 상소문을 조정에 올리게 하면 천자는 반드시 답하여 허락할 것이니, 수신이 감히 천자의 뜻에 대항할 수 있겠는가?"라고 하니, 추장이 말하기를 "좋다"라고 했다. 이금이 곧 대니국왕의 서신(書信)을 대신 써서, 하나는 고채에게 보내고, 다른 하나는 병비부사(兵備副使)[499]에게 보내고, 또 다른 하나는 수장(守將)에게 보내었는데, 반수와 곽진으로 하여금 가지고 다녀오도록 했다. 수장인 도공성(陶拱聖)[500]은 크게 놀라 황급히 일을 담당하는 자에게 알리고 반수를 붙잡아 옥에 넣자, 곽진은 감히 들어가려 하지 않았다. 당초에, 반수는 추장과 약속하기를, 민(閩)에 들어가 논의가 성사되면 곧 배를 보내 알려주기로 했으나 추장은 조급하여 기다릴 수 없어, 곧 2척의 군함을 몰아 팽호(彭湖)에 직접 이르렀다. 때는 [만력] 32년(1604) 7월이다.

신병(迅兵)이 이미 철수하여 마치 사람이 없는 폐허에 들어오는 것 같았고, 마침내 나무를 베어 집을 짓고 오랫동안 머물고자 하였다. 이금 또한 장주에 잠입하여 정탐하였는데, 붙잡혀 갔다가 도망쳐 온 것이라고 속였지만 일을 담당하는 자는 이미 염탐하여 그의 정황을 알고 있었고, 아울러 붙잡아 옥에 가두었다. 그 후 얼마 있다가 두 사람을 보내어 그 추장에게 자기 나라로 돌아가도록 권유할 것을 논의하고, [그들이] 스스로 속죄하도록 했으며, 또 붙잡힌 곽진과 함께 가도록 했다. 세 사람은 이미 추장과 약속을 했기 때문에 스스로 그 과실을 드러내려고 하지 않고, 다만 말하기를 "우리나라는 아직도 마음을 정하지 못하고 있다"라고 하였다. 그런데 일을 담당하는 자가 보낸 장교(將校) 첨헌충(詹獻忠)이 격문을 가지고 와 효유하자, 곧 폐백(幣帛)과 먹을 것을 많이 가져와 후하게 보답해 주기를 희망했다. [그런데] 해안가 사람들이 또 몰래 화물을 싣고 와 교역을 하자 추장은 더욱 관망하며 떠나려고 하지 않았다. 일을 담당하는 자가 여러 차례 사자(使者)를 보내 효유했지만 추장의 어투가 결코 강경하지 않음을 보고 점차 태만해졌다. 그런데 고채가 일찍이 심복인 주지범(周之范)을 보내

담당했다. 이후 福建의 稅監이 되어 市舶稅를 가혹하게 징수하다가 萬曆 30年(1602)에 民變이 일어나자 京師로 도망쳤다. 후에 다시 鑛稅를 감독하다가 복건과 광동의 商民들이 反高寀運動을 벌이자 경사로 돌아왔는데, 이후의 종적은 묘연하다. 『東西洋考』 卷8 「稅璫考」 참조.

499) 兵備副使: 兵備副使는 分守參將에 대응하는 文官職 將領을 말하는데, 兵備道의 官을 일컬으며 대개 按察司副使가 겸직을 하였다. 參將은 總兵官의 命을 받는데 비해 병비부사는 督撫의 명을 받아 직무를 수행하였다. 弘治 연간(1488~1505)에 九江兵備가 설치되면서 이 직책이 시작되었는데, 이후 嘉靖 연간(1522~1566)에 倭寇의 출몰이 많아짐으로 동남 연해안 각 省에도 병비부사가 설치되었다.

500) 陶拱聖: 南昌人이며, 萬曆 26년(1594)의 擧人으로, 漳州守長을 지냈다.

어 추장을 배알하게 하고, 3만 금(金)을 고채에게 보내주면 곧 교역을 허락할 것이라 말하니, 추장은 기뻐하며 이를 건네주었다.

맹약은 성사되었는데, 때마침 총병(總兵)[501] 시덕정(施德政)[502]이 도사(都司) 심유용(沈有容)[503]에게 군대를 이끌고 가 효유하도록 명하였다. 심유용은 담력과 지모가 있었는데, 큰소리로 이치에 맞게 설명을 하니, 추장은 심복(心腹)하고 말하기를, "나는 그런 말을 듣지 못했다"라고 하였다. 그의 수하가 칼을 빼어들고 꾸짖자 심유용은 두려워하지 않고 기세등등하게 논박을 하니, 추장은 이에 잘못을 뉘우쳐 깨닫고 주지범에게 보낸 금(金)을 반환하도록 하고, 단지 차라연(哆囉嗹)[504]·파리기(玻璃器) 및 번도(番刀)·번주(番酒)만을 고채에게 보내 대신 통상을 주청해주기를 청하였다. 고채는 감히 응하지 않을 수 없었으나, 순무(巡撫)와 순안(巡按)[505]이 간민(奸民)이 바다로 나가는 것을 엄금하고 이를 어긴 자는 반드시 주살하겠다고 하므로, 이에 구원할 수 있는 길이 막히고 번인은 식량을 구할 수 없어, 시월 말에 돛을 올리고 떠났다. 순무 서학취(徐學聚)[506]는 번수와 이금 등의 죄를 조사하여, 사형에 처하거나 수자리로 보내는 등 차등을 두어 처리하였다.[507]

---

501) 總兵: 總兵은 鎭守總兵의 약칭이다. 총병관은 전쟁 등 유사시에 公·侯·伯 등의 勳臣이나 都督 등의 관리 가운데 充任을 하고, 일이 끝나면 본래의 직무로 돌아가게 하였다. 그러나 점차 변경에 일이 많아지자 현지에 계속 머물면서 鎭守를 함으로 사실상 鎭의 최고 무관직으로 고정되었다. 황제의 직접적인 지휘를 받기 때문에 그 권한은 매우 컸으며, 品級과 定員은 없었다. 명 중기 이후에는 설치된 곳이 날로 늘어나 점차 流官으로 충임되었고, 총독과 순무의 지휘를 받았다.

502) 施德政: 江蘇 太倉人이며, 萬曆 연간(1573~1619)에 福建 南路 參將으로 都司 沈有容과 더불어 荷蘭人을 驅逐하였다.

503) 沈有容(1557~1627): 字는 士弘, 號는 寧海이며, 安徽 宣城 洪林橋人이다. 萬曆 7年(1579) 中應天武試에 합격하고, 무직에 종사했으며, 先後로 薊遼, 閩浙, 登萊 等地의 邊防 혹은 海防 前哨에서 服役했다. 그는 40여 년간 무직에 종사하는 동안 수십 년간을 福建沿海의 鎭守를 맡으면서 3차에 걸쳐 臺灣群島에 들어가 倭寇를 섬멸하고, 荷蘭人을 구축하여 臺灣을 성공리에 보위하였다.

504) 哆囉嗹: 哆囉絨, 哆囉呢라고도 하며, 약간 두껍고 폭이 넓은 모직물을 일컫는다.

505) 巡按은 巡按御史를 말하며, 황제의 명을 받아 지방을 순시 감찰하는 관원이다. 北直隸에 2명, 南直隸에 3명, 宣府·大同에 1명, 遼東·甘肅 및 13省에 각 1명을 두도록 했다. 『明史』 卷73 「職官志」2

506) 徐學聚: 字는 敬輿이고, 浙江 蘭溪人이다. 萬曆 연간(1573~1619)의 進士로 浮梁知縣을 제수받았고, 禮科給事中, 湖廣僉事를 지냈으며, 山東提學副使·福建布政使를 역임했고, 右僉都御史가 되어 福建巡撫를 맡았다. 그의 저술로는 『國朝典彙』 등이 있다.

507) 이상의 내용은 萬曆 35년(1607) 11월에 福建巡撫 徐學聚가 稅監 高寀의 不法事案에 대해 올린 상소문에도 나와있다. 『神宗實錄』 卷440 萬曆 35년 11월 戊午條 참조바람.

然是時佛郎機橫海上，紅毛與爭雄，復泛舟東來，攻破美洛居國，與佛郎機分地而守．後又侵奪臺灣地，築室耕田，久留不去，海上奸民，闌出貨物與市．已，又出據彭湖，築城設守，漸爲求市計．守臣懼禍，說以毁城遠徙，卽許互市．番人從之，天啓三年果毁其城，移舟去．巡撫商周祚以遵諭遠徙上聞，然其據臺灣自若也．已而互市不成，番人怨，復築城彭湖，掠漁舟六百餘艘，俾華人運土石助築．尋犯廈門，官軍御之，俘斬數十人，乃詭詞求款．再許毁城遠徙，而修築如故．已，又泊風櫃仔，出沒浯嶼·白坑·東椗·莆頭·古雷·洪嶼·沙洲·甲洲間，要求互市．而海寇李旦復助之，濱海郡邑爲戒嚴．

그러나 이때 불랑기가 해상을 제멋대로 하자, 홍모(紅毛)가 이들과 자웅을 겨루고, 다시 배를 띄워 동쪽으로 와 미락거국(美洛居國)[508]을 공파(攻破)하고 불랑기와 더불어 지역을 나누어 관장했다. 후에 다시 대만(臺灣)의 지역을 침탈하여 집을 짓고 밭을 경작하며 오랫동안 머물며 떠나지 않으니, 해상의 간민(奸民)들이 제멋대로 화물(貨物)을 가지고 나가 그들과 교역을 했다. 이후, 또 바다로 나가 팽호를 점거하고, 성을 쌓아 수비를 견고히 하여 점차 교역을 하고자 했다. 수신은 화(禍)가 미칠 것을 염려하여, 성을 허물고 먼 곳으로 옮겨가면 교역을 허가하겠다고 말하였다. 번인은 이를 따르고, 천계 3년(1623)에 마침내 그들의 성을 허물고 배로 이동하여 떠났다.

순무 상주조(商周祚)[509]는 명령에 따라 멀리 이동해 갔다는 정황을 조정에 보고했지만,[510] 그들은 이전처럼 대만을 점거해버렸다. 그 후 교역이 이루어지지 않자 번인은 원한을 품고 다시 팽호에 성을 쌓았으며, 어선 6백여 척을 탈취하고, 중국인으로 하여금 토석(土石)을 운반하여 성 쌓는 것을 돕도록 하였다. 이윽고 하문(廈門)[511]을 침범하였는데, 관군이 이들을

508) 美洛居國: Sulawesi섬 동쪽에 위치한 말루쿠(Maluku) 群島에 있던 옛 나라.

509) 商周祚: 字는 等軒으로 浙江省 會稽(현, 紹興)人이다. 萬曆 연간(1573~1619)의 進士로 知縣에 임명되고, 給事中을 거쳐 兵部侍郎을 역임했다. 崇禎 10년(1627)에 左都御史가 되었으며, 이듬해에 吏部尙書에 천거되었지만 復社에 가담한 인사들이 그를 거부함으로 곧 辭職했다.

510) 天啓 3년(1623) 4월의 일로, 이때 보고한 내용은 『熹宗實錄』 卷33 天啓 3년 4월 壬戌條에 있음.

511) 廈門: 중국 복건성 동남 연해에 위치한 중요한 항구도시로, 중국어로 샤먼(Xiamen)이라 하며, 아모이(Amoy)라고도 한다. 九龍江이 흘러드는 灣內에 산재하는 여러 섬들 중 가장 안쪽에 있는 섬으로,

막고 수십 명을 사로잡고 베어죽이니, 이에 거짓으로 귀순하겠다고 말하였다. 재차 성을 허물고 먼 곳으로 옮기도록 허락했으나 [성은] 옛날과 같이 수축(修築)한 그대로였다. 그 후, 또 풍궤자(風櫃仔)[512]에 배를 정박시키고, 오서(浯嶼)·백갱(白坑)[513]·동정(東椗)[514]·보두(莆頭)[515]·고뢰(古雷)[516]·홍서(洪嶼)[517]·사주(沙洲)[518]·갑주(甲洲)[519] 사이에 출몰하여 무역을 요구하였다. 그리고 해구(海寇) 이단(李旦)[520]이 또 이들을 도우니, 해안가 군읍(郡邑)은 경계를 엄히 하였다.

其年, 巡撫南居益初至, 謀討之. 上言:「臣入境以來, 聞番船五艘續至, 與風櫃仔船

자허섬(嘉禾嶼) 또는 루위섬(鷺嶼)이라고도 하는데, 그 남서부에 있는 아모이항은 商港과 漁港을 겸하고 있다. 아모이는 宋·元代부터 외국 무역으로 유명했던 漳州의 문호를 이루면서 만의 여러 섬과 더불어 해적이나 밀무역의 거점이 되어왔다. 明代에 同安縣 자허섬이라고 부른 뒤, 鄭成功이 思明州라고 개칭하였다. 淸代에 厦門廳을 두고 泉州府에 소속시켰으며, 水師提督總兵鎭守를 주재시켜 이곳을 해상방어의 중심지로 삼는 한편, 파괴된 성벽을 수축 확장하여 1685년에 새롭게 성을 완성하였다. 1544년에 포르투갈인이 처음 이곳에 도착하면서 외국무역이 시작되었으나 이들은 곧 추방되었다. 그 후 정씨 일족의 지배 아래 있을 때부터 영국과 네덜란드의 선박이 출입하면서 '아모이'라 부르게 되었는데, 그것이 지명으로 굳어지게 되었다.

512) 風櫃仔: 澎湖列島의 서쪽에 四角仔嶼가 있고, 이곳에 金龍頭와 風櫃山 2개의 산이 있는데, 바로 이곳을 일컫는다. 이곳은 지형이 기이하게 角이 져있어 護衛하기가 용이하였고, 千艘의 배를 정박시킬 수 있을 정도로 넓었다. 風櫃尾和蘭城堡가 지금도 이곳에 남아있다.

513) 白坑: 복건 福寧州 寧德과 福安의 동부에 위치해 있는 촌락임.

514) 東椗: 東椗島를 일컬으며, 金門島에서 정남향으로 27Km에 위치해 있는 섬이다.

515) 莆頭: 현 복건성 莆田市 秀嶼區 東莊鎭이며, 湄洲灣 秀嶼港의 소재지이다.

516) 古雷: 현 복건성 漳浦縣 남단에 있는 古雷港을 일컫는다.

517) 洪嶼: 洪嶼島를 말하는데, 漳浦縣 남단에 있는 古雷港 앞에 위치한 菜嶼列島에 포함된 섬이다.

518) 沙洲: 沙洲島를 말하는데, 漳浦縣 남단에 있는 古雷港 앞에 위치한 菜嶼列島에 포함된 섬이다.

519) 甲洲: 복건 漳州府 詔安縣에 속한 甲洲村을 말함.

520) 李旦(?~1625): 泉州人으로, 일찍이 필리핀 마닐라의 華商 首領이었다. 일본으로 건너간 후 長崎의 華人 수령이 되었으며, 和蘭人 및 平戶商館에 주재하는 영국 東印度公司와 밀접한 관계를 가지면서 日本·臺灣·彭湖·福建을 연결하는 海上貿易網을 이루었다(Leonard Blusse, 1990: 254~255). 영국 平戶商館의 보고에 의하면, 그는 彭湖에 들어가 중국인과 무역을 했고, Captain Andrea Dittis로 불리며, 그의 동생인 甲必丹과 아울러 私貿易을 하는 자 가운데 최대의 冒險 投機者였다고 하고 있다(莊國土, 2001: 32).

合，凡十有一艘，其勢愈熾．有小校陳士瑛者，先遣往咬𠺕吧宣諭其王，至三角嶼遇紅毛船，言咬𠺕吧王已往阿南國，因與士瑛偕至大泥，謁其王．王言咬𠺕吧國主已大集戰艦，議往彭湖求互市，若不見許，必至構兵．蓋阿南卽紅毛番國，而咬𠺕吧·大泥與之合謀，必不可以理諭．爲今日計，非用兵不可．」因列上調兵足餉方略，部議從之．四年正月遣將先奪鎭海港而城之，且築且戰，番人乃退守風櫃城．居益增兵往助，攻擊數月，寇猶不退，乃大發兵，諸軍齊進．寇勢窘，兩遣使求緩兵，容運米入舟卽退去．諸將以窮寇莫追，許之，遂揚帆去．獨渠帥高文律等十二人據高樓自守，諸將破擒之，獻俘於朝．彭湖之警以息，而其據臺灣者猶自若也．

이 해에, 순무 남거익(南居益)[521]이 도착하자마자 이들을 토벌하고자 했다. 아뢰기를, “신이 이곳에 들어온 이래 듣자옵건대, 번선(番船) 5척이 계속 들어와 풍궤자에 정박해 있는 배와 합쳐 무릇 11척으로, 그 세력이 점차 강성해졌다고 합니다. 소교(小校) 진사영(陳士瑛)이 이전에 교류파(咬𠺕吧)에 파견되어 그 나라 왕에게 유지를 내리고자 삼각서(三角嶼)[522]에 이르러 홍모의 배를 만났는데, 교류파의 왕이 이미 아남국(阿南國)[523]으로 갔다고 하자 이에 진사영과 같이 대니에 이르러 그들의 왕을 배알했다고 합니다. 그 왕이 이르기를 교류파국의 왕은 이미 전함(戰艦)을 크게 모아 팽호로 가 무역을 요구하기로 결정하고, 만일 허락을 하지 않으면 반드시 전쟁을 일으킬 것이라고 했다고 합니다. 무릇 아남은 곧 홍모(紅毛)의 번국이고, 교류파(咬𠺕吧)와 대니가 이들(阿南)과 함께 도모할 것이므로 반드시 도리(道理)만으로는 효유할 수 없습니다. 금일 헤아려보건대, 군대를 사용하지 않으면 안 될 것 같습니다”라고 하였다. 이에 군대가 충족하게 먹을 군량을 마련할 방략(方略)을 열거해 올리라 하고 부서에

521) 南居益(1565~1644): 字는 思受이고, 陝西 渭南人이다. 萬曆 29년(1601)의 進士로 刑部主事가 되었으며, 이후 天啓 연간(1621~1627)에 右副都御史에 발탁되고 福建巡撫가 되어 紅毛夷를 토벌하였다. 後에 魏忠賢을 거역하여 削籍되었다가 崇禎 연간(1628~1644)에 工部尙書로 복직되었지만 다시 削籍되었다. 1616년에 李自成에게 그의 고향 渭南이 점령당하여 투항을 권유받았지만 이에 따르지 않고, 동생 居業과 함께 絶食하고 죽었다.

522) 三角嶼: 澎湖列島의 서쪽에 있는 小門島에 속한 작은 섬을 말함

523) 阿南國: 沈德符의 『萬曆野獲編』 卷17 兵部, 「安南納款」條에 보면, “又安南人自稱其國爲阿南國, 至今尙然. 福海死, 子宏瀷嗣. 嘉靖末年瀷歿, 子莫茂洽嗣. 後溺死, 其國漸亂. 莫氏相傳凡五十餘年, 至今上初年, 而黎氏又興”이라는 내용이 있는데, 이로 보아 莫氏정권 하의 安南을 阿南이라 했음을 알 수 있다.

서 이를 의논하니, 이를 허락했다.

[천계] 4년(1624) 정월에 장령(將令)을 보내 먼저 진해항(鎭海港)[524]을 탈취하여 성을 쌓았고, 쌓으면서 전투를 하자 번인은 곧 풍궤성(風櫃城)으로 퇴각하여 수비에 임했다. 남거익은 증원병을 보내 돕도록 하고 수개월을 공격했지만 구적(寇賊)이 여전히 퇴각하지 않으므로, 대거 군대를 징발하여 각 군은 일제히 나아갔다. 구적은 정세(情勢)가 어려워지자 두 차례 사자를 보내와 싸움을 늦추어주기를 청하였는데, 쌀을 배에 운반하여 싣도록 용인하자 곧 퇴각하였다. 제장(諸將)들이 궁지에 몰린 구적을 추살할 필요가 없다고 하여 이를 허락하자, 드디어 돛을 올리고 떠났다. [그런데] 오로지 그 우두머리인 고문률(高文律) 등 12명만이 높은 누각을 점거하여 지키고 있음으로, 여러 장령들이 이를 공격하여 붙잡아 조정에 포로로 바쳤다.[525] 팽호의 경계는 잦아들었지만, 이들이 점거한 대만은 여전히 이전 그대로였다.

崇禎中, 爲鄭芝龍所破, 不敢窺內地者數年, 乃與香山佛郎機通好, 私貿外洋. 十年駕四舶, 由虎跳門薄廣州, 聲言求市. 其酋招搖市上, 奸民視之若金穴, 蓋大姓有爲之主者. 當道鑑壕鏡事, 議驅斥, 或從中撓之. 會總督張鏡心初至, 力持不可, 乃遁去. 已, 爲奸民李葉榮所誘, 交通總兵陳謙爲居停出入. 事露, 葉榮下吏. 謙自請調用以避禍, 爲兵科淩義渠等所劾, 坐逮訊. 自是, 奸民知事終不成, 不復敢勾引, 而番人猶據臺灣自若.

숭정(崇禎)[526] 연간(1628~1644)에, 정지룡(鄭芝龍)[527]에게 격파되어 수년 동안 감히 내

524) 鎭海港: 복건 漳州府 海澄縣 동쪽의 鎭海衛가 위치해 있는 港口를 말함.

525) 「福建巡撫南居益奏捷疏節錄」에 보면, 天啓 4년(1624) 8월 24일에 和蘭의 新任 司令官인 宋克(Martinus Sonck)은 13척의 함선을 이끌고 彭湖에서 철수하였지만 곧 高文律이 城樓를 점거함으로 9월 10일에 門樓를 모두 허물어뜨렸다라고 하고 있다(周婉窈, 2007: 139).

526) 崇禎: 명 왕조 마지막 17대 황제인 毅宗 朱由檢의 年號임.

527) 鄭芝龍(1604~1661): 字는 飛黃·飛皇·飛虹이고, 通稱 一官·老一官으로 불리며, 외국에서는 Iquan·Yquan·Equan으로 불린다. 鄭成功의 아버지로 福建省 南安縣 石井人이다. 일찍이 일본으로 건너가 平戶에서 田川七左衛門의 여식과 결혼을 하여 成功과 次郎左衛門의 두 아들을 낳았다. 그는 동생들과 함께 海賊 李魁奇, 劉香老 등을 격파하여 확고한 지위를 쌓았고, 그의 재산은 王侯를 능가했으며, 그의 威風은 복건성에 크게 떨쳤다고 한다. 그가 강대해진 것은 일본의 甲螺顏思齊의 후계자로서 흥기했다고도 하지

지(內地)를 엿보지 못하였고, 이리하여 향산(香山)에 있는 불랑기와 사이가 좋아져 사사로이 먼 바다에서 무역을 하였다 [숭정] 10년(1637)에, 4척의 배를 몰아 호도문(虎跳門)을 거쳐 광주(廣州)에 밀고 들어와, 무역을 요구한다고 떠들어댔다. 그 추장은 시장을 이리저리 돌아다니며 우쭐거리고, 간민(奸民)들은 그를 마치 금갱(金坑)[528]처럼 보았는데, 무릇 대성(大姓)[529]인 사람들이 그를 그렇게 만든 주모자였다. 일을 맡은 자는 호경(壕鏡)의 일을 거울삼아 몰아낼 것을 결의하였는데, 그 안에서 방해하는 이가 있기도 하였다. 때마침 총독(總督) 장경심(張鏡心)[530]이 비로소 이르러 극력 불가함을 견지하자 이에 곧 달아나버렸다.

이후, 간민 이엽영(李葉榮)의 인도(引導)로 총병 진겸(陳謙)과 내통하여 [이 곳에] 거류(居留)하고 출입하였다. 일이 탄로나 이엽영은 이부(吏部)에 넘겨졌다. 진겸은 스스로 전임(轉任)을 청하여 화를 피하고자 했으나 병과(兵科) 능의거(凌義渠)[531] 등의 탄핵을 받아 체포되어 신문(訊問)을 받았다. 이로부터 간민은 일이 결국 성사되지 않음을 알고 다시는 감히 꾀어내지 않았지만, 번인은 여전히 예전처럼 대만을 점거하였다.

其本國在西洋者，去中華絶遠，華人未嘗至．其所恃惟巨舟大礮．舟長三十丈，廣六丈，厚二尺餘，樹五桅，後爲三層樓．旁設小囪置銅礮．桅下置二丈巨鐵礮，發之可洞裂石城，震數十里，世所稱紅夷礮，卽其制也．然以舟大難轉，或遇淺沙，卽不能

만 실은 정체불명의 인물인 밀무역자 李旦과 오히려 교섭을 하고, 李旦이 죽은 뒤 비로소 강대해졌다고 한다. 이후 그는 1628년 明의 招撫에 응하여 海防遊擊, 總兵官, 都督에 올라 官權을 쥐고 경쟁자들을 차례차례 타도하여 해상권을 장악하고 일본과 남해무역에 활발하게 활략했다. 명이 멸망한 후, 그는 南京의 福王 朱由崧으로부터 南安伯에 봉해졌고, 또 福州의 唐王 朱聿鍵을 옹립하여 平虜侯, 이어서 太師平國公에 올라 남명부흥운동에 가담하였지만 福州가 淸에 함락되자 곧 그는 청에 항복하였다.

528) 金坑: 金을 採掘하는 金礦을 말함.

529) 大姓: 일반적으로 姓氏 가운데 사람 수가 많은 姓을 일컫지만, 여기서는 廣州 지역에서 사람 수도 가장 많고, 세력도 강한 世家大族을 말한다.

530) 張鏡心: 生卒年 未詳. 字는 孝仲, 號는 湛虛로 磁州人이다. 天啓 연간(1621~1627)의 進士로 官은 兵部尙書에 이르렀으며, 馬士英과 阮大鋮과 함께 魏忠賢을 추종했다. 淸 順治 연간(1644~1661)에 누차 薦擧되었으나 응하지 않았고, 晩年에는 문을 걸어 닫고 『易經』의 注釋을 하는 데에만 전념했다.

531) 凌義渠: 字는 駿甫이며, 烏程人이다. 天啓 5년(1625)의 進士로, 官은 大理寺卿을 지냈고, 崇禎 末年에 李自成이 北京을 함락하자 평생 저술에만 전념하였다.

動. 而其人又不善戰, 故往往挫衄. 其所役使名烏鬼. 入水不沉, 走海面若平地. 其柁後置照海鏡, 大徑數尺, 能照數百里. 其人悉奉天主敎. 所産有金·銀·琥珀·瑪瑙·玻璃·天鵝絨·瑣服·哆囉嗹. 國土旣富, 遇中國貨物當意者, 不惜厚資, 故華人樂與爲市.

그들의 본국은 서양에 있고, 중국과의 거리가 매우 멀어 중국인이 일찍이 이르지 못하였다. 그들이 믿는 바는 오로지 큰 배와 대포뿐이다. 배의 길이는 30장(丈)이고, 넓이는 6장(丈)이며, 두께는 2척(尺) 여로, 5개의 돛대가 세워져 있고, 뒤에는 3층의 망루가 있다.[532] 옆에는 조그마한 창문을 만들어 동포(銅砲)를 거치하였다. 돛대 밑에는 2장(丈)의 큰 철포(鐵砲)를 거치하였고,[533] 이를 발사하면 석성(石城)을 꿰뚫어 무너뜨릴 수 있고 수십 리(里)가 진동했으며, 세간에 홍이포(紅夷砲[534])라 칭하는데, 곧 이들이 만든 것이다. 그러나 배가 커서 방향을 바꾸기가 매우 어렵고, 혹 얕은 물과 모래를 만나면 움직일 수 없었다. 그리고 또 그 사람들은 싸우기를 좋아하지 않아, 그 때문에 왕왕 꺾여 패하였다.

그들이 부리는 사람은 오귀(烏鬼)[535]라 일컫는데, 물에 들어가도 가라앉지 않고 마치 평지

532) 명대 건축과 제작에 사용되는 척도(營造尺 적용)를 적용하면 1丈은 3.2m, 1尺은 32cm로, 이들의 배의 규모는 길이가 약 96m, 넓이가 약 19.2m이며, 두께는 약 64cm인 것으로 보인다.

533) 명대에 1丈은 3.11m(표준제 적용)로, 이 배에 장착한 鐵砲는 길이가 약 6m 정도의 큰 포임을 알 수 있다. 『明史』 卷92 「兵志」4에 紅夷砲의 규모와 위력을 "大西洋船至, 復得巨砲, 曰紅夷. 長二丈餘, 重者至三千斤, 能洞裂石城, 震數十里"라고 기재하고 있다.

534) 紅夷砲: 명 후기 和蘭人(네덜란드인)을 紅毛夷라 불렀거니와 이들이 만든 대포를 紅夷砲라 부른다. 萬曆 32년(1604) 和蘭은 佛郎機(포르투갈)를 뒤이어 중국에 이르러서 彭湖를 중심으로 明軍과 전투를 벌였는데 당시 중국인들은 홍이포의 위력에 크게 압도되었다. 이후 명조는 1618년에 홍이포를 수입하였고 이후 명조는 복제품을 만들어 사용했는데, 徐光啓, 李之藻 等에게 대량의 紅夷炮를 모방하여 만들게 했고, 崇禎 2年(1629)에서 3年(1630)에 걸쳐 徐光啓는 大小 紅夷炮 400여 門을 만들었으며, 兩廣總督 王尊德 역시도 차례로 大中型 紅夷炮 500門을 제조하였다. 이 때 만들어진 홍이포는 이후 後金의 進攻을 제어하는데 크게 역할을 하였는데, 후금의 누르하치는 바로 홍이포의 파편에 맞아 죽었다. 홍이포는 우리나라에도 전래해 들어왔는데, 임진왜란 때 명나라 군대가 가져와 사용한 것이 처음이며, 인조 때 정식으로 들여오게 되었다고 한다.

535) 烏鬼: 禽鳥 중 水鳥의 명칭으로, 일반적으로 가마우지를 가리킨다. 唐 杜甫의 『戲作俳諧遣悶』에 있는 詩의 한 구절에 "家家養烏鬼, 頓頓食黃魚(집집마다 가마우지를 길러, 매끼마다 黃魚를 먹네)"라는 내용이 있고, 明代 焦竑의 『焦氏筆乘』 「烏鬼條」에도 "鸕鷀, 水鳥, 似鶂而黑, 峽中人號曰烏鬼"라 하고 있다.

에서처럼 해면을 달린다. 그 [배의] 키(柁) 뒤에는 조해경(照海鏡)[536]을 설치했는데, 큰 것은 직경이 수 척(尺)으로 수백 리를 볼 수 있다. 그 나라 사람들은 모두 천주교를 믿는다. 산물(產物)로는 금·은·호박(琥珀)[537]·마노·파리·천아융(天鵝絨)[538]·쇄복·차라연이 있다. 나라는 원래 부유하여 중국의 화물(貨物)을 만나 마음에 들면 후하게 지불해도 아까워하지 않음으로, 이 때문에 중국 사람들이 이들과 교역하기를 좋아했다.

536) 照海鏡: 멀리서 怪魚나 暗礁를 발견하여 이를 피하기 위해 배에 장착한 망원경으로 圓筒形으로 되어 있다.

537) 琥珀: 英文名은 Amber이며, 나무의 송진 따위가 땅속에 파묻혀 오랜 기간을 지나면서 화학적 변화를 이루어 만들어진 일종의 樹脂化石이다. 대개 누른 빛을 띠고, 윤이 나고 透明하며, 불에 타기 쉽고 摩擦시키면 전기가 생긴다. 호박의 가루는 利尿·眼疾·血積 등 藥材로도 쓰지만 이는 보석 장식품으로 여러 가지 裝飾에 많이 쓰인다.

538) 天鵝絨: 하늘에 사는 거위의 털로 짠 베라는 뜻으로, 더할 나위 없이 부드러운 고급 천을 말하며, 오늘날의 비로드를 일컫는다.

| 참고문헌 |

국사편찬위원회, 『中國正史朝鮮傳譯注』, 서울: 신서원, 2004

동북아역사재단 편, 『譯註 中國 正史 外國傳(1~12)』, 서울: 동북아역사재단, 2009~2011

朴元熇 등 譯, 『명사식화지 역주』, 서울: 소명출판, 2008

馬歡, 『瀛涯勝覽』, 臺灣: 藝文印書館, 1965

費信, 『星槎勝覽』, 臺灣: 藝文印書館, 1965

申時行 等修, 『明會典』(萬曆朝重修本), 北京: 中華書局, 1989

嚴從簡, 『殊域周咨錄』, 北京: 中華書局, 1993

汪大淵, 『島夷誌略』, 蘇繼廎 校釋, 『島夷誌略校釋』, 北京: 中華書局, 1981

李時珍, 『本草綱目』(四庫全書本), 南京: 鳳凰出版傳媒集團 江蘇科學技術出版社, 2008

二十五史, 北京: 中華書局, 1959~1977

張燮, 『東西洋考』, 北京: 中華書局, 2000

程敏政,『皇明文衡』, 臺北: 臺灣商務印書館, 1979

鄭若曾 撰, 李致忠 點校, 『籌海圖編』, 北京: 中華書局, 2009

趙汝适, 『諸蕃志』, 臺灣: 藝文印書館, 1965

周國林 分史 主編, 『二十四史全譯: 明史』, 上海: 漢語大詞典出版社, 2004

周連寬 校注, 『西域行程記・西域番國志』, 北京: 中華書局, 1991

中國第一歷史檔案館, 『明淸時期澳門問題檔案文獻匯編』, 北京: 人民出版社, 2000

沈德符, 『萬曆野獲編』, 北京: 中華書局, 1959

沈德符, 『萬曆野獲編』, 北京: 中華書局, 2004

馮承鈞 校注, 『星槎勝覽校注』, 臺北: 臺灣商務印書館, 1962

馮承鈞 校注, 『瀛涯勝覽校注』, 臺北: 臺灣商務印書館, 1962

馮承鈞 校注, 『諸蕃志校注』, 臺北: 臺灣商務印書館, 1962

黃省曾, 『西洋朝貢典錄校注』, 北京: 中華書局, 2000

『明實錄類纂』, 武漢: 武漢出版社, 1993

『明實錄』, 臺北,中央研究院 歷史語言研究所 校引本, 1965~1966

Gavin Menzies · 조행복 역, 『1421－중국, 세계를 발견하다』, 파주: 사계절출판사, 2004

강석영 · 최영수, 『스페인 · 포르투갈사』, 서울: 대한교과서, 2005

高柄翊, 『東亞交涉史의 硏究』, 서울: 서울大學校出版部, 1988

미야자키 마사카스 · 이규조 역, 『정화의 남해 대원정』, 서울: 일빛, 1999

밀턴 오스본 · 조흥국 역, 『동남아시아역사』, 서울: 오름, 2000

朴元熇, 『明初朝鮮關係史硏究』, 서울: 一潮閣, 2002

歷史學會 編, 『科擧』, 서울: 一潮閣, 1983

吳金成, 『中國近世社會經濟史硏究』, 서울: 一潮閣, 1986

임성모 외, 『동아시아 역사속의 여행』2, 서울: 산처럼, 2008

최병욱, 『동남아시아사－전통시대』, 서울: 대한교과서, 2006

崔韶子, 『東西文化交流史硏究－明 · 淸時代 西學受容』, 서울: 三英社, 2002

邱炫煜, 『明帝國與南海諸蕃國關係的演變』, 臺北: 蘭臺出版社, 1995

金國平, 『西力東漸－中葡早期接觸追昔』, 澳門: 澳門基金會出版, 2000

金國平 · 吳志良, 『過十字門』, 澳門: 澳門成人敎育學會, 2004

萬明, 『中葡早期關係史』, 北京: 社會科學文獻出版社, 2001

楊允中 主編, 『鄭和與海上絲綢之路』, 香港: 城市大學出版社, 2005

李金明, 『明代海外貿易史』, 北京: 中國社會科學出版社, 1990

鄭鶴聲 · 鄭一鈞 編, 『鄭和下西洋資料滙編』(上 · 中 · 下), 齊魯書社, 1980

陳佳榮 編著, 『南溟集』(海交篇), 香港: 麒麟書業有限公司, 2002

彭德淸 主編, 『中國航海史(古代航海史)』, 北京: 人民交通出版社, 1988

山田憲太郞, 『東亞香料史』, 東京: 東洋堂, 1942

鄭樑生, 『明 · 日關係史の硏究』, 東京: 雄山閣出版, 1995

馮承鈞 · 井東憲 譯, 『支那南洋交通史』, 東京: 大東出版社, 1940

Anthony Reid, *Southeast Asia in the Age of Commerce 1450～1680. Volume Two: Expansion and Crisis*, New Haven and London: Yale University Press, 1993

J. V. G. Mills, *Ma Huan Ying-yai Sheng-lan: 'The Overall Survey of the Ocean's Shores'*, London: Cambridge University Press, 1970

Oliver William Wolters, *Early Indonesian Commerce: A Study of the Origins of Śrīvijaya*, Ithaca: Cornell University Press, 1967

Paul Wheatley, *The Golden Khersonese: Studies in the Historical Geography of the Malay Peninsula before A.D. 1500*, Kuala Lumpur: University of Malaya Press, 1961

R. O. Winstedt, *A History of Malaya*, Singapore: Marican & Sons, 1962
R. O. Winstedt, *A History of Johore(1365～1941)*, Kuala Lumpur: MBRAS, 1992

朴元熇, 「明初 文字獄과 朝鮮表箋問題」, 『史學硏究』 25, 1975
鄭惠仲, 「명청중국과 조선사행의 지적교류」, 『東洋史學硏究』 111輯, 2010
萬明, 「鄭和與滿剌加－一個世界文明互動中心的和平崛起」, 『馬來西亞華人硏究學刊』, 2005-8
伯希和, 「明史上的火者及寫亦虎仙(Sayyid Husain)」,『通報』 39, 1949
張維華, 「明史佛狼機呂宋和蘭意太利四傳註釋」, 『燕京學報』 7, 1972
張之傑, 「瀛涯勝覽所記動物初考」, 『中華科技史學會會刊』, 2006-9
莊國土, 「海貿易移民互動: 17～18世紀閩南人移民海外原因分析－以閩南人移民臺灣爲例」, 『華僑華人歷史硏究』, 2001-1
周婉窈, 「山在瑤波碧浪中－總論明人的臺灣認識」, 『臺大歷史學報』 40, 2007
喻常森, 「明淸之際中國與荷屬東印度殖民地的來往」, 『中山大學學報』, 第41卷, 2001-1
畢全忠, 「有關鄭和航海新說的幾則史料探析」,『鄭和硏究』, 2003-3
黃啓臣, 「16～19世紀中葉中國政府對澳門行使主權和實施管理」, 『行政』, 第13卷, 總第48期, 2000, No.2
挑木至郞, 「南の海域世界:中國における南海交易と南海情報」, 『中華の分裂と再生』(『岩波講座 世界歷史』 9) 岩波書店, 1991
和田久德, 「東南アジアにおける華僑社會の成立」, 『世界の歷史』 13, 東京: 筑摩書房, 1969
Matteo Ricci, China in the Sixteenth Century: *The Journals of Matthew Ricci: 1583～1610*, trans. by Louis J. Gallagher, New York: Randomhouse, 1953
Leonard Blusse, Minnan-jen or Cosmopolitan? The Rise of Cheng Chih-lung Allas Nicolas Iquan, in E. B. Vermeer, ed., *Development and Decline of Fuchien Province in the 17th～19th Centuries*, Leiden, 1990

戴逸 主編, 『二十六史大辭典』, 吉林: 吉林文史出版社, 1993
史爲樂 主編, 『中國歷史地名大辭典』, 北京: 中國社會科學出版社, 2005
吳志良・楊允中 主編, 『澳門百科全書』, 澳門: 澳門基金會出版, 1999
臧勵龢 等 編, 『中國古今地名大辭典』, 臺北: 商務印書館, 1931
鄭天挺・譚其驤 主編, 『中國歷史大辭典』, 上海: 上海辭典出版社, 2000
陳佳榮・謝方・陸峻嶺, 『古代南海地名彙釋』, 北京: 中華書局, 2002

京大東洋史辭典編纂會,『新編東洋史辭典』, 東京: 創元社, 1980
日中民族科學研究所 編,『中國歷代職官辭典』, 東京: 國書刊行會, 1980
下中邦彦 編,『アジア歷史事典』, 東京: 平凡社, 1962

명사(明史) 권326 외국(外國) 7

고리·가지·소갈란·대갈란·석란산·방갈랄·소납박아·조법아·목골도속·불랄와·죽보·아단·날살·마림·홀로모사·유산·비랄·손랄·남무리·가이륵·감파리·급란단·사리만니·저리·천리달·실랄비·고리반졸·날니·하랄비·기랄니·굴찰니·사랄제·팽가나·팔가의·오사랄척·감파·아와·타회·백갈달·흑갈달·불름·의대리아전(古里·柯枝·小葛蘭·大葛蘭·錫蘭山·榜葛剌·沼納樸兒·祖法兒·木骨都束·不剌哇·竹步·阿丹·剌撒·麻林·忽魯謨斯·溜山·比剌·孫剌·南巫里·加異勒·甘巴里·急蘭丹·沙里灣泥·底里·千里達·失剌比·古里班卒·剌泥·夏剌比·奇剌泥·窟察泥·捨剌齊·彭加那·八可意·烏沙剌踢·坎巴·阿哇·打回·白葛達·黑葛達·拂菻·意大里亞傳)

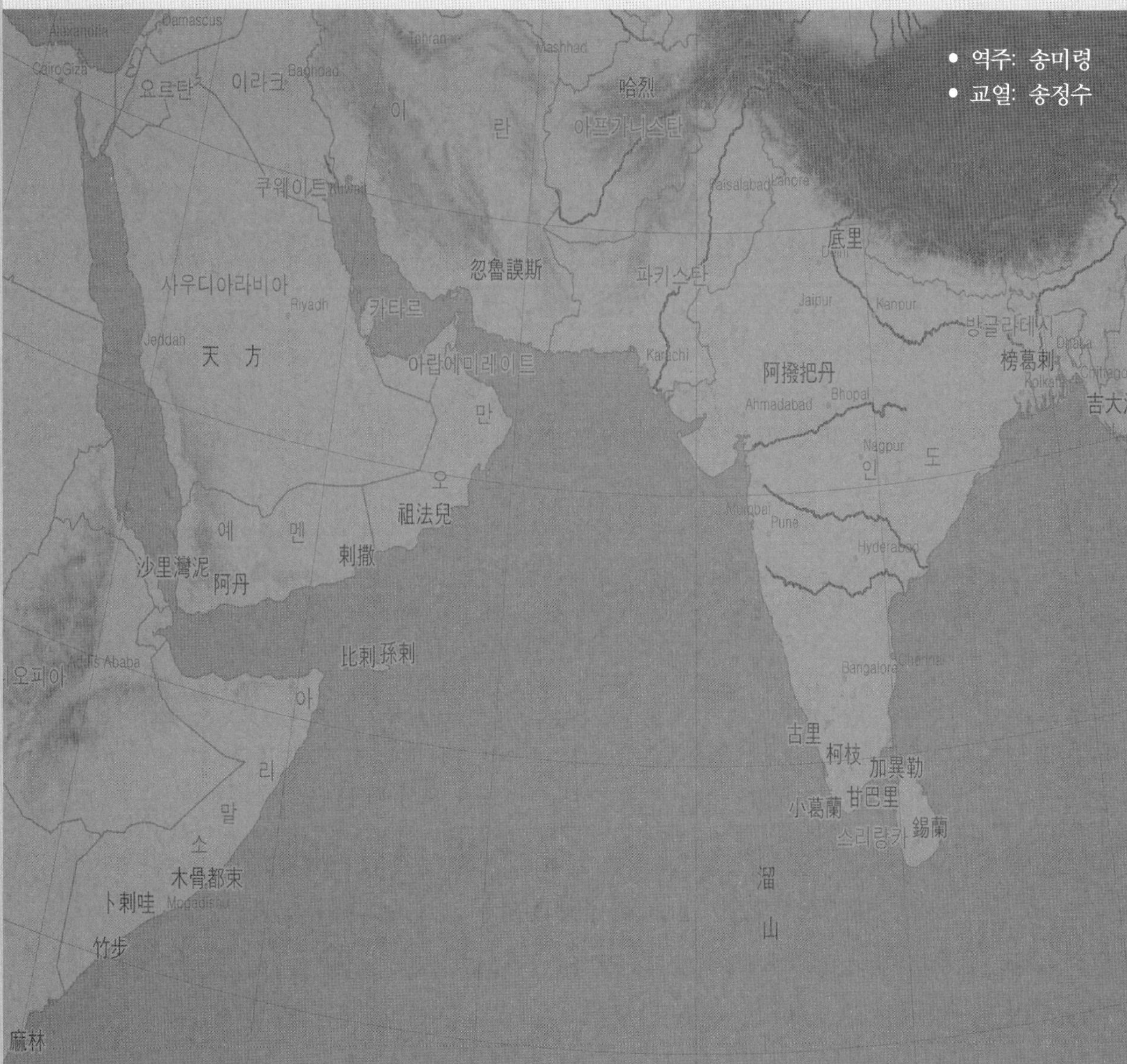

- 역주: 송미령
- 교열: 송정수

고리·가지·소갈란·대갈란·석란산·방갈랄·소납박아·조법아·목골도속·불랄와·죽보·아단·날살·마림·홀로모사·유산·비랄·손랄·남무리·가이륵·감파리·급란단·사리만니·저리·천리달·실랄비·고리반졸·날니·하랄비·기랄니·굴찰니·사랄제·팽가나·팔가의·오사랄척·감파·아와·타회·백갈달·흑갈달·불름·의대리아전(古里·柯枝·小葛蘭·大葛蘭·錫蘭山·榜葛剌·沼納樸兒·祖法兒·木骨都束·不剌哇·竹步·阿丹·剌撒·麻林·忽魯謨斯·溜山·比剌·孫剌·南巫里·加異勒·甘巴里·急蘭丹·沙里灣泥·底里·千里達·失剌比·古里班卒·剌泥·夏剌比·奇剌泥·窟察泥·捨剌齊·彭加那·八可意·烏沙剌踢·坎巴·阿哇·打回·白葛達·黑葛達·拂菻·意大里亞傳) 해제

『명사』 권326 「외국전」은 고리(古里)를 비롯해서 42곳에 이르는 상당히 많은 나라들에 대한 내용을 담고 있다. 이들 나라들은 고리·가지(柯枝)·석란산(錫蘭山)·방갈랄(榜葛剌) 등을 비롯한 인도양 주변의 나라들, 홀로모사(忽魯謨斯)·아단(阿丹) 등의 페르시아만(灣) 근처의 나라들, 목골도속(木骨都束)이나 불랄와(不剌哇)과 같은 아프리카 동부 지역, 그리고 특이하게 유럽의 의대리아(意大里亞) 등으로 분류할 수 있다. 이러한 나라들은 『송사(宋史)』의 「외국전」이나 『원사(元史)』의 「외이전(外夷傳)」에는 대부분 등장하지 않는 것들로, 이들에 대해서 본격적으로 다룬 정사(正史)는 『명사』가 처음이었다.

이렇게 이들 나라들이 정사 중에서 『명사』에 처음 언급된 배경은 두 가지 측면에서 찾아볼 수 있다. 하나는 영락제(永樂帝)의 지시와 지원으로 파견된 정화(鄭和)의 항해와 관련이 있다는 점을 들 수 있다. 즉, 정화는 첫 번째 항해에서 석란산을 거쳐, 이전부터 중국 상인의 교역거점인 인도 남부의 소갈란(小葛蘭), 후추의 주요 출하항인 가지를 거쳐, 고리까지 항해하였다. 그리고 그의 네 번째 항해에서는 페르시아만의 홀로모사까지 이르렀고, 그의 분견대가 아프리카 동해안의 목골도속·마림(麻林)·불랄와에 도착하였다. 이렇듯 본전에 포함되어 있는 인도양 부근, 페르시아만 지역, 아프리카 동부 지역에 대한 기록은 대체로 정화의 항해와 관련된 것이라고 할 수 있다.

다른 하나는 정보와 지식의 축적이라는 측면에서 찾아볼 수 있다. 『명사』 편찬 이전, 다른 정사에서 이들 지역을 언급한 사례는 찾아보기 어렵지만, 민간의 기록 중 남송(南宋)의 조여

괄(趙汝适)이 저술한 『제번지(諸蕃志)』와 원(元)의 왕대연(汪大淵)이 저술한 『도이지략(島夷誌略)』에서 현재의 동남아시아, 인도양 주변, 페르시아만 지역, 아프리카 동해안까지 언급하고 있다. 특히, 직접 항해에 참여했던 왕대연의 기술은 자세한 편이다. 이렇듯 송대부터 원대에 이르기까지 장기간에 걸쳐 축적된 정보와 구축된 네트워크가 정화의 항해로 연결되었고, 이러한 내용이 바로 본전의 내용으로 이어진 것이었다고 볼 수 있다.

본전의 내용은, 다양한 나라들의 역사와 풍속에 대한 소개를 통해서 어느 특정 지역에 대한 깊이 있는 지식보다는, 다양한 지역에 대해 전반적으로 이해할 수 있도록 도움을 주고 있다. 우선, 이들 지역의 사회적·문화적 특징을 이해하는데 큰 도움을 주고 있다. 예를 들면, 고리나 가지와 같은 인도양 주변의 나라들을 언급한 내용에서, 이들 사회의 계층에 대한 정보를 얻을 수 있다. 다섯 등급으로 구분된 계층에 대해서 설명하고 있는데, 그들 중 지배계층은 왕족인 남곤(南昆), 이슬람교도인 회회(回回), 무역에 종사하는 철지(哲地) 등이 있고, 규모가 작은 상인들로 분류할 수 있는 혁전(革全), 그리고 피지배층인 목과(木瓜)가 있다. 원래 이들 지역에서는 네 개의 계층이 존재하였는데, 다섯으로 늘어난 것은 7세기 이후 이슬람교가 유입되면서 이슬람교도들이 새로운 지배계층으로 자리잡게 되었기 때문이다. 그리고, 석란산(錫蘭山)을 서술하는 부분에서는 힌두교와 불교를 숭상하는 풍속이 공존하는 모습을 묘사하고 있는데, 이는 당시에 여러 종교가 한 지역에서 병존해 있었음을 엿볼 수 있게 한다. 또한 이슬람교를 믿는 지역의 예배풍습과 그 지역의 여성들이 외출할 때 얇은 비단으로 얼굴을 가렸다는 사실도 확인할 수 있다. 뿐만 아니라 페르시아만 근처와 아프리카 동부 지역의 건축양식은 주로 돌을 쌓아서 만든다는 점도 서술하고 있어, 이 지역의 생활에 대한 기본적인 내용을 살펴볼 수 있게 한다.

또한 인도양 주변 지역, 페르시아만 지역, 아프리카 동해안의 나라들과 교류하는 내용 중에는 다양한 물품들과 진기한 동물들이 등장한다. 특히 영락 13년(1415) 마림(麻林)에서 상서로운 동물로 알려진 기린(麒麟)을 바치자, 영락제가 직접 봉천문(奉天門)에 나가서 맞이했다는 내용은 상당히 흥미롭다. 이외에도 마합수(馬哈獸, 영양)·화복록(花福祿, 얼룩말)·금전표(金錢豹, 표범)·타제계(駝蹄鷄, 타조) 등과 같이 중국에서는 볼 수 없는 동물들이 조공품으로 명으로 들어왔다. 뿐만 아니라 진주나 호박(琥珀) 같은 현지의 보석류, 향료, 직물 등도 이들 나라들의 주요한 공물이었음을 알 수 있다. 또한 당시 명 조정에서는 조공 사절단의 선박에 싣고 온 물품만 거래를 허용하고, 관세를 면제해 주었으며, 관청의 수매 규정에 따라 거래하도록 하였는데, 이는 해당 나라들의 경제적인 기반이나 교역의 상황을 살피는데 도움을 주는 내용이다.

본전의 내용 중에는, 앞서 언급했던 인도양 주변의 나라들이나 페르시아만의 나라들, 그리고 아프리카 동해안의 어느 범주에도 속하지 않는 의대리아 즉, 이탈리아에 대한 항목이 있다. 이 항목에서는 비록 예수회 선교사들의 활동을 중점적으로 다루고 있지만, 이마두(利瑪竇, Matteo Ricci)가 제작한 『만국전도(萬國全圖)』를 통해서 당시 유럽의 세계지리에 대한 이해가 명측에 전해진 사실을 확인할 수 있다. 이와 함께 예수회 선교사들을 바라보는 명 조정의 부정적인 시각에도 불구하고 역법(曆法)을 보완하기 위해 이들을 조정에 등용하였다는 점도 살펴볼 수 있다.

본전에 소개된 이러한 다양한 나라들에 대한 이해를 바탕으로 명 전기의 해양(海洋)에 대한 이해와 여러 가지 시도들도 살펴볼 수 있다. 홍무제(洪武帝)는 즉위 직후 동남아시아의 나라들뿐 아니라, 인도양의 여러 나라에도 즉위를 알리는 사신을 파견하였고, 영락제의 통치 시기에는 정화(鄭和)를 파견하는 보다 적극적인 형태로 전개되어 인도양 부근의 나라들과 페르시아만 주변, 아프리카 동해안의 여러 나라들에게까지 조공책봉체제를 요구하였다는 사실들을 확인할 수 있다. 게다가 명조의 사신이 이르러 조서를 공개적으로 읽고 난 후, 그 나라 왕이 그 내용을 백성들에게 두루 알린 후 교역을 하였다는 내용 등은 명조와 이들 나라들이 맺었던 조공책봉체제의 특징을 살펴볼 수 있게 한다. 또한 이러한 움직임은, 8세기 후반 중국의 광주(廣州)와 페르시아만을 연결하는 해로가 형성된 이래 발전한 유라시아 교역로의 확대 및 동남아시아로 세력을 확대해 가던 이슬람 상인들의 활동과도 이어질 수 있다는 가능성을 시사해 준다. 그러나 홍무제나 영락제 때의 적극적인 해외 진출 정책은 선덕(宣德) 연간까지는 그 기조가 유지되었던 것으로 보이지만, 결국 선덕 10년(1435) 선덕제의 죽음과 함께 막대한 비용을 들여 해외로 진출하는 정책은 후퇴하였다. 명 조정의 자세가 이처럼 소극적으로 변화하게 된 이유는, 당시 북방을 끊임없이 위협하는 몽골에 재정을 집중해야 했기 때문에 자연히 해양으로의 진출은 둔화될 수밖에 없는 상황을 반영한 것이라 볼 수 있다. 이를 통해서 유라시아 네트워크에서 명조 스스로 고립의 길을 택하는 과정의 한 단면을 살펴볼 수 있다.

이렇듯 조공책봉관계를 맺으면서 정치적인 목적이 강한 교역을 시도하였지만, 한편 본전의 내용 중에는 조공국에 대해 명조가 유연한 태도를 취했던 면도 간취할 수 있다. 예를 들면, 두 번째 항해에서 정화가 인도양 교역권의 중요 거점인 석란산에 도착하였을 때, 한자, 타밀어,

페르시아어로 새겨 「석란산불사비(錫蘭山佛寺碑)」를 세웠다는 점이다. 한문으로 기록된 부분에는 정화가 항해자들이 기원하던 사원에서 공양을 했다는 것과 불교행사에 바쳐진 품목들이 열거되어 있다. 타밀어로 기록된 부분은 명의 황제가 테나바라이 나야나르 신을 찬양하는 내용이며, 페르시아어 부분은 이슬람교의 신 알라와 성인의 영광을 찬양하는 내용이다. 이렇게 중국인, 인도상인, 이슬람 상인들을 의식한 비문을 남겼다는 점은 명조가 다른 문화권역에 대한 이해의 폭이 넓어졌음을 보여주는 사례라고 할 것이다.

본전의 내용은 「외국전」의 다른 내용들과 비교할 때, 깊이 있는 서술보다는 포괄적인 이해에 중점을 두고 서술한 것이다. 이는 잘 알려져 있지 않은 작은 나라나 종족에 대한 서술에는 지리(地理), 토속(土俗), 산물(產物) 등 상태에 관해 평면적으로 기술하는 예전 방식에 따랐다고도 생각되지만, 당시 명조와 교류했던 다른 문화권의 범위와 이들과의 교류의 내용을 파악할 수 있게 하여, 전체적인 정보를 제공해 주는 유익한 내용이라 할 수 있다.

고리·가지·소갈란·대갈란·석란산·방갈랄·소납박아·조법아·목골도속·불랄와·죽보·아단·날살·마림·홀로모사·유산·비랄·손랄·남무리·가이륵·감파리·급란단·사리만니·저리·천리달·실랄비·고리반졸·날니·하랄비·기랄니·굴찰니·사랄제·팽가나·팔가의·오사랄척·감파·아와·타회·백갈달·흑갈달·불름·의대리아전(古里·柯枝·小葛蘭·大葛蘭·錫蘭山·榜葛剌·沼納樸兒·祖法兒·木骨都束·不剌哇·竹步·阿丹·剌撒·麻林·忽魯謨斯·溜山·比剌·孫剌·南巫里·加異勒·甘巴里·急蘭丹·沙里灣泥·底里·千里達·失剌比·古里班卒·剌泥·夏剌比·奇剌泥·窟察泥·捨剌齊·彭加那·八可意·烏沙剌踢·坎巴·阿哇·打回·白葛達·黑葛達·拂菻·意大里亞傳) 역주

古里, 西洋大國. 西濱大海, 南距柯枝國, 北距狼奴兒國, 東七百里距坎巴國. 自柯枝舟行三日可至, 自錫蘭山十日可至, 諸蕃要會也.

고리(古里)[1]는 서양(西洋)[2]의 대국이다. 서쪽으로는 큰 바다에 연해있고, 남쪽으로는 가지국(柯枝國)[3]에 이르며, 북으로는 낭노아국(狼奴兒國)[4]에 이르고, 동으로 700리(里)[5]를 가면

---

1) 古里: 古里佛이라고도 칭하는데, 옛 땅은 대략 지금의 인도 서남쪽 코지코드(Kozhikode) 일대이다. 이 나라의 원래 이름은 Kallikot이었는데, 古里는 그것을 줄여서 음역한 것이다. 후에 유럽인들이 캘리컷(Calicut)이라 불렀다. 『島夷誌略』에는 古里佛이라고 표기되어 있고, 『瀛涯勝覽』에는 古里로 표기되어 있으며, 『殊域周咨錄』을 보면, 고리국을 西洋고리국으로 칭한다고 하였다(『殊域周咨錄』 卷8 「瑣里·古里」條 참조). 고리와 중국의 관계는 唐代부터 시작되었다. 이 지역은 해상 교통의 요충지로, 중국은 이곳을 주요한 전진기지로 삼았는데, 인도산 면화와 옥양목의 집산지로서의 대규모 무역항 역할을 하였다. 명대에 고리의 군주는 1405~1419년에 南京과 北京에 외교사절을 꾸준히 파견하였고, 그들이 보낸 사절단이 紫禁城 낙성식에 참여하여 영락제에게 귀한 말을 선물하기도 했다(개빈 맨지스, 2004: 114~115).

2) 西洋: 명대에 사용되었던 서양이라는 용어는 중국 남해안으로부터 南洋群島와 멀리 아라비아海까지를 포함하는 개념이었다. 17세기 이후에는 그 범위가 다소 축소되었는데, 보르네오(『明史』에서는 渤泥라고 표기하고 있음)를 기준으로 그 동쪽은 東洋, 그 서쪽은 西洋이라고 칭하였다(최소자, 1987: 19~22). 한편 宮崎市定은, 동양·서양의 개념이 등장한 때는 宋代까지 소급해서 볼 수 있다고 주장하였다. 그에 따르면 동·서양은 남해를 동남해와 서남해로 양분해서 이해하는 것으로, 그 기점은 泉州 혹은 廣州였다고 하였다(김영진, 2008: 116~117).

감파국(坎巴國)[6]에 이른다. 가지에서 배를 타고 3일을 가면 도착할 수 있고, 석란산(錫蘭山)[7]에서는 10일이면 도착할 수 있으니, 여러 번(蕃)[8] 중에서 [사통팔달(四通八達)의] 요지(要地)이다.

永樂元年命中官尹慶奉詔撫諭其國, 賚以綵幣. 其酋沙米的喜遣使從慶入朝, 貢方物. 三年達南京, 封爲國王, 賜印誥及文綺諸物, 遂比年入貢. 鄭和亦數使其國. 十三年偕柯枝·南渤利·甘巴里·滿剌加諸國入貢. 十四年又偕爪哇·滿剌加·占城·錫蘭

---

3) 柯枝國: 古盤盤國이라 칭하기도 하며, 國貞으로도 불렸다. 그 지역은 현재 인도 서남부 커랄라(kerala) 지역의 코친(Cochin) 일대이며 주요한 항구였다. 15세기 초부터 중국의 왕조와 교류하였다.

4) 狼奴兒國: 지금의 인도 말라바르(Malabar) 해안에 있는 Honavar로 코지코드의 북부 해안에 위치해 있던 나라이다(黃省曾, 2000: 98; 馮承鈞, 1962: 42).

5) 里: 明代에 길이를 표시하는 尺度는 裁衣尺·量地尺·營造尺으로 구분하여 사용되었다. 1里는 360步이고, 1步는 명대의 『算法統宗』 卷3에 의하면 '五尺爲一步'로 되어 있다. 따라서 1리는 1,800尺이며, 이를 기준으로 계산하면, 1리는 576m이다. 따라서 700리는 약 403.2km의 거리이다.

6) 坎巴國: 『西洋朝貢典錄校注』에 보면, 坎巴夷替國으로 표기되어 있고, 『瀛涯勝覽』에는 坎巴美라고 표기되어 있으며, 고리국의 동쪽에 있다고 기재되어 있는데, 현재의 코임바토르(Coimbatore)이다(鞏珍, 1961: 27; 馮承鈞, 1962: 42). 이것은 고대의 명칭인 Koyampadi를 간략하게 번역한 것이다.

7) 錫蘭山: 錫蘭은 아랍어 실란(Silan)의 음역으로, 산스크리트어로는 Simhala라고 표기한다. 오래 전에는 僧伽羅國·古狼牙修·獅子國이라고 불렀는데, 지금의 스리랑카섬이다. 宋의 趙汝适이 쓴 『諸蕃志』 卷上에는 細蘭國으로 표기되어 있고, 『宋史』에는 悉蘭·西蘭으로 표기되어 있다(鞏珍, 1961: 22). 이 섬은 인도 남쪽에 있는 비교적 큰 섬으로 赤道부근에 위치해 있어 열대기후 지역에 속한다. 섬에는 高地가 상당히 많아서 차 재배가 성행하였으며, 여러 보석들의 광맥이 있다. 이 나라는 중국 명나라 때부터 조공을 하였다(馮承鈞, 1962: 34). 이곳은 15세기에 상업과 무역의 중심지였으며, 동시에 원양항해의 요충지였다. 석란산은 유명한 불교의 성지로, 대부분의 백성들이 불교를 숭상하였고, 나라 안에 많은 사원이 있었다. "이 절에 와서 기도를 올리면 반드시 효험이 나타나며, 나라에 흉년이나 재앙이 있을 때 이곳에 와 지성으로 기도를 하면 재앙을 면할 수 있다"는 이야기가 전해져 오고 있다. 이에 정화도 불교를 숭상하여 항해 때마다 어려움을 만나면 부처님께 가호를 빌었는데, 석란산에 올 때마다 항상 사찰에 들려 기도하고 불사를 행했다고 한다(上杉千年, 2007: 163~165).

8) 蕃: 藩과 통용되며 울타리라는 의미와 九州 이외의 다른 지역이라는 의미가 있다. 周代에 九州의 밖을 夷服·鎭服·蕃服으로 구분한 데에서 비롯된다. 후에는 域外 혹은 이민족을 일컫는 말로 사용되었다. 이 蕃服은 원래 周代에 九州 밖에 세워진 나라로서, 명의상으로는 歸屬하지만 실제로는 周 王室의 제어를 받지 않는 나라를 가리켰는데, 후에는 諸侯國 혹은 중국 이외의 국가를 통칭하는 용어로 사용되었다.

山·木骨都束·溜山·南渤利·不剌哇·阿丹·蘇門答剌·麻林·剌撒·忽魯謨斯·柯枝·南巫里·沙里灣泥·彭亨諸國入貢. 是時, 諸蕃使臣充斥於廷, 以古里大國, 序其使者於首. 十七年偕滿剌加十七國來貢. 十九年又偕忽魯謨斯等國入貢. 二十一年復偕忽魯謨斯等國, 遣使千二百人入貢. 時帝方出塞, 敕皇太子曰:「天時向寒, 貢使卽令禮官宴勞, 給賜遣還. 其以土物來市者, 官酬其直.」

영락(永樂)[9] 원년(1403)에 중관(中官)[10] 윤경(尹慶)[11]에게 명하여 조서를 받들어 이 나라를 안무(安撫)하고 효유(曉諭)하게 하였고, 채폐(綵幣)[12]를 하사하였다.[13] 그 나라 추장(酋長) 사미적희(沙米的喜)[14]는 사신을 보내 윤경을 따라 입조(入朝)하게 하였고, 방물(方物)[15]을 바쳤다.[16] [영락] 3년(1405)에 남경(南京)[17]에 도착하자, [사미적희를] 국왕에 봉하였고, 인고(印誥)[18]와 문기(文綺)[19] 등 여러 물품을 내려 주니,[20] 마침내 매년 입조하여 공물을

9) 永樂: 명 왕조 3대 황제인 成祖 朱棣의 年號로, 燕王 朱棣가 靖難의 變으로 建文帝를 제거하고 즉위한 후 사용했다.

10) 中官: 中官은 內職의 官, 京官 등의 뜻이 있지만 일반적으로 宦官을 일컬으며, 閹人·寺人이라고도 한다. 중국에서는 周代부터 淸末까지 환관이 있었다.『明史』卷74「職官志」3, 宦官條에 의하면, 명대에는 宦官 十二監이 있었고, 이들의 기관에서는 政事에 관여하지 않은 것이 없었다. 특히, 司禮監은 그 중심에 있었고, 각 기관에는 太監(正四品)·小監(從四品)·監丞(正五品)·典簿(正六品), 從六品인 長隨·奉御 등의 職官이 있었다.

11) 尹慶: 생몰연대는 확실하지 않음. 명나라 영락 연간(1403~1424)의 宦官으로 鄭和가 항해를 하기 전에 두 차례 사신으로 항해를 하였다. 1차 항해는 永樂 元年(1403) 10월에 행했는데, 滿剌加·蘇門答剌·爪哇·柯枝 등을 방문했고, 2차 항해는 永樂 3년(1405) 9월에 실행하였다.

12) 綵幣: '綵'는 무늬가 있는 비단이고, '幣'는 絹織의 帛을 말하는 것으로, 무늬가 있는 絹織物을 뜻한다. 賞으로 내리는 재물을 의미하기도 한다.

13) 永樂 원년 8월의 일이다. 관련된 내용은『太宗實錄』卷22 永樂 원년 8월 癸丑條 참조.

14) 沙米的喜: Samuthiri를 음역한 것이다. 15세기 이후에 포르투갈인이 古里에 도달해서 이곳에 있던 왕조를 Zamorin이라고 칭했는데, 그 명칭에서 기원한 것이다(沈愷, 2006: 39).

15) 方物: 각국의 土産物을 가리킨다.

16)『太宗實錄』卷46 永樂 3년 9월 癸卯條의 내용에는 고리와 수마트라, 자와에서 온 사신들에게 연회를 베풀었다는 내용이 있다.

17) 南京: 1421년에 영락제가 北京으로 천도할 때까지 명의 수도였다. 江蘇省에 위치하며 長江의 南岸에 있다.

18) 印誥: 官印과 册封詔書를 가리킨다. 명이 다른 나라에 수여하는 인장은 金印과 鍍金銀印이 있는데, 금인

바쳤다. 정화(鄭和)[21]도 여러 차례 이 나라에 사행했다.[22) [이 나라는 영락] 13년(1448)에 가지(柯枝)·남발리(南渤利)[23]·감파리(甘巴里)[24]·만랄가(滿剌加)[25] 등 각국과 함께 입조하여 공물을 바쳤다.[26] [영락] 14년(1406)에, 또 조와(爪哇)[27]·만랄가(滿剌加)·점성(占城)[28]

은 조선과 일본에만 주었고, 琉球·安南·占城·爪哇에는 도금은인을 주었다(鄭樑生, 1995: 148~149).

19) 文綺: 화려한 무늬가 있는 비단이다.

20) 이때 명 조정은 고리에서 온 사신들과 귀순한 몽골 수령들에게 연회를 베풀었다. 그 내용은『太宗實錄』卷46 永樂 3년 9월 辛酉條 참조.

21) 鄭和(1371~1434?): 雲南 昆陽 사람으로 洪武 4년(1371)에 출생하였으며, 원래 이름은 馬三寶였다. 洪武 13년(1380) 겨울에 명의 군대가 운남에 진입하였을 때 그의 나이는 10세였다. 그는 明의 진영으로 잡혀와 이후 태감이 되었으며, 朱棣의 燕王府로 들어갔다. '靖難의 變' 때에 그는 河北 鄭州에서 燕王을 위해 전공을 세웠다. 永樂帝는 그를 총애하여 永樂 2년(1404)에 그에게 鄭氏 姓을 하사하였고 內官監太監(품계는 4品이었는데, 司禮監 다음이었음)으로 임명하였다. 이때 이름도 和로 바꾸었다. 宣德 6년(1431)에 그는 三保太監에 봉해졌다.

22) 정화의 파견은『太宗實錄』卷83 永樂 6년 9월 癸酉條 참조. 또한『太宗實錄』卷88 永樂 7년 7월 丁酉條에는 고리의 왕 沙米的喜가 背乃那 등을 사절로 보냈다는 내용이 있다. 정화의 첫 번째 출정은 영락 3년(1405)에 太倉縣의 劉家港을 출발하면서 시작되었다. 이때 占城·瓜哇·舊港·蘇門答剌·南巫里·古里·錫蘭 등 여러 나라를 방문했으며, 영락 5년(1407)에 각국에서 명 조정에 파견한 사절들과 함께 귀국하였다.

23) 南渤利: 10~13세기에 이슬람의 지리학자들이 말레이시아語로 라무리(Lamuri)라고 부르던 명칭을 음역한 것이며, 현재의 수마트라(Sumatra)섬을 가리킨다. 14세기 이후에 수마트라라는 명칭이 널리 알려졌다.

24) 甘巴里: 이곳은 인도의 코마린(Comarin)곶으로 명나라에서는 이곳을 甘巴里라고 불렀는데, 항해로에서 중요한 지점이었다.

25) 滿剌加國: 말라카(Malacca) 왕국을 일컫는다. 말레이어의 Mallacca의 음역으로 麻六甲이라고도 하며, 14~16세기에 말레이 반도 남부에 있었던 왕국이다. 말라카 항구는 15세기 동서 해상무역의 중요 항구였다. 14세기에 수마트라섬에서 온 파라메스바라(Parameswara)가 이곳을 중심으로 이슬람 왕국을 건설하였으며, 그 지리적 조건 때문에 동서무역의 중계지로 번창하였다. 1511년 아시아에 진출한 포르투갈이 이 왕국을 멸망시키고 아시아 최초의 유럽 식민지로 만들어 향료 무역의 독점과 그리스도교의 선교기지로 삼았다. 그 후 1641년에 네덜란드가 빼앗아 해협을 지배하였고, 1824년에는 영국의 소유가 되었다. 현재 말레이 반도 남서부의 항구도시이다.

26) 이들 내용에 관해서는,『太宗實錄』卷168 永樂 13년 7월 甲辰條;『太宗實錄』卷168, 永樂 13년 9월 癸丑條;『太宗實錄』卷168 永樂 13년 9월 庚申條;『太宗實錄』卷169 永樂 13년 10월 癸未條 참조.

27) 爪哇: 현재 인도네시아 자와 섬으로 元代에는 그 정치 중심이 동쪽에 있었으나, 明代에는 서쪽으로 이동하였다. 爪哇는 인도네시아어로 Jawa, 영어로는 Java라 하며, 지금의 인도네시아 자와(Java)섬에 위치한다. 당나라 때 중국에서는 이 나라를 訶陵·闍婆라 칭했는데, 조와의 마타람(Mataram) 왕조로 보인다.

· 석란산(錫蘭山) · 목골도속(木骨都束)29) · 유산(溜山)30) · 남발리(南渤利) · 불랄와(不剌哇)31) · 아단(阿丹)32) · 소문답랄(蘇門答剌)33) · 마림(麻林)34) · 날살(剌撒)35) · 홀로모사(忽魯謨

28) 占城: 占婆라고도 칭하며 현재 베트남 중부 시역이나. 2세기 말엽부터 17세기 말까지 존속하였다. 唐 이전 중국 측 자료에서는 林邑이라고 칭했고, 唐代에는 環王·占波·瞻波라고도 썼는데 인도차이나 반도의 옛 나라였다. 10세기 이후, 중국에서 독립한 베트남 역대 왕조와 격렬한 항쟁을 되풀이하였으나 베트남인의 남진을 막지 못하였다. 15세기에는 베트남의 레(黎) 왕조와의 싸움에 패하여 비자야를 점령당하고, 칸남다낭성 이남도 大越의 보호령이 되었으므로 옛날의 모습은 사라졌다. 17세기 말, 베트남인이 메콩 델타로 진출하면서 남아 있던 자신들의 거점도 모두 베트남인에게 빼앗겨 참파는 완전히 멸망하였다. 현재 참인은 소수민족을 형성하고 있다.

29) 木骨都束: 옛 나라의 이름으로 현재 아프리카 동해안 소말리아의 모가디슈(Mogadishu) 일대에 있었다.

30) 溜山: 인도양의 몰디브(Maldive) 群島와 라카디브(Laccadive) 群島이다. 『島夷誌略』에는 北溜라 기재되어 있다. 이들 군도는 珊瑚島로 암초가 많다. 『島夷志略』에서는 北溜라고 기록하고 있는데, 인도와 서아시아와 아프라카 동해안을 잇는 바다의 교차로로서 인도양 항로의 요충이었다. 스리랑카를 거쳐 몰디브 제도로 들어가는 항로는 많은 섬들이 복잡하게 얽혀 있어서 항해가 어려웠다. 이븐 바투타는 이 지역에 대해서, "섬들이 복잡해 물길 안내인을 고용하지 않으면 도저히 다른 섬에 갈 수 없는 미궁과도 같으며, 군도 안에서 헤매면 어느 섬에도 도착하지 못하고 실론 섬이나 인도 동해안으로 흘러가 버린다"고 하였다(미야자키 마사카쓰, 1999: 258~259).

31) 不剌哇: 지금 소말리아의 Brava 일대에 있던 나라로, 15세기 전반에 明朝와 교류하여, 서로 사절을 왕래하였다. 鄭和 함대가 일찍이 이 지역을 방문하였다.

32) 阿丹: 아라비아 반도 남부에 있던 나라인데, 지금 예멘의 수도 아덴(Aden) 일대로 홍해의 남쪽에 위치하고 있다(黃省曾, 2000: 112). 고대 서아시아의 중요한 국제 항구였다.

33) 蘇門答剌: 須文答剌나 須文達那라고도 표기하는데, Sumandra를 음을 따라 바꾼 것이다. 이곳은 현재 수마트라섬의 북부이다. 이곳은 동서양 해상교통의 요지이면서 정화 함대의 중간 기착지 중 하나였다. 정화의 함대는 이곳에 官廠을 설치하고 필요한 물자와 각종 교역물품을 비축하였다고 한다(上杉千年, 2007: 190).

34) 麻林: 麻剌로 표기하기도 하는데, 현재 케냐의 마린디를 가리킨다. 그 이전까지는 중국의 왕조와 교류가 없었는데, 永樂 연간(1403~1424)에 그 나라 왕이 사신단을 이끌고 방문하였다가 福州에서 사망하였다. 이에 康靖이라는 시호를 내렸다. 당시 다른 나라 왕으로 중국을 방문하다가 죽어 중국에 매장된 왕으로는 渤泥·蘇祿·麻林 등 세 나라의 왕이 있다. 정화는 네 번째 항해에서 서아시아과 동아프리카 지역까지 항해를 하였으며, 이곳을 방문했다(『殊域周咨錄』 卷9 「麻剌」條 참조).

35) 剌撒: 일설에는 현재의 소말리아 서북부 Zeila 일대에 있던 옛 나라라고 추정하기도 한다. 그런데 최근에 剌撒은 아라비아문의 Ra's의 對音으로 '산 허리'를 의미하므로, 아라비아 반도 남단 혹은 남예멘 Mukalla 부근의 Lasa村을 가리킨다는 주장이 설득력을 갖는다. 『鄭和航海圖』에 근거해서 그 方位를 추정해 보면, 현재 예멘의 아덴 부근이다. 『星槎勝覽』에도 專條로 기술하였다. 1416년에 明朝에 사신을 파견하여 우호관계를 맺었고, 나중에 鄭和도 이 지역에 방문하였다.

斯)[36]·가지(柯枝)·남무리(南巫里)[37]·사리만니(沙里灣泥)[38]·팽형(彭亨)[39] 등 각국과 함께 입조하여 공물을 바쳤다.[40] 이때, 여러 번(蕃)의 사신들이 조정을 가득 채웠는데, 고리가 대국이었기 때문에 순서에 따라서 그 사신을 가장 윗자리에 배치하였다.[41]

[영락] 17년(1419)에 만랄가 등 17개국과 함께 입조하여 공물을 바쳤다. [영락] 19년(1421)에 또 홀로모사 등 나라들과 함께 입조하여 공물을 바쳤다. [영락] 21년(1423)에 또 홀로모사 등 나라들과 함께 파견한 사절 1,200명이 입조하여 공물을 바쳤다. 당시에 황제가 마침 변경에 출정[42]하여 황태자[43]에게 칙령을 내려 이르기를, "날씨가 추워졌으니, 조공사절들에게 예부

---

36) 忽魯謨斯: Hormus의 음을 그대로 표기한 것으로, 이란 남부의 호르무즈 해협을 가리킨다. 14세기 호르무즈 항구는 지금 이란의 Qeshm 동쪽의 호르무즈 섬이다(黃省曾, 2000: 106). 그리고 이 나라는 당시 그 지역에서 상당히 영향력을 가진 나라였다. 이 지역은 지리적 여건상 농업이 어려워 생산량이 적었으나, 잣·석류·건포도 등의 수확량은 많은 편이었다(上杉千年, 2007: 130~131).

37) 南巫里: 藍無里를 일컫는다. 宋朝의 史籍에는 藍里라고 기재되어 있고, 元朝의 기록에는 喃哩, 明朝의 史籍에는 南浡里, 清朝에서는 南渤利와 南巫里라고 기재하였다. 이 나라는 지금 인도네시아 수마트라섬의 서북쪽에 위치해 있었다. 일찍이 스리위자야(Srivijaya)의 속국이었으나 후에 독립하였다. 東西 해상교역의 요지로, 15세기 전반에 중국과 우호관계를 수립하였고, 鄭和도 이 지역에 여러 차례 방문하였다. 南巫里는 『島夷誌略』에는 喃哑哩로, 『諸蕃志』에는 藍無里로 표기되어 있다. 말레이시아語의 Lambri, 혹은 아랍어의 Lamuri의 음역이다.

38) 沙里湾泥: 현재 인도 남단 동해안에 위치했던 나라로 鄭和가 방문했던 곳이다. 이곳에 현재 어느 지역에 해당되는지는 일치된 견해가 없다. 아프리카 동부라는 설, 인도 북부라는 설이 있다.

39) 彭亨: 말레이 반도 동해안 쪽에 위치해 있던 나라로, 중국 측 기록에 처음 나타나는 것은 唐代였다. 南宋시대에는 복건 지역과 통상을 하였다. 逢豐·彭坑으로 표기하기도 하는데, 이것은 Pahang을 음역한 것이다.

40) 永樂 14년(1416) 12월의 일로, 관련된 내용은 『太宗實錄』 卷183 永樂 14년 12월 丁卯條. 참조

41) 永樂帝 즉위 후, 국교를 맺은 해외의 여러 나라 중에서 古里는 상당히 중요한 위치를 차지하고 있었다. 특히, 鄭和는 古里國의 각계각층 관리들과 밀접한 관계를 유지하고자 하였는데, 그 목적은 함대의 거점을 마련하기 위한 것이었다. 정화는 고리에 명조와의 우의를 기념하는 碑를 세웠다. 馬歡의 『瀛涯勝覽』에 기록되어 있는 그 비문의 내용을 살펴보면, "永樂 5년 조정에서 正使 太監 鄭和 등에게 명하였다. …… 大䑸寶船을 이끌고 이곳에서 와서 碑庭을 세웠다. 이 나라는 비록 중국에서 수만 리나 떨어져 있지만 백성과 만물이 모두 和樂하고 풍속이 맑은 바람과 같아서 이를 돌에 새겨 만세토록 길이 알리고자 한다"라고 기록되어 있다(上杉千年, 2007: 148~149).

42) 영락제는 재위기간 동안 5차례 몽골원정을 감행하였는데, 이때의 출정은 세 번째 원정이었다. 출정 당시 이미 북경천도가 완료되어 원정을 감행하기는 수월한 측면도 있었지만, 조정에서는 계속되는 재정부담 때문에 반대의견이 만만치 않았다. 게다가 이때에는 安南에도 군대를 파견했던 상황이었다. 영락제의 몽골원정은 몽골족 전체와 명조의 대립이라기보다는 몽골의 패권을 둘러싼 타타르(韃靼)와

의 관원이 연회를 베풀어 그 노고를 위로하게 하고, 상으로 물품을 주어 돌려보내라. [그 중] 지역의 산물을 가지고 와서 교역[44]하려는 이가 있으면 관청에서 그 가치를 보상해 주라"고 하였다.

宣德八年, 其王比里麻遣使偕蘇門答剌等國使臣入貢. 其使入留都下, 正統元年乃命附爪哇貢舟西還. 自是不復至.

선덕(宣德)[45] 8년(1433)에, 그 나라 왕 비리마(比里麻)[46]가 파견한 사신이 소문답랄 등 여러 나라 사신들과 함께 입조하여 공물을 바쳤다.[47] 그 나라 사신은 오랫동안 도성(都城)[48]에 머물렀고, 정통(正統)[49] 원년(1436)에 겨우 조와의 조공선박에 태워서 서쪽으로 돌아가게

오이라트(瓦剌)의 갈등에 명조가 개입한 성격이 강했다. 타타르를 상대로 한 첫 번째 원정과 오이라트를 공격한 두 번째 원정에서는 어느 정도 성과를 거두었지만, 세 번째 원정부터는 그다지 성과를 거두지 못하였다.

43) 당시 황태자는 후에 仁宗皇帝가 된 朱熾이다. 그는 永樂 2년(1404)에 황태자에 책봉되었는데 영락제가 여러 차례 몽골친정을 감행할 때마다 국정을 대리하였다. 그는 永樂 22년(1424)에 비로소 황제가 되었는데, 20년 동안 황태자로 있었다.

44) 명대에 여러 나라의 入貢船에는 명 조정에 바치는 물품 외에 무역하기 위한 토산물을 가져오는 것이 상례였다. 이는 조공의 이름을 빌어 무역을 하기 위한 것이었다. 당시 명 조정에서는 조공 사절단의 선박에 대해서만 그 실은 물품을 거래하는 것을 허용하였고, 이들 물품에 대해서 관세를 면제해 주었으며, 관청의 수매 규정에 따라 거래토록 하였다.

45) 宣德: 명 왕조 다섯 번째 황제인 宣宗 朱瞻基의 연호이다.

46) 比里麻: Mana Vikraman을 일컫는다. 정화가 두 번째로 출정을 했을 때에, 比里麻를 古里의 새로운 국왕으로 추대하여 그를 중심으로 결속하게 하였다.

47) 이는 宣德 8년 8월의 일이다. 자세한 내용은『宣宗實錄』卷105 宣德 8년 윤8월 辛亥朔 참조. 당시 古里뿐만 아니라 柯枝·甘巴里 등 11개국에서 사신을 파견하였다. 선덕제는 이들을 맞이하면서 '遠方之物, 朕非有愛, 但念其盡誠遠來, 故受之不足賀也'라고 하였다.

48) 京師: 수도를 의미하며, 이때의 수도는 北京이었다. 명조는 처음에는 南京을 수도로 정하였으나 永樂 元年(1403)에 북경을 順天府라 하고, 永樂 19년(1421)에 이곳으로 遷都하였으며, 이후로 중국의 수도로 이어져 오고 있다.

49) 正統: 明 왕조 6대 황제인 英宗 朱祁鎭의 연호이다. 영종은 오이라트의 에센(Esen)과 전쟁을 할 때, 土木堡에서 포로가 된 후, 다시 돌아와 제8대 황제에 다시 즉위하여 天順이라는 연호를 사용하여, 天順帝(재위 1457~1464)라고도 한다.

하였다.50) 이때부터 다시 [명에] 오지 않았다.51)

其國, 山多地瘠, 有穀無麥. 俗甚淳, 行者讓道, 道不拾遺. 人分五等, 如柯枝, 其敬浮屠, 鑿井灌佛亦如之. 每旦, 王及臣民取牛糞調水塗壁及地, 又煆爲灰抹額及股, 謂爲敬佛. 國中半崇回教, 建禮拜寺數十處. 七日一禮, 男女齋沐謝事. 午時拜天於寺, 未時乃散. 王老不傳子而傳甥, 無甥則傳弟, 無弟則傳於國之有德者. 國事皆決於二將領, 以回回人爲之. 刑無鞭笞, 輕者斷手足, 重者罰金珠, 尤重者夷族沒産. 鞫獄不承, 則置其手指沸湯中, 三日不爛卽免罪. 免罪者, 將領導以鼓樂, 送還家, 親戚致賀.

그 나라는 산이 많고 토지가 척박하며, 곡식은 있으나 보리는 없다. 풍속은 상당히 순박하여 길 가는 사람들은 서로 길을 양보하고, 길 위에 떨어뜨린 물건을 줍지 않는다. 사람들은 다섯 등급52)으로 구분하는 것이 가지(柯枝)와 같았는데, 부도(浮屠)53)를 숭상하고54) 우물을 파서 불상을 씻는 것도 가지와 같다. 매일 새벽에 왕과 신민(臣民)은 소의 분(糞)을 취해서 물을

50) 正統 원년(1436) 6월의 일이다. 『英宗實錄』 卷19 正統 원년 윤6월 癸巳條 참조.

51) 인종이 즉위하자, 戶部尙書 夏原吉이 재정적인 부담 등을 이유로 서양으로 取寶船을 보내는 것을 중지할 것을 청하였고, 이에 서양의 여러 나라로 사신을 파견하는 일은 중지되었다. 이때 내린 조서의 내용을 정리해보면, "서양의 모든 나라에 가는 寶船은 모두 금한다. 만약 이미 福建·泰昌 등지에 나가 있는 배가 있다면 모두 남경으로 돌아올 것이며, 배에 실린 화물들은 內府의 창고에 보관하도록 하라. 모든 지역에서 외국에 나가는 선박의 제조를 금한다"는 것이었다. 인종은 즉위한지 1년도 안되어 사망하였고, 해양활동은 선덕 연간(1426~1435)에 다시 재개되었으나 正統 초에 다시 중단되었다(『殊域周咨錄』 卷8 「瑣里·古里條」 참조). 古里를 비롯한 遠邦의 여러 나라들이 이후 명에 이르지 않은 것은, 명 조정이 이러한 정책을 추진했던 것과 연결되어 있다고 볼 수 있다.

52) 黃省曾의 『西洋朝貢典錄』에 보면, 古里에 살고 있는 사람들은 다섯 부류가 있다고 서술하고 있다. 그 다섯은 南昆·回回·哲地·革令·木瓜였다고 하는데, 남곤은 쇠고기를 먹지 않았고, 회회는 돼지고기를 먹지 않았으며, 혼례와 상례는 각각의 부류에 따라 달리 하였고, 우두머리 2명이 國事를 담당하였다고 한다. 國人 가운데 이슬람교도는 60%였다(黃省曾, 2000: 99).

53) 浮屠: 산스크리트語 Buddha의 음역으로 부처, 승려, 불교를 일컫는다.

54) 왕은 불교를 숭상하여 사원을 짓고, 銅으로 불상을 만들었는데, 그것을 乃納兒라고 불렀다고 한다(黃省曾, 2000: 98~99).

섞어 벽과 땅에 칠하고, 또 [그것을] 불에 태워 재로 만들어 이마와 허벅지에 발랐는데, 이를 경불(敬佛)이라고 했다.[55] 나라의 절반 정도의 사람들이 회교(回教)[56]를 숭상하여 사원을 수십 곳에 세웠다.[57] 7일에 한 차례씩 예배를 드리는데, 남녀는 목욕재계를 하고 [하던] 일을 중지한다. 오시(午時)[58]에 사원 안에서 하늘에 절을 하고, 미시(未時)[59]가 되어서야 흩어진다.

왕이 연로하게 되면 그 아들에게 왕위를 물려주지 않고 조카에게 계승하게 하였는데, 조카가 없으면 바로 남동생에게 물려주었고, 남동생이 없으면 그 나라의 유덕자에게 왕위를 물려주었다. 나라의 일은 모두 두 명의 장령(將領)들이 결정하였는데, 회회인(回回人)[60]을 장령에 임명하였다. 형벌에는 편형(鞭刑)과 태형(笞刑)[61]이 없고, 죄가 가벼운 경우에는 손발을 자르고 무거운 경우에는 금주(金珠)로 벌하였으며,[62] [죄가] 더 무거운 경우에는 멸족하고 재산을 몰수하였다. 판결을 인정하지 못하는 자가 있으면 그의 손가락을 끓는 물에 넣어서 사흘 동안 문드러지지 않으면 죄를 면하였다. 면죄된 사람은 장령이 연주를 하면서 인도하여 집으로 돌려보내며, 친척들은 축하하였다.

富家多植椰子樹至數千. 其嫩者漿可飮, 亦可釀酒, 老者可作油·糖, 亦可作飯. 幹

---

55) 이러한 풍습은 오래전에 기원하였다. 옛날에 某些(Musa 또는 Moses의 음을 딴 것)라는 神人이 있었는데, 다른 나라에 있으면서 그의 동생 撒沒嚟에게 섭정하도록 했다. 그런데 撒沒嚟는 金牛를 만들어 國人들에게 '이것이 天神'이라고 속였고, 國人들은 모두 이를 경배하였다. 某些가 돌아와서 금으로 만든 소를 없애니, 撒沒嚟는 코끼리를 타고 도망쳤다. 이로부터 國人들은 그가 돌아오기를 기다리면서 매월 초에는 月中이 되면 반드시 돌아올 것이라고 말했고, 月中에는 월말이 되면 반드시 올 것이라고 말했는데, 그것이 끊어지지 않고 이어졌다고 하며, 이 때문에 南昆이 코끼리와 소를 숭상하게 되었다고 한다(黃省曾, 2000: 98~99).

56) 回教: 7세기 초 아라비아의 예언자 무함마드가 완성시킨 종교이다. 기독교·불교와 함께 세계 3대 종교의 하나이다. 전지전능한 알라의 가르침이 大天使 가브리엘을 통하여 무함마드에게 계시되었으며, 유대교·그리스도교 등 유대계의 여러 종교를 완성시킨 유일신 종교임을 자처한다. 중국에서는 위구르족(回紇族)을 통하여 전래되었으므로 回回教 또는 淸眞教라고 한다.

57) 그 사원의 수는 30여 곳 정도였다(鞏珍, 1961: 29; 黃省曾, 2000: 99).

58) 午時: 오전 11시부터 오후 1시까지를 일컫는다.

59) 未時: 오후 1시부터 3시까지의 시간을 일컫는다.

60) 回回: 이슬람, 이슬람교도의 호칭이다.

61) 鞭笞: 형벌 중 하나로 채찍이나 곤장으로 때리는 것이다.

62) 金珠는 金銀珠寶를 가리키는 것으로, 재물을 바치고 죄를 면하는 것을 일컫는다.

可搆屋，葉可代瓦，殼可製杯，穰可索綯，煆爲灰可鑲金．其他蔬果，畜産，多類中國．所貢物有寶石·珊瑚珠·琉璃瓶·琉璃枕·寶鐵刀·拂郎雙刃刀·金繫腰·阿思模達塗兒氣·龍涎香·蘇合油·花氈單·伯蘭布·苾布之屬．

부유한 집은 대부분 야자수(椰子樹)[63]를 수천 그루까지 심었다. [야자열매 중에서] 어린 것의 즙은 마시고 술을 빚기도 하며, 늙은 것은 유(油)와 장(糖)을 만들고, 밥으로도 짓는다. [야자수의] 줄기로는 집을 짓고, 잎은 기와를 대체하며, 껍질로는 그릇을 만들고, 짚으로는 새끼를 꼬며, 태워서 재가 되면 양금(鑲金)[64]에 쓴다. 그 외에 채소·과일·축산은 중국처럼 종류가 많다. 조공하는 물품에는 보석·산호주[65](珊瑚珠)·유리병(琉璃瓶)[66]·유리침(琉璃枕)·보철도(寶鐵刀)·불랑쌍인도(拂郎雙刃刀)[67]·금계요(金繫腰)[68]·아사모달도아기(阿思模達塗兒氣)·용연향(龍涎香)[69]·소합유(蘇合油)[70]·화전단(花氈單)[71]·백란포(伯蘭布)·필

---

63) 야자수에는 여러 종류가 있는데, 인도나 파키스탄 등에서 자라는 것은 대추야자(학명은 *Phoenix dactylifera*)로 키는 약 23m 정도이며, 줄기 끝에 광택이 있는 깃털이 5m정도 나온다(알레니, 2005: 85).

64) 鑲金: 쇠붙이를 다른 물체 안에 넣어 象嵌하거나 혹은 다른 물체의 주변을 둘러싸게 하여 裝飾을 만드는 것을 말함.

65) 珊瑚珠: 산호로 만든 구슬을 말하는데, 분홍빛·붉은빛·흰빛이 도는 것들이 있으며, 여러 가지 장식에 쓰인다.

66) 琉璃瓶: 琉璃로 만든 瓶이다.

67) 刀는 그 형태에 따라 크게 短柄翹首刀·長柲卷首刀·平刃刀·曲刃刀 등으로 구분한다. 따라서 이것은 두 개의 칼날이 있는 칼의 일종으로 추정된다.

68) 金繫腰: 금으로 만든 허리띠이다. 명대에는 품계나 지위에 따라 허리띠의 종류에 차이가 있었다. 예를 들면, 朝會 시 복장은 公服을 착용하였으며, 腰帶로 一品은 紫玉帶, 二品은 紫犀帶, 三品·四品은 紫金帶, 五品은 紫角帶, 六品·七品은 緋角帶, 八品·九品은 綠角帶를 착용했다(『明集禮』 卷39 「冠服」).

69) 龍涎香: 앰버그리스(Ambergris)라고도 하는데, 동물성 향료이다. 향유고래 수컷의 창자 속에 생기는 이물질로, 향료성분을 알콜에 녹여서 추출하여 향수를 만드는데, 값비싼 물질이다. 향유고래는 오징어류를 주식으로 하는데, 수컷은 번식기에 투쟁·번식행동을 하므로 창자의 움직임이 약해져서 直腸 속에 오징어의 口器 등이 함유하는 흑갈색 유지·분비물이 왁스와 같은 덩어리로 되는 경우가 있다. 이것이 배설되어 해상에 떠다니거나 해안으로 밀려온 것이 발견되어 용연향이라는 이름이 붙었다. 용연향은 시간이 오래 지나면 덩어리로 굳어지는데, 그것에 불을 붙이면 맑은 향기가 은은하게 퍼진다(上杉千年, 2007: 126). 16세기 廣州에는 포르투갈인들이 동남아시아에서 구한 용연향을 들여오고 있었다. 중국에서는 용연향을 수은과 섞으면 강장제가 된다고 믿고 있었기에, 명 황실은 용연향을 구하려고 애썼다(조

포(苾布)[72] 등의 종류가 있다.

柯枝, 或言卽古盤盤國. 宋·梁·隋·唐皆入貢. 自小葛蘭西北行, 順風一日夜可至.

가지(柯枝)[73]는, 혹자들은 고대의 반반국(盤盤國)[74]이라고 일컫는다. 송(宋)[75]·양(梁)[76]·수(隋)[77]·당(唐)[78]대에 모두 [중국에] 입조하여 공물을 바쳤다.[79] 소갈란(小葛蘭)[80]에서

너선 스펜스, 1999: 243).

70) 蘇合油: 帝膏라고도 부르며, 소합향나무에서 나오는 기름으로 만드는데, 피부질환에 약용으로 사용된다.

71) 花氈單: 花氈는 羊毛·彩色布·羊毛線 등을 원료로 만든 일종의 깔개로, 비교적 두꺼웠다.

72) 苾布: '苾'은 芳香이라는 뜻으로, 이는 좋은 향기가 나는 하얀 직포를 말한다.

73) 남인도 서해안의 코친(Cochin)으로 쿠론의 북쪽에 위치하고 있다. 이 지역 사람들은 여러 가지 색깔의 앵무새를 키우는 것을 좋아하여, 때때로 일부 상인들이 다른 지역에서 진귀한 앵무새를 구해 와 이곳에서 팔았다(上杉千年, 2007: 203).

74) 盤盤國: 3~7세기까지 말레이반도에 있었던 옛 나라의 이름이다. 이 나라가 위치한 곳은 말레이반도의 東岸 暹羅灣 부근으로, 지금 태국의 BanDon灣 연안 일대이다. 이 나라에서는 왕을 kurung이라고 불렀는데, 大王이라는 의미이다. 梁 武帝 大通 元年(529)에 처음으로 중국을 방문하였고, 모두 4차례 사절을 파견하였다.

75) 宋: 南朝시대의 왕조인 송(420~479)을 말하며, 建康이 수도였다. 劉裕가 건국했기 때문에 劉宋이라고도 칭한다.

76) 梁: 南朝시대의 梁朝(502~557)를 가리킨다.

77) 隋(581~618): 楊堅(훗날의 文帝)이 581년에 北周의 靜帝로부터 양위를 받아 나라를 개창하고, 589년에 南朝인 陳을 멸망시키고 건립한 통일왕조이다. 文帝·煬帝·恭帝의 3대 38년간 이어지다가 멸망한 단명한 왕조였다. 그러나 남북조로 갈라져 있던 중국을 오랜만에 하나의 판도에 넣어 통일국가를 재현하였다는 점에서 의미를 지닌다.

78) 唐(618~907): 618년에 李淵이 건국하여 907년 哀帝때 後梁 朱全忠에게 멸망하기까지 290년간 20대의 황제에 의해 통치되었다. 唐에서 발달한 文物 및 정비된 제도는 동아시아 여러 나라에 많은 영향을 끼쳤다.

79) 南朝에서는 陳의 太建 3년(571)에, 수나라 때는 大業 12년(616)에, 당나라 때에는 貞觀 9년(637)에 중국으로 사절을 파견하여 방물을 바쳤다.

80) 小葛蘭: 현재의 Kollam으로, 포르투갈어로는 쿠이론(Quilon)이라고 표기한다. 중국 고대에는 '故臨'이나 '俱蘭'으로 칭했다. 인도의 서남해안에 위치했는데, 현재 인도의 Kerala의 행정중심이다. 고대에 중국과 아랍 지역간 교통의 요지였다. 宋의 『諸番志』에는 故臨國이라 기재되어 있다(馬歡, 『瀛涯勝覽』 「小葛蘭」 참조).

서북쪽으로 가서 순풍(順風)을 타면 하루 만에 도착할 수 있다.

永樂元年, 遣中官尹慶齎詔撫諭其國, 賜以銷金帳幔·織金文綺·綵帛及華蓋. 六年復命鄭和使其國. 九年, 王可亦里遣使入貢. 十年, 鄭和再使其國, 連二歲入貢. 其使者請賜印誥, 封其國中之山. 帝遣鄭和齎印賜其王, 因撰碑文, 命勒石山上. 其詞曰:

영락 원년(1403)에 중관 윤경(尹慶)에게 조서(詔書)를 가지고 가게 하여 그 나라를 초무하여 효유하고, 쇄금장만(銷金帳幔)[81]·직금문기(織金文綺)[82]·채백(綵帛)[83]과 화개(華蓋)[84]를 내려 주었다.[85] [영락] 6년(1408)에 다시 정화를 그 나라에 사행하도록 했다. [영락] 9년(1411)에 [그 나라] 왕 가역리(可亦里)[86]가 사절을 보내 입조하여 공물을 바쳤다.[87] [영락] 10년(1412)에 정화는 또다시 그 나라에 사행하였으며, [가지국의 사절은] 2년 연속 입조하여 공물을 바쳤다. 그 나라 사신이 관인(官印)과 책봉조서(册封詔書)를 사여해 줄 것과 그 나라의 산(山)을 책봉해 주기를 청하였다.[88] 황제가 정화에게 관인을 가지고 가게 하여 그 왕에게

81) 銷金帳幔: 銷金은 金으로 고리를 이은 줄을 의미하고, 帳幔은 장막을 가리킨다. 따라서 금으로 만든 고리의 장식이 달린 帳幕을 일컫는다.

82) 織金文綺: 金織文綺라고도 하며, 金絲로 무늬를 짜 넣은 비단이다.

83) 綵帛: 채색한 비단을 말한다.

84) 華蓋: 군왕의 수레나 가마에 사용하는 일종의 의장용 덮개를 가리킨다.

85) 永樂 元年 10月의 일이다. 『太宗實錄』 卷24 永樂 원년 10월 丁巳條 참조.

86) 可亦里: Ekalinga를 음역한 것이므로 亦可里를 잘못 표기한 것이다. 산스크리어의 의미는 '완전한 일체의 상징'으로 Shiva의 별칭이다(沈愷, 2006: 39).

87) 永樂 9년(1411) 7월의 일로, 柯枝의 왕 可亦里 뿐만 아니라 古里의 왕 沙米的喜도 表文을 올리고 조공하였다(『太宗實錄』 卷117 永樂 9년 7월 乙亥條 참조).

88) 이렇게 주변 나라의 산을 책봉하는 일은 洪武 3년(1371) 6월에 岳鎭海瀆城隍諸神號를 정한 것과 연결되어 있다. 다시 말해서 五岳(太山·衡山·嵩山·華山·恒山), 五鎭(沂山·會稽山·霍山·吳山醫無閭山), 四海(東海·南海·西海·北海), 四瀆(大淮·大江·大河·大濟)을 정해서 봉작을 내렸다(『太祖實錄』 卷53 洪武 3년 6월 癸亥條 참조). 나아가 홍무제는 安南과 高麗가 臣附하자 이들 나라의 山川을 중국과 똑같이 제사지내도록 하였다. 中書 및 禮官에게 이를 조사하도록 하였는데, 安南에는 山 21곳, 江 6곳, 水 6곳이 었고, 고려는 山 3곳, 水 4곳이었다. 祀典을 만들고 위를 설치하여 제사지내도록 하였다. 홍무 3년(1371)에 秘書監直長 夏祥鳳 등을 安南·高麗·占城에 보내 그 나라의 山川에 제사지내게 하였다. 황제는 齋戒하고 친히 祝文을 지어 官을 파견하여 革正山川神號詔를 安南·占城·高麗에 반포하였다.

내려주었고, 비문을 지어 산 위의 돌에 새기게 하였다.[89] 그 글에서 이르기를,

王化與天地流通, 凡覆載之內, 擧納於甄陶者, 體造化之仁也. 蓋天下無二理, 生民無二心, 憂戚喜樂之同情, 安逸飽煖之同欲, 奚有間於遐邇哉. 任君民之寄者, 當盡子民之道. 『詩』云「邦畿千里, 惟民所止, 肇域彼四海」. 『書』云「東漸於海, 西被於流沙, 朔南曁聲敎, 訖於四海.」 朕君臨天下, 撫治華夷, 一視同仁, 無間彼此. 推古聖帝明王之道, 以合乎天地之心. 遠邦異域, 咸使各得其所, 聞風向化者, 爭恐後也.

왕의 교화가 천지(天地)와 서로 잘 통하고 있으니, 무릇 천복지재(天覆地載)[90] 안에 있는 것과 견도(甄陶)[91]에 거두어들이는 것이 모두 창조와 화육(化育)[92]의 인덕(仁德)을 체현하는 것이로다. 대저 천하에는 두 가지 진리가 없고, 백성에게는 두 마음이 없으니, 우척희락(憂戚喜樂)의 정감이 같고, 안일포난(安逸飽暖)의 욕망도 서로 같은데, 어찌 멀고 가까움으로 인해 다름이 있으리오! 백성을 맡은 군주의 책임은 마땅히 마음을 다해 백성들을 자식처럼 사랑하고 보호해야 하느니라. 『시경(詩經)』[93]에 이르기를, "나라의 기내(畿內)[94] 천리(千里)[95]는

89) 이 내용은 『太宗實錄』 卷183 永樂 14년 12월 丁卯條에 있으며, 그 내용을 바탕으로 살피건대, 이 글은 영락제가 직접 쓴 것임을 알 수 있다(上杉千年, 2007: 204).

90) 天覆地載: 본문 중에는 覆載라고 줄여서 표현하였다. 하늘이 만물을 덮고 땅이 모든 것을 계승하는 것과 같다는 말로, 범위가 넓은 것을 비유하며, 또한 恩澤이 깊고 두터운 것을 표현하는 말이기도 하다.

91) 甄陶: 글자 그대로의 의미는 흙을 반죽하여 도자기를 만든다는 것이나, 일반적으로 군주가 백성을 교화한다는 뜻으로 사용된다.

92) 化育: 하늘과 땅의 자연스러운 이치로, 모든 사물을 만들어 기른다는 것을 의미한다.

93) 『詩經』: 중국의 詩歌集으로, 周初부터 春秋時代 중엽까지 500여 년간의 詩歌 311篇을 수록하고 있어서 『詩三百』이라고 칭하기도 한다. 원래 3,000여 편이었던 것을 孔子가 간추려 정리했다는 설도 있다. 先秦시대에는 『詩』라고 불렀고, 漢初부터 유가의 경전으로 존중되면서 『詩經』으로 부르기 시작한 것이 지금까지 이어진 것이다. 『詩經』은 모두 風·雅·頌 세 부분으로 구분된다. 그 중에서 '風'에는 '十五國風'을 포괄하고 있는데, 風의 의미는 민속·민요의 의미이다. '十五國風'이라 불리는 것은 모두 160편으로, 『詩經』의 중심내용을 이루고 있으며, 남녀 간의 정과 이별을 다룬 내용이 많다. '雅'는 공식연회에서 사용하는 儀式歌로, '大雅'와 '小雅'로 구분되며, 모두 105편이다. '頌'은 祭禮樂으로 '周頌'·'魯頌'·'商頌'으로 구분되며, 모두 40편의 시가 있다. '五經' 중의 하나이다.

94) 畿內: 고대에 王都와 그 주변 千里 이내의 지역을 가리킴.

95) 千里: 천자가 다스리는 영토의 크기를 일컬음.

오로지 백성이 거주하는 곳으로, 저 사해(四海)[96]를 조역(肇域)[97]으로 한다”[98]고 하였다. 『상서(尙書)』[99]에서 이르기를, “동쪽은 바다에 나아가 적시고, 서쪽으로는 사막을 덮으며, [천자의 령이] 남쪽으로 위엄과 교화를 미치니, 사해에 이르렀다”[100]고 하였다. 짐이 천하에 군림하여 화이(華夷)를 안무(安撫)하고 통치하면서 일시동인(一視同仁)[101]하여 피차(彼此)를 구분하지 않노라. 옛 성제(聖帝)와 명왕(明王)의 도를 받들어서 천지의 [공평한] 심의(心意)에 부합하고자 했노라. 먼 곳의 나라와 다른 강역 모두 각기 그들이 거할 곳을 얻게 하니, 귀순하는 자들이 앞을 다투고 늦을까 걱정한다는 말이 들리도다.

柯枝國遠在西南, 距海之濱, 出諸蕃國之外, 慕中華而歆德化久矣. 命令之至, 拳跽鼓舞, 順附如歸, 咸仰天而拜曰:「何幸中國聖人之教, 沾及於我!」乃數歲以來, 國內豊穰, 居有室廬, 食飽魚鱉, 衣足布帛, 老者慈幼, 少者敬長, 熙熙然而樂, 淩厲爭競之習無有也. 山無猛獸, 溪絶惡魚, 海出奇珍, 林産嘉木, 諸物繁盛, 倍越尋常. 暴風不興, 疾雨不作, 札沴殄息, 靡有害菑. 蓋甚盛矣. 朕揆德薄, 何能如是, 非其長民者之所致歟? 乃封可亦里爲國王, 賜以印章, 俾撫治其民. 幷封其國中之山爲鎭國之山, 勒碑其上, 垂示無窮. 而系以銘曰:「截彼高山, 作鎭海邦, 吐煙出雲, 爲下國洪龐. 肅其煩歊, 時其雨暘, 祛彼氛妖, 作彼豊穰. 靡菑靡沴, 永庇斯疆, 優遊卒

---

96) 四海: 四海의 안이라는 의미로, 온 세상을 일컫는다.

97) 肇域: 疆界를 의미함.

98) 『詩經』의 「商頌·玄鳥」에 나오는 구절이다. 지방의 천리는 모두 백성들이 거주하고 있으며, 모두 商의 영역으로 그것이 四海에 이를 정도로 넓다는 의미이다.

99) 『尙書』: 『書』나 『書經』으로 불리기도 하는데, 다양한 문체의 글들을 모은 것으로 현재 중국에서 가장 오래된 史書이다. 堯·舜시대부터 춘추시기의 秦 穆公까지를 기술하고 있으며, 夏·殷·周 三代를 포괄하고 있다. 이 『尙書』는 중국 고대의 역사와 정치사상을 연구하는데 중요한 자료로 이용되고 있다. 또한 유학의 四書五經 중 하나로 꼽힌다. 孔子가 3,000여 건의 문헌들을 모아 내용에 따라 典·訓·誥·誓·命으로 분류하면서 120편으로 정리하였다고 한다. 일찍이 『書經』이라 불렀지만 漢代 이후부터 『尙書』라고도 칭하였는데, 上代의 역사라는 의미이다.

100) 『尙書』의 「禹貢」에 나오는 구절이다. 중국의 문화가 四海로 전파되었다는 의미이다.

101) 一視同仁: 모두 평등하게 보아 똑같이 사랑한다는 의미로, 聖人이 누구나 평등하게 똑같이 사랑함을 일컫는다.

歲，室家胥慶．於戲！山之嶄兮，海之深矣，勒此銘詩，相爲終始.」
自後，間歲入貢．

가지국(柯枝國)은 멀리 서남에 있고, 해변에 연해있으며, 여러 번국 중에 뛰어나고, 중화를 앙모(仰慕)하며 덕화(德化)에 기쁜 마음으로 순종한 지 이미 오래되었노라. 명령이 이르자 무릎을 꿇고 [기쁜 마음으로] 고무(鼓舞)하는 것이, [마치] 돌아와 순복(順服)하여 의부(依附)하는 것 같았고, 모두 하늘을 우러러 절하며 말하기를, "중국 성인의 교화가 우리에게 미쳤으니 얼마나 다행인가!"라고 하였다. 이에 여러 해 동안 나라 안에는 풍년이 들고, 거주하는 곳에 집이 있으며, 생선과 자라를 배불리 먹고, 의복은 직물이 충분하였으며, 노인은 어린이를 사랑하며, 젊은이는 웃어른을 공경하여 즐겁고 화목하여 괴롭히고 경쟁하는 습속이 없게 되었다. 산에는 맹수가 없고, 계곡에는 나쁜 물고기가 없으며 바다에는 기이한 보물이 나오고, 숲에는 아름다운 나무들이 나오니, 여러 물품들이 번성하여 평상시의 배가 넘었다. 폭풍이 일어나지 않고 폭우도 내리지 않았으며, 역병이 발생하지 않았고, 재해(災害)도 없어졌다. [이처럼] 매우 번성하였다. 짐이 헤아리건대, 덕행이 얇았다면 어찌 이처럼 할 수 있겠으며, [이는] 그 나라의 백성을 다스리는 장(長)의 소치가 아니겠는가? 이에 가역리(可亦里)를 국왕으로 봉하고 인장(印章)을 사여하여 그 백성을 안무하고 통치하게 하노라. 또한 그 나라의 산을 진국(鎭國)[102]의 산으로 봉하고 그 위에 비문을 새겨서 세워 영원히 후세에 보이노라. 또한 글을 지어 새겨 이르기를, "이 높은 산을 봉하여 해방(海邦)을 지키게 하노니, [산과 산 사이에] 연기를 토하고 구름을 품어내어 번국에서 가장 높도다. 나라 안의 열기를 없애고 때에 따라 맑고 비를 내리니, 요사스러운 기운을 없애어 풍년을 가져올지니라. 재해가 없으니 영원히 그 강역을 비호하고, 편안하게 세월을 보내며, 집집마다 모두 경사스러운 일이 있을 것이로다. 아! 산이 높고 바다도 깊으니, 이 시문을 새겨 영원하게 하라"

이후 격년으로 입공하였다.

宣德五年，復遣鄭和撫諭其國．八年，王可亦里遣使偕錫蘭山諸國來貢．正統元年，

102) 鎭國: 어지럽던 나라를 태평하게 다스린다는 의미이다.

遣其使者附爪哇貢舶還國，幷賜敕勞王.

선덕 5년(1430)에 다시 정화를 보내 그 나라를 안무하고 효유하게 하였다.[103] [선덕] 8년(1433)에 왕 가역리(可亦里)가 파견한 사신이 석란산 등 여러 나라들과 함께 내조하여 공물을 바쳤다. 정통 원년(1436)에 그 나라 사신을 조와의 조공선박에 태워 돌려보냈고, 아울러 칙서를 내려 주어 그 왕을 위로하였다.

王，瑣里人，崇釋教. 佛座四旁皆水溝，復穿一井. 每旦鳴鍾鼓，汲水灌佛，三浴之，始羅拜而退.

[그 나라] 왕은 쇄리(瑣里)[104] 사람으로 불교를 숭상하였다. 불좌(佛座)의 사방은 모두 수구(水溝)[105]였는데, 또 우물 하나를 팠다. 매일 아침 종과 북을 울리고 물을 길어 불상에 부었는데, 세 차례 그것을 씻은 뒤에야 비로소 [그것을] 둘러싸고 절을 한 후 물러간다.

其國與錫蘭山對峙，中通古里，東界大山，三面距海. 俗頗淳. 築室，以椰子樹爲材，取葉爲苫以覆屋，風雨皆可蔽.

그 나라는 석란산과 서로 마주하여 있고, 중부는 고리로 통하며, 동쪽은 큰 산으로 경계를 삼고, 삼면은 바다에 접해 있다. 풍속은 상당히 순박하였다. 집을 짓는 것은 야자수를 재료로

103) 宣德 5년(1430) 6월의 일로, 『宣宗實錄』 卷67 宣德 5년 6월 戊寅條에 보면. "朕恭膺天命, 祗承太祖高皇帝, 太宗文皇帝, 仁宗昭皇帝大統, 君臨萬邦, 體祖宗之至仁, 普輯寧于庶類. 已大赦天下, 紀元宣德. 爾諸蕃國, 遠在海外, 未有聞知. 玆遣太監鄭和, 王景弘等賽詔往諭, 其各敬天道, 撫人民, 共享太平之福"라는 내용이 있다.

104) 瑣里: 촐라(Chola) 왕조를 가리킨다. 이 나라는 인도 남부에 있던 나라로 11세기에 강대하였다. 중국에서는 인도인이나 인도화된 동남아인을 지칭할 때 이 단어를 사용하였다(沈愷, 2006: 38).

105) 이 나라 사람들은 코끼리와 소를 숭상하였다. 그러한 정서가 佛殿의 제작에도 반영되어, 銅으로 코끼리를 만들고, 青石으로 좌대를 만든 뒤, 그 주위에 도랑을 만들었다(鞏珍, 1961: 26).

사용하고, 그 잎을 가지고 이엉을 만들어 집을 덮어서 비바람을 모두 피할 수 있었다.

人分五等: 一曰南昆, 王族類; 二曰回回, 三曰哲地, 皆富民; 四曰革全, 皆牙儈; 五曰木瓜. 木瓜最貧, 爲人執賤役者. 屋高不得過三尺. 衣上不得過臍, 下不得過膝. 途遇南昆·哲地人, 輒伏地, 俟其過乃起.

사람은 다섯 등급으로 나눈다.[106] 첫 번째 등급은 남곤(南昆)[107]이라 일컫는데, [이들은] 왕족들이고,[108] 두 번째 등급은 회회(回回)라고 일컬으며, 세 번째 등급은 철지(哲地)[109]라 일컫는데, 모두 부유한 사람들이었다. 네 번째 등급은 혁전(革全)[110]이라 일컫는데, 모두 아쾌(牙儈)[111]였다. 다섯 번째는 목과(木瓜)[112]라고 하였다. 목과는 가장 가난하여 사람들을 위해 천한 일을 담당하는 이들이다. [목과의] 집은 높이가 3척(尺)[113]을 넘을 수 없었다. 옷의 상의는 배꼽 아래로 넘어가면 안 되고, 하의는 무릎을 넘을 수 없었다. 길에서 남곤·철지를 만나면 바로 땅에 엎드려 [그들이] 지나가기를 기다렸다가 [지나가면] 비로소 일어난다.

---

106) 고대 인도에 있었던 계급제도이다. 『大唐西域記』 卷2에는 이 지역에 婆羅門·刹帝里·吠奢·戍陀羅 네 등급이 있다고 기록되어 있으나, 7세기 이후 이곳에 이슬람교가 유입되면서 여기에 回回가 더해졌다(黃省曾, 2000: 94~95).

107) 南昆: Namburi의 음역이다.

108) 南昆 중에 머리를 깎고 목에 줄을 맨 이들이 있는데, 이들이 가장 높은 귀족이었다. 그 중에서 一等인 사람을 濁肌라고 하는데 道人이었고, 그들은 妻室이 있었으며, 머리를 깎지 않았다. 濁肌는 Yogi의 음을 표기한 것으로 瑜伽師이다(鞏珍: 1961: 25~26; 馮承鈞, 1962: 40).

109) 哲地: Chettiar(또는 Chitti)의 음역으로, 이들은 주로 무역에 종사했다(沈愷, 2006: 38; 鞏珍, 1961: 25).

110) 革全: 鞏珍의 『西洋番國誌』에는 革令으로 표기되어 있고, 『瀛涯勝覽』에서도 마찬가지다. 이것은 Kling의 음에 따라 표기한 것으로, 남인도와 말레이시아 일대에서 통용되는 말인데 매매인을 가리키는 단어이다(鞏珍, 1961: 25; 『瀛涯勝覽』 「古里國」條 참조).

111) 牙儈: 牙人이나 牙子라고도 하며, 상인을 일컫는다. 그들은 주로 매매하는 자, 쌍방 사이에서 거래를 중개하는 중개상인이었지만, 물가의 거래나 도량형 등도 評定하였다.

112) 木瓜: Mukuva의 음역이다(鞏珍, 1961: 25).

113) 尺: 명대의 1尺은 裁衣尺으로는 34cm, 量地尺은 32.7cm, 營造尺은 32cm로 재는 대상에 따라서 약간의 차이가 있다. 본문에서 건축에 대한 내용을 언급하고 있으므로 營造尺을 적용하는 것이 바람직할 것으로 보인다(京大東洋史辭典編纂會, 1980: 1028).

氣候常熱. 一歲中, 二三月時有少雨, 國人皆治舍儲食物以俟. 五六月間大雨不止, 街市成河, 七月始晴, 八月後不復雨, 歲歲皆然. 田瘠少收, 諸穀皆産, 獨無麥. 諸畜亦皆有, 獨無鵝與驢云.

기후는 늘 덥다. 일 년 중 2~3월에는 적은 양의 비가 오는데, [이때에] 그 나라 사람들은 모두 집을 정돈하고 식품을 저장하고 기다린다. 5~6월 사이에는 큰 비가 그치지 않아서 거리와 시장이 하천이 되었고, 7월에 비로소 개며, 8월 이후에는 다시 비가 내리지 않는데 매년 모두 그러했다. 밭이 척박하여 수확이 적고, 여러 곡물이 모두 생산되었으나 유독 보리가 없다. 여러 가축도 모두 있으나, 오직 거위와 나귀가 없다고 한다.

小葛蘭, 其國與柯枝接境. 自錫蘭山西北行六晝夜可達. 東大山, 西大海, 南北地窄, 西洋小國也. 永樂五年遣使附古里·蘇門答剌入貢, 賜其王錦綺·紗羅·鞍馬諸物, 其使者亦有賜.

소갈란(小葛蘭),[114] 그 나라는 가지와 접경하고 있다. 석란산에서 서북쪽으로 6일 낮밤을 가면 도착할 수 있다.[115] 동쪽은 큰 산,[116] 서쪽은 대해였으며, 남북으로는 땅이 좁고 서양의 소국이었다. 영락 5년(1407)에 사절을 파견하였는데, 고리·소문답랄 사절을 따라 입조하여 공물을 바쳤으며, 그 나라 왕에게 금기(錦綺)[117]·사라(紗羅)[118]·안마(鞍馬)[119] 등의 물품을

114) 小葛蘭: 『島夷誌略』에는 小貝喃, 『諸番志』에는 故臨이라고 기재되어 있다. 송대부터 서아시아에 이르는 중계항으로 알려져 중국의 배가 많이 출입하였고, 서아시아에서는 馬船이라고 일컬어지는 다우선이 아라비아해를 넘어 입항하였다. 이븐 바투타는 "이 항구에는 이슬람 상인이 다수 있고, 말라바르 지방(인도 서해안)은 중국에 가장 가까이 위치해 있기 때문에 중국 상인도 다수 찾아온다"고 하였다. 명초에도 이 지역은 인도양의 국제 항구도시로 크게 역할하였다(미야자키 마사카스, 1999: 260~261).

115) 그 거리를 구체적으로 언급한 내용을 보면, 小葛蘭은 錫蘭山의 別羅里에서 서북으로 1,200里 떨어져 있다고 하니(黃省曾, 2000: 92) 약 691km이다.

116) 이 큰 산은 Ardamon Hills 산맥을 가리킨다(鞏珍, 1961: 24).

117) 錦綺: 錦은 여러 빛깔을 섞어 짠 무늬가 있는 비단이다. 色絲·金絲를 짜서 문양을 가한 것으로 漢代에 유행하였다. 唐宋시대에는 염색하는 방법과 짜는 방법이 복잡해져서 여러 종류가 생겼다. 綺는 絹織을

하사하였고, 그 사신에게도 내려주었다.

王及群下皆瑣里人, 奉釋敎. 重牛及他婚喪諸禮, 多與錫蘭同. 俗淳. 土薄, 收穫少, 仰給榜葛剌. 鄭和嘗使其國. 厥貢惟珍珠傘·白棉布·胡椒.

왕과 많은 신하들은 모두 쇄리 사람이었고, 불교를 신봉하였다. 소를 중시하는 것과 그 혼인과 장례 등 의례는 대부분 석란(錫蘭)과 같았다. 풍속은 순박하였다. 토지가 척박하여 수확이 적어서 방갈랄(榜葛剌)[120]로부터의 공급에 의지하였다. 정화가 일찍이 그 나라를 사행했다. 그 [나라의] 조공품은 단지 진주산(珍珠傘)[121]·백면포(白棉布)[122]·호초(胡椒)[123] 등이었다.

又有大葛蘭者, 波濤湍悍, 舟不可泊, 故商人罕至. 土黑墳, 本宜穀麥, 民懶事耕作,

짜면서 무늬를 만드는 것으로, 錦綺는 여러 빛깔로 무늬를 넣어 짠 비단을 일컫는다.

118) 紗羅: 紗와 羅는 모두 얇은 명주이다. 가볍고 가는 실로 직조한 紗는 조직이 간단하여 짜기 쉬우나, 羅는 그 조직이 아주 복잡하여 짜기 어렵다. 羅는 가볍고 부드러우며 통하는 구멍이 있어서 주로 여름옷에 사용한다.

119) 鞍馬: 넓은 의미의 말과 馬具를 가리키는 말이다.

120) 榜葛剌: 현재 벵갈(Bengal) 지역으로, 남아시아의 동북부 지방을 부르는 이름이다. 현재는 방글라데시와 인도의 州로 분리되어 있다. 『諸蕃志』에는 鵬茄羅, 『島夷志略』에는 朋加剌로 표기되어 있는데, 방글라데시語 Bangala의 음역이다. 현재 방글라데시와 西벵갈 지역을 지칭한다.

121) 珍珠傘: 紫金牛科 식물로 아열대기후에 분포하며, 골절·인후통·급성장염의 약재로 사용된다.

122) 白棉布: 평직으로 직조한 순면직물로 흰 빛깔이 나고 품질이 좋은 무명베를 일컫는다. 캘리코(Calico)라고 하는데 캘리코가 생산되기 시작한 것은 11세기 인도의 캘리컷에서부터이며, 17~18세기에는 인도와 유럽 사이의 중요한 무역품목이 되었다. 수출용 캘리코의 도안은 외국인들의 구미에 맞도록 고안되었으나, 내수용은 작은 꽃·솔방울·마름모꼴·기하학적 무늬 등 간단한 도안이 가장 대중적이었다. 금도금은 호화로움을 강조하기 위해 종종 사용되었다.

123) 胡椒: 胡椒科에 속한 多年生 常綠樹로, 古月·黑川·百川이라고도 불린다. 胡椒는 인도 서남해안 열대우림이 원산지이며, 해발 500m 이하의 평지에서 재배된다. 그런데 호초는 일반적으로 호초나무의 열매껍질을 일컬으며, 후추라고도 부르는데, 이는 향료·방부제·조미료로 사용되며, 健胃·消炎·解毒 등의 약용으로도 쓰인다.

歲賴烏爹之米以足食. 風俗·物産, 多類小葛蘭.

또한 대갈란(大葛蘭)[124]이 있는데, 파도가 빠르고 세차서 배가 정박할 수 없었기에 상인들이 거의 이르지 못했다. 토지는 비옥하여 본래 곡식과 보리에 적합하였는데, 백성들이 농사일을 게을리 해서 매년 오다(烏爹)[125]의 쌀에 의존하여 식량을 충당하였다. 풍속과 산물은 대체로 소갈란과 비슷하다.

錫蘭山, 或云卽古狼牙修. 梁時曾通中國. 自蘇門答剌順風十二晝夜可達.

석란산(錫蘭山)은, 혹자는 옛 낭아수(狼牙修)[126]였다고 일컫는다. 양(梁)나라 때 일찍이 중국과 교류하였다. 소문답랄에서 순풍을 타면 12일 밤낮이면 도착할 수 있다.

永樂中, 鄭和使西洋至其地, 其王亞烈苦奈兒欲害和, 和覺, 去之他國. 王又不睦隣境, 屢邀劫往來使臣, 諸蕃皆苦之. 及和歸, 復經其地, 乃誘和至國中, 發兵五萬劫和, 塞歸路. 和乃率步卒二千, 由間道乘虛攻拔其城, 生擒亞烈苦奈兒及妻子·頭目, 獻俘於朝. 廷臣請行戮, 帝憫其無知, 幷妻子皆釋, 且給以衣食. 命擇其族之賢者立之. 有邪把乃那者, 諸俘囚咸稱其賢, 乃遣使齎印誥, 封爲王, 其舊王亦遣歸. 自是海外諸蕃益服天子威德, 貢使載道, 王遂屢入貢.

영락 연간(1402~1424)에 정화가 서양에 사행하면서 그곳에 이르렀는데,[127] 그 나라 왕

124) 大葛蘭: 인도 서남연안의 小葛蘭 부근으로, 쿠이론(Quilon) 일대이다.

125) 烏爹: 현재 인도 동남부의 Orissa 일대이다. 『大唐西域記』 卷10에 보면, 烏多國으로 표기되어 있다. 산스크리트어의 Udda·Udra·Odra를 음역한 것이다(馮承鈞, 2005: 227).

126) 狼牙修: 말레이어의 Langkasuka를 한역한 것으로 고대 동남아시아에서 인도화 된 나라 중 하나였다. 그 영역은 현재 말레이시아의 케다(Kedah) 지역이다. 송대에는 凌牙斯加, 원대에는 龍牙犀角, 명대에는 狼西加라고 불렸다.

127) 鄭和가 두 번째 항해를 할 때, 이곳에 이르러 永樂 7년(1409)에 錫蘭山佛寺碑를 布施했다. 정화는

아열고내아(亞烈苦奈兒)[128]가 정화를 해치려고 하자, 정화가 이를 눈치채고 [그곳을] 떠나 다른 나라로 갔다.[129] 왕이 또 인접 지역과 화목하지 않았고, 여러 차례 오가는 사신들을 위협하였으며, 여러 번이 모두 [이 나라에 때문에] 해를 입었다. 정화가 돌아올 때 다시 이곳을 지나가자, 바로 정화를 나라 안으로 유인하였고, 군대 5만을 일으켜 정화 일행을 위협하며 귀로를 막았다. 정화는 곧바로 보병 2천을 이끌고 샛길을 통해 [그들의] 허점을 이용하여 그 도성을 공격하였고,[130] 아열내고아(亞烈苦奈兒)와 그의 처·자녀·두목(頭目)을 생포하였으며, 포로들을 조정에 바쳤다. 조정의 신하들이 [그 포로들을] 죽일 것을 청하였으나 황제가 그들의 무지함을 불쌍히 여겨 처자는 모두 풀어주고 또한 의복과 음식을 주었다.[131] [그리고] 그 부족 중에서 현자(賢者)를 선택해서 왕으로 세우도록 하였다. 사파내나(邪把乃那)[132]라는

이 비문에서 부처의 공덕을 기리고, 석란산이 불교의 성지임을 밝히면서 자비로운 부처의 보살핌으로 사람과 배들이 안전하게 항해할 수 있다고 찬양하였다. 이 비문은 타밀어로도 기록이 되어 있는데, 金銀·織金·纖絲·寶幡 등을 보시하였다는 내용도 함께 기재되어 있다. 정화는 이러한 불사를 통해서 중국과 석란산 사이의 우의를 증진시켰다. 특히, 석란산의 사찰은 각국의 상인과 사신들이 모이는 장소이기도 했기 때문에, 석란산 사찰에서 행한 정화의 방대한 불사활동은 각국 사람들로 하여금 중국인들이 부처님을 정성스럽게 받든다는 인상을 강하게 심어 주었으며, 동시에 중국의 부유함을 과시하여 중국의 영향력을 확대시키는 데에도 크게 기여하였다(『殊域周咨錄』 卷9 「錫蘭」條; 『星槎勝覽』前集, 「錫蘭國」條 참조).

128) 亞烈苦奈兒: Alogkkonarai (혹은 Alagakkonara)의 음역이다. 『星槎勝覽』前集, 「錫蘭國」條에는 亞列若茶鬼로 기재되어 있는데 馮勝鈞이 校註를 하면서 亞烈苦奈兒로 표기하였다.

129) 정화의 2차 항해(1407~1409)와 3차 항해(1409~1411) 사이에는 거의 휴식기간이 없었다. 이렇듯 정화가 두 번째 항해를 마쳤지만 잠시 쉬지도 못한 채 서둘러 세 번째 서양 항해를 떠나게 된 주요 원인 가운데 하나는, 석란국의 왕인 亞烈苦奈兒가 자신의 세력을 믿고 행동하여 중국과의 관계가 악화되었기 때문이다. 뿐만 아니라 석란산을 왕래하는 사신들의 물건을 약탈하는 사건도 발생하였다. 정화는 이미 첫 번째 항해 때에 평화적인 방법으로 석란산 문제를 해결하고자 하였으나, 문제가 쉽게 해결될 기미가 보이지 않았다. 정화는 亞烈苦奈兒가 태도를 바꾸지 않으면 西南의 이민족과 통하는 해로를 열 수 없다고 판단하고 상황을 조정에 보고하였다. 그 후 정화는 영락제의 지시로 석란산으로 다시 가게 되었는데. 이것이 바로 세 번째 방문하게 된 이유였다(上杉千年, 2007: 169~170).

130) 정화는 석란산국의 군대가 선대를 공격하게 위해 대부분 출동하여, 都城이 비어 있다는 사실을 간파하고 도성을 공격하였다(上杉千年, 2007: 171).

131) 그들에 대한 대우와 처분은 『太宗實錄』 卷118, 永樂 9년 8월 甲寅條; 『太宗實錄』 卷120, 永樂 9년 10월 壬辰條; 『殊域周咨錄』 卷9 「錫蘭」條 등에 자세히 나와 있다.

132) 邪把乃那: 『明史』의 「鄭和傳」에 등장하는 葛力生夏剌 昔利把交喇惹이, 바로 명조가 印信과 책봉조서를 주어 새로운 왕으로 책봉한 邪把乃那이다. 같은 사람의 이름을 달리 표기한 이유는 '昔'을 '邪'로, '喇惹'

자가 있었는데, 여러 포로들이 모두 그가 어질다고 하여 바로 사신에게 관인과 책봉조서를 가지고 가게 하여 [그를] 왕으로 봉하였고,[133] 옛 왕도 돌려보냈다. 이로부터 해외 여러 번(蕃)들이 더욱 천자의 위엄과 덕에 감복하여 조공사절이 길에 가득하였고, [그 나라] 왕은 마침내 여러 차례 입조하여 공물을 바쳤다.[134]

宣德五年, 鄭和撫諭其國. 八年, 王不剌葛麻巴忽剌批遣使來貢. 正統元年命附爪哇貢舶歸, 賜敕諭之. 十年偕滿剌加使者來貢. 天順三年, 王葛力生夏剌昔利把交剌惹遣使來貢. 嗣後不復至.

선덕 5년(1430)에 정화가 그 나라를 안무하고 효유하였다.[135] [선덕] 8년(1433)에 왕 불랄갈마파홀랄비(不剌葛麻巴忽剌批)[136]가 사절을 보내 입조하여 공물을 바쳤다.[137] 정통 원년

를 '乃那'로 다르게 음역했기 때문이다.

133) 邪把乃那를 그 나라의 왕으로 봉한 것은 영락 10년(1412)의 일이다(『殊域周咨錄』 卷9 「錫蘭」條 및 『太宗實錄』 卷130 永樂 10년 7월 丙申條 참조). 실록에는 새로 봉한 석란산 왕의 이름이 耶巴乃那라고 나와 있다. 이때 내린 조서의 내용은 다음과 같다. "朕統承先皇帝鴻業, 撫御華夷, 嘉與萬方, 同殊主治. 錫蘭山亞烈苦奈兒近处海島, 素蓄禍心, 毒虐下人, 結怨隣境. 朕嘗遣詔諭諸番國, 至錫蘭山, 其亞烈苦奈兒敢違天道, 傲慢弗恭, 逞其凶逆, 謀殺朝使. 天厭其惡, 遄被擒俘. 朕念國中軍民, 皆朕赤子. 命簡賢能, 爲之統屬. 爾耶巴乃那修德好善, 爲衆所推, 今特封爾爲錫蘭山國王. 于戲! 惟誠敬可以立身, 惟仁厚可以撫衆. 惟忠可以事上, 惟信可以睦隣. 爾其欽承朕命, 永崇天道, 無怠無驕, 暨子孫世享無疆之福. 欽哉!" 그런데 『寰宇通志』 卷118 「外夷傳·石蘭山國」에는 선덕 연간(1426~1435)에 명 조정에서 그 나라 왕 不剌葛麻巴忽剌批에게 조서를 내려 조사하도록 했다는 내용이 보인다. 『宣宗實錄』 卷105 宣德 8년 윤8월 辛亥朔條에도 그 내용이 있다.

134) 석란산의 왕은 永樂 14년(1416), 宣德 8년(1433), 正統 10년(1445), 天順 3년(1459)에 입조하여 말·물소·코끼리·보석 등의 방물을 바쳤다(『殊域周咨錄』 卷9 「錫蘭」條 참조).

135) 宣德 5년(1430) 6월의 일이다. 관련되는 내용은 『宣宗實錄』 卷67 宣德 5년 6월 戊寅條 참조.

136) 명대의 문헌에 등장하는 錫蘭山國의 왕은 모두 세 명이다. 영락 10년(1412)에 책봉된 耶巴乃那, 선덕 8년(1433) 명조에 來朝하였다는 不剌葛麻巴忽剌批, 천순 3년(1459)에 사신을 파견했다는 葛力生夏剌昔利把이다. 이들 왕에 대해서는 두 가지 견해가 있다. 하나는 위의 세 사람이 동일인물이라는 것이고 또 다른 견해는, 耶巴乃那는 귀국해서 즉위하지 못했으며, 이에 王位는 不剌葛麻巴忽剌批가 차지하여 1460년 혹은 1462년까지 계속 재위하였다는 것이다. 不剌葛麻巴忽剌批는 Parakramabahu를 음차한 것으로 Parakramabahu 6세와 Dedigama Parakramabahu라고 칭해지는 인물이다.

137) 관련된 내용은 『宣宗實錄』 卷105 宣德 8년 윤8월 辛亥朔 참조.

(1436)에 [그 나라 사신을] 조와의 조공선박에 태워서 돌려보냈으며, 그에게 칙유를 내렸다.[138] [정통] 10년(1445)에 만랄가의 사절과 함께 입조하여 공물을 바쳤다.[139] 천순(天順)[140] 3년(1459)에 왕 갈력생하랄석리파교랄야(葛力生夏剌昔利把交剌惹)[141]가 사절을 보내 입조하여 공물을 바쳤다.[142] 이후에는 다시 이르지 않았다.

其國, 地廣人稠, 貨物多聚, 亞於爪哇. 東南海中有山三四座, 總名曰翠藍嶼. 大小七門, 門皆可通舟. 中一山尤高大, 番名梭篤蠻山. 其人皆巢居穴處, 赤身髡髮. 相傳釋迦佛昔經此山, 浴於水, 或竊其袈裟, 佛誓云:「後有穿衣者, 必爛其皮肉.」自是, 寸布掛身輒發瘡毒, 故男女皆裸體. 但紉木葉蔽其前後, 或圍以布, 故又名裸形國. 地不生穀, 惟啖魚蝦及山芋·波羅密·芭蕉實之屬. 自此山西行七日, 見鸚哥嘴山. 又二三日抵佛堂山, 卽入錫蘭國境. 海邊山石上有一足跡, 長三尺許. 故老云, 佛從翠藍嶼來, 踐此, 故足跡尚存. 中有淺水, 四時不乾, 人皆手蘸拭目洗面, 曰「佛水清淨」. 山下僧寺有釋迦眞身, 側臥牀上. 旁有佛牙及舍利, 相傳佛涅槃處也. 其寢座以沉香爲之, 飾以諸色寶石, 莊嚴甚. 王所居側有大山, 高出雲漢. 其顚有巨人足跡, 入石深二尺, 長八尺餘, 云是盤古遺跡. 此山產紅雅姑·青雅姑·黃雅姑·昔剌泥·窟沒藍等諸色寶石. 每大雨, 衝流山下, 土人競拾之. 海旁有浮沙, 珠蚌聚其內, 光彩瀲灩. 王使人撈取, 置之地, 蚌爛而取其珠, 故其國珠寶特富.

---

138) 관련된 내용은『英宗實錄』卷19 正統 원년 윤6월 癸巳條 참조.

139) 이때 명에 온 석란산의 사신은 耶巴剌謨的里亞였다. 그는 정통 11년(1446) 5월에 다시 명으로 파견되었으나 廣東에 이르러 病死하였다. 관련된 내용은『英宗實錄』卷126 正統 10년 2월 甲子條;『英宗實錄』卷127 正統 10년 3월 丁亥條;『英宗實錄』卷141 正統 11년 6월 庚辰條 참조.

140) 天順: 명 왕조 제8대 황제인 英宗 朱祁鎭의 연호이다. 1435년~1449년 사이에 재위했던 영종이 土木堡의 변(1449)으로 생포되었다가 돌아온 후, 당시 景泰帝로 있었던 자신의 이복동생을 몰아내고(奪門之變) 다시 복위하여 연호를 天順으로 고쳤다. 명 왕조는 태조가 一世一元制를 세웠으나 영종만은 위의 사정으로 두 개의 연호를 제정하여 사용했다.

141) 葛力生夏剌昔利把交剌惹라는 이름은 錫蘭山國의 역사에서는 찾아볼 수 없다고 한다. 이 때문에 연구자에 따라서 잘못 기재된 것이거나 剌葛麻巴忽剌批의 별명으로 보기도 한다.

142)『英宗實錄』卷305 天順 3년 7월 庚子條 참조. 실록의 6월 기록에는 만랄가의 왕자와 함께 사절은 보냈다는 내용이 있다(『英宗實錄』卷304 天順 3년 6월 戊午條).

그 나라는 지역은 넓고 인구가 조밀하였으며, 화물(貨物)이 많이 모이는 것이 조와 다음이었다. 동남해 가운데에는 3~4개의 산이 있는데, 전체를 이름하여 취람서(翠藍嶼)[143]라고 한다. 크고 작은 7개의 문은 모두 선박이 지날 수 있다. 가운데 산이 더욱 높고 컸는데, 그 나라에서는 사마만산(梭篤蠻山)[144]이라고 부른다. 그 나라 사람들은 모두 동굴에서 거주하며, 벌거벗고 머리를 깎았다. 석가모니가 옛날에 이 산을 지나면서 물에서 목욕을 했는데, 어떤 이가 그의 가사(袈裟)를 훔쳐가자 석가모니가 맹세하여 이르기를, "이후 의복을 입는 자는 반드시 그 피부와 살이 문드러질 것이다"라고 하였다. 이때부터 작은 옷감이라도 몸에 걸치면 바로 창독(瘡毒)[145]이 생겼기 때문에 남녀 모두 나체였다고 한다. 하지만 나뭇잎을 꿰어서 몸의 앞뒤를 가렸고, 어떤 이는 포(布)를 이용해서 두르기도 해서 나형국(裸形國)이라고 불렀다. 땅에서는 곡식이 나지 않아 어하(魚蝦)[146]·산우(山芋)[147]·파라밀(波羅密)[148]·파초실(芭蕉實)[149] 종류만 먹었다.

이 산에서 서쪽으로 7일을 가면, 앵가취산(鸚哥嘴山)[150]이 보인다. 또 2~3일을 가면 불당산(佛堂山)[151]에 이르니, 곧 석란국(錫蘭國)의 영토로 들어간다. 해변의 산 위에는 하나의 족적(足跡)이 있는데 길이가 3척 정도이다. 옛날 노인들이 말하기를, 석가모니가 취람서(翠藍嶼)를 따라 와서 이곳을 밟았기 때문에 족적이 존재하게 되었다고 한다. 그 가운데에는 얕은 물이 있는데 사계절 내내 마르지 않았고, 사람들은 모두 손을 담가서 눈을 씻고 얼굴을 닦았는데, "불수[152]청정(佛水淸淨)"이라고 부른다. 산 아래 승사(僧寺)에는 석가의 진신(眞身)[153]이

---

143) 翠藍嶼: 동북풍이 잘 불 때, 帽山에서 3일만 가면 석란산의 翠藍山이 보인다고 한다. 이 산은 현지어를 음역한 것으로는 按箇蠻山이라고 하는데, 바로 Andaman 群島로 취람산의 북쪽에 있다. 지금의 Nicobar 섬이다(鞏珍, 1961: 22).

144) 梭篤蠻山: 『瀛涯勝覽』의 「錫蘭國」에는 按箇蠻山으로 표기하고 있다. 按箇蠻山의 '按'은 원래 '梭'였다(鞏珍, 1961: 22).

145) 瘡毒: 모든 부스럼을 칭하는 말이다.

146) 魚蝦: 물고기와 새우이다.

147) 山芋: 薯蕷나 山藥이라고도 한다. 마과에 속하는 식물로, 뿌리는 식용·약용(강장·강정·지사제)으로 이용한다. 한국·일본·타이완·중국에 분포한다.

148) 波羅密: 보리수나무의 열매이다.

149) 芭蕉實: 파초과의 상록 여러해살이풀로 바나나의 일종이다.

150) 鸚哥嘴山: 현재 스리랑카의 동해안이다. 『瀛涯勝覽』의 「錫蘭國」條에는 安達曼 群島를 지나 서쪽으로 7일을 항해하면 앵가취산이 보인다고 기록하고 있다(黃省曾, 2000: 75).

151) 佛堂山: Dondra Head로 현재 스리랑카의 남단에 위치해 있다(鞏珍, 1961: 23; 馮勝鈞, 1962: 34).

있는데, 평상 위에 옆으로 누워있다. 옆에는 불아(佛牙)와 사리(舍利)[154]가 있는데, 석가가 열반에 든 곳이라고 전해진다. 그 침좌(寢座)는 침향(沉香)[155]으로 만들었고, 여러 색의 보석으로 장식하여 상당히 장엄하였다.

왕이 거주하는 곳 옆에는 큰 산이 있는데 하늘까지 높이 솟아 있다. 산의 등성이에는 거인의 족적이 있고, 돌이 들어간 깊이가 2척, 길이가 8척이 넘었는데, 반고(盤古)[156]가 남긴 흔적이라고 한다.[157] 이 산에서는 홍아고(紅雅姑)[158]·청아고(青雅姑)·황아고(黃雅姑)·석랄니(昔剌泥)[159]·굴몰람(窟沒藍)[160] 등 여러 색깔의 보석이 생산된다. 큰 비가 올 때마다 산 아래로 흘러 내려서 지역 사람들이 다투어 그것을 주웠다. 바닷가에는 부사(浮沙)가 있는데, 주방(珠蚌)[161]이 그 안에 모여들었고, 광채가 반짝거렸다.[162] 왕이 사람을 보내 그것을 건져내어

---

152) 佛水: 『島夷志略』의 「僧伽剌」條에는 '海濱에 蓮臺와 같은 돌이 있어, 위에는 석가모니의 족적이 있는데, 길이는 2척 4촌, 너비는 7촌, 깊이는 5촌쯤이었다. 그 발자국 가운데 海水가 스며들었으나 염분이 없는 담수였고, 그 맛은 달았다. 병자가 그것을 마시면 치료가 되었고 노인이 그것을 마시면 수명이 늘어났다'고 한다(黃省曾, 2000: 81).

153) 眞身: 석가모니의 진실한 몸이라는 의미로, 부처의 法身을 일컫는다.

154) 佛牙는 석가모니의 遺齒를 가리키고, 舍利는 산스크리트어의 Sarira의 음역으로, 그 의미는 身骨이다. 따라서 화장한 후 남은 유골을 가리킨다(黃省曾, 2000: 81~82).

155) 沉香: 沈水香이라고도 한다. 沈樹는 인도와 동남아시아에 분포하는 팥꽃나무과의 식물인데, 그 나무의 진을 이용해서 침향을 만든다. 침향은 의복이나 물건에 향기가 스며들게 하고 또 이것을 태우면 향기를 낸다. 옛날부터 가장 귀한 향 중의 하나로 애용되었다.

156) 盤古: 중국의 天地 창조 신화에 등장하는 巨人神이다. 세상이 혼돈상태였을 때, 반고가 알에서 태어났고 이때 하늘과 땅이 생겨났으며 반고의 키가 자라면서 머리는 하늘을 떠받치고 다리는 땅을 지탱하였다. 반고의 키가 거대하게 자라면서 하늘과 땅은 점점 멀리 떨어져 1만 8000년 후에 오늘날과 같이 되었다고 한다.

157) 이것은 인류의 조상인 阿聃의 족적이라고도 하는데, 그 인류의 조상을 중국식으로 반고라고 부른다(鞏珍, 1961: 23). 이곳을 석란의 阿聃峰이라고도 하는데, 바로 Adam's Peak이다.

158) 紅雅姑: 루비를 일컫는다. 雅姑는 아랍어의 Yakut를 음역한 것으로 그 의미는 보석이다. 그 보석의 색깔에 따라서 이름을 붙였는데, 元代 陶宗儀가 지은 『輟耕錄』에 紅雅姑·青雅姑·黃雅姑·白雅姑에 대한 내용이 있다(黃省曾, 2000: 83).

159) 昔剌泥: 黑紅色의 보석을 일컫는다.

160) 窟沒藍: 屈沒藍이라고도 표기하며, 海藍寶石을 말한다. 남색 혹은 녹색을 띤 남색이거나 남색을 띤 녹색 보석을 지칭한다. 라틴어의 Aquamarina를 음역한 것이다. 라틴어로 그 의미는 '海水'이다.

161) 珠蚌: 진주조개이다.

162) 『瀛涯勝覽』의 「錫蘭國」條에는 '白浮之沙'로 표현하고 있는데, 이것은 진주조개가 모여 있었기 때문이다.

땅에 두었다가 조개가 부패하면 진주를 취하였는데, 이 때문에 그 나라는 진주와 보석이 특별히 풍부하였다.

王, 瑣里國人. 崇釋敎, 重牛, 日取牛糞燒灰塗其體, 又調以水, 徧塗地上, 乃禮佛. 手足直舒, 腹貼於地以爲敬, 王及庶民皆如之. 不食牛肉, 止食其乳, 死則瘞之, 有殺牛者, 罪至死. 氣候常熱, 米粟豊足, 民富饒, 然不喜噉飯. 欲噉, 則於暗處, 不令人見. 徧體皆毫毛, 悉薙去, 惟髮不薙. 所貢物有珠·珊瑚·寶石·水晶·撒哈剌·西洋布·乳香·木香·樹香·檀香·沒藥·硫黃·藤竭·蘆薈·烏木·胡椒·碗石·馴象之屬.

왕은 쇄리국 사람이다. 불교를 숭상하고 소를 중시했는데, 날마다 소의 분(糞)을 태워 재로 만들어서 몸에 바르고, 또 물을 섞어서 땅위에 두루 칠하고 난 뒤, 바로 예불(禮佛)[163]을 하였다. 팔다리를 곧게 펴고 배를 땅에 닿게 하여 공경을 나타내는데, 왕과 백성들은 모두 그렇게 하였다. 쇠고기를 먹지 않고 다만 우유는 마셨으며, [소가] 죽으면 그것을 묻었는데, 소를 죽인 자는 사형에 처해졌다. 기후는 늘 덥고 미속(米粟)은 풍족하여 백성들이 풍요로웠으나 밥 먹는 것을 즐기지 않았다. [밥을] 먹을 때면 곧바로 어두운 곳으로 [가서] 사람들의 눈에 띄지 않게 하였다. 온 몸에 있는 작은 털까지도 모두 깎아 버렸으나, 오직 머리카락은 깎지 않았다.[164] 바치는 물품으로는 주(珠)·산호(珊瑚)[165]·보석(寶石)·수정(水晶)·살합랄(撒哈剌)[166]·서양포(西洋布)[167]·유향(乳香)[168]·목향(木香)[169]·수향(樹香)·단향(檀

163) 禮佛: 석가모니에게 예를 행하는 것이다.

164) 이 나라 사람들은 머리카락은 白布로 감쌌고, 여인들은 머리카락을 묶어 아래에 白布를 둘렀다. 이들의 풍속에는 부모가 사망하면 毛髮을 깎지 않는 것을 孝禮로 여겼다(鞏珍, 1961: 24).

165) 珊瑚: 보석의 일종으로 중국과 인도에서 오래전부터 사용되었다. 특히, 紅珊瑚는 티베트에서 護身의 용도로 널리 사용되었다.

166) 撒哈剌: 서역에서 생산되는 가볍고 얇은 양탄자이다. 皮革이나 폭이 넓은 毛絨으로 만드는데, 紅과 綠 두 종류가 있다.

167) 西洋布: 무명실로 너비가 넓고 곱게 짠 천으로, 얇고 색깔이 흰 천이다.

168) 乳香: 薰陸香이라고도 하며, 橄欖科에 속하는 卡氏乳香樹에서 흘러나오는 우유 같은 액즙을 공기 중에 두면 굳어지는데 雜質을 긁어내어 없앤 후 말려서 만든 향이다. 맛은 맵고 약성은 온화한데, 방향제로

香)[170] · 몰약(沒藥) · 유황(硫黃)[171] · 등갈(藤竭)[172] · 노회(蘆薈) · 오목(烏木)[173] · 호초(胡椒) · 완석(碗石)[174] · 순상(馴象)[175]의 종류가 있다.

榜葛剌, 卽漢身毒國, 東漢曰天竺. 其後中天竺貢於梁, 南天竺貢於魏. 唐亦分五天竺, 又名五印度. 宋仍名天竺. 榜葛剌則東印度也. 自蘇門答剌順風二十晝夜可至.

방갈랄(榜葛剌)은 곧, 한[176]나라 때의 신독국(身毒國)[177]이고, 동한(東漢)[178]시대에는 천축(天竺)[179]이라 하였다. 그 후 중천축(中天竺)은 양(梁)나라에 조공을 하였고, 남천축(南天

도 쓰이고, 혈액순환제로도 쓰이며, 타박상·부스럼·월경통·월경불순·산후복통 등에 쓰인다.

169) 木香: 초롱꽃목 국화과의 여러해살이풀로 유럽과 북아시아가 원산지이다. 驅蟲의 효력이 있다.

170) 檀香: 단향목 단향과의 상록식물로 목재의 바깥 부분은 향기가 없지만 가운데 부분은 향기가 있다. 목재는 불상·미술 조각·가구 등의 재료로 이용한다. 일본에서는 白檀이라고 한다. 인도네시아 자와섬 동부가 원산지이지만 옛날부터 각지에서 재배하며 특히, 인도가 중요한 생산지이다. 태평양 지역을 중심으로 분포하며 타이완·중국 등지에서도 재배한다.

171) 硫黃: 광물성 약재의 하나로 천연산 황을 융해하여 이물질을 제거한 뒤에 사용한다. 속이 차서 생기는 설사나 치질 따위의 치료에 쓴다. 수마트라와 자와에서 많이 산출된다.

172) 藤竭: 血竭로 麒麟竭이라고도 한다. 麒麟樹의 열매와 줄기에서 채취한 수액으로 만든다. 『明史』에는 藤葛로 기재되어 있는데 이는 鄭和가 항해를 했을 때 가지고 들어온 것이 기원이 되었다. 송 이전에 언급되던 血竭은 龍舌蘭科의 龍血樹의 수액으로 만든 것이고, 明淸시대의 것은 거기에 종려나무과의 등갈의 수액으로 만든 것을 더 추가한 것이다.

173) 烏木: 黑檀 줄기 중심부의 검은 부분으로, 빛깔은 순흑색 또는 담흑색으로 몹시 단단하며 광택이 나는 흑색이라고 한다. 주로 젓가락·담배설대·문갑 등을 만드는 데 쓴다.

174) 碗石: 暹羅와 錫蘭 등에서 명에 바친 물품 중 하나이다. 중국에서는 鵝蘭石이라는 이름으로 알려져 있다.

175) 馴象: 주로 노역이나 곡예 등에 쓸 목적으로 길들여진 코끼리를 일컫는다. 『漢書』의 「武帝紀」에 보면, 元狩 2년(전121)에 南越에서 馴象을 바쳤다는 기록이 등장한다.

176) 漢: 진을 뒤이은 중국의 통일 왕조이다. 高祖 劉邦에 의해서 건국되었으며 약 400년간 지속(전206~220)되었다. 오늘날에 중국인들을 부를 때 사용하는 한족 역시 이 왕조의 이름에서 유래되었다.

177) 身毒: 중국에서 인도를 칭하는 가장 오래된 명칭으로, 『史記』에 처음 등장한다. 산스크리트어의 Sindhu를 음차한 것이다. 그 후 고대 문헌 중에는 申毒·辛頭·信度·身度·天竺·賢豆·印度 등으로 표기되었다. 그 영역은 때로 印度河 동쪽의 南亞次大陸 지역을 포괄하기도 한다.

178) 漢代는 王莽이 세운 新을 기준으로 前漢(전202~후9)과 後漢(25~220)으로 시대를 구분하는데, 後漢을 東漢이라고 한다.

竺)은 위나라에 조공하였다. 당대에도 역시 다섯 천축으로 나뉘어서, 또한 오인도(五印度)라고 불렀다. 송(宋)[180]에서는 여전히 천축이라고 불렀다. 방갈랄은 곧 동인도(東印度)이다.[181] 소문답랄에서 순풍을 타고 20일 밤낮이면 이를 수 있다.[182]

永樂六年, 其王靄牙思丁遣使來朝, 貢方物, 宴賚有差. 七年, 其使凡再至, 攜從者二百三十餘人. 帝方招徠絶域, 頒賜甚厚. 自是比年入貢. 十年, 貢使將至, 遣官宴之於鎭江. 旣將事, 使者告其王之喪. 遣官往祭, 封嗣子賽勿丁爲王. 十二年, 嗣王遣使奉表來謝, 貢麒麟及名馬方物. 禮官請表賀, 帝勿許. 明年遣侯顯齎詔使其國, 王與妃·大臣皆有賜. 正統三年貢麒麟, 百官表賀. 明年又入貢. 自是不復至.

영락 6년(1408)에 그 나라 왕 애아사정(靄牙思丁)[183]이 사신을 보내 내조(來朝)하여 방물을 바치자, [명조에서] 차등을 두어 연회를 베풀고 상을 내려주었다.[184] [영락] 7년(1409)에 그 나라 사절이 무릇 다시 이르렀는데, 230여 명의 수행원을 데리고 왔다.[185] 황제가 먼 지역을 초무하려고 하여, 매우 후하게 상을 내렸다. 이로부터 매년 입조하여 공물을 바쳤다.[186]

---

179) 天竺: 고대 중국에서 인도 주변을 일컫는 말이다. 天篤·天豆·天定 등으로도 불렸다. 『後漢書』의 「西域傳」에서 "天竺國은 일명 身毒으로 月支의 남동쪽 수 천리에 있다"고 한 것이 최초의 언급이다.

180) 宋(960~1279): 唐·五代十國에 이어 세워진 왕조이다. 趙匡胤(太祖)이 近衛兵의 추대를 받아 즉위하여 960년에 송을 건국하였다. 처음에는 開封에 도읍하였으나 1126년 '靖康의 變'으로 臨安(지금의 杭州)으로 천도하였다. 開封을 수도로 했던 시기를 北宋, 臨安으로 천도한 시기를 南宋이라 한다.

181) 『殊域周咨錄』 卷11 「榜葛剌」條를 보면, 榜葛剌은 옛 忻都州에 속했던 곳으로 西天竺이었다고 한다.

182) 帽山과 翠濫島를 거치면 20일 만에 浙地港(Chittagong)에 정박할 수 있었다(『瀛涯勝覽』, 「榜葛利國」條 참조).

183) 靄牙思丁: Ghiyas-ud-Din Azam Shah(1390~1415)의 음역으로, 의미는 신앙의 助力이라는 뜻이다(沈愷, 2006: 38).

184) 사신들과 관련된 내용은 『太宗實錄』 卷83 永樂 6년 9월 辛酉條; 『太宗實錄』 卷84 永樂 6년 10월 甲申條; 『太宗實錄』 卷85 永樂 6년 11월 乙未條 참조바람.

185) 『太宗實錄』 卷85 永樂 7년 2월 丙子條에는 함께 온 사절단의 인원수가 234명으로 명확하게 기재되어 있다.

186) 永樂 7년(1409)과 8년에 그 나라의 왕 靄牙思丁이 사절을 파견했다는 기록이 있다(『太宗實錄』 卷97 永樂 7년 10월 乙丑條; 『太宗實錄』 卷111 永樂 8년 12월 戊申條; 『太宗實錄』 卷116 永樂 9년 6월 癸巳條). 또한 그들을 맞이하고 물품을 사여한 내용도 있다(『太宗實錄』 卷116 永樂 9년 6월 庚戌條; 『太宗實

[영락] 10년(1412)에 조공사절이 도착하려할 때, 관원을 보내 진강(鎭江)[187]에서 연회를 베풀었다.[188] 일을 마치고서 사신은 그 나라 왕의 부음을 고했다. [영락제는] 관원을 보내 제사를 지내도록 하고 뒤를 이은 아들 새물정(賽勿丁)[189]을 왕으로 책봉하였다.[190] [영락] 12년(1414)에 계위(繼位)한 왕이 사절을 보내 표문(表文)[191]을 올리고 사례하였으며, 기린(麒麟)[192]과 명마, [그리고] 방물을 바쳤다.[193] 예부의 관원이 표문으로 축하하기를 청하였으나 황제가 허락하지 않았다. 이듬해(1415년) 후현(侯顯)[194]에게 조서를 가지고 그 나라에 사신으로 가도록 했는데, 왕과 비·대신에게 모두 하사품을 내렸다. 정통 3년(1438)에 기린을 바치니, 백관이 표문을 올려 경하하였다.[195] 그 이듬해(1439)에 또 입조하여 공물을 바쳤다.[196] 이로부터 다시 이르지 않았다.

錄』 卷116 永樂 9년 6월 辛亥條 참조).

187) 鎭江: 中國 江蘇省의 揚子江 하류의 도시로, 대운하와의 교차지로서 對岸에 있는 楊洲와 함께 발달하였다.

188) 永樂 10년(1412) 6월의 일이다. 『太宗實錄』 卷129 永樂 10년 6월 丁巳條 참조.

189) 賽勿丁: Jalal-ud-Din Muhammad Shah(1415~1431)의 음역인데, 음역에 약간 오류가 있다(沈慍, 2006: 38).

190) 책봉사실은 『太宗實錄』 卷129 永樂 10년 6월 乙亥條 참조. 또 다른 기록에는 방갈랄에서 온 사신 把一濟 등에게 會同館에서 연회를 베풀었다는 내용이 있다(『太宗實錄』 卷129 永樂 10년 6월 丙子條 참조).

191) 表文: 신하가 군주에게 어떤 사실을 보고하는 문체의 글이다. 고대에는 군주에게 올리는 글을 모두 上書라고 했으나 漢代에 奏疏를 章·奏·表·駁議로 구분하였다. 北周 때에는 군주에게 올리는 글은 모두 表라 하였다.

192) 麒麟: 소말리아어의 Giri를 음역한 것이다. 아랍어로는 Zurafa라고 하는데, 이는 徂蠟·徂剌法으로 표기하며, 대체로 동아프리카에서 운반되어 특산물로 바쳐졌다(黃省曾, 2000: 90).

193) 永樂 12년(1414) 9월의 일이다. 『太宗實錄』 卷155 永樂 12년 9월 丁丑條 참조.

194) 侯顯: 생몰연대는 확실하지 않음. 明의 환관으로 藏族이며, 본명은 洪保希繞이다. 그는 鄭和 함대의 지휘관 중 한 사람으로, 그의 위상은 鄭和와 王景弘 다음이었다. 『明史』 「侯顯傳」에 의하면, 그는 永樂 5년(1407)과 永樂 7년(1409)에 정화함대의 일원으로 남해원정에 참여하였고, 정화의 出使 외에 永樂 13년(1415)에는 단독으로 榜葛剌에 파견되었다. 또한 永樂 18년(1420)에는 沼納樸兒에 出使하기도 하였다.

195) 正統 3년(1438) 10월의 일이다. 『英宗實錄』 卷47 正統 3년 10월 壬子朔. 이때 파견된 방갈랄의 사신은 卞兒耶眉였고, 麒麟과 白鸚鵡 등을 조공하였다. 실록에는 방갈랄의 사신이 명조에 綿衣를 하사해 줄 것을 요청하는 내용(『英宗實錄』 卷47 正統 3년 10월 丁卯條)과 황제가 그 사신에게 연회를 베푼 자리에서 그들이 실수를 하여 鴻臚寺에서 탄핵한 일들에 대한 내용(『英宗實錄』 卷50 正統 4년 정월 辛巳條)이 있다.

196) 『英宗實錄』 卷53 正統 4년 3월 戊午條의 내용을 보면, 이때 명에 온 방갈랄의 사신은 那定이라는 인물이

其國，地大物阜．城池街市，聚貨通商，繁華類中國．四時氣候常如夏．土沃，一歲二稔，不待耔耘．俗淳龐，有文字，男女勤於耕織．容體皆黑，間有白者．王及官民皆回回人，喪祭冠婚，悉用其禮．男子皆薙髮，裹以白布．衣從頸貫下，用布圍之．曆不置閏．刑有笞杖徒流數等．官司上下，亦有行移．醫卜・陰陽・百工・技藝悉如中國，蓋皆前世所流入也．

그 나라는 땅이 넓고 물산이 풍부하다. 도시와 거리에 재화가 모여 통상(通商)이 이루어지고 번화한 것이 중국과 비슷하다.[197] 사계절 기후가 늘 여름 같다. 토지는 비옥하여 한 해에 두 번 [곡식이] 익고, [때를 기다려] 파종이나 김매기 등을 하지 않았다. 풍속은 순후하고 문자가 있으며, 남녀는 농사와 길쌈에 부지런하다. 용모와 신체 모두 검은 색이고, 그 중에는 흰 사람도 있다. 왕과 관민(官民)은 모두 회회인(回回人)이고 관혼상제에 모두 그(회회의) 예를 사용하였다. 남자는 모두 머리를 깎고 백포(白布)를 둘렀다. 옷은 목에서부터 하체까지 포(布)를 사용하여 둘렀다. 역법에는 윤달을 두지 않았다. 형벌에는 태(笞)・장(杖)・도(徒)・유(流)[198] 등 여러 종류가 있다. 상하 관사(官司)에는 역시 행이(行移)[199]가 있다. 의복(醫卜)[200]・음양(陰陽)[201]

었다.

197) 馬歡이 "방갈랄은 배를 만들어 여러 번국을 왕래하며 경영하는 자가 매우 많다. 왕 또한 사람을 배에 태워 각 번국에 보내 거래하게 한다"고 기록하였듯이, 이 나라는 적극적인 교역활동을 전개하였다. 이븐 바투타도 풍부한 쌀 산지로서 세상에서 물가가 가장 싸다고 기록하고, 또 습기가 많아서 페르시아 상인은 '재보로 가득찬 지옥'이라고 불렀다고 소개하였다. 이 나라는 중국뿐만 아니라 서방과의 교역에도 열중하여 남인도에 쌀을 수출하는 곳으로도 널리 알려져 있었다. 이 나라에서는 국왕이 주조한 은화 외에 수출한 쌀의 대가로 받은 말루쿠 제도의 카우리라는 조개를 통화로 이용하였다(미야자키 마사카스, 1999: 255~256).

198) 이슬람의 형벌은 이슬람법인 샤리아에 근거한다. 샤리아는 코란과 하디스에 나오는 규칙들과 원리들이며, 그 후 판례들과 율법으로 편찬되어 형성된 것이다. 샤리아는 이슬람의 기본법으로 이슬람 공동체의 헌법이며 신적인 뜻을 삶의 모든 정황에 적용한 것이다. 이것은 신이 정해준 啓示法으로서 종교적 의무, 개인과 사회생활, 상업, 형벌에 이르기까지 모든 것을 규정하고 있다.

199) 行移: 담당부서의 서명이 된 공문서를 일컬음.

200) 醫卜: 의사와 점술가의 합성어이다.

201) 陰陽: 日月의 운행과 관련된 학문이나, 天氣의 흐름에 대한 연구 등 다양하게 해석이 가능하다. 또한 고대 철학의 개념으로 파악하기도 한다. 다시 말해서 물질의 성질을 음과 양의 대립개념으로 이해하고 그것의 변화의 원리를 통해서 세계의 변화를 이해하는 것을 일컫는다.

· 백공(百工)[202] · 기예(技藝)[203]는 모두 중국과 같은데, 대체로 전 시대에 유입된 것이다.

其王敬天朝. 聞使者至, 遣官具儀物, 以千騎來迎. 王宮高廣, 柱皆黃銅包飾, 雕琢花獸. 左右設長廊, 內列明甲馬隊千餘, 外列巨人, 明盔甲, 執刀劍弓矢, 威儀甚壯. 丹墀左右, 設孔雀翎傘蓋百餘, 又置象隊百餘於殿前. 王飾八寶冠, 箕踞殿上高座, 横劍於膝. 朝使入, 令拄銀杖者二人來導, 五步一呼, 至中則止; 又拄金杖者二人, 導如初. 其王拜迎詔, 叩頭, 手加額. 開讀受賜訖, 設毯毯於殿, 宴朝使; 不飲酒, 以薔薇露和香蜜水飲之. 贈使者金盔 · 金繫腰 · 金瓶 · 金盆, 其副則悉用銀, 從者皆有贈. 厥貢, 良馬 · 金銀琉璃器 · 青花白瓷 · 鶴頂 · 犀角 · 翠羽 · 鸚鵡 · 洗白苾布 · 兜羅緜 · 撒哈剌 · 糖霜 · 乳香 · 熟香 · 烏香 · 麻藤香 · 烏爹泥 · 紫膠 · 藤竭 · 烏木 · 蘇木 · 胡椒 · 粗黃.

그 나라 왕은 명조를 공경하였다. 사신이 이르렀다는 소식을 들으면 관원을 보내 의례에 사용할 물품들을 준비하게 했고, 많은 말과 사람들을 이끌고 와서 영접하였다. 왕궁은 높고 넓었으며, 기둥은 모두 황동(黃銅)으로 꾸미고 꽃과 동물들을 조각하였다.[204] 좌우에는 긴 회랑(回廊)을 설치하여, 그 안에는 갑옷을 입은 빛나는 마대(馬隊) 천여 개를 진열하고 밖에는 거인을 세웠는데, 회갑(盔甲)[205]이 빛나고, 도검(刀劍)과 궁시(弓矢)를 잡고 있어 위의(威儀)가 상당히 장엄하였다. [궁전의] 붉은 계단 좌우에는 공작 깃털[로 만든] 우산 백여 개를 설치하였고, 또 상대(象隊) 100여 개를 궁전 앞에 두었다. 왕은 팔보관(八寶冠)을 쓰고, 전각(殿閣)의 높은 자리에 기대앉아서 검을 무릎에 횡으로 놓았다. 조정의 사신이 들어오면 은지팡이를 쥐고 있는 두 사람에게 인도하게 하였고, 5보마다 구호를 외쳤으며 중간에 도착하여 멈췄다. 다시 금지팡이를 가지고 있던 두 사람이 처음과 같은 방식으로 인도하였다. 그 나라

202) 百工: 일반적으로 여러 가지 수공업에 종사하는 工人이나 工匠을 지칭한다(韓愈, 『師說』). 百官의 의미로 사용되기도 한다(『尙書』 「堯典」 참조).

203) 技藝: 기교적인 성격이 강한 武藝나 工藝 혹은 藝術 등을 가리킨다(『戰國策』 「趙策」 2).

204) 『星槎勝覽』에는 궁전의 사방을 白灰로 장식하였다는 내용이 있다(黃省曾, 2000: 86).

205) 盔甲: 고대 군인들이 전쟁 시 착용하는 것으로, 머리를 보호하는 것을 盔라고 하며 주로 금속으로 제작하였고, 몸을 보호하는 것을 甲이라 하는데 대부분 피혁으로 만들었다.

왕은 절을 하고 조서를 받들었는데, 머리를 조아리고 손을 이마에 붙였다. [황제의] 조서를 공표하여 읽고, [명의 황제가] 하사한 것을 받은 후에 궁전에 융담(毧毯)[206]을 설치하고 조정의 사신에게 연회를 베풀었다. 술을 마시지 않았고 장미로(薔薇露)[207]와 향밀수(香蜜水)를 마셨다. 사신에게 금회(金盔)[208]·금계요(金繫腰)·금병(金瓶)·금분(金盆)을 주었는데, 부사(副使)에게 [준 것은] 모두 은으로 만든 것이었고, 수행원에게도 모두 증정하였다. 그들이 바친 물품은 양마(良馬)[209]·금은유리기(金銀琉璃器)·청화백자(青花白瓷)[210]·학정(鶴頂)[211]·서각(犀角)[212]·취우(翠羽)[213]·앵무(鸚鵡)·세백필포(洗白苾布)·두라면(兜羅緜)[214]·살합랄·당상(糖霜)[215]·유향·숙향(熟香)·오향(烏香)[216]·마등향(麻藤香)·오다니(烏爹泥)[217]·자교(紫膠)[218]·등갈·오목(烏木)·소목(蘇木)[219]·호초·조황(粗黃)이다.

---

206) 毧毯: 낙타나 양 털로 만든 깔개이다.

207) 薔薇露: 薔薇水라고도 하며, 장미꽃을 증류하거나 장미유를 물에 녹여서 얻는 액체이다.

208) 金盔: 금으로 만든 투구이다.

209) 良馬: 駿馬를 의미한다.

210) 青花白瓷: 백색의 도자기 면에 코발트 등 여러 가지 금속화합물의 청색 안료로 그림을 그린 후 유약처리를 해서 1,250℃~1,400℃의 고온에서 제작한 백자이다. 이 청화백자는 중국의 경우 元 중기에 시작되었고, 景德鎮에서 제작되어 유럽으로 수출되었다. 明의 宣德 年間(1426~1435) 및 成化 年間(1465~1487)이 전성기였다. 청화 안료는 페르시아產 코발트 염료(일명 回回青)로, 청화백자는 몽골제국 시대 동서문화 교류의 상징물이라는 평가를 받기도 한다.

211) 鶴頂: 붉은 색을 띤 학의 머리로 장식물로 이용되었다. 清代에는 大官의 冠 위의 徽章을 장식하는데 쓰였다.

212) 犀角: 무소의 뿔로, 犀牛角이라고도 한다. 고대 帝王과 귀족들의 사치품으로 사용되어 왔고, 또 解毒·辟邪의 효능이 있다고 하여 帝王이 사용하는 杯盞 등을 만드는데 이용되었다.

213) 翠羽: 물총새의 깃털로, 비취색이다. 고대에는 花簪 등을 만드는데 장식용으로 많이 사용되었다.

214) 兜羅緜: 兜羅綿의 誤記인 듯하다. 兜羅는 산스크리트어의 Tula를 음역한 것으로, 兜羅緜은 흰 부드러운 솜을 일컬으며, 兜羅毦라고도 한다.

215) 糖霜: 고대에 糖霜은 일종의 식품이었다. 흰 설탕으로 단맛을 내는 조미품의 호칭이다. 오랜 시간 은근한 불로 결정체를 만들어 내는 것으로, 기침가래를 없애고 붓기를 빠지게 하는데 효능이 있다.

216) 烏香: 아편을 가리키며 暹羅·爪哇·榜葛剌 등에서 조공품으로 바쳤다.

217) 烏爹泥: 藥物의 이름으로 茶를 원료로 해서 만드는 것이다. 여러 종류의 부스럼에 효과가 있다. 동남아시아 나라들이 제조해서 사용하던 것인데, 중국에서는 그 제조방법을 모방해서 만든 후 孩兒茶라고 불렀다.

218) 紫膠: 紫膠蟲의 眞皮샘에서 분비되는 일종의 황갈색 또는 홍갈색의 수액류의 물질로 접착력이 강하다.

219) 蘇木: 蘇枋 또는 蘇方이라고 하는 나무로, 주로 동남아시아 여러 나라에서 방물로 바친 것이다. 나무껍질을 깎아 흘러나온 수액이나 대패질한 가루에서 붉은 색의 염료를 만들어 냈다.

沼納樸兒，其國在榜葛剌之西．或言卽中印度，古所稱佛國也．永樂十年遣使者齎敕撫諭其國，賜王亦不剌金絨錦·金織文綺·綵帛等物．十八年，榜葛剌使者愬其國王數擧兵侵擾，詔中官侯顯齎敕諭以睦隣保境之義，因賜之綵幣；所過金剛寶座之地，亦有賜．然其王以去中國絶遠，朝貢竟不至．

소납박아(沼納樸兒),[220] 이 나라는 방갈랄의 서쪽에 있다. 혹자는 말하기를, 중인도(中印度)라고도 하는데 고대에는 불국(佛國)이라고 불렀다. 영락 10년(1412)에 사신에게 칙서를 가지고 가서 그 나라를 안무하고 효유하게 하였고, 왕 역불랄금(亦不剌金)[221]에게 융금(絨錦)[222]·금직문기(金織文綺)[223]·채백(綵帛) 등의 물품을 내려주었다. [영락] 18년(1420)에 방갈랄의 사신이 [소납박아의] 국왕이 여러 차례 거병하여 침략하였다고 알리자, [이에 명조정에서는] 중관 후현(侯顯)에게 칙서를 가지고 가서 이웃 나라와 화목하게 지내 영역을 보전하라는 도리를 [그 나라 왕에게] 깨우치도록 하였고, 이를 계기로 [그 나라 왕에게] 채폐를 하사했는데, 금강보좌(金剛寶座)의 지방[224]을 지나면서 역시 하사하였다. 그러나 그 나라 왕은 중국이 너무 멀리 떨어져 있다고 여겼으며, 조공[사절]은 결국 이르지 않았다.

祖法兒，自古里西北放舟，順風十晝夜可至．永樂十九年遣使偕阿丹·剌撒諸國入貢，命鄭和齎璽書賜物報之．二十一年，貢使復至．宣德五年，和再使其國，其王阿里卽遣使朝貢，八年達京師．正統元年還國，賜璽書獎王．

---

220) 沼納樸兒: Vengipuram의 음역으로 인도 동해안에 위치한 나라이다. 佛國이라고 칭하기도 하였다(『明會典』 卷106 「沼納樸兒國」).

221) 亦不剌金: 亦不剌은 페르시아語의 Ibrahim의 음역으로 漢文에서는 대체로 亦不剌金 혹은 易不拉欣으로 표기하였다.

222) 絨錦: 부드럽고 가는 털이 있는 견직물을 가리킨다.

223) 金織文綺: 金絲로 무늬를 짜 넣은 두꺼운 비단이다.

224) 金剛寶座: 석가모니가 깨달음을 얻은 곳으로, 지금의 인도 북동부 비하르(Bihar)주의 부다가야(Buddha Gaya) 지방이다. 부처가 깨달음을 얻은 자리에는 기원전 3세기경에 아쇼카왕이 세웠다는 마하보디탑이 서 있다. 대탑 서쪽에 있는 金剛寶座는 석가모니가 깨달음을 얻은 자리로 앞에 보리수 한그루가 심어져 있다. 대탑 남서쪽에는 석가모니가 고행을 끝내고 목욕을 했다는 연못이 남아 있다.

조법아(祖法兒)[225]는 고리에서 서북으로 배를 운항하여, 순풍을 타면 10일 밤낮이면 도착할 수 있다. 영락 19년(1421)에 사신을 보내 아단(阿丹)·날살(剌撒) 등 여러 나라와 함께 입조하여 공물을 바치자, 정화에게 명하여 새서(璽書)와 하사할 물품을 가지고 가서 이에 보답하게 하였다.[226] [영락] 21년(1423)에 조공사절이 다시 이르렀다.[227] 선덕 5년(1430)에 정화가 다시 그 나라에 사행하자,[228] 그 나라 왕 아리(阿里)가 바로 사신을 보내 조공하였으며, [선덕] 8년(1433)에 도성에 도달하였다.[229] 정통 원년(1436)에 [그 나라 사신이] 귀국[230]하였는데, 새서를 내려 [그 나라] 왕에게 표창하였다.

其國東南大海, 西北重山, 天時常若八九月. 五穀·蔬果·諸畜咸備. 人體頎碩. 王及臣民悉奉回回教, 婚喪亦遵其制. 多建禮拜寺. 遇禮拜日, 市絕貿易, 男女長幼皆沐浴更新衣, 以薔薇露或沉香油拭面, 焚沉·檀·俺八兒諸香土爐, 人立其上以薰衣, 然後往拜. 所過街市, 香經時不散. 天使至, 詔書開讀訖, 其王徧諭國人, 盡出乳香·血竭·蘆薈·沒藥·蘇合油·安息香諸物, 與華人交易. 乳香乃樹脂. 其樹似榆而葉尖長, 土人砍樹取其脂爲香. 有駝鷄, 頸長類鶴, 足高三四尺, 毛色若駝, 行亦如之, 常以充貢.

그 나라 동남쪽은 큰 바다가 있고 서북은 중첩된 큰 산이 있으며, 날씨는 늘 8~9월 같다.

---

225) 祖法兒: Zufar나 Djofar의 음을 표기한 것이다. 사우디아라비아 동쪽으로 지금의 Dhofar이다(鞏珍, 1961: 33). 아라비아 반도 동남쪽 연해안에 위치한 이곳은 옛날부터 상업으로 이름난 항구로, 각 나라의 상인들이 운집하던 곳이었다.

226) 永樂 19년(1421) 정월의 일이다. 『太宗實錄』 卷233 永樂 19년 정월 戊子條 참조. 이때 조법아는 홀로모사 등 15개 나라와 함께 명에 조공하였다.

227) 『太宗實錄』 卷263 永樂 21년 9월 戊戌條의 내용을 보면, 이때 황제는 황태자에게 함께 명조를 방문했던 조법아 등 16개국 사절들에게 회동관에서 연회를 베풀도록 지시하였다.

228) 『宣德實錄』 卷67 宣德 5년 6월 戊寅條의 내용을 보면, 이때 선덕제는 자신이 대통을 이어 즉위했다는 사실을 정화와 王景弘을 먼 나라에 파견하여 詔書로 頒示했다.

229) 『宣德實錄』 卷105 宣德 8年 윤8월 辛亥朔條의 내용을 보면, 이 때 온 사신은 佐法兒였다고 표기되어 있다.

230) 『英宗實錄』 卷19 正統 원년 윤6월 癸巳條의 내용을 보면, 이때 고리, 조법아 등 11개국 사절들을 조와 사절단과 함께 돌려보냈다고 한다.

오곡·채소와 과일·여러 가축들이 모두 갖추어져 있다. 사람들의 체격은 컸다. 왕과 신민이 모두 회회교(回回敎)를 신봉하였고 혼례와 상례 또한 [회회의] 제도를 따랐다. 많은 예배사원을 세웠다. 예배를 드리는 날이 되면 시장에서는 거래를 하지 않고, 남녀노소 모두 목욕하고 새 옷을 갈아입고 장미로나 침향유(沉香油)로 얼굴을 닦았으며, 침(沉)·단(檀)·엄팔아(俺八兒)[231] 등 여러 향을 흑항아리에 태워 사람들이 그 위에 서서 옷에 향을 나게 한 후 예배를 드리러 갔다. [그들이] 지나간 거리에는 향기가 시간이 지나도 흩어지지 않았다. 명조의 사신이 이르면 조서를 공개적으로 읽고 난 후, 그 나라 왕이 [그 내용을] 백성들에게 두루 알렸고, 모두 유향(乳香)[232]·혈갈(血竭)[233]·노회(蘆薈)[234]·몰약(沒藥)[235]·소합유(蘇合油)[236]·안식향(安息香)[237] 등의 물건을 꺼내 중국인(華人)과 교역하였다. 유향은 바로 수액이다. 그 나무는 느릅나무와 비슷한데 그 잎은 가늘고 길었으며, 그 지역 사람들은 나무를 베어 수액을 채취해 향을 만들었다. 타계(駝鷄)[238]가 있는데 목이 긴 것이 학과 비슷하고 다리 높이가 3~4척은 되었으며, 털의 색깔은 낙타와 같았고 걷는 것도 그와 같았는데, 늘 조공품으로 충당하였다.

木骨都束, 自小葛蘭舟行二十晝夜可至. 永樂十四年遣使與不剌哇·麻林諸國奉表朝

231) 俺八兒: 아랍어의 Anbar를 음역한 것으로 용연향을 가리킨다.

232) 乳香: 아랍어 Luban의 음역으로 유향나무의 수액을 말린 것이다. 『諸蕃志』에서는 훈육향이라 기재되어 있으며, 페르시아에서 나는 것으로 스리위자야를 거쳐 들어온다고 하였다.

233) 血竭: 기린갈이라고도 하는데 야자과의 덩굴성 식물이다. 줄기는 높이가 20m 정도이며, 가시가 있어 다른 식물에 기어 올라간다. 담황색의 작은 꽃이 圓錐형으로 피고, 비늘과 같이 된 껍질에 싸여 있는 붉고 둥근 열매를 맺는다. 열매가 익으면 붉은 진을 내는데 顔料, 지혈제로 쓰며 줄기는 지팡이를 만든다. 숲의 늪가에서 자라는데 인도네시아 수마트라섬에 분포한다.

234) 芦薈: 알로에로 지중해, 아프리카 등지가 원산지이다.

235) 沒藥: 아랍어 Murr 혹은 페르시아어의 Mor의 음역이다. 고대 서양에서 중요시 하던 향료·약재로, 페르시아, 아라비아, 아프리카 동북부 지역에서 많이 난다. 『諸蕃志』에 "몰약은 페르시아 麻囉抹國에서 나온다. 그 나무는 아주 커서 중국의 소나무 같았고, 껍질 두께가 1~2寸이나 되었다. 껍질에 상처를 내어 채취한다"라고 기재되어 있다.

236) 蘇合油: 소합향나무에서 나는 기름으로 약재와 향료로 사용한다.

237) 安息香: 金銀香이라고도 한다. 수마트라에서는 Kamayan, 타이에서는 Kamyan이라고 한다. 인도네시아 여러 지역에서 산출되는데 松脂와 비슷하였다. 당시 가장 많이 산출되는 향료였다.

238) 駝鷄: 타조이다.

貢，命鄭和齎敕及幣偕其使者往報之．後再入貢，復命和偕行，賜王及妃綵幣．二十一年，貢使又至．比還，其王及妃更有賜．宣德五年，和復頒詔其國．

목골도속(木骨都束)은 소갈란에서 배로 20일 밤낮을 가면 도달할 수 있다. 영락 14년(1416)에 사신을 보내 불랄와·마림 등 나라들과 함께 표문을 받들고 조공하자, [황제는] 정화에게 칙서와 비단예물을 가지고 그 나라 사신과 함께 가서 보답하게 하였다.[239] 후에 다시 입조하여 공물을 바치자, [이에] 다시 정화에게 함께 가도록 명하여 왕과 왕비에게 채폐를 내려주었다.[240] [영락] 21년(1423)에 조공사절이 또 이르렀다.[241] 돌아갈 때 그 나라 왕과 왕비에게 다시 사여품을 내렸다. 선덕 5년(1430)에 정화가 또 그 나라에 가서 조서를 반포하였다.[242]

國濱海，山連地曠，磽瘠少收．歲常旱，或數年不雨．俗頑嚚，時操兵習射．地不產木．亦如忽魯謨斯，壘石爲屋，及用魚腊以飼牛羊馬駝云．

나라는 해변에 접해 있고 산은 이어져 땅은 넓었으나 메마르고 척박하여 수확이 적다. 해마다 늘 가뭄이 있고 여러 해 비가 내리지 않기도 한다. 풍속은 어리석고 간교하며 늘 군대를 훈련시키고 활쏘기 연습을 하였다. 토지에서는 나무가 자라지 않는다. 역시 홀로모사처럼 돌을 쌓아서 집을 지었고, 어석(魚腊)[243]으로 소·양·말·낙타를 사육한다고 한다.

不剌哇，與木骨都束接壤．自錫蘭山別羅里南行，二十一晝夜可至．永樂十四年至二

239)『太宗實錄』卷182 永樂 14년 11월 戊子朔條와『太宗實錄』卷183 永樂 14년 12월 丁卯條에 관련된 내용이 있다.

240)『太宗實錄』卷233 永樂 19년 정월 戊子條 참조.

241) 이때 황제는 사신들이 가지고 온 토산물을 교역하려고 하면, 관아에서 그 가격을 보상해 주도록 하였다(『太宗實錄』卷263 永樂 21년 9월 戊戌條 참조).

242) 선덕제는 즉위 후, 홍무제와 영락제 때의 적극적인 해외정책을 계승할 것이라는 취지의 칙서를 내렸다(『宣宗實錄』卷67 宣德 5년 6월 戊寅條 참조).

243) 魚腊: 물고기를 말린 것이다.

十一年，凡四入貢，並與木骨都束偕．鄭和亦兩使其國．宣德五年，和復往使．

불랄와(不剌哇)는 목솔도속과 땅을 접하고 있다. 석란산 별라리(別羅里)[244]에서 남쪽으로 가 21일 밤낮이면 도착할 수 있다. 영락 14년(1416)에서 21년(1423)까지 모두 네 차례 입조하여 공물을 바쳤고, 모두 목골도속 [사신]과 함께 왔다. 정화는 역시 그 나라에 두 차례 사행했다. 선덕 5년(1430)에 정화가 다시 사행하였다.

其國，傍海而居，地廣斥鹵，少草木，亦壘石爲屋．其鹽池．但投樹枝於中，已而取起，鹽卽凝其上．俗淳．田不可耕，蒜葱之外無他種，專捕魚爲食．所產有馬哈獸，狀如獐；花福祿，狀如驢；及犀・象・駱駝・沒藥・乳香・龍涎香之類，常以充貢．

그 나라는 큰 바다 옆에 있고 땅은 넓으나 소금이 많아서 초목이 적고, 역시 돌을 쌓아서 집을 지었다. [그 나라에는] 염지(鹽池)[245]가 있다. 단지 나뭇가지를 그 가운데 던져 바로 그것을 취하기만 해도 소금이 그 위에 응고되었다. 풍속은 순박하다. 밭은 경작할 수 없어서 산총(蒜蔥)[246] 외에는 심을 수 있는 것이 없어서 오직 물고기를 잡아 음식물로 삼았다. 생산물에는 마합수(馬哈獸)[247]가 있는데 모양은 노루와 같았고, 화복록(花福祿)[248]의 모양은 나귀 같았으며, 물소·코끼리·낙타·몰약·유향·용연향 등의 종류를 늘 조공품으로 충당하였다.

---

244) 別羅里: 錫蘭山과 柯枝의 경계 지역으로, 지금의 Beruwala이다. 중세 유럽에 여행가들은 Pervilis라고 칭했다(黃省曾, 2000: 81). 이 지역에 대해서 馮承鈞은 두 가지 설이 있다고 언급하고 있는데, 하나는 Galle와 Colombo 사이의 Bellingamme이라는 것이고, 다른 하나는 Colombo나 그 부근이라는 것이다(馮承鈞, 1962: 34).

245) 鹽池: 식염을 생산할 수 있는 咸水湖를 일컫는다.

246) 蒜蔥: 胡葱의 다른 이름으로 마늘이며, 干葱·冬葱·回回葱이라고도 한다.

247) 馬哈獸: 긴 뿔을 가진 영양으로 아라비아 영양, 북아프리카 영양, 동아프리카 영양 세 종류가 있다. 본문에서 가리키는 것은 아라비아 영양이다.

248) 花福祿: 花福鹿 또는 福祿으로도 표기한다. 소말리아어 Faro의 음역인데, 얼룩말을 가리킨다.

竹步，亦與木骨都束接壤．永樂中，嘗入貢．其地戶口不繁，風俗頗淳．鄭和至其地．地亦無草木，壘石以居，歲多旱暵，皆與木骨都束同．所産有獅子·金錢豹·駝蹄鷄·龍涎香·乳香·金珀·胡椒之屬．

죽보(竹步)[249] 역시도 목골도속과 접해 있는 곳이다. 영락 연간(1402~1424)에 일찍이 입조하여 공물을 바쳤다. 그 지역은 인구가 번성하지 않고 풍속은 매우 순박하다. 정화가 그 지역에 이르렀다. 땅에는 역시 초목이 없어 돌을 쌓아서 거주하였고, 매 해마다 대체로 가물었는데 모두 목골도속과 같다. 산물로는 사자(獅子)·금전표(金錢豹)[250]·타제계(駝蹄鷄)[251]·용연향·유향·금박(金珀)[252]·호초의 종류가 있다.

阿丹，在古里之西，順風二十二晝夜可至．永樂十四年遣使奉表貢方物．辭還，命鄭和齎敕及綵幣偕往賜之．自是，凡四入貢，天子亦厚加賜賚．宣德五年，海外諸番久缺貢，復命和齎敕宣諭．其王抹立克那思兒卽遣使來貢．八年至京師．正統元年始還．自後，天朝不復通使，遠番貢使亦不至．前世梁·隋·唐時，並有丹丹國，或言卽其地．

아단(阿丹)은 고리의 서쪽에 있는데, 순풍을 타고 22일 밤낮이면 도착할 수 있다. 영락 14년(1416)에 사신을 보내 표문을 올리고 방물을 바쳤다.[253] [사신이] 돌아가겠다고 말하자, 정화에게 명하여 칙서와 채폐를 가지고 함께 가서 [그 나라 왕에게] 상을 내리게 했다.[254] 이로부터 모두 네 차례 입공하였고 천자도 후하게 상을 내려주었다.[255] 선덕 5년(1430)에

249) 竹步: Jobo 또는 Jubb의 음역으로 현재 소말리아의 Giumbo를 가리킨다.

250) 金錢豹: 표범으로, 錢豹·銀豹子·豹子·文豹라는 별칭이 있다.

251) 駝蹄鷄: 타조이다.

252) 金珀: 황금색의 호박으로, 그 색의 깊이에 따라 여러 종류로 구분된다. 珀 가운데 투명한 것은 호박이라고 부르고, 불투명한 것은 密蜡이라고 한다.

253) 실록에는 永樂 14년(1416) 11월에 사신이 도착했고, 그들에게 연회를 베풀었다고 기재되어 있다(『太宗實錄』 卷182 永樂 14년 11월 戊子條, 丙申條 참조).

254) 정화의 파견에 대해서는 『太宗實錄』 卷183 永樂 14년 12월 丁卯條 참조.

255) 이때 입공과 관련된 내용은 『太宗實錄』 卷233 永樂 19년 정월 戊子條; 『太宗實錄』 卷250 永樂 20년

해외의 여러 번들이 오랫동안 조공을 하지 않으므로, 다시 정화에게 명하여 칙서를 가지고 널리 효유하게 하였다.[256] [그러자] 그 나라 왕 말립극나사아(抹立克那思兒)[257]는 바로 사신을 보내 입조하여 공물을 바쳤다. [선덕] 8년(1433)에 경사에 이르렀다.[258] [그 나라 사신은] 정통 원년(1436)에 비로소 돌아갔다.[259] 이후 명조는 다시 사신을 파견하지 않았고 먼 나라의 조공사절들도 오지 않았다. 이전의 양(梁)·수(隋)·당대(唐代)에는 모두 단단국(丹丹國)[260]이 있었는데, 혹자는 바로 그 지역이라고 말한다.

地膏腴, 饒粟麥. 人性强悍, 有馬步銳卒七八千人, 隣邦畏之. 王及國人悉奉回回敎. 氣候常和, 歲不置閏. 其定時之法, 以月爲準, 如今夜見新月, 明日卽爲月朔. 四季不定, 自有陰陽家推算. 其日爲春首, 卽有花開; 其日爲秋初, 卽有葉落; 及日月交食·風雨潮汐, 皆能預測.

토지는 비옥하여 속맥(粟麥)이 풍부하다.[261] 사람들의 성품은 억세고 사나우며, 기병과

8월 壬寅條; 『太宗實錄』 卷263 永樂 21년 9월 戊戌條 참조. 永樂 19년(1421)에 태감 李克이 정사로 파견되었다(鞏珍, 1961: 35).

256) 詔書의 내용은 『宣宗實錄』 卷67 宣德 5년 6월 戊寅條 참조.

257) 抹立克那思兒: Molike Nasier의 음역이다.

258) 『宣宗實錄』 卷105 宣德 8年 閏8月 辛亥朔條 참조.

259) 이때 고리와 아단 등 11개국 사절들이 함께 돌아갔다. 선덕 연간(1426~1435)에 도착했던 각국의 사절단을 돌려보내면서 명의 황제가 내린 칙서의 내용은 『英宗實錄』 卷19 正統 元年 6月 癸巳條 참조.

260) 丹丹國: 현재의 켈란탄(Kelantan)으로 말레이시아의 말레이 반도 북중부 동해안 일대이다. 남부에는 해발고도 2,000m를 넘는 산지가 이어지고, 북부에는 켈란탄강 유역에 평야가 전개된다. 현재 저지대에서는 쌀과 코코야자를 재배하고, 해안에서는 어업이 활발하다.

261) 馬歡의 『瀛涯勝覽』에서는 아단의 농업과 생산물에 대해 다음과 같이 언급하였다. "아단국은 쌀·조·콩·보리와 각종 채소들이 모두 생산되며, 열매로는 萬年棗·잣·把擔·건포도·核桃·花紅·석류·살구 등이 있다. 코끼리·낙타·나귀·노새·소·양·닭·오리·고양이·개 등은 있으나 돼지와 거위는 찾아볼 수 없다. 綿羊은 흰털에 뿔이 없으나, 머리에는 검은 털이 두 뭉치나 있어서 중국에서 어린 아이의 정수리 머리카락을 묶은 것과 같은 모양이며, 목 아래에는 소가죽 주머니처럼 축 늘어져 있다. 그리고 털은 개털처럼 짧고, 꼬리는 커다란 쟁반과 같다. 사람들은 주택에서 살며, 나무로 누각을 만들어 사는데 이때 사용한 나무는 모두 현지에서 생산되는 紫檀木이다. 또 토산품으로는 薔薇露·櫓卜花·씨없는 흰포도 등이 있다. 花福鹿, 청색 꽃 무늬가 있는 흰 타조, 꼬리가 크고 뿔이 없는 면양 등의

보병의 정예병사가 7~8천 명이 있어 이웃 나라들은 이를 두려워하였다. 왕과 백성들은 모두 회회교(回回教)를 신봉하였다. 기후는 늘 온화하고 매년 윤달을 두지 않았다. 시간을 정하는 법은 달(月)로 기준을 삼았는데, 예를 들어 오늘 밤에 새로운 달이 나타나면 다음날이 바로 초하루 날이 되었다. 4계절은 일정하지 않고 음양가(陰陽家)가 추산하는대로 따랐다. 그 날이 초봄이라 하면 꽃이 피고, 그 날이 초가을이라 하면 잎이 떨어졌으며, 일식·월식·풍우조석(風雨潮汐)에 미쳐서도 모두 예측할 수 있었다.

其王甚尊中國. 聞和船至, 躬率部領來迎. 入國宣詔訖, 徧諭其下, 盡出珍寶互易. 永樂十九年, 中官周姓者往, 市得貓睛, 重二錢許, 珊瑚樹高二尺者數枝, 又大珠·金珀·諸色雅姑異寶·麒麟·獅子·花貓·鹿·金錢豹·駝鷄·白鳩以歸, 他國所不及也.

그 나라 왕은 중국을 상당히 존중하였다. 정화의 선박이 이른다는 소식을 듣고 몸소 부령(部領)을 이끌고 와서 영접하였다. 입국하여 조서를 반포하는 것이 끝나면 그 무리들에게 두루 알리고 모두 진귀한 보물을 꺼내 서로 교역을 한다. 영락 19년(1421)에 주씨 성의 중관이 가서 교역에서 묘청(貓睛)[262]을 구입하였는데, 2전(錢) 여의 비싼 값을 치렀으며,[263] 산호수(珊瑚樹)[264]의 높이가 2척이 되는 것 여러 그루와 또 대주(大珠)·금박, 여러 가지 색이 있는 아고이보(雅姑異寶)[265]·기린·사자·화묘(花貓)·사슴·금전표·타계·백구(白鳩)[266]를 가지

동물이 있다. 화복록은 마치 노새처럼 생겨 몸과 얼굴이 희며, 미간에는 가는 청색 줄 꽃무늬가 희미하게 그어져 있고, 온몸에서 네 발굽까지 샛길처럼 가는 줄이 있어서 마치 푸른 꽃을 그려 놓은 듯하다. 흰 타조 역시 푸른 꽃무늬가 있어서 마치 얼룩말처럼 보인다(上杉千年, 2007: 215~217)."

262) 貓睛: 貓睛石이라고도 하는데, 표면에 고양이 눈에 있는 것과 같은 수직 섬광이 빛난다.

263) 전국적으로 통용되는 화폐를 가지고 있었다. 왕은 순금으로 돈을 주조하여 사용하였으며, 이름은 甫嚕黎라고 했으며, 重官을 一錢이라고 하였다. 바닥면에 무늬가 있으며, 붉은 구리로 주조하여 甫嚕斯나 零使라고 불렀다(上杉千年, 2007: 217~218).

264) 珊瑚樹: 珊瑚枝라고도 하고, 紫金牛科의 常綠 小灌木이며, 學名은 *Ardisia pusilla DC.*이다. 높이는 5~8cm이며, 잎은 돌려나고 타원형이다. 따뜻한 지방 해안지대의 숲이나 골짜기에 나는데, 6월에 작은 흰색 꽃이 피고 9월에 붉은 열매가 익는다. 관상용 庭園樹로 널리 가꾸며, 타박상, 류머티즘의 약용으로도 쓰인다. 주로 중국 남부, 대만, 일본, 동남아시아 등지의 해발 300m 이하 상록수림에서 자생한다.

고 돌아왔는데, 다른 나라는 미치는 못하는 것이었다.

蔬果·畜産咸備, 獨無鵝·豕二者. 市肆有書籍. 工人所製金首飾, 絶勝諸蕃. 所少惟無草木, 其居亦皆壘石爲之. 麒麟前足高九尺, 後六尺, 頸長丈六尺有二, 短角, 牛尾, 鹿身, 食粟豆餅餌. 獅子形似虎, 黑黃色無斑, 首大, 口廣, 尾尖, 聲吼若雷, 百獸見之皆伏地.

소과(蔬果)·축산(畜産)은 모두 갖춰졌으나 오직 거위와 돼지 두 가지만 없다. 시장의 점포에는 서적이 있다. 공인(工人)들이 제작한 금(金)으로 만든 머리 장식은 다른 나라들보다 훨씬 나았다. 부족한 것은 오직 초목이 없다는 것인데, 그들의 거주지 역시 모두 돌을 쌓아서 만들었다. 기린의 앞 다리는 높이가 9척(尺)이었고, 뒷다리는 6척, 목의 길이는 1장(丈) 6척(尺) 2촌(寸)이었으며,[267] 짧은 뿔, 소의 꼬리와 사슴의 몸이었고, 조와 콩을 넣어 떡으로 만들어 먹었다. 사자는 그 모양이 호랑이와 비슷하고 흑황색에 무늬가 없고 머리가 크며, 입은 넓고 꼬리는 뾰쪽하고 울음소리는 우레와 같아서 백수(百獸)가 이를 보고 모두 땅에 엎드린다.

嘉靖時製方丘朝日壇玉爵, 購紅黃玉於天方·哈密諸蕃, 不可得. 有通事言此玉產於阿丹, 去土魯番西南二千里, 其地兩山對峙, 自爲雌雄, 或自鳴, 請如永樂·宣德故事, 齎重賄往購. 帝從部議, 已之.

가정(嘉靖)[268] 연간(1522~1566)에 방구조일단옥작(方丘朝日壇玉爵)[269]을 만들기 위해,

265) 雅姑는 보석이라는 의미의 아랍어 Yakut를 음역한 것으로 다양한 색깔에 따라 紅雅姑·靑雅姑·黃雅姑·白雅姑 등으로 이름을 붙였다. 여기서는 여러 색깔의 보석을 일컫는 것으로 보인다.

266) 白鳩: 흰 비둘기로, 고대에 봉황이나 기린과 함께 상서로운 동물로 여겼다.

267) 『西洋番國志』에도 기린의 앞다리 길이는 8~9척 정도, 뒷다리는 6척이라는 내용이 있다(鞏珍, 1961: 37).

268) 嘉靖: 명 왕조 12대 황제인 世宗 朱厚熜의 年號이다.

천방(天方)[270]·합밀(哈密)[271] 등 여러 번에 가서 홍황옥(紅黃玉)[272]을 구매하고자 하였으나 얻지 못하였다. 어떤 통사가 그 옥(玉)이 아단(阿丹)에서 나오며, 토로번(土魯番)[273]에서 서남으로 2천 리를 가면 그 땅에는 두 개의 산이 대치하여 자웅(雌雄)하고 있는데, 어느 때 소리가 울린다고 하였고, 영락·선덕시기의 고사(故事)처럼 많은 재물을 가지고 가 구매하기를 청하였다. [그러나] 황제가 관할 부서의 논의에 따라 이 일을 중지하였다.

剌撒, 自古里順風二十晝夜可至. 永樂十四年遣使來貢, 命鄭和報之. 後凡三貢, 皆與阿丹·不剌哇諸國偕. 宣德五年, 和復齎敕往使, 竟不復貢. 國傍海而居, 氣候常熱, 田瘠少收. 俗淳, 喪葬有禮. 有事則禱鬼神. 草木不生, 久旱不雨. 居室, 悉與竹步諸國同. 所産有乳香·龍涎香·千里駝之類.

---

269) 方丘朝日壇玉爵: 方丘는 땅에게 제사를 지내던 단을 뜻하고, 朝日壇은 고대에 제왕들이 해에게 제사를 지내던 곳을 의미한다. 홍무 9년(1376)에 남경의 鍾山 남쪽에 圜丘를 세워 天에 제사를 지냈고, 북쪽에는 方丘를 세워 地에 제사를 지냈다. 東郊에 朝日壇을 만들고 西郊에 夕月壇을 만들었다. 홍무 10년(1377)에 天地를 合祀하는 것으로 정해서 方丘는 폐지되었다. 그러나 嘉靖 9년(1530)에 天地分祀의 원칙으로 돌아가서 方澤壇을 북경의 安定門 밖에 세웠다. 朝日壇은 夕月壇과 함께 홍무 3년(1372)에 남경에 세웠으나 홍무 21년(1388)에 폐지하였다. 가정 9년에 북경의 朝陽門 밖에 다시 설치하였다. 따라서 方丘朝日壇玉爵은 方丘와 朝日壇에서 사용할 玉으로 만든 제기의 잔을 의미하는 것이다. 가정 연간(1522~1566)에 玉爵을 제작하기 위한 재료를 구하는 내용은 『明史』 卷82 「食貨志」6 참조.

270) 天方: 현재 사우디아라비아의 메카(Mecca)를 가리킨다. 당시에는 默伽國이라고도 했다. 『瀛涯勝覽』에 의하면 선덕 5년(1430)에 선덕제가 정화 등을 해외에 파견하여 칙서를 전하고 상을 내렸다고 한다. 그 분대가 고리국에 도착하였을 때. 고리국과 천방국이 서로 교류하는 것을 보고 통사를 파견하였는데, 이들이 천방국에 갔다가 다시 고리국으로 돌아오기까지는 1년이 걸렸다.

271) 哈密: 고대에 오손왕이 장악했던 지역으로, 원대에 哈密力이라 불렀고, 甘肅行省에 속했다. 명대에는 합밀위를 설치하였다.

272) 紅黃玉: 紅玉과 黃玉이다. 홍옥은 루비로, 강옥의 일종이다. 루비라는 이름은 라틴어의 붉은 색을 뜻하는 'Ruber'에서 왔다. 황옥은 감람석과 같은 결정구조를 가지는 사방정계에 속하는 광물로 토파즈라고도 한다. 색깔은 무색·황색·녹색·청색·분홍색을 띠는 것들이 있다.

273) 土魯番: 漢代에는 車師에, 隋代에는 高昌에 속했으며, 宋代에는 위구르가 이 지역을 장악하였다. 明代에는 하나의 정치체로 성장하였고, 土魯番이라고 칭하였다. 15세기 초부터 明과 교류하였는데, 1414년에 永樂帝가 사신 陳誠을 서역사신으로 파견한 이래 계속 교류하였다. 현재 신강 위구르 자치구 투루판 분지의 북부를 가리킨다.

날살(剌撒)은 고리에서 순풍을 타고 20일 밤낮이면 도착할 수 있다. 영락 14년(1416)에 사신을 보내 입조하여 공물을 바치자, [황제는] 정화에게 명하여 이에 보답하게 하였다. 후에 모두 3차례 조공하였는데, 모두 아단·불랄와 등 여러 나라와 함께 왔다. 선덕 5년(1430)에 정화가 다시 칙서를 가지고 사신으로 갔지만, 결국 다시 조공하지 않았다. 나라는 바다에 접해 있고, 기후는 늘 덥고 밭은 척박하여 수확이 적다. 풍속은 순박하고 상례와 장례에는 예의가 있다. 일이 생기면 귀신에게 기도한다. 초목이 자라지 않는데 오랫동안 가뭄이 들어 비가 오지 않는다. 집은 모두 죽보(竹步) 등 여러 나라와 같다. 생산되는 것으로는 유향·용연향·천리타(千里駝)의 종류가 있다.

麻林, 去中國絶遠. 永樂十三年遣使貢麒麟. 將至, 禮部尙書呂震請表賀, 帝曰:「往儒臣進『五經四書大全』, 請上表, 朕許之, 以此書有益於治也. 麟之有無, 何所損益, 其已之.」已而麻林與諸蕃使者以麟及天馬·神鹿諸物進, 帝御奉天門受之. 百僚稽首稱賀, 帝曰:「此皇考厚德所致, 亦賴卿等翊贊, 故遠人畢來. 繼自今, 益宜秉德迪朕不逮.」十四年又貢方物.

마림(麻林)은 중국에서 상당히 멀리 떨어져 있다. 영락 13년(1415)에 사신을 보내 기린을 바쳤다.[274] [사신이] 장차 이르러서 예부상서 여진(呂震)[275]이 표문을 올려 축하의 뜻을 전하기를 청하자,[276] 황제가 이르기를, "전에 유신(儒臣)이 『오경사서대전(五經四書大全)』[277]을

274) 이에 황제는 관원을 福建으로 보내 연회를 후하게 베풀 것을 지시하였다(『太宗實錄』 卷168 永樂 13년 9월 癸丑條, 庚申條; 『太宗實錄』 卷169 永樂 13년 10월 癸未條 참조).

275) 呂震(?~1426): 臨潼 출신으로 字는 克聲이다. 관직이 太子太保兼禮部尙書에까지 이른 인물이다. 태학을 통해 관직에 나갔다. 정난의 변 때에 그는 北平按察司僉事로 있었는데, 영락제에게 항복하였다. 大理寺少卿을 거쳐 형부와 예부의 상서를 제수 받았다. 영락제가 몽골에 대한 친정을 행할 때에 황태자가 監國을 하였는데, 이때 여진의 사위가 조참례를 잘못 행한 일에 연루되어 혁직되었다가 이후 복직되었다. 홍희제가 즉위하면서 太子太保兼禮部尙書가 되었다.

276) 『太宗實錄』 卷170 永樂 13년 11월 庚子條에 보면, "마림국에서 바친 기린이 곧 도착한다고 하니 좋은 날을 택해 깨끗이 청소하고 모든 신하들이 함께 상주문을 올려 기쁨을 더하고자 합니다"라는 그가 올린 상소의 내용이 있다.

277) 『世宗實錄』에 의하면, 永樂 12년(1414)에 行在翰林院學士 胡廣·侍講 楊榮·金幼孜 등에게 칙령을 내려

바치고 표문을 올려 청하였을 때 짐이 그것을 허락하였는데, [그 이유는] 이 책이 통치에 유익하였기 때문이었다. [그런데] 기린의 유무가 무슨 손익이 있겠는가, 그것을 그만두어라"라고 하였다. 조금 있다가 마림과 여러 번의 사신들이 기린과 천마(天馬)·신록(神鹿) 등 여러 물품을 바치자,[278] 황제가 친히 봉천문(奉天門)[279]에 이르러 이를 받았다. 백관들이 머리를 숙여 경하를 드리자, 황제가 이르기를, "이것은 황고(皇考)[280]의 덕이 깊었던 까닭이고, 또한 경들의 보좌에 힘입었기에 먼 곳의 사람들이 모두 온 것이다. 지금 이후 계속해서 마땅히 더욱더 덕을 가지고 짐이 미치지 못한 것을 이끌어야 할 것이다"라고 하였다.[281] [영락] 14년(1416)에 또 방물을 바쳤다.[282]

『五經四書大全』을 찬수하게 하였는데, 胡廣·楊榮·葉時中 등 모두 39명이 찬수에 참여하였으며, 永樂 13년(1415) 9월에 완성하였다.

278) 마림은 기린을 공물로 전한 사실로 널리 알려져 있다. 이 일에 대해서 金幼孜는 『瑞應麒麟賦』에서 "신이 듣자옵건대, 임금이 지극한 성덕을 갖추고 있으면 반드시 나라가 태평하며, 나라가 태평하면 반드시 나라에 상서로움이 있다고 들었습니다. 서로의 감응은 모두가 정성을 다하는 마음에 바탕을 두고 있는 것이기 때문에 사람의 힘으로는 어찌할 수 없는 것이고, 스스로 그렇게 되는 것입니다. 오직 임금만이 中正의 도를 세워 후세에 전할 수 있으며, 하늘의 이치를 본받아 정사를 베풀고 교화를 일으키니 서로 화복하여 감응이 사방에서 겹겹이 모여듭니다. 永樂 13년 가을 9월 壬寅日 서남쪽의 마림국에서 기린을 바쳤습니다"라고 하였다. 기린은 예부터 상서로운 동물로 생각되어서 마림국이 기린을 바친 일은 대단히 큰 사건이었다(上杉千年, 2007: 196~199).

279) 奉天門: 南京 故宮의 門이다. 남경의 궁궐은 明 太祖 朱元璋이 아직 황제로 즉위하기 이전인 至正 26년(1366)에 集慶城 밖 동북쪽 교외에 궁궐을 짓기 시작하였다. 처음에는 吳王新宮이라고 칭했고 나중에 皇城으로 불렀다. 당시 朱元璋은 稱帝를 하기 이전이었으므로, 궁궐 건축 시 규모를 정하는 데에도 제한이 있었다. 中路의 外朝와 內廷만 있었고 동서 양측은 빈 공간이었다. 새 궁궐은 동서로 790m, 남북으로 750m였고 4개의 문이 있었는데 午門·東華門·西華門·玄武門이 그것이다. 午門을 들어가면 그 앞에 奉天門을 만나는데, 그 안에 正殿인 奉天殿이 있다. 그 앞 좌우에는 文樓와 武樓가 있었고, 봉천전의 뒤에는 華蓋殿과 謹身殿이 있다. 內廷에는 乾淸宮과 坤寧宮을 비롯하여 동서로 6개의 궁이 있다.

280) 여기서 皇考는 돌아가신 황제를 의미하며, 홍무제를 일컫는다.

281) 『太宗實錄』 卷170 永樂 13년 11월 壬子條 참조.

282) 이때는 정화가 네 번째 원정을 수행하던 시기로, 그것은 영락 11년(1413)부터 영락 13년(1415)에 걸쳐 행해졌다. 이때 방문한 지역은 이전의 범위를 넘어 인도 서쪽 페르시아만 방면 忽魯謨斯(호르무즈)에까지 이르렀다. 한편 분견대를 아프리카 동해안에 있는 木骨都束·麻林·不剌哇 등지에까지 파견하였다.

忽魯謨斯，西洋大國也．自古里西北行，二十五日可至．永樂十年，天子以西洋近國已航海貢琛，稽顙闕下，而遠者猶未賓服，乃命鄭和齎璽書往諸國，賜其王錦綺·綵帛·紗羅，妃及大臣皆有賜．王卽遣陪臣已卽丁奉金葉表，貢馬及方物．十二年至京師．命禮官宴賜，酬以馬直．比還，賜王及妃以下有差．自是，凡四貢．和亦再使．後朝使不往，其使亦不來．

홀로모사(忽魯謨斯)는 서양의 대국이다. 고리에서 서북쪽으로 가서 25일이면 도착할 수 있다.[283] 영락 10년(1412)에, 천자가 서양의 가까운 나라들은 이미 항해하여 보물들을 바치고[284] 지금 궁궐에서 계상(稽顙)[285]하고 있는데, 여전히 먼 곳의 나라들은 아직 빈복(賓服)[286]하지 않았기 때문에 [이에] 정화에게 명하여 조서를 가지고 여러 나라에 가도록 했으며, [이 때] 그 나라 왕에게 금기·채백·사라를 사여하고, 비(妃)와 대신들에게도 모두 하사하였다.[287] [그 나라의] 왕은 바로 배신(陪臣)[288] 이즉정(已卽丁)을 보내 금엽표(金葉表)[289]를 올리고 말과 방물을 바쳤다.[290] [영락] 12년(1414)에 경사에 이르렀다. [영락제는] 예부의 관원에게 명하여 연회를 베풀고 상을 내리도록 하였고, 말의 가치를 보상하도록 했다. 돌아갈 때 왕과 비 이하에게 차등을 두어 [사여품을] 내려 주었다.[291] 이로부터 모두 네 차례 입공하

283) 『殊域周咨錄』 卷9 「忽魯謨斯」條에는 古里에서 10일 정도를 가면 도착할 수 있다고 기록되어 있다.

284) 관련 내용은 『太宗實錄』 卷134 永樂 10년 11월 丙寅條 참조.

285) 稽顙: 고대에 행하던 일종의 拜禮이다. 무릎을 꿇고 절을 한 후 이마를 땅에 닿게 하는 것으로, 극도의 존경을 표시하는 것이다.

286) 賓服: 귀순, 순종의 의미이다.

287) 정화가 이 지역에 도착한 것은 영락 15년(1417) 가을부터 영락 17년(1419)에 걸쳐 행해졌던 5차 원정 때였다. 이전의 항해처럼 참파·자와·팔렘방·말라카·수마트라·사이판을 거쳐 인도 서해안 캘리컷에 이른 후 호르무즈에 도착했다. 이때에도 분견대를 모가디슈·브라와·마린디까지 파견하였고, 이들 지역 19개국의 사절들과 함께 귀국하였으며, 기린·사자·표범 등 수많은 진기한 헌상품들을 가져와 영락제에 바쳤다.

288) 陪臣: 陪官이라고도 하며, 家臣·卿·大夫의 집에 딸려 그들을 섬기고 받들던 사람이라는 뜻이 있는데, 여기서는 중국에 조공을 하러 온 사신을 의미한다.

289) 金葉表: 금박이 있는 표문을 일컫는다.

290) 이 사신의 방문에 대한 내용은 『太宗實錄』 卷154 永樂 12년 8월 甲寅條 참조.

291) 사여에 대한 내용은 『太宗實錄』 卷169 永樂 13년 10월 癸未條 참조.

였다. 정화 또한 다시 [이 나라에] 사행하였다.[292] 이후에는 조정의 사신들이 가지 않았고, 그 [나라의] 사신도 오지 않았다.[293]

宣德五年, 復遣和宣詔其國. 其王賽弗丁乃遣使來貢. 八年至京師, 宴賜有加. 正統元年附爪哇舟還國. 嗣後遂絶.

선덕 5년(1430)에 다시 정화를 보내 그 나라에 조서를 선포하였다. 그 나라 왕 새불정(賽弗丁)[294]이 곧 사신을 보내 입조하여 공물을 바쳤다. [선덕] 8년(1433)에 [사신이] 경사에 이르자, [선덕제는] 등급을 올려 연회를 베풀고 상을 내려주었다.[295] 정통 원년(1436)에 조와의 배를 타고 귀국하였다. 이후에는 끝내 단절되었다.

其國居西海之極. 自東南諸蠻邦及大西洋商舶·西域賈人, 皆來貿易, 故寶物填溢. 氣候有寒暑, 春發葩, 秋隕葉, 有霜無雪, 多露少雨. 土瘠谷麥寡, 然他方轉輸者多, 故價殊賤. 民富俗厚, 或遭禍致貧, 衆皆遺以錢帛, 共振助之. 人多白晰豐偉, 婦女出則以紗蔽面, 市列廛肆, 百物具備. 惟禁酒, 犯者罪至死. 醫卜·技藝, 皆類中華. 交易用銀錢. 書用回回字. 王及臣下皆遵回教, 婚喪悉用其禮. 日齋戒沐浴, 虔拜者五. 地多鹹, 不產草木, 牛羊馬駝皆啖魚腊. 壘石爲屋, 有三四層者, 寢處庖廁及待客之所, 咸在其上. 饒蔬果, 有核桃·把聃·松子·石榴·葡萄·花紅·萬年棗之屬. 境內有大山, 四面異色. 一紅鹽石, 鑿以爲器, 盛食物不加鹽, 而味自和; 一白土, 可塗垣壁; 一赤土·一黃土, 皆適於用. 所貢有獅子·麒麟·駝鷄·福祿·靈羊; 常

292) 정화가 홀로모사에 다시 사신으로 파견된 내용은 『太宗實錄』 卷183 永樂 14년 11월 丁卯條 참조.
293) 본문에서 사절이 오고 가지 않았다는 것은 영락 연간(1403~1424)의 상황을 언급한 것으로 보인다. 영락 연간(1403~1424)에 마지막 방문은 영락 19년(1421)이었고, 忽魯謨斯는 단독으로 사절을 파견하기 보다는 다른 나라들과 함께 사절단을 구성하여 명조를 방문하였다. 영락 19년 정월에는 忽魯謨斯를 포함한 16개국의 사절이 함께 명조에 조공하였다(『太宗實錄』 卷233 永樂 19년 정월 戊子條 참조).
294) 賽弗丁: Saifu'd Din의 음역이다.
295) 연회와 관련된 내용은 『宣宗實錄』 卷105 宣德 8년 8월 辛亥朔條 참조.

貢則大珠・寶石之類.

그 나라는 서해(西海)의 끝에 있다. 동남쪽의 여러 만방(蠻邦)과 대서양(大西洋)[296]에서 상선(商船)・서역(西域)[297]의 상인들이 모두 와서 무역하였고, 그 때문에 보물이 차고 넘쳤다. 기후는 더위와 추위가 있고, 봄에는 꽃이 피고 가을에는 나뭇잎이 떨어졌으며, 서리는 있으나 눈은 없고 이슬은 많으나 비는 적다. 토지는 척박하여 곡식과 보리가 부족하나, 다른 지역에서 들여오는 것이 많아서 가격은 상당히 낮았다. 백성들은 부유하고 풍속은 순박하다. 혹시 [어떤 사람이] 화를 당해 가난해지면 사람들이 전백(錢帛)을 주어 함께 구제하였다. 사람들이 대체로 희고 밝으며 풍채가 있고, 부녀자들은 외출할 때 얇은 비단으로 얼굴을 가렸으며,[298] 시장에는 상점들이 줄지어 있고, 여러 물품들이 갖춰져 있다. 술을 금지하였는데, 위반한 자는 그 죄에 대한 처벌이 사형에까지 이르렀다.[299] 의복(醫卜)・기예(技藝)는 중화(中華)와 비슷하다. 교역에는 은전(銀錢)을 사용하였다. 글은 회회자(回回字)[300]를 썼다. 왕과 신하들은

---

296) 元代에는 말라카 해협을 기준으로 소・대서양을 劃分하였기 때문에, 소서양은 말라카 해협 동쪽의 수마트라 주변 해역과 지역을, 대서양은 말라카 해협 서쪽 즉 인도양을 의미하였다. 소동양은 필리핀 군도와 칼리만탄섬 남부(보르네오) 일대를, 대동양은 인도네시아의 자와섬・킬리만탄섬 남부・슬라웨시섬 및 말루쿠 군도 일대에 해당한다(김영진, 2008: 116~117).

297) 西域: 이 단어는 『漢書』에 처음으로 등장한다. 현재의 신강의 위구르족 자치구인 타림분지에 산재해 있던 오아시스 도시국가들을 지칭하였다. 그 뒤 중국인의 서방에 관한 지식이 커짐에 따라 서역이 뜻하는 지역범위도 확대되어, 西투르키스탄・서아시아・소아시아는 물론이고, 때로는 인도까지 포함하게 되었다. 그러나 현재는 일반적으로 동・서투르키스탄을 합친 중앙아시아, 특히 동투르키스탄을 가리키는 말로 쓰인다.

298) 이슬람 여성들이 머리와 상반신을 가리기 위해 쓰는 쓰개 중 히잡(Hijab)을 가리키는 것으로 보인다. 이슬람 여성들 가운데 특히, 시리아・터키 등 아랍권의 여성들이 외출할 때 얼굴이나 가슴을 가리기 위해 머리에 쓰는 가리개(쓰개)를 말한다. 스카프나 두건과 비슷하며, 모양에 따라 얼굴과 가슴까지 가리는 것과 얼굴을 드러내는 것 두 가지로 구분된다. 이란 등지의 시아파 여성들이 입는 검은색 차도르(Chador), 사우디아라비아 여성들이 입는 검은색 아바야(Abayah), 아프가니스탄을 비롯한 아라비아반도 일부와 베두인族 일부 여성들이 입는 부르카(Burqah) 등이 신체의 대부분을 가리는 것인데 비해 히잡은 머리와 가슴 일부만을 가린다는 점에서 확연히 구분된다.

299) 이슬람 문화에서는 음주를 금지하였는데, 하람(Haram)이라고 불리는 금지된 행위였다. 위반하였을 때에는 알라의 벌을 받는다는 규정에 의해 처벌되었다.

300) 回回字: 이슬람 문자이다.

모두 회교(回教)를 존숭하였고, 혼례와 상례에는 모두 그 예를 사용하였다. 매일 목욕재계를 하고 정성스럽게 다섯 차례 절을 하였다. 토지는 대부분 소금기가 있어서 초목이 자라지 못했고, 소·양·말·낙타 모두 물고기 말린 것을 먹었다. 돌을 쌓아 집을 지었는데, 3·4층인 것도 있으며, 침실·주방·화장실과 응접실은 모두 윗 층에 있다. 야채와 과일은 풍부했고, 핵도(核桃)[301]·파담(把聃)[302]·송자(松子)[303]·석류(石榴)·포도(葡萄)·화홍(花紅)[304]·만년조(萬年棗)[305] 종류들이 있다. 그 영역 안에 큰 산이 있는데 사면의 색이 달랐다. 한 면은 홍염석(紅鹽石)[306]으로 [그것을] 캐서 기물(器物)을 만들면 음식물을 담아서 소금을 치지 않아도 맛은 자연히 조화로웠고, 한 면은 흰 흙으로, [그것을 가지고] 담과 벽을 칠할 수 있으며, 한 면은 붉은 흙, 한 면은 누런 흙이었는데, 모두 사용처가 있었다. 조공하는 물품으로는 사자·기린·타계·복록·영양(靈羊)[307]이었는데, 늘 조공하는 물품은 대주·보석의 종류이다.

溜山, 自錫蘭山別羅里南去, 順風七晝夜可至; 自蘇門答剌過小帽山西南行, 十晝夜可至. 永樂十年, 鄭和往使其國. 十四年, 其王亦速福遣使來貢. 自後三貢, 並與忽魯謨斯諸國偕. 宣德五年, 鄭和復使其國, 後竟不至.

유산(溜山)은 석란산 별라리에서 남쪽으로 가서 순풍을 만나 7일 밤낮이면 도착할 수 있고, 소문답랄에서 소모산(小帽山)[308]을 지나 서남쪽으로 가서 10일 밤낮이면 도달할 수 있다.

---

301) 核桃: 호두나무 열매로 겉껍질은 살이 많고 그 속은 지방질이 많다. 식용과 약용으로 사용되며, 기름을 짜기도 한다.

302) 把聃: 페르시아어의 Badam을 음역한 것으로 아몬드를 가리킨다.

303) 松子: 잣을 말함

304) 花紅: 쌍떡잎식물 장미목 장미과의 낙엽활엽 소교목으로, 학명은 *Malus asiatica*이다.

305) 萬年棗: 대추야자로 서아시아와 북아프리카가 원산으로 추측된다. 나무의 높이는 20~25m이다. 끝에 회록색의 커다란 깃꼴겹잎이 뭉쳐나며 우산처럼 퍼진다. 사막지대의 물 근처에서는 자연생처럼 자란다.

306) 紅鹽石: 巖鹽을 가리키는 것으로 보인다. 이것은 대부분 무색투명하지만 노랑·빨강·파랑·보라색을 띠기도 한다. 본문에서는 붉은 색의 암염을 지칭한다.

307) 靈羊: 羚羊으로 솟과의 포유동물이다. 그 뿔은 약용으로 사용한다.

308) 小帽山: 바다위의 島嶼이다(劉昭民, 2006: 18~19). 帽山(Pulo Weh)이라고도 하는데, 현재 수마트라 서북쪽 해상에 위치하고 있다(黃省曾, 2000: 74).

영락 10년(1412)에 정화가 그 나라에 사신으로 갔다.[309] [영락] 14년(1416)에 그 나라 왕 역속복(亦速福)이 사신을 보내 입조하여 공물을 바쳤다.[310] 이후 세 차례 조공하였는데, 홀로모사 등 여러 나라와 함께 왔다.[311] 선덕 5년(1430)에 정화가 다시 그 나라에 사행하였는데,[312] 이후에는 끝내 이르지 않았다.

其山居海中, 有三石門, 並可通舟. 無城郭, 倚山聚居. 氣候常熱, 土薄穀少, 無麥, 土人皆捕魚, 暴乾以充食. 王及群下盡回回人, 婚喪諸禮, 多類忽魯謨斯. 山下有八溜, 或言外更有三千溜, 舟或失風入其處, 卽沉溺.

그 나라의 산은 바다 가운데 있는데, 세 개의 석문(石門)이 있고 아울러 배가 지나갈 수 있다.[313] 성곽은 없고, 산에 의지하여 모여 살았다. 기후는 늘 덥고 토지는 척박하여 곡식은 적고 보리는 없으며, 그 지역 사람들은 모두 물고기를 잡아 [그것들을] 햇볕에 말려서 음식물로 충당하였다.[314] 왕과 여러 신하들은 모두 회회인이고, 혼인과 장례는 모두 그 예로 하였는데, 대체로 홀로모사와 비슷하다. 산 아래에는 여덟 물줄기[315]가 있는데, 어떤 이는 산 밖에 따로 3천 줄기가 더 있어서 선박이 폭풍을 만나 잘못하면 그 곳으로 들어가게 되는데, 바로

---

309) 정화의 사신 파견은 『太宗實錄』 卷134 永樂 10년 11월 丙申條 참조.

310) 溜山에서 사신을 파견하여 명조에 이른 내용은 『太宗實錄』 卷182 永樂 14년 11월 戊子條; 『太宗實錄』 卷183 永樂 14년 12월 丁卯條 참조.

311) 그 각각의 내용은 『太宗實錄』 卷233 永樂 19年 정월 戊子條 및 癸巳條; 『太宗實錄』 卷263 永樂 21년 9월 戊戌條 참조. 이때 16개 나라 사신들과 함께 왔고, 돌아갈 때 정화 일행과 동행하여 귀국하였다.

312) 이 내용은 『宣宗實錄』 卷67 宣德 5년 6월 戊寅條 참조.

313) 『瀛涯勝覽』의 「溜山國」條에는 "바다 가운데에는 天生의 石門이 하나 있었는데 그 모양이 성곽과 같았다"고 하고 있고, 『星槎勝覽』의 「溜洋國」條에는 3개의 석문이 있다고 기록되어 있는 것처럼, 이 석문에 대해서는 보는 사람에 따라서 기록한 것이 달랐다. 사실 여기서 언급하고 있는 石門은 몰디브 군도의 環狀 산호초 섬들을 가리킨다. 이 지역은 세계적으로 산호초가 가장 많은 지역이다(黃省曾, 2000: 78).

314) 이곳의 주민들은 이슬람 교도였는데, 산호초로 이루어진 섬들에 거주하였기 때문에 곡물을 생산하지 못하고 가다랑어 훈제나 야자열매를 식용으로 삼았다(미야자키 마사카쓰, 1999: 259~260).

315) 몰디브와 拉克代夫 군도의 여덟 개 도서를 가리키며, 『鄭和航海圖』에는 9개의 溜의 명칭이 등장한다(黃省曾, 2000: 78).

침몰하여 죽는다고 한다.[316)]

又有國曰比剌，曰孫剌．鄭和亦嘗齎敕往賜．以去中華絶遠，二國貢使竟不至．

또 비랄(比剌), 손랄(孫剌)[317)]이라는 나라가 있다. 정화가 역시 일찍이 칙서를 가지고 가서 [이들 나라에] 상을 내렸다.[318)] 중국에서 아주 멀기 때문에 두 나라의 조공 사절들은 끝내 이르지 않았다.

南巫里，在西南海中．永樂三年遣使齎璽書·綵幣撫諭其國．六年，鄭和復往使．九年，其王遣使貢方物，與急蘭丹·加異勒諸國偕來．賜其王金織文綺·金繡龍衣·銷金幃幔及傘蓋諸物，命禮官宴賜遣之．十四年再貢．命鄭和與其使偕行，後不復至．

남무리(南巫里)는 서남 바다 가운데에 있다. 영락 3년(1405)에 사신을 보내 새서(璽書)·채폐를 가지고 가서 그 나라를 안무하고 효유하게 하였다. [영락] 6년(1408)에 정화가 다시

---

316) 몰디브제도는 沙溜·官嶼溜·人不知溜·起來溜·麻里溪溜·加平年溜·加加溜·安都里溜 등 8개의 주요 섬들로 이루어져 있다(미야자키 마사카쓰, 1999: 259). 배가 그곳에 이르면 빠져서 가까이 지나갈 수 없었다(鞏珍, 1961: 32). 沙流는 『鄭和航海圖』에는 沙剌溜라고 되어 있는데, 현재의 Mulaku 環礁이다. 官嶼溜는 『鄭和航海圖』에 官嶼라고 되어 있으며, 지금의 Male섬으로 몰디브 공화국의 수도이다. 人不知溜는 『鄭和航海圖』과 『星槎勝覽』에 任不知溜라고 되어 있는데, 어떤 명칭의 음역인지는 분명하지 않다. 官嶼溜와 起來溜 사이로 현재의 Miladu-Madulu 環礁의 도서이다. 起來溜는 『瀛涯勝覽』에 起泉溜라고 잘못 기재되어 있는데, 현재의 Tiladumati 環礁의 Kalai섬이다. 麻里溪溜는 『鄭和航海圖』에 나타난 명칭과 같으며, 麻里奇溜라고도 한다. 현재의 Malicut섬으로 유럽인들은 그곳을 Minicoy섬이라고 하였다. 加平年溜는 『鄭和航海圖』에 나타난 명칭과 같으며, 加半年溜라고 표기하기도 한다. 지금의 拉克代夫 군도의 Kalpeni섬이다. 加加溜의 명칭도 역시 『鄭和航海圖』에 보이는데, 加半年溜와 安都里溜사이에 있다. 安都里溜도 『鄭和航海圖』에 보이는데, Anderu의 음역으로 지금의 Androth섬이다(黃省曾, 2000: 78~79).

317) 比剌·孙剌: 고대 Sofala國 안에 있는 지역의 명칭이다. 이 소팔라국은 그 영역이 현재 탄자니아와 모잠비크를 합친 지역이다. 따라서 16세기 이전 모잠비크 안에 있었던 주요 항구도시라고 할 수 있다(金國平·吳志良, 2004: 421~431 참조).

318) 정화의 파견은 『太宗實錄』 卷134 永樂 10년 11월 丙申條 참조.

사신으로 갔다. [영락] 9년(1411)에 그 나라 왕이 사신을 보내 방물을 바쳤는데, 급란단(急蘭丹)[319]·가이륵(加異勒)[320] 등 여러 나라들과 함께 왔다. [이에] 그 나라 왕에게 금직문기·금수용의(金繡龍衣)[321]·쇄금장만(鏁金幃幔)·산개(傘蓋)[322] 등 물품을 사여하였으며, 예부의 관원에게 명하여 연회를 베풀고 상을 내리게 하여 돌려보냈다. [영락] 14년(1416)에 다시 조공하였다. [영락제는] 정화에게 명하여 그 사신과 함께 가도록 했는데, 그 후에는 다시 이르지 않았다.

加異勒, 西洋小國也. 永樂六年遣鄭和齎詔招諭, 賜以錦綺·紗羅. 九年, 其酋長葛卜者麻遣使奉表, 貢方物. 命賜宴及冠帶·綵幣·寶鈔. 十年, 和再使其國, 後凡三入貢. 宣德五年, 和復使其國. 八年又偕阿丹等十一國來貢.

가이륵(加異勒)은 서양(西洋)의 소국이다. 영락 6년(1408)에 정화에게 조서를 가지고 가서 초무하고 효유하게 하였고, 금기·사라를 사여하였다. [영락] 9년(1411)에 그 나라 추장 갈복자마(葛卜者麻)가 사신을 보내 표문을 올리고 방물을 바쳤다. [영락제는] 연회를 베풀고 관대·채폐·보초(寶鈔)[323]를 사여하게 하였다. [영락] 10년(1412)에 정화가 다시 그 나라에 사행했는데, 후에 모두 세 차례 입공하였다. 선덕 5년(1430)에 정화가 다시 그 나라에 사행하였다.

---

319) 急蘭丹: 현재 말레이시아의 Kelantan이다. 『島夷志略』에는 吉蘭丹으로 표기하고 있는데, 그 내용을 보면, 地勢가 넓으며, 田土가 적은 편이지만 기후가 더워서 수확은 많은 편이고, 백성들은 제염업과 직조로 생활하였다고 한다(馮承鈞, 2005: 177).

320) 加異勒: Cail로, 현재 인도의 남단의 동해안에 위치한 곳이다.

321) 金繡龍衣: 황금의 실로 龍의 무늬를 수놓은 옷을 가리키는데, 황제나 왕이 착용하는 龍袍를 말한다.

322) 傘蓋: 긴 손잡이가 있는 우산형태의 儀仗物이다.

323) 寶鈔: 鈔는 종이를 재료로 하는 화폐를 가리키며, 寶鈔는 명의 지폐를 지칭하는 말이다. 홍무 7년(1374)에 명 태조는 寶鈔提擧司를 설치하였고, 이듬해 중서성에 지시하여 大明寶鈔를 만들게 하였다. 재료로는 뽕나무 가지껍질로 만든 섬유를 사용하였고, 그 모양은 네모였으며 길이는 31.7cm 폭은 19cm이었다. 바탕은 청색이고 바깥은 용문양과 꽃무늬였다. 횡으로 그 액면에 '大明通行寶鈔'라 쓰고 그 안의 상면 양쪽에 다시 篆文으로 '大明寶鈔天下通行'이라는 여덟 글자를 썼다. 가운데에는 동전 꾸러미를 그려 넣었다. 그 아래에는 "中書省이 상주하여 인준을 받아 大明寶鈔를 찍어 동전과 같이 통행시켜 사용하게 한다. 위조하는 자는 斬하고 신고하여 체포하게 한 자는 은 25량을 상으로 주고 범인의 재산까지 준다"고 썼다. 보초의 등급은 모두 여섯으로 1貫·500文·400文·300文·200文·100文이었다.

[선덕] 8년(1433)에 또 아단 등 11개국 나라와 함께 입조하여 조공하였다.

甘巴里, 亦西洋小國. 永樂六年, 鄭和使其地, 賜其王錦綺·紗羅. 十三年遣使朝貢方物. 十九年再貢, 遣鄭和報之.

감파리(甘巴里)[324] 역시 서양의 소국이다. 영락 6년(1408)에 정화가 그 지역에 사행하여 그 나라 왕에게 금기·사라를 내려 주었다. [영락] 13년(1415)에 사신을 보내 입조하여 방물을 바쳤다. [영락] 19년(1421)에 다시 조공하자, [영락제는] 정화를 보내 이에 보답하였다.

宣德五年, 和復招諭其國. 王兜哇剌札遣使來貢, 八年抵京師. 正統元年附爪哇舟還國, 賜敕勞王.

선덕 5년(1430)에 정화가 다시 그 나라를 초무하고 효유하였다. 왕 두와랄찰(兜哇剌札)이 사신을 보내 입조하여 공물을 바쳤는데, [선덕] 8년(1433)에 [이들 사신이] 경사에 도착하였다. 정통 원년(1436)에 조와의 배를 타고 돌아가자, 칙서를 내려서 그 왕을 위로하였다.

其隣境有阿撥把丹·小阿蘭二國, 亦以六年命鄭和齎敕招諭, 賜亦同.

그 나라 인근 지역에는 아발파단(阿撥把丹),[325] 소아란(小阿蘭)[326] 두 나라가 있었는데 역시 [영락] 6년(1408)에 정화에게 명하여 칙서를 가지고 가서 초무하고 효유하게 하였고, 역시 마찬가지로 사여하였다.

---

324) 甘巴里: 지금 인도의 Cape Comarin이다.

325) 阿撥把丹: 인도 남쪽의 Pattanapur를 가리킨다고도 하며, 일설에는 인도 서북해안의 Ahmadabad라고 하기도 한다.

326) 小阿蘭: 현재 인도 남부 서안의 쿠이론(Quilon)을 일컫는다.

急蘭丹, 永樂九年, 王麻哈刺查苦馬兒遣使朝貢. 十年命鄭和齎敕獎其王, 賚以錦綺·紗羅·綵帛.

급란단(急蘭丹)은 영락 9년(1411)에 왕 마합라사고마아(麻哈剌查苦馬兒)가 사신을 보내 조공하였다. [이에 영락제는 영락] 10년(1412)에 정화에게 명하여 칙서를 가지고 가서 그 왕을 표창하도록 하였고, 금기·사라·채백을 주었다.

沙里灣泥, 永樂十四年遣使來獻方物, 命鄭和齎幣帛還賜之.

사리만니(沙里灣泥)는 영락 14년(1416)에 사신을 보내 와서 방물을 바치자, [영락제는] 정화에게 명하여 폐백을 가지고 가서 이들에게 하사하게 했다.

底里, 永樂十年遣使奉璽書招諭其王馬哈木, 賜絨錦·金織文綺·綵帛諸物. 其地與沼納樸兒近, 幷賜其王亦不剌金.

저리(底里),[327] 영락 10년(1412)에 사신에게 조서를 받들고 가게 하여, 그 나라 왕 마합목(馬哈木)[328]을 초무하고 효유하게 하였고, 융금·금직문기·채백을 내려주었다. 그 지역은 소납박아(沼納樸兒)와 가까웠기 때문에 아울러 그 나라(소납박아) 왕 역불랄금(亦不剌金)에게도 사여하였다.

千里達, 永樂十六年遣使貢方物. 賜其使冠帶·紵絲·紗羅·綵帛及寶鈔. 比還, 賜

327) 底里: 丁謙은 『明史外國傳地理考證』에서 인도 중부에 있는 나라로 沼納樸兒 근처로 추정하고 있다(鄭鶴聲·鄭一鈞, 1980: 1800). 이곳은 현재 인도의 델리(Delhi)로, 永樂 10년(1412)에 명조에서 사신을 보낸 적이 있었다.

328) 馬哈木: Muhamud의 음역이다.

其王有加.

천리달(千里達)[329]은 영락 16년(1418)에 사신을 보내 방물을 바쳤다. [영락제는] 그 나라 사신에게 관대·저사(紵絲)·사라·채백·보초를 사여하였다. 돌아갈 때, 그 나라 왕에게 등급을 올려 상사품(賞賜品)을 내려주었다.

失剌比, 永樂十六年遣使朝貢. 賜其使冠帶·金織文綺·襲衣·綵幣·白金有差, 其王亦優賜.

실랄비(失剌比)는 영락 16년(1418)에 사신을 보내 조공하였다. [이에 영락제는] 그 나라 사신에게 관대·금직문기·습의(襲衣)[330]·채폐·백금을 차등을 두어 내려주었고, 그 나라 왕에게도 역시 넉넉히 사여하였다.

古里班卒, 永樂中, 嘗入貢. 其土瘠穀少, 物産亦薄. 氣候不齊, 夏多雨, 雨卽寒.

고리반졸(古里班卒)[331]은 영락 연간(1403~1424)에 일찍이 입조하여 공물을 바쳤다. 그 나라 토지는 척박하여 곡식이 적었고, 산물도 역시 적었다. 기후는 일정하지 않고 여름에는 비가 많았는데, 비가 온 후 바로 추워졌다.

---

329) 千里達: 몰디브 군도 북쪽으로 추정됨.

330) 襲衣: 고대에 의례를 행할 때, 裼衣 위에 입는 상의이다.

331) 古里班卒: 이 나라에 대해서는 여러 견해가 있다. 우선 '班卒'은 수마트라섬 서북부의 바루스(Barus) 일대에 있었던 고대 왕국 婆魯師國으로 파악할 수 있다는 것이다. 그리고 이 파로사국은 唐의 義淨이 쓴 『大唐西域求法高僧傳』에도 등장하는 나라이다(Mills, 1970: 200). 다른 의견은, '班卒'은 말레이語 Panchor의 음역으로, 일반적으로 말레이 반도의 남쪽에 있는 조호르(Johor)강의 Panchor를 가리킨다. 그런데 또 다른 설에는 말레이 반도 서남의 Muar강의 Panchor를 가리킨다고도 하며, 수마트라섬 東岸의 Rangsang섬에도 Panchor섬이 있다고 한다(陳佳榮, 2002: 310). 이 두 가지를 종합해 정리해보면, 수마트라 부근의 나라를 지칭한 것으로 보인다.

剌泥，永樂元年，其國中回回哈只馬哈沒奇剌泥等來貢方物，因攜胡椒與民市．有司請徵其稅，帝曰：「徵稅以抑逐末之民，豈以爲利．今遠人慕義來，乃取其貨，所得幾何，而虧損國體多矣．其已之.」

날니(剌泥)[332]는 영락 원년(1403)에 그 나라의 회회(回回) 하지(哈只)[333] 마합몰기랄니(馬哈沒奇剌泥) 등이 와서 방물을 바쳤고, 호초를 가지고 와서 백성들과 교역하였다. 해당 부서에서 그 세금을 징수할 것을 청하자 황제가 이르기를, "징세는 장사를 하는 백성들을 억제하는 것인데 어찌 이익이 있겠는가. 지금 먼 곳의 사람들이 인의(仁義)를 사모하여 이르렀는데, 바로 그들의 재화를 취하고자 하는 것이니, 얼마나 얻을 수 있겠는가? 나라의 체면에 손실이 있을 것이다. 그만두어라"고 하였다.

剌泥而外，有數國：曰夏剌比，曰奇剌泥，曰窟察泥，曰捨剌齊，曰彭加那，曰八可意，曰烏沙剌踢，曰坎巴，曰阿哇，曰打回．永樂中，嘗遣使朝貢．其國之風土·物產，無可稽.

날니(剌泥) 외에 여러 나라가 있는데, 하랄비(夏剌比)[334]·기랄니(奇剌泥)[335]·굴찰니(窟察泥)[336]·사랄제(捨剌齊)[337]·팽가나(彭加那)[338]·팔가의(八可意)[339]·오사랄척(烏沙剌

332) 剌泥: 인도 서부의 구자랏(Gujarat)이라고도 하는데, 옛 이름은 라(Lar)로 영락 원년(1403)에 명조에 조공하였다.

333) 哈只: 아랍어로 敎長이라는 의미로 인명 앞에 쓰여 신분을 표시한다.

334) 夏剌比: 해외의 작은 나라로 그 풍속에 대해서는 자세히 알 수 없지만 영락 연간(1403~1424)에 사절을 파견해서 조공하였다는 기록이 있다는 정도만 언급하고 있다(『罪惟錄』 傳36 「急蘭丹傳」). 이 나라의 위치에 대해서 『明史外國傳地理考證』에서는 페르시아의 서남쪽이라고 서술하고 있다(鄭鶴聲·鄭一鈞, 1980: 1818). 혹은 인도 서북부의 Valabhi라고도 한다.

335) 奇剌泥: 현재 인도의 캠베이(Cambay)灣 부근이라고 하기도 함.

336) 窟察泥: 인도 서안의 쿠치(Kutch)灣 일대를 가리킨다고 추정함.

337) 捨剌齊: 현재 인도의 Surat임.

338) 彭加那: 방갈랄의 또다른 명칭으로, 지금의 벵갈과 인도의 서벵갈 지역을 지칭한다.

339) 八可意: 현재 인도 서부의 Broach 일대라고 함.

賜)[340]·감파(坎巴)·아와(阿哇)[341]·타회(打回)[342]라고 부르는 나라들이다. 영락 연간(1402~1424)에 일찍이 사신을 보내 조공하였다. 그 나라의 풍토와 물산은 살필 수가 없다.

白葛達, 宣德元年遣其臣和者里一思入貢. 其使臣言:「遭風破舟, 貢物盡失, 國主惓惓忠敬之忱, 無由上達. 此使臣之罪, 惟聖天子恩貸, 賜之冠帶, 俾得歸見國主, 知陪臣實詣闕廷, 庶幾免責.」帝許之, 使附隣國貢舟還國, 諭之曰:「倉卒失風, 豈人力能制. 歸語爾主, 朕嘉王之誠, 不在物也.」宴賜悉如禮. 及辭歸, 帝謂禮官曰:「天時漸寒, 海道遼遠, 可賜路費及衣服.」其國, 土地瘠薄, 崇釋教, 市易用鐵錢.

백갈달(白葛達)[343]은 선덕 원년(1426)에 그 나라 신하인 화자리일사(和者里一思)를 보내 입조하여 공물을 바쳤다.[344] 그 사신이 아뢰기를, "풍랑을 만나 배가 부서지고 공물을 모두 잃어서 국왕께서 진심으로 공경하는 마음을 조정에 전달할 길이 없습니다. 이것은 사신의 죄이오니, 오로지 천자께서 관용과 은혜를 베푸시길 바랄 뿐이옵고, 관대를 내려 주시어 저희들이 돌아가서 국왕을 뵈올 수 있게 하시고 배신(陪臣)이 확실히 조정에 도착했다는 사실을 알게하시어 [공물을 명조에 바치지 못한] 책임을 면할 수 있게 하소서"라고 했다. 황제가 이를 허락하고, 이웃 나라의 조공 선박에 태워 돌아가게 하였으며, [그들에게] 효유하여 이르기를, "갑자기 풍랑을 만나는 것을 어찌 인력으로 통제할 수 있겠는가. 돌아가서 그대의 왕에게 짐이 왕의 성의를 가상히 여기며 물품에는 신경쓰지 않는다고 말하라"고 하였다.[345] 예에 따라서 연회와 상을 내렸다. 돌아간다고 아뢰자, 황제는 예부의 관원에게 이르기를, "날씨가 점점 추워지고 바닷길은 머니, 여행 중 필요한 비용과 의복을 내려주는 것이 좋겠다"[346]라고

---

340) 烏沙剌踢: 인도 서부의 옛 Gujarat를 잘못 번역한 것이라고 함.

341) 阿哇: 인도 서부의 Ahmedabad라고도 하는데, 일설에는 미얀마의 Ava를 가리키는 것이라고 하기도 함.

342) 打回: 永樂 3년(1405)에 명조에 입조하여 조공하였다(『咸賓錄』卷6「南夷·打回傳」; 『皇明象胥錄』卷5「打回傳」). 인도 서안의 Diu라고도 하는데, 일설에는 미얀마의 Tavoy를 가리킨다고도 함.

343) 白葛達: Baghdad의 음역으로 현재 이라크의 수도이다.

344) 『宣宗實錄』卷17 宣德 원년 5月 乙巳條에도 사신이 방문해서 공물을 바쳤다는 기록이 있다.

345) 효유의 내용은 『宣宗實錄』卷19 宣德 원년 7월 庚子條 참조.

346) 이와 관련된 내용은 『宣宗實錄』卷19 宣德 원년 7월 辛亥條 참조.

하였다. 그 나라는 토지가 척박하였고 불교를 숭상하였으며, 교역을 할 때는 철전(鐵錢)을 사용하였다.

又有黑葛達，亦以宣德時來貢．國小民貧，尙佛畏刑．多牛羊，亦以鐵鑄錢．

또 흑갈달(黑葛達)이 있는데 역시 선덕 연간(1425~1435)에 조공해 왔다. 나라는 작고 백성들은 가난하였으며, 불교를 숭상하고 형벌을 두려워하였다. 소와 양이 많고 역시 철로 전(錢)을 주조하여 사용하였다.

拂菻，卽漢大秦，桓帝時始通中國．晉及魏皆曰大秦，嘗入貢．唐曰拂菻，宋仍之，亦數入貢．而『宋史』謂歷代未嘗朝貢，疑其非大秦也．

불름(拂菻)[347]은 곧 한대(漢代)의 대진(大秦)[348]으로, 환제(桓帝, 재위 146~167년)[349] 때에 처음으로 중국과 교통하였다. 진(晉)나라[350]와 위(魏)[351]나라에서는 모두 대진이라고 불

347) 拂菻: 동로마제국을 칭하는 용어로, 漢·魏·晉때에는 大秦이라고 칭했고, 唐·宋에서는 불름이라고 했다. 수도는 이스탄불이다. 옛 이름은 密昔兒로 大葱嶺 위에 있다고 한다. 북으로는 바다에 접해있고 서쪽도 바다인데, 동남으로는 滅力沙, 동으로는 大食·于闐·回紇에서 중국에 이른다고 한다(『殊域周咨錄』 卷11 「拂菻」條 참조).

348) 大秦: 고대에 중국 측에서 로마제국을 부르던 호칭이다. 기원전 2세기경 실크로드가 개통되면서 동서문화교류는 점점 속도를 냈다. 당시 중국 측에서는 로마제국을 중국과 마찬가지로 수준 높은 문명을 갖춘 나라로 이해하였다. 중국에서 로마에 직접 사신을 파견한 사례는 없고 가장 가까이 간 인물이 甘英이다.

349) 桓帝: 후한의 열 번째 황제인 劉志로 21년간 재위하였다(146~167년). 이때 대진의 왕 안토니우스(安敦, Marcus Antonius)의 사신이 해로를 통해서 중국에 왔다고 한다(『後漢書』 卷7 「孝桓帝本紀」 참조).

350) 晉: 魏晉南北朝時代의 왕조로 西晉(265~316)과 東晉(317~419)으로 구분된다. 280년에 吳를 평정하여 3국을 통일하고, 占田法·課田法 등을 시행하면서 통일제국의 기반을 마련하였다. 그러나 흉노 등 북방민족이 永嘉의 난을 일으키면서 남하하였음으로 이를 피해 建業(지금의 南京)으로 천도하여 동진을 세웠다.

351) 魏: 이 국호를 사용하는 왕조는 둘이었다. 하나는 중국 삼국시대의 魏(220~265)이고 다른 하나는 선비족이 세운 북방민족의 왕조인 北魏(386~534)이다. 이 왕조는 이후에 東魏(534~550)와 西魏(53

렀는데, 일찍이 입조하여 공물을 바쳤다. 당(唐)에서는 불름이라고 불렀고 송(宋)에서도 여전히 그렇게 불렀으며, 여러 차례 입공하였다. 그런데 『송사(宋史)』[352]에는 일찍이 조공한 적이 없었다고 하며, 그 나라가 대진이 아니라고 의심하였다.[353]

元末, 其國人捏古倫入市中國, 元亡不能歸. 太祖聞之, 以洪武四年八月召見, 命齎詔書還諭其王曰:「自有宋失馭, 天絶其祀. 元興沙漠, 入主中國百有餘年, 天厭其昏淫, 亦用隕絶其命. 中原擾亂十有八年, 當群雄初起時, 朕爲淮右布衣, 起義救民. 荷天之靈, 授以文武諸臣, 東渡江左, 練兵養士, 十有四年. 西平漢王陳友諒, 東縛吳王張士誠, 南平閩·粤, 戡定巴蜀, 北定幽燕, 奠安方夏, 復我中國之舊疆. 朕爲臣民推戴卽皇帝位, 定有天下之號曰大明, 建元洪武, 於今四年矣. 凡四夷諸邦皆遣官告諭, 惟爾拂菻隔越西海, 未及報知. 今遣爾國之民捏古倫齎詔往諭. 朕雖未及古先哲王, 俾萬方懷德, 然不可不使天下知朕平定四海之意, 故玆詔告.」已而復命使臣普剌等齎敕書·綵幣招諭, 其國乃遣使入貢. 後不復至.

원[354]나라 말에 그 나라 사람 날고윤(捏古倫)[355]이 중국에 와서 장사를 하였는데, 원이 망하자 돌아갈 수 없었다. [이에] 태조(太祖, 1328~1398; 재위 1368~1398)[356]가 그것을

5~556)로 나뉘어서 존속하였다.

352) 宋史: 25史 중 하나로 本紀 47권, 志 162권, 表 32권, 列傳 255권 등 전 496권이다. 1343년 脫脫 등이 황제의 명으로 편찬하였으며 1345년에 완성하였다. 송대의 정치·경제·군사·문화·민족관계·정치제도에 대해서 정보를 제공하는 기본 자료이다. 다만, 편찬기간이 짧고 元末이라는 편찬시기가 갖는 한계로 인해서 내용이 상세하지 못한 단점이 있다.

353) 『宋史』와 이 『明史』에서는 불름을 로마가 아닌 시리아로 상정하고 있다(최소자, 1987: 31~32).

354) 元(1271~1368): 몽골제국 5대 황제인 쿠빌라이 칸이 남송을 멸하고, 1271년에 중국식 元으로 국호를 바꿨다.

355) 捏古倫: Nicholas의 음역이다.

356) 太祖: 명을 건국한 朱元璋의 묘호이다. 연호에 의해 洪武帝라도 한다. 홍건적에서 두각을 나타내어 각지 군웅들을 굴복시키고 명나라를 세웠다. 동시에 북벌군을 일으켜 원나라를 몽골로 몰아내고 중국의 통일을 완성하였다. 安徽省의 빈농 출신으로, 17세에 고아가 되어 皇覺寺라는 절에 들어가 托鉢僧이 되었다가 紅巾賊의 부장 郭子興의 휘하에 들어가면서 두각을 나타냈다. 이후 세력을 키워 江南의 거점인 南京을 점령하였다. 홍건적 군대가 원나라의 공격을 받고 패퇴하고 나머지 남경을 중심으로 활동하

듣고, 홍무(洪武)[357] 4년(1371) 8월에 소견(召見)하였으며, 조서를 가지고 돌아가도록 명하면서 그 나라 왕에게 효유하여 이르기를, "송조(宋朝)가 통어의 능력을 상실하면서부터, 하늘이 그 나라의 사직(社稷)을 끊었도다. 원조(元朝)는 사막에서 흥기하여 중국에 들어와 주인이 된지 100여 년이 되자 하늘이 그 혼란과 방종을 싫어하여 역시 그 명운을 무너뜨려 끊었노라. 중원이 18년 동안 혼란스러웠는데, 당시 군웅들이 일어났을 때, 짐은 회우(淮右)[358]의 포의(布衣)[359]로 기의하여 백성을 구하고자 하였다. 하늘의 신령함의 보우를 받아 문무백관들을 제수하였고, 동으로는 강좌(江左)[360]를 건너 14년을 군사를 훈련시키고 사대부를 양성하노라. 서쪽으로는 한왕(漢王) 진우량(陳友諒)[361]을 평정하고 동으로는 오왕(吳王) 장사성(張士誠)[362]을 압박하였으며, 남으로는 민(閩)[363]·월(粵)[364]을 평정하고 파촉(巴蜀)[365]을 평정하였으며, 북으로는 유연(幽燕)[366]을 평정하여 화하(華夏)를 안정시켜 우리 중국의 옛 강역을

던 陳友諒과 蘇州의 張士誠의 군대와 치열한 전투를 벌여 마침내 각지의 군웅들을 모두 굴복시켰다. 1368년 남경에서 명나라를 세우고 연호를 洪武라 하였다.

357) 洪武: 명을 창업한 태조 朱元璋의 연호이다. 명 태조를 연호에 따라서 洪武帝라고도 칭하는데, 이때부터 一世一元制가 확립되었다.

358) 淮右: 宋代에 淮南東路와 淮南西路를 설치하였고, 淮南東路를 淮左로 淮南西路를 淮右라고 칭하였다. 淮右에는 산이 많았고, 淮左에는 물이 많다.

359) 布衣: 평민이 입는 저렴하고 평범한 의복을 가리키는 말이나, 일반적으로 관직이 없는 일반 백성을 일컫는다.

360) 江左: 양자강 하류의 동쪽 지역을 가리키는 말이다. 전통시대에는 지리적으로 東을 左로 삼았다. 따라서 江左는 江東을 의미한다.

361) 陳友諒(1320~1363): 원말에 大漢 정권을 세운 인물이다. 원말에 농민반란이 확대되자 徐壽輝 휘하에서 활동하였다. 1357년 이후 倪文俊과 서수휘를 제거하고 칭제 건원하였다(국호: 大漢, 연호: 大義). 진우량은 江西·湖南·湖北을 근거로 朱元璋과 경쟁하였고, 장사성과 함께 주원장을 협공하기로 하였으나 실패하였다. 1363년에 鄱陽湖 전투에서 사망하였다(『明史』 卷123 「陳友諒傳」 참조).

362) 張士誠(1321~1367): 원래 이름은 九四로 江蘇 泰州 출신이다. 소금 중개인이었는데, 1353년에 鹽場 관리와 鹽丁 사이의 분쟁이 일어난 것을 틈타 염정을 모아 난을 일으켰다. 1356년에 江蘇를 장악하고 '吳國'이라 칭하였고 浙江까지 세력을 확대하기도 하였으나, 1367년에 주원장 세력과의 전투에서 대패하여 포로가 되었으나 자살하였다.

363) 閩: 복건성의 별칭이다.

364) 粵: 광동성의 별칭이다.

365) 巴蜀: 巴는 사천성의 동부를, 蜀은 사천성의 서부를 일컫는다.

366) 幽燕: 대체로 현재의 河北省과 遼寧省 일대를 가리킨다. 唐 이전에는 幽州에 속하였고, 전국시대에는 燕國에 속한 지역이다.

회복하였도다. 짐은 신민(臣民)의 추대로 황제위에 즉위하였고 천하의 칭호를 대명(大明)으로 정하였으며,[367] 홍무(洪武)라고 건원(建元)[368]하여 지금 4년이 되었노라. 모든 사이(四夷)와 여러 나라들에 관원을 보내 효유하였는데 오직 그대 불름만이 서해를 사이에 두고 떨어져 있어서 아직 알리지 못하였노라. 지금 너희 나라의 백성 날고윤(捏古倫)에게 조서를 가지고 가도록 하여 알리게 하노라. 짐이 비록 고대의 선철명왕(先哲明王)에 미치지는 못하지만, 만방(萬方)에 덕을 가슴에 새기게 하였으니, 짐이 사해(四海)를 평정하였다는 뜻을 천하에 알리지 않을 수 없어서 이렇게 조서를 내려 알게 하는 것이다"라고 하였다.[369] 오래지 않아 다시 사신 보랄(普剌) 등에게 명하여 칙서와 채폐를 가지고 가서 초무하고 효유하게 하니, 그 나라는 곧바로 사신을 보내 입조하여 공물을 바쳤다. [그러나] 후에는 다시 이르지 않았다.

萬曆時, 大西洋人至京師, 言天主耶穌生於如德亞, 卽古大秦國也. 其國自開辟以來六千年, 史書所載, 世代相嬗, 及萬事萬物原始, 無不詳悉. 謂爲天主肇生人類之邦, 言頗誕謾不可信. 其物産・珍寶之盛, 具見前史.

만력(萬曆)[370] 연간(1573~1619)에 대서양(大西洋) 사람이 경사에 이르러서, 천주(天主)[371] 야소(耶蘇)[372]가 여덕아(如德亞)[373]에서 태어났는데 바로 고대의 대진국(大秦國)이

367) 이 大明이라는 조대 명칭은 사전에 오랜 고려를 거쳐 정해진 것이었다. 역사에서 제국의 명칭은 모두 특수한 의의를 가지고 있는데, 네 종류로 나눌 수 있다. 첫째는 나라가 처음 일어났던 지명을 쓰는 것으로 秦과 漢이 있다. 둘째는 봉해진 爵邑을 쓰는 것으로 隋와 唐이 있다. 셋째는 해당 지역의 생산물을 쓰는 것으로 遼가 있는데 鑌鐵이라는 의미이고, 金 역시 그 지역의 산물에서 따온 것이었다. 넷째는 문자 상의 뜻을 쓰는 것으로 大眞과 大元이 있다. 大明도 이 네 번째에 속한다. 대명의 뜻은 明敎에서 유래했다. 명교는 본래 明王出世의 전설이 있었다. 韓山童이 명왕을 자칭하고 거사하였다가 패사한 후, 그의 아들 韓林兒가 이어서 소명왕을 칭하였다. 주원장은 원래 소명왕의 부장이었다가 그를 죽인 후 뒤를 이어서 일어나 대명이라고 하였다(吳晗, 2003: 212~214).

368) 建元: 創業한 군주가 年號를 정하는 것을 일컫는다.

369) 이 내용은 『太祖實錄』 卷67 洪武 4년 8월 癸卯條에도 있다.

370) 萬曆: 明 왕조 제14대 황제인 神宗 朱翊鈞의 연호이다.

371) 天主: 천주교에서 지칭하는 하느님의 중국식 표현이다. 이러한 표현은 중국에서 논쟁의 원인이 되었다. 대부분의 예수회 선교사들은 天主, 上帝, 天은 같은 의미를 갖고 있으므로 병용할 수 있다는 입장이었다. 천주교의 용어를 번역하여 사용할 때, 하느님에 대한 라틴어 표현인 'Deus'를 음역하여 陡斯라고

라고 말하였다. 그 나라는 개벽 이래 6천 년간 역사서에 기재되어 있기를, 세대가 서로 바뀌고 만사만물(萬事萬物)의 시작이 모두 다 상세하지 않는 것이 없다고 한다. 천주가 인류를 창조한 나라라고 하는데, 말이 황당하여 믿을 수 없다. 그 나라의 물산과 진귀한 보물은 풍성한데, 모두 전사(前史)에 보인다.

意大里亞, 居大西洋中, 自古不通中國. 萬曆時, 其國人利瑪竇至京師, 爲『萬國全圖』, 言天下有五大洲. 第一曰亞細亞洲, 中凡百餘國, 而中國居其一. 第二曰歐羅巴洲, 中凡七十餘國, 而意大里亞居其一. 第三曰利未亞洲, 亦百餘國. 第四曰亞墨利加洲, 地更大, 以境土相連, 分爲南北二洲. 最後得墨瓦臘泥加洲爲第五. 而域中大地盡矣. 其說荒渺莫考, 然其國人充斥中土, 則其地固有之, 不可誣也.

의대리아(意大里亞)는 대서양에 위치하고[374] 있는데 예로부터 중국과는 교류하지 않았다.[375] 만력 연간(1572~1620)에 그 나라 사람 이마두(利瑪竇)[376]가 경사에 와서『만국전도

표기하였다. 그 후 중국의 여러 서적에서 비슷한 용어들을 찾아내서 天이나 天主 등으로 표기하였다(김병태, 2008: 175~176).

372) 耶蘇: 예수(Jesus)의 음역이다.

373) 如德亞: 고대 유대인들이 거주한 팔레스틴 지역을 가리킨다.『職方外記』에서는 "옛 이름은 비잔틴제국 또는 大秦이다. 唐 貞觀 연간(627~649)에 그곳 사람들이 경전과 성상을 가지고 와서 머물렀다. '경교유행비'가 있어서 그에 대하여 자세히 할 수 있다. …… 아시아의 서쪽 지중해와 가까운 곳에 있는 나라로 하느님이 세상을 만든 뒤에 처음으로 인류를 탄생시켰던 나라"라고 설명하고 있다(알레니, 2005: 104; 張維華, 1982: 163).

374) 意大里亞는 이탈리아이며, 고대 중국에서는 大秦의 일부로 칭했다. '대서양'은 유럽을 가리키는데 이 대서양이라는 단어는 마테오 리치의 奏疏의 내용 중 '大西洋陪臣利瑪竇'라는 표현에서 처음 등장하였다. 명대 사람들은 대서양이 있다는 것을 알지 못했고, 인도양을 서양이라고 칭했다. 대서양은 '大西'나 '西洋' 혹은 '泰西'로 簡稱되었다(張維華, 1982: 155).

375) 예부터 중국과 교류가 없었다는 것은 잘못 검토한 것이다. 丁謙의『明史各外國傳地理考』를 참고하면, 이탈리아는 옛 로마로 漢·魏시대 이래 불려진 大秦이 바로 그 나라이다. 한의 환제 때에는 그 나라 왕 安敦이 사신을 보내 방물을 바쳤고, 원대에도 마르코 폴로 부자가 중국에 왔으므로, 교류가 없었다고 할 수 없다(張維華, 1982: 156).

376) 利瑪竇(1552~1610): 마테오 리치(Matteo Ricci)의 중국식 이름이다. 1571년에 예수회에 가입하였고, 클레시오 로마노에서 콜라비우스에게 수학·천문학 등을 배우고 인도를 경유하여 1582년에 마카오에

(萬國全圖)』를 만들었고, 천하에는 5대주가 있다고[377] 하였다. 첫 번째는 아세아주(亞細亞洲)[378]로 그 안에는 무릇 백여 국이 있는데, 중국도 그 중의 하나이다. 두 번째는 구라파주(歐羅巴洲)[379]로 그 안에는 무릇 70여 나라가 있는데, 의대리아는 그 중 하나이다. 세 번째는 이미아주(利未亞洲)[380]로 역시 백여 국이 있다. 네 번째는 아묵리가주(亞墨利加洲)[381]로 토

도착하였다. 중국 내지로의 입국을 결심하고 중국어를 공부한 후, 1583년에 광동성의 肇慶에서 정주해도 좋다는 허락을 받고 전교를 시작하였다. 그는 중국에서 전교하기 위해서는 사대부들의 신임을 얻어야 한다고 믿고, 서양의 학술서적을 중국어로 번역하는 일을 하였다. 그는 언어에 능했고, 뛰어난 수학자이며 천문학자였다.

377) 마테오 리치가 만든 지도로는 『輿地山海全圖』(1584), 『山海輿地全圖』(1600), 『坤與萬國全圖』(1602, 李之藻 간행), 『坤與萬國全圖』(1606, 李應試 간행) 4종류가 있다. 16세기에 유럽인들은 오세아니아 대륙이 있다는 점을 알지 못했기에 당시의 지도에는 5개 대륙만이 표기되어 있다. 이러한 특징이 리치가 만든 지도에도 반영되었다(한연정, 2001: 34).

378) 『職方外紀』에 소개된 아시아에 대한 설명을 보면 다음과 같다. 아시아는 세계에서 가장 큰 대륙이며 인류가 처음 태어난 곳이고 성현이 맨 처음 나온 곳이다. 서쪽으로는 카나리아섬으로부터 62° 떨어진 아나톨리아에서부터 동쪽으로는 카나리아섬으로부터 180° 떨어진 베링해협까지 걸쳐있다. 그리고 남쪽으로는 남위 12°에 있는 자와섬에서부터 북쪽으로는 북위 72°에 있는 북극해에까지 이르는데, 그 속에 포함된 나라는 백여 국이 넘는다. 그 가운데 큰 나라로는 첫째 중국을 들 수 있다. 그리고 그 밖에 타타르·중앙아시아·이슬람 지역·인도·파키스탄·페르시아·돌궐 등이 있는데, 이들 모두 큰 나라이다. 바다 가운데는 큰 섬들이 있는데, 스리랑카·수마트라·자와·보르네오, 로손 등이다(알레니, 2005: 73; 張維華, 1982: 159).

379) 유럽에 대해서 『職方外紀』에는 다음과 같이 설명되어 있다. 세계에서 두 번째로 큰 대륙을 유럽이라 한다. 그 땅은 남으로는 북위 35°인 지중해에서부터 시작하여 북으로는 북위 80° 가량인 바렌츠 해에 이른다. 70여개 나라를 아우르고 있다. 그 가운데 큰 나라를 에스파냐·프랑스·이탈리아·독일·플랑드르·폴란드·우크라이나·덴마크·스웨덴·노르웨이·그리스·모스크바라고 한다. 그곳의 지중해에는 크레타제도가 있고, 대서양에는 아일랜드와 잉글랜드제도가 있다(알레니, 2005: 131, 張維華, 1982: 159~160).

380) 利未亞: 라틴어 Libya의 음역이다. 이는 그리스 사람들이 아프리카 북부의 Libya를 가리키는 말로 사용했으나 뒤에 아프리카 전체를 가리키게 되었다. 『職方外紀』의 설명을 보면 다음과 같다. 세계에서 세 번째로 큰 대륙을 아프리카라고 한다. 그곳에는 크고 작은 나라가 모두 백여 개국이 있다. 아프리카 대륙은 서남쪽으로는 앙골라해에서, 동으로는 서홍해, 북으로는 지중해에 이른다(알레니, 2005: 209~210, 張維華, 1982: 160).

381) 亞墨利加: Amerigo Vespucci(1454~1512)라는 인명과 관련된 것이다. 1492년에 이탈리아인 콜럼버스가 유럽으로부터 대서양을 횡단하여 지금의 서인도제도에 도착했다. 그는 죽을 때까지 동양의 어느 곳에 도달한 줄 알았으나, 피렌체 출신으로 중앙아메리카를 탐험한 아메리고 베스푸치를 비롯한 많은 탐험가들이 그것이 유럽 사람들이 몰랐던 신대륙임을 밝혔다. 이 신대륙의 이름은 아메리고의 이름을

지가 상당히 넓고 영토가 서로 연결되어 남북을 2주(洲)로 나누었다. 마지막으로 묵와랍니가주(墨瓦臘泥加洲)[382]가 다섯 번째였다.[383] 그런데 그 영역 안의 대지가 모두 없어졌다고 한다. 그 말이 황당하여 고찰할 수 없지만 이 나라 사람들이 중국의 영역에 가득 차 있으니, 이 지역은 확실히 있으며 날조할 수 없는 것이다.

大都歐羅巴諸國, 悉奉天主耶穌教, 而耶穌生於如德亞, 其國在亞細亞洲之中, 西行教於歐羅巴. 其始生在漢哀帝元壽二年庚申, 閱一千五百八十一年至萬曆九年, 利瑪竇始汎海九萬里, 抵廣州之香山澳, 其教遂沾染中土. 至二十九年入京師, 中官馬堂以其方物進獻, 自稱大西洋人.

따서 아메리카로 불렀다. 『職方外紀』의 설명을 보면, 아메리카는 세계에서 네 번째로 큰 대륙을 모두 합쳐서 일컫는 것이라고 했다. 그 땅은 남북으로 나뉘어 있는데 그 사이에 하나의 지협이 있어 남북을 연결하고 있다(알레니, 2005: 243).

382) 墨瓦臘泥加: 마젤라니카(Magellanica)의 음역으로 마젤란(Fernao de Magalhaes, 1480~1521)이 발견했다고 해서 마젤라니카라고 불렀다. 16세기 사람들은 이러한 신대륙이 있고, 뉴기니는 마젤라니카의 일부라고 생각했다. 이러한 지역에 대해 『職方外紀』』에는 다음과 같이 상세하게 설명이 되어 있다. "처음에 콜럼버스 등 여러 사람들은 이미 남북 아메리카를 찾아냈다. 뒤이어 유럽의 에스파냐 국왕은 지구는 둥근 것이어서 서쪽으로 계속 가면 저절로 동쪽에 이를 수 있다고 여겼다. 그리고 지난번에 아메리카에 이르러 뱃길이 결국 막혔으나 서쪽으로 연결된 바다에 들어가는 곳이 반드시 있다고 생각했다. 그리하여 배를 수리하고 선원을 뽑고, 양식을 준비하고 보물을 마련하여 병사들을 모았다. 그리고 강하고 힘 있는 신하인 마젤란에게 그것들을 싣고 찾아 나서게 하였다. 마젤란은 나라의 명령을 받들어 아메리카의 동쪽 연안 수만 리를 돌아 1년 가까이 항해하였다. 아메리카 지역을 벗어나자 뜻밖의 해협을 만났고, 천여 리를 돌아가니 바다 남쪽의 땅 또한 황홀한 세계였다. 그 지역은 밤이 되자 모닥불들이 산과 골짜기에 별처럼 반짝이고 있었다. 그래서 그곳을 푸에고라고 칭했다. 다른 곳 사람들이 앵무새라고 부르는 대륙도 역시 이곳의 한 부분을 일컫는 말이다. 그 뒤에 이 지역을 발견한 내력에 따라 이름을 지었는데, 실제로 마젤란이 이 지역을 발견했으므로, 그의 이름을 따서 '마젤라니카'라고 했다. 이 마젤라니카는 이 세계에서 다섯 번째 대륙이다."(알레니, 2005: 281~283; 張維華, 1982: 160~161).

383) 마테오 리치가 제작한 지도는 지도의 중앙 경선을 태평양 중앙에 둠으로써 중국을 중심으로 하는 동아시아를 중앙 부분에 배치하였다. 이는 전통적인 중화사상을 고려하여 의도적으로 유럽 중심의 구도를 태평양 중심의 구도로 바꾼 것이다. 이러한 특징은 『職方外紀』나 이후에 등장하는 지도들에서도 확인할 수 있다(張維華, 1982: 161).

대부분의 구라파의 여러 나라는 모두 천주교를 신봉하고 있고, 예수는 여덕아(如德亞)에서 태어났는데, 그 나라는 아세아주(亞細亞洲) 가운데 있고, 서쪽으로 가서 구라파에 교의를 실행하였다. 그는 일찍이 한나라 애제(哀帝, 전25~전1년; 재위 전7~전1)[384] 원수(元壽) 2년(전1년) 경신(庚申)에 태어났고, [그 후] 1581년을 지나 만력 9년(1581)에 이르러 이마두가 비로소 9만 리를 항해하여 광주의 향산오(香山澳)[385]에 도착해서, 그 종교가 마침내 중국의 영역에 영향을 주었다.[386] [만력] 29년(1601)에 이르러 경사에 들어와,[387] 중관 마당(馬堂)[388]에게 [가지고 온] 방물을 바치면서[389] 자칭 대서양인이라고 하였다.

---

384) 哀帝: 이름은 劉欣으로 元帝의 庶孫이고 成帝의 조카이다. 19세의 나이로 즉위했고 연호는 建平·太初元將·元壽 등을 사용하였다.

385) 香山澳: 澳門이다. 역사적으로 오문은 香山縣에 속했고, 고대에는 蠔鏡澳라고 불렀다. 명대 중엽 이후에 향산오 또는 오문이라고 칭했다.

386) 明末에 마테오 리치(Matteo Ricci, 1552~1610, 利瑪竇)를 시작으로 중국에 진출한 예수회는 과학과 기술을 소개하면서 漢人 士大夫들과 접촉을 확대하였고, 가톨릭 교리와 儒學의 개념을 결합시키는 입장을 계속 유지하면서 활동하였다. 사회적 영향력을 갖춘 합리적·이성적 존재인 그들이 개종을 하면 일반 백성들의 선택에 큰 영향을 미칠 수 있다는 생각이 있었다(먼젤로, 2009: 76~121; 최소자, 1987: 70~78).

387) 1598년에 리치는 南昌을 떠나 북경을 향해 출발했다. 그의 목적은 황제의 윤허를 받아 포교의 자유를 얻기 위한 것이었다. 당시 만력제는 관료들과 대면하지 않고 환관을 통해 소통하였다. 리치는 황제에게 물건을 진상하고 북경거주를 허락받았다. 학문적 지식과 남창, 남경에서의 명성을 기반으로 사대부들과 깊이 있는 교류를 하였다(한연정, 2001: 39). 리치는 기억술로 사대부들에게 깊은 인상을 주었다. 기억술을 바탕으로 한 유교 고전의 암기는 과거시험에 합격해서 관직을 얻으려는 중국 사대부들에게는 상당히 중요한 일이었다. 그런데 리치가 기억술을 활용한 것은 사대부들이 유럽 문화에 관심을 갖고 나아가 그런 문화적 관심이 종교로까지 확대되길 기대한 것이었다(조너선 스펜스, 1999: 233~327, 185~187).

388) 馬堂은 그 당시 막강한 권력을 가진 인물 중 하나였다. 리치는 교류하던 관료들에게서 마당의 권세에 대한 이야기를 들었다. 마당은 만력 28년(1600)에 천진에서 리치를 곡예공연에 초대하기도 하였다(조너선 스펜스, 1999: 275~276).

389) 이때 馬堂이 올린 상주문의 내용은『神宗實錄』卷354 萬曆 28년 12월 甲戌條 참조. 마당은 만력 연간(1573~1619)에 天津稅監이 되었고, 臨淸(현재 山東 임청)의 일도 겸관하였다. 임청에 있는 동안에 무뢰배 수백 명을 거느리고 겁략하였기 때문에 인근 상인들이 罷市하고 백성들이 관아를 습격하여 그 무리 37명을 살해하는 일이 일어났다. 이 사건은 자금성의 화재와 관련되어 있었는데, 환관들이 궁궐 재건을 위한 자금을 모으기 위해 무차별적으로 횡포를 부리고 할당액을 강탈한 것이었다. 리치는 환관 마당의 이 같은 탐욕에 대해 비판하였다(먼젤로, 2009: 113).

禮部言：『會典』止有西洋瑣里國無大西洋，其眞僞不可知．又寄居二十年方行進貢，則與遠方慕義特來獻琛者不同．且其所貢『天主』及『天主母圖』，旣屬不經，而所攜又有神仙骨諸物．夫旣稱神仙，自能飛昇，安得有骨？則唐韓愈所謂凶穢之餘，不宜入宮禁者也．況此等方物，未經臣部譯驗，徑行進獻，則內臣混進之非，與臣等溺職之罪，俱有不容辭者．及奉旨送部，乃不赴部審譯，而私寓僧舍，臣等不知其何意．但諸番朝貢，例有回賜，其使臣必有宴賞，乞給賜冠帶還國，勿令潛居兩京，與中人交往，別生事端．」不報．八月又言：「臣等議令利瑪竇還國，候命五月，未賜綸音，毋怪乎遠人之鬱病而思歸也．察其情詞懇切，眞有不願尙方錫予，惟欲山棲野宿之意．譬之禽鹿久羈，愈思長林豊草，人情固然．乞速爲頒賜，遣赴江西諸處，聽其深山邃谷，寄跡怡老．」亦不報．

예부에서[390] 아뢰기를, “『회전(會典)』[391]에는 다만 서양쇄리국(西洋瑣里國)[392]은 있지만 대서양은 없으니 그 진위를 알 수 없습니다.[393] 또한 20년간 살다가 갑자기 공물을 바치니, [이것은] 먼 곳에서 의(義)를 사모하여 특별히 와서 보물을 헌상하는 것과는 다릅니다. 게다가 바친 『천주(天主)』와 『천주모도(天主母圖)』[394]는 이미 불경스러운 것에 속하며, 신선골(神仙骨) 등 여러 물품도 가지고 왔습니다. 대체로 신선이라고 칭하는 것은 스스로 승천할 수 있는데 어찌 유골이 있을 수 있습니까? 곧 당대(唐代)의 한유(韓愈)[395]가 언급한 흉악하고 더러움

390) 禮部에서 올린 奏疏의 내용은『神宗實錄』卷356 萬曆 29년 2월 庚午條 참조.

391)『會典』: 그 시대의 중앙과 지방정치제도의 연혁에 대해 설명한 官撰된 政書이다. 이 會典이라는 명칭은 明代에 처음 등장하였다. 법령과 제도에 초점을 맞춰서 기록한 것이 특징이다.

392) 西洋鎖里國: 지금 인도 동남부의 Coromandel 해안 일대에 있던 나라이다(張燮, 2000: 269).

393)『大明會典』卷97 및 卷101에는 서양·서양쇄리·쇄리 세 나라로 구분하여 설명하고 있다(張維華, 1982: 174).

394) 1601년에 리치가 만력제에게 바친 물품 목록에는 고대풍과 현대풍으로 그린 성모화가 각각 한 점씩 들어 있다. 그 그림은 성모 대성당의 성모화를 복제한 것이다. 만력제는 이 그림들을 보고 사실적인 묘사에 충격을 받아 두 점 모두 그의 어머니에게 주었다고 한다. 만력제의 어머니는 독실한 불교신자였기 때문에 역시 마음에 들어 하지 않았고, 결국 이 그림들은 궁전 창고에 수납되었다(조너선 스펜스, 1999: 312).

395) 韓愈(768~824): 字는 退之, 諡號는 文公으로, 懷州 修武縣(河南省) 출신이다. 唐代의 문학가 겸 사상가이다. 산문의 文體改革과 詩에 있어 지적인 흥미를 精練된 표현으로 나타내는 등 문학상의 공적을 세웠

이 남아 있는 것이니, 궁성에 들어오게 하기에는 적합하지 않은 것들입니다. 하물며 이러한 방물은 아직 예부의 번역과 조사도 거치지 않은 것인데 바로 진헌(進獻)한 것은 환관이 진실을 감추고 진헌을 잘못한 것이니, 신들과 더불어 관직을 그만두어야 할 죄로 모두 용서되어서는 안 될 것입니다. 이에 지(旨)를 받들어 [해당] 부(部)에 보냈으나, 바로 부서에 [가서] 조사를 받거나 설명을 하지도 않고 사사로이 승사(僧舍)에 있으니, 신 등은 [그가] 무슨 의도를 가지고 있는지 모르겠습니다. 다만 여러 번에서 조공을 하면 회사(回賜)를 하는 예에 따라 그 나라 사신에게 반드시 연회와 상을 내리고, 관대를 주어 귀국하도록 청하오며, 그가 양경(兩京)[396]에 몰래 거주하여 중국인과 교류하면서 다른 일이 생기지 못하게 하소서"라고 하였다. [황제가 이에] 답하지 않았다. [그해] 8월에 다시 아뢰기를, "신들은 이마두를 귀국시킬 것을 의논하여 정하고 5개월 동안 명을 기다렸으나 아직 윤음(綸音)[397]을 받지 못하오며, 먼 곳에서 온 사람이 답답하여 병이 생기고 돌아가고자 해도 이상할 것이 없습니다. 그의 언사(言辭)의 간절함을 살피니 진실로 사여를 원하지 않고 오직 산야에 거하고자 하는 생각이 있다는 것을 알 수 있습니다. 날짐승과 사슴이 오랫동안 갇혀있으면 더욱 숲과 초원을 그리워하는 것처럼, 인정(人情) 역시도 본래 그러합니다. 청하옵건대 속히 상을 내리도록 하시어 강서(江西)[398] 등지로 보내 그 깊은 산골짜기에 그를 있게 하여 늙도록 거주하게 하소서"라고 하였다.[399] [그러나 황제는] 역시 답을 내리지 않았다.[400]

다. 그의 문체는 송대 이후, 중국 산문문체의 표준이 되고 題材를 확장시키는데 많은 영향을 주었다.

396) 兩京: 북경과 남경을 일컫는다. 朱元璋은 集慶을 공략한 후 應天府로 이름을 바꾸었고 稱帝 建元한 이후 수도로 정하였다. 그런데 燕王 朱棣가 靖難을 명분으로 남하하여 황제가 된 후, 北平을 北京으로 칭하고 '行在'라고 하였다. 永樂 18년(1420)에 北京으로 遷都하면서 북경이 京師로 칭해졌고, 그때까지 수도였던 응천부는 이후 正統 6년(1441)에 南京으로 명칭이 바뀌었다.

397) 綸音: 황제의 詔令을 가리킨다.

398) 江西: 중국 동남부의 省으로 省都는 南昌이다. 마테오 리치는 이 강서성의 남창에서 본격적인 전교활동을 전개하였다. 南昌은 남방문화의 중심지였으며, 명의 皇族들과 사대부들이 거주하고 있는 점이 마테오 리치가 이곳을 선교지로 선택한 배경 중 하나였다.

399) 『神宗實錄』 卷361 萬曆 29년 7월 丙午條 참조.

400) 당시 만력제는 행정이나 정치 등에 간여하는 것을 싫어했기 때문에 황제와 관료 사이에서 중개역할을 하던 환관의 권력이 커질 수밖에 없었다. 북경으로 간 리치는 황제와 대화할 기회조차 없었다(조너선 스펜스, 1999: 119, 274~275).

已而帝嘉其遠來，假館授粲，給賜優厚．公卿以下重其人，咸與晉接．瑪竇安之，遂留居不去，以三十八年四月卒於京．賜葬西郭外．

얼마 지나지 않아 황제는 멀리서 온 것을 가상히 여겨 관사(官舍)를 빌려주고 식사를 주었으며, [여러 가지를] 후하게 내려 주었다. 공경(公卿) 이하[401]가 그를 중시하여 모두 그와 교류하였다.[402] 이마두는 안심하고 마침내 남아서 거주하여 떠나지 않았고, [만력] 38년(1610) 4월에 경사에서 사망하였다. [경사의] 서쪽 밖에 장사지내게 해 주었다.[403]

其年十一月朔日食．曆官推算多謬，朝議將修改．明年，五官正周子愚言：「大西洋歸化人龐迪我·熊三拔等深明曆法．其所攜曆書，有中國載籍所未及者．當令譯上，以資採擇．」禮部侍郎翁正春等因請倣洪武初設回回曆科之例，令迪我等同測驗．從之．

그 해(1610) 11월 초하루에 일식이 있었다. 역관(曆官)이 추산한 것에 많은 오류가 있어 조정에서 장차 수정할 것을 논의하였다. 이듬해(1611)에 오관정(五官正)[404] 주자우(周子愚)[405]가 아뢰기를, "대서양의 귀화인 방적아(龐迪我)[406]·웅삼발(熊三拔)[407] 등이 역법(曆

401) 公卿: 三公九卿의 簡稱으로, 일반적으로 조정의 高官을 통칭한다.

402) 1601년에 북경에 거처를 마련한 리치는 끊임없이 연회에 초대되었다. 하루에 세 번 초대받은 날도 드물지 않았고 그 이상이 되는 날도 있었다. 게다가 과거시험을 보러 북경에 온 사대부들은 소개장이나 편지를 들고 리치를 만나고자 하였다. 이러한 활동으로 리치는 건강을 해치게 되었다(조너선 스펜스, 1999: 210).

403) 마테오 리치의 묘는 북경 西城區 阜城門 밖에 위치하고 있다.

404) 五官正: 欽天監에 배치된 관직명으로, 五官은 春官正·夏官正·秋官正·冬官正·中官正을 가리키며, 주요 업무는 천문역법과 관련된 일을 담당하는 것이었다.

405) 周子愚: 浙江사람으로, 欽天監監副職을 맡았을 때 熊三拔과 함께 『表度說』을 편찬하였다. 그의 생몰연대는 미상이다.

406) 龐迪我(1571~1618): Diego de Pantoja의 중국식 이름이다. 스페인 사람인 그는 1589년 예수회에 들어갔고, 1589년 마카오에 도착한 후 남경으로 이동하였다가 리치와 함께 북경으로 갔다. 리치 사후에 우르시스와 함께 리치를 북경 성 밖에 안장할 수 있게 허락해 줄 것을 주청했다. 1602년에 그는 도미니크 회 소속의 주교에게 중국의 상황을 소개하는 편지를 썼다. 1611년에 판토야와 우르시스는 曆書를

法)에 아주 밝습니다. 그들이 가지고 온 역서(曆書)에는 중국에 있는 서적이 미치지 못하는 것이 있습니다. 마땅히 번역하게 올리게 하시어 채택하소서"라고 하였다. 예부시랑(禮部侍郞)[408] 옹정춘(翁正春)[409] 등이 홍무 초년에 회회역과(回回曆科)를 설립한 사례[410]에 따라 방적아 등과 함께 측정하게 해달라고 청하였다. [이에 황제는] 허락하였다.

自瑪竇入中國後，其徒來益衆．有王豊肅者，居南京，專以天主敎惑衆，士大夫暨里巷小民，間爲所誘．禮部郞中徐如珂惡之．其徒又自誇風土人物遠勝中華，如珂乃召兩人，授以筆劄，令各書所記憶．悉舛謬不相合，乃倡議驅斥．四十四年，與侍郞沈潅·給事中晏文輝等合疏斥其邪說惑衆，且疑其爲佛郞機假託，乞急行驅逐．禮科給事中余懋孶亦言：「自利瑪竇東來，而中國復有天主之敎．乃留都王豊肅·陽瑪諾等，煽惑群衆不下萬人，朔望朝拜動以千計．夫通番·左道並有禁．今公然夜聚曉散，一如白蓮·無爲諸敎．且往來壕鏡，與澳中諸番通謀，而所司不爲遣斥，國家禁令安在」帝納其言，至十二月令豊肅及迪我等俱遣赴廣東，聽還本國．命下久之，遷延不行，所司亦不爲督發．

이마두가 중국에 온 후로, 그 무리들이 더욱 많이 왔다.[411] 왕풍숙(王豊肅)[412]라는 자가

편찬하라는 명을 받았으나, 1616년에 南京教案이 일어나자 변호하였지만 소용이 없었다. 마카오로 추방된 지 얼마 안 되어 세상을 떠났다.

407) 熊三拔(1575~1620): 이탈리아 사람인 Sabatino de Ursis의 중국식 이름이다. 1606년에 중국에 도착한 후 북경에서 전교활동을 하였고, 欽天監에서 曆法을 수정하는 일을 도왔다. 1617년에 남경교안의 여파로 체포되어 마카오로 압송되었고, 3년 뒤 사망하였다. 저서로는 『泰西水法』·『簡平儀說』·『表度說』·『中國俗禮簡評』 등이 있다.

408) 禮部侍郞: 明朝는 元代에 폐지되었던 6부 제도를 부활시켰다. 侍郞은 尙書 다음으로 4品의 관직으로 2명을 두었다. 尙書는 天下의 禮儀·祭祀·宴饗·貢擧에 관한 政令을 담당하였고, 侍郞이 그를 보좌하였다.

409) 翁正春(1553~1626): 만력 7년(1579)에 擧人이 되었고, 만력 20년(1592) 장원급제하여 翰林院修撰을 제수 받았다. 만력 38년(1610)에 예부시랑, 천계 원년(1621)에 예부상서가 되었다. 천계 4년(1624)에 左副都御史 楊漣이 魏忠賢을 탄핵하자 그도 위충현을 고발하였으나 오히려 위충현의 보복으로 사직하였다.

410) 洪武 元年(1368) 司天監 외에 回回司天監을 두었고, 홍무 3년(1370)에 欽天監으로 이름을 바꾸었다. 그 흠천감 아래 네 개의 科를 두었는데, 天文科·漏刻科·大統曆科·回回曆科가 그것이다.

있는데 남경에 거주하면서 오로지 천주교로 군중을 미혹하였으며, 사대부와 향촌의 백성들에게 미쳐 간혹 [이들을] 미혹하기도 했다.[413] 예부랑중(禮部郞中)[414] 서여가(徐如珂)[415]는 그를 증오하였다. 그들 교도는 또 스스로 과장하여 그 지역의 인물이 중화(中華)를 크게 뛰어넘는다고 해서, 서여가가 그 두 사람을 불러 붓과 종이를 주고 각자 기억하는 것을 쓰게 하였다. [그런데] 모두 어그러지고 잘못되어 서로 맞지 않았으므로, 이에 의논을 일으켜 물리쳐 몰아냈다. [만력] 44년(1616)에 시랑 심각(沈潅)[416]·급사중(給事中)[417] 안문휘(晏文輝)[418] 등과

411) 1580년대에는 중국의 예수회 신부는 겨우 두세 명에 불과했고, 명조에 의해 조경에서마저도 전교활동이 금지되었다. 그런데 1600년대에 접어들 즈음 6~10명의 선교사들이 많은 修士들과 함께 활동하였으며, 북경에 거점이 마련된 1601년 이후에는 예수회 신부들이 17명으로 늘어났고, 입교자도 1년여 사이에 150명에 달했거니와 그들 중에는 부유하고 영향력 있는 가문 출신들도 많이 섞여 있었다. 1605년에는 명의 황족 세 명이 입교했다(조너선 스펜스, 1999: 233~234).

412) 王豊肅(1566~1640): 이탈리아 사람으로 Alfonso Vagnoni의 중국이름이며, 그는 高一志라는 이름도 있었다. 그가 처음 중국에 도착했을 때 가졌던 이름이 王豊肅이었는데, 豊肅은 Alphonsus를 간단하게 표기한 것이었고, 王은 그의 姓인 Vagnoni를 음역한 것이었다. 1605년에 중국에 도착했고, 1616년에 남경교안으로 인해서 추방되었다가 1624년에 다시 중국으로 돌아가서 山西에서 선교활동을 하였으며, 그때 이름을 高一志로 바꾸었다. 1640년에 산서성의 絳州에서 사망하였다.

413) 리치의 적응주의적 방법에서는 지적인 측면이 강조되었기 때문에 그와 접촉한 대상은 주로 사대부들이었다. 명 말에 기독교를 접한 사대부들의 존재양태는 네 가지로 구분할 수 있다. 첫째, 서양의 종교와 학문을 모두 수용한 부류, 둘째 종교만 수용한 부류, 셋째 학문으로만 수용한 부류, 넷째 학문과 선교사를 모두 배척한 부류이다(최소자, 1987: 78~83). 리치가 남창에 거주할 때 자신을 방문한 사대부들의 동기를 세 가지로 추정하기도 한다. 첫째는 선교사가 수은을 은으로 바꿀 수 있는 비술을 알고 있으리라는 확신, 둘째는 서양 수학을 배우려는 욕구, 셋째는 리치의 기억술을 배우고자 하는 열망이었다(조너선 스펜스, 1999: 39).

414) 禮部郞中: 禮部의 屬官이다. 禮部에는 尙書(정2품) 1명, 左·右侍郞(정3품) 각 1명이고, 그 소속으로 司務廳이 있고 司務(종9품) 2명으로 편성하였다. 儀制·祠祭·主客·精膳淸吏司가 있고, 각 郞中(정5품) 1명, 員外郞(종5품) 1명, 主事(정6품) 1명이 있다.

415) 徐如珂(1562~1626): 字는 季鳴이고 蘇州 吳縣 사람이다. 만력 23년(1595)에 進士가 되었고, 관직은 刑部郞中까지 올라갔다.

416) 沈潅: 남경의 예부시랑이며, 불교신자이다. 그는 만력 44년(1616)에 남경교안의 도화선이 되는 「參遠夷疏」를 냈는데, 이것은 유교적인 파사론의 전형이었다. 그는 당시 판토야나 우르시스 등 예수회 선교사들이 天主를 칭하면서 백성과 사대부를 미혹하고 있다고 비판하고, 선교사들이 『大統曆』을 변경할 것을 주장하는 것도 비난하였다. 천주를 숭배하는 것이 효와 상충한다는 견해를 피력하였는데, 이는 당시 전교활동에 부정적인 시각을 가진 사람들의 공통된 의견이기도 했다(최소자, 1987: 105).

417) 給事中: 감찰관으로 吏·戶·禮·兵·刑·工의 六科로 나뉘어 각각의 관할아문에 대하여 勅書와 奏章을

더불어 사설(邪說)로 민중을 미혹한다고 연합하여 상소를 올려 [이들 교도를] 배척하였고,[419] 아울러 또 이들이 불랑기(佛郎機)[420]라고 거짓으로 가탁하고 있음을 의심하여 속히 구축할 것을 청하였다. 예부급사중 여무자(余懋孳)[421]도 아뢰기를, "이마두가 동쪽으로 온 이래, 중국에 다시 천주교가 생겼습니다. 이에 남경의 왕풍숙·양마낙(陽瑪諾)[422] 등이 군중을 선동하고 미혹한 이들이 1만여 명으로, 매월 초하루와 15일에 예배를 하는 이가 천명 쯤 되었습니다. 대저 번인과 통하는 것과 좌도(左道)[423]에는 모두 금령이 있습니다. 지금 공연히 밤에 모여 새벽에 흩어지니 이는 백련(白蓮)[424]·무위(無爲)[425] 등 여러 교와 마찬가지입니다. 게다가 호경(壕鏡)[426]을 왕래하고 오(澳)[427]의 여러 나라 사람들과 함께 모의하니, 해당 부서에서

검열하였고, 각 아문의 정무를 감찰하여 탄핵하는 일을 담당하였다. 科마다 都給事中 1명, 左右給事中 각 1명, 給事中 4명 내지 10명을 두었다. 官品은 종7품이었고, 맡은 그 직무는 侍從, 規諫, 補闕, 拾遺와 六部 및 각 官府를 稽察하는 등의 일이었다. 秦·漢代에는 加官으로 그 이름이 보이기 시작해서 청대 도찰원에 흡수될 때까지 존속하였다. 급사중은 言官과 감찰관의 기능을 담당하면서 시대에 따라 성격이 변화하였다. 명대의 급사중은 六科로 독립하여 조칙에 대한 封駁權, 六部官司에 대한 규찰권을 행사하였다.

418) 晏文輝는 沈㴶의 협조자로 유학자의 입장에서 천주교를 비판하였다.

419) 그 상주 내용은『聖朝破邪集』卷1「南宮署牘」5~10, 10~14, 14~17에 있다.『聖朝破邪集』은 徐昌治가 관련된 문헌을 모아 편찬한 것으로 명말 破邪관련 문헌의 집대성이라고 할 수 있다.

420) 佛郎機: 명대에는 포르투갈을 지칭했다. 불랑기는 Franks에서 나온 말로 이슬람 상인들이 유럽인을 일컫는 말로 사용되었고, 명대에는 포르투갈과 스페인을 지칭할 때 혼용되었다(최소자, 1987: 27~28).

421) 余懋孳: 그의 생졸연대에 대해서는 분명하지 않다. 만력 32년(1604)에 진사가 되었고, 관직은 급사중에까지 이르렀다.

422) 陽瑪諾(1574~1659): Emmanuel Diaz의 중국이름이다. 포르투갈 출신의 예수회 선교사로 1611년에 廣東의 韶州에서 전교활동을 하다가 그 지역 사람들에게 쫓겨났다. 북경·남경·松江 등지를 전전하였으며, 杭州에서 사망하였다. 천문학과 관련된 지식을 중국에 소개했다.

423) 左道: 정통과 구별되는 邪門이라는 의미.

424) 白蓮: 민간종교로 하늘과 땅이 개벽하고 다음 개벽까지의 시기를 나타내는 불교의 劫사상과 미륵사상이 결합하여 만들어진 종교이다. 다시 말해서 석가모니가 사망한 이후 한 겁이 지나고 새로운 겁이 시작되어 미륵불이 인간세상으로 내려온다는 사상을 가지고 있다. 이 종교에서는 현세에 내려온 미륵불은 피폐하고 부조리한 이 세상을 개벽하고 새로운 이상향의 세상을 건설한다고 믿었다. 南宋 초 고종 때에 茅子元(?~1166)을 교조로 하는 白蓮宗이 일어났는데 점차 呪術的 경향이 짙어졌다. 이 미륵신앙은 당시 생활난에 허덕이던 서민층에 쉽게 수용되었는데, 그들은 종교적 비밀결사까지 만들어 탄압하는 정부에 저항하였다.

425) 無爲: 明清代에 江蘇·浙江·福建·廣東 지역 등에서 성행한 비밀 종교결사로 羅教라고도 한다. 그 사상은 禪宗을 기초로 하여 無爲解脫을 역설하였으며 白蓮教와 같은 邪教로 규정되어 배격을 받게 되었다.

추방하지 않으면 국가의 금령이 어찌 있을 수 있겠습니까?"428)라고 하였다. 황제가 그들의 말을 받아들이자, 12월이 되어 왕풍숙과 방적아 등을 함께 광동으로 보내어 본국으로 돌아가기를 기다리게 하였다.429) [그런데] 명령을 내린지 오래되었으나 집행이 지연되어 행해지지 않았고, 해당부서도 독촉하여 보내지 않았다.

四十六年四月, 迪我等奏:「臣與先臣利瑪竇等十餘人, 涉海九萬里, 觀光上國, 叨食大官十有七年. 近南北參劾, 議行屛斥. 竊念臣等焚修學道, 尊奉天主, 豈有邪謀敢墮惡業. 惟聖明垂憐, 候風便還國. 若寄居海嶼, 愈滋猜疑, 乞幷南都諸處陪臣, 一體寬假.」不報, 乃怏怏而去. 豊肅尋變姓名, 復入南京, 行敎如故, 朝士莫能察也.

[만력] 46년(1618) 4월에 방적아 등이 상주하기를, "신과 선신(先臣) 이마두 등 10여 명은 9만 리를 항해하여 중국을 살펴보고 대관(大官)의 봉록을 받은 지 17년이 되었습니다. 근래에 도성의 내외가 주청에 참여하여 탄핵을 하고 결의를 하여 [저희들을] 몰아내려 하고 있습니다. 개인적으로 생각건대, 신 등은 사념(邪念)이 없이 수양하고 도리를 배우며 천주를 신봉하였는데, 어찌 사악한 모의가 있을 수 있으며, 감히 정당하지 않을 일에 종사하겠습니까? 오직 폐하의 불쌍히 여기심을 바라오며 순풍을 기다려 그 편에 귀국하려고 합니다. 만약 해도(海島)에 기거하면 더욱 의심이 생길 것이니, 청하옵건대 남경 여러 곳에 있는 배신들과 함께 용서해 주시길 바라나이다"430)라고 하였다. [이에 대해 황제가] 답을 하지 않자 바로 원망하며 떠났다. 왕풍숙은 오래지 않아 성명을 바꾸고 다시 남경에 들어와 옛날처럼 교의를 행했으나 조정신하들 중에 알아차리는 사람이 없었다.

---

426) 壕鏡: 壕鏡澳라고도 하며 澳門의 다른 이름이다. 澳門의 원래 이름은 鏡澳이고 濠鏡澳라고도 한다.

427) 澳: 澳門의 간칭임.

428) 余懋孳의 상소는『神宗實錄』卷547 萬曆 44년 7월 戊子條 참조바람.

429) 이때의 구체적인 상황에 대해서는『神宗實錄』卷547 萬曆 44년 7월 戊子條;『神宗實錄』卷552 萬曆 44년 12월 丙午條;『聖朝破邪集』卷1 26~27을 참조바람.

430)『神宗實錄』卷575 萬曆 46년 10월 乙亥條 참조.

其國善製礮，視西洋更巨．旣傳入內地，華人多效之，而不能用．天啓・崇禎間，東北用兵，數召澳中人入都，令將士學習，其人亦爲盡力．

이 나라에서는 포(礮)를 잘 만들었는데, 서양포[431]에 비해서 훨씬 컸다. 이미 내지에 전해들어와 중국인들이 대부분 그것을 모방하여 만들었지만 사용할 수 없었다. 천계(天啓)[432]·숭정(崇禎)[433] 연간에 동북에 군대를 보낼 때,[434] 여러 차례 오문에 있는 사람을 불러 경사에 오게 하여 장사(將士)를 가르치도록 하였는데, 그 사람들도 온 힘을 다했다.

崇禎時，曆法益疏舛，禮部尚書徐光啓請令其徒羅雅谷・湯若望等，以其國新法相參較，開局纂修．報可．久之書成，卽以崇禎元年戊辰爲曆元，名之曰『崇禎曆』．書雖未頒行，其法視『大統曆』爲密，識者有取焉．

숭정 연간(1628~1644)에 역법이 더욱 잘못되어 예부상서 서광계(徐光啓)[435]가 천주교도

431) 본문 중에서 이탈리아 사람들이 만들었다는 것은 紅夷砲이고 그 이전의 서양포는 佛狼機砲를 가리킨다. 佛郞機砲는 後裝式 火砲인데, 그 안에 子銃이 장착되었기 때문에 佛郞機銃이라고도 한다. 불랑기포는 그 길이가 5~6尺 정도였던 것에 비해 홍이포는 2丈 정도로 4배 정도 더 길었다. 이 때문에 그 사정거리나 위력도 불랑기포보다는 홍이포가 더 강력하였다. 佛狼機砲는 嘉靖 연간(1522~1566)에 포르투갈을 통해서 중국에 유입되었고, 홍이포는 天啓 연간(1621~1627)에 만들어졌다.

432) 天啓: 명 왕조 16대 황제 熹宗 朱由校의 연호이다.

433) 崇禎: 명의 마지막 황제 思宗 朱由檢의 연호이다.

434) 동북의 정세가 급변한 것은 1608년을 전후한 시기였다. 누르하치의 세력이 성장하면서 명과의 긴장이 고조되었다. 1616년에 누르하치가 정식으로 후금의 건국을 선언하면서 명과 정면 대결로 치닫게 되었다. 1618년 4월에 누르하치는 결국 七大恨을 내세우면서 명과의 전면전을 선언하였고, 1621년에 후금의 군대는 遼陽과 瀋陽을 점령하기에 이르렀다. 이후 명조의 요동방위책은 일관성을 상실하였다.

435) 徐光啓(1562~1633): 字는 子先이고 諡號는 文定이며, 세례명은 포오로[保祿]였다. 上海 출신으로 1604년 진사가 되어 관계에 진출하였고, 1628년에는 禮部左侍郞, 이어서 尙書를 거쳐 1632년에 大學士가 되었으나 재임 중에 사망하였다. 가톨릭과의 대면에서 종교와 학문을 모두 수용한 인물이다. 특히 그는 마테오 리치에게 천문·역산·지리·수학·水利·무기 등의 서양과학을 배웠으며, 『幾何原本』·『農政全書』·『崇禎曆書』 등을 번역 또는 저술하고 대포·철포를 사용하는 서양전술의 채용을 진언했다(『明史』 卷251 「徐光啓傳」 참조).

인 나아곡(羅雅谷)[436]과 탕약망(湯若望)[437] 등에게 그 나라의 신법을 서로 참작하고 비교하여 국(局)을 열어 찬수하게 하기를 청하였다.[438] 황제가 답하여 허가했다. 나중에 책이 완성되어 곧 숭정 원년(1628) 무진(戊辰)을 역원(曆元)[439]으로 하니, 『숭정력(崇禎曆)』[440]이라고 이름을 붙였다. 책은 비록 반행되지 않았지만 그 법은 『대통력(大統曆)』[441]보다 치밀하여, 식자들은 [이를] 취하여 사용하였다.

其國人東來者, 大都聰明特達之士, 意專行教, 不求祿利. 其所著書多華人所未道, 故一時好異者咸尚之. 而士大夫如徐光啓·李之藻輩, 首好其說, 且爲潤色其文詞,

---

436) 羅雅谷(1593~1638): 이탈리아 선교사인 Giacomo Rho의 중국이름이다. 그는 1614년에 예수회에 들어갔다. 1622년에 마카오가 네덜란드 군대의 공격을 받았을 때, 그 지역 백성들에게 대포를 사용하도록 해서 방어하도록 했다. 이후 중국에 건너와 1631년에는 북경에서 서광계·아담 샬·롱고바르디 등과 함께 『崇禎曆書』를 편찬하였다.

437) 湯若望(1592~1666): Johann Adam Schall von Bell의 중국 이름이다. 1611년에 예수회에 들어가, 1622년에 중국으로 건너와 베르비스트 등과 전도에 종사하였다. 천문·역법에도 밝아 月蝕을 예측하여 명성을 얻었으며, 서광계와 함께 『崇禎曆書』를 만들었다. 뒤에 이것을 100권으로 개편하여 『西洋新法曆書』 또는 『西洋新法算書』라고 하였다. 명조가 만주족의 청과 전쟁하는 상황이 되자 대포를 주조하기도 하였다. 청의 입관 이후에는 欽天監正을 맡아 1645년에 『時憲曆』을 완성하였다. 康熙帝 즉위 후, 전통적 역법의 우위를 주장하던 楊光先은 아담 샬을 탄핵하였다. 이에 아담 샬은 체포되었고, 양광선이 흠천감정이 되었다. 1668년 12월에 강희제는 양광선과 예수회 선교사측의 계산을 비교하는 시합을 하였고 여기서 선교사측이 이겼다.

438) 명대에는 『大統曆』을 중심으로 하고 『回回曆』으로 그 단점을 보완하는 방식을 사용하였다. 禮部의 감독 하에 欽天監에서 독점한 것이 천문의 예측이었다. 시간이 지나면서 일식이나 월식 등을 예측한 것이 정확하지 않았다. 이에 예수회 선교사들을 활용하여 역법 개정을 시도하였고 그 책임자가 徐光啓였는데, 본문에서 언급하고 있는 인물들 외에 롱고바르디와 테렌스, 이지조도 참여하였다(최소자, 1987: 226~227).

439) 曆元: 역법에서 계산의 기준점으로 삼는 시기를 일컬음.

440) 『崇禎曆』: 모두 135권으로 되어 있고, 崇禎 4년(1631)에서 崇禎 7년(1634)에 걸쳐 편찬되었다. 일식·월식의 관측에 있어, 서양역법의 추산정도가 재래의 역법에 비교해서 우수성이 판명되자 서광계, 이지조, 롱고바르디 아담샬 등에 의해 편집된 역서이다. 이 역서는 명나라에서는 시행되지 못하고, 청조에 들어와 1645년부터 時憲曆이라는 이름으로 시행되었다.

441) 『大統曆』: 명의 역법으로, 명초에 劉基가 『大統曆』을 홍무제에게 올렸다. 그런데 이것은 元代의 郭守敬이 만든 『授時曆』에 따른 것으로 일식계산이 정확하지 않았다.

故其教驟興.

그 나라 사람 중 동쪽으로 온 자는 대체로 총명하고 특출한 선비들로 오로지 한 마음으로 교의를 행하고 이익을 구하지 않았다. 그들이 저술한 책은 대부분 중국인들이 알지 못하는 것이어서, 한 때 기이한 것을 좋아하는 자들은 모두 그것을 숭상하였다. 그리고 서광계·이지조(李之藻)[442] 등과 같은 사대부들은 앞장서서 그들의 설(說)을 좋아하였고, 게다가 그 문장을 윤색하였기 때문에 그 교는 급속하게 흥기하였다.

時著聲中土者, 更有龍華民·畢方濟·艾如略·鄧玉函諸人. 華民·方濟·如略及熊三拔, 皆意大里亞國人, 玉函, 熱而瑪尼國人, 龐迪我, 依西把尼亞國人, 陽瑪諾, 波而都瓦爾國人, 皆歐羅巴洲之國也. 其所言風俗·物產多誇, 且有『職方外紀』諸書在, 不具述.

당시 중국 땅에 잘 알려진 자들로는 용화민(龍華民)[443]·필방제(畢方濟)[444]·예여략(艾如

442) 李之藻(?~1631): 字는 振之·我存이다. 杭州의 무관집안 출신으로 만력 26년(1598)에 진사가 되었다. 리치의 지도제작법에 감탄하여 관심을 갖게 되어 서광계와 함께 마테오 리치에게 사사하였고, 『천주실의』 간행에 관여했다. 마테오 리치 등 천주교사의 구연을 필사하였고, 많은 서양학술의 저작과 번역을 하였다. 『乾坤體義』와 『坤輿萬國全圖』 간행에도 관계했다. 그는 리치와 유클리드 기하학의 의미에 대해 오랫동안 토론하고 수학책을 공동으로 작업하였으며, 만력 38년(1610) 리치의 사망 직전에 기독교로 개종하였다(조너선 스펜스, 1999: 201).

443) 龍華民(1559~1654): 이탈리아 선교사인 Nicolas Longobardi의 중국식 이름이다. 그는 1582년에 예수회에 들어갔고, 1597년에 중국에 도착해서 선교활동을 하였다. 그는 다른 예수회 선교사들과는 달리 공개적으로 중국 사회에서 활동하면서 입교자에게 중국의 풍습을 반드시 버릴 것을 요구하였다. 1609년에 북경으로 갔고 예수회 중국전교지구 회장을 맡았다. 이후 기독교 박해사건이 발생하자 롱고바르디는 다른 선교사들은 의견을 달리하였다. 조정에서 행하는 역법 수정에 참여하였고, 그는 주로 산동성에서 활동하였다.

444) 畢方濟(1582~1649): Francesco Sambiasi의 중국이름이다. 이탈리아인으로 1603년에 예수회에 입회하였고, 1613년에 알레니와 함께 파견되었다. 그는 1628년부터 산서와 산동을 거쳐 남경까지 가서 선교활동을 하였다. 1644년 청의 入關 이후에는 福王·唐王 등 反淸復明 세력의 사신으로 임명되어 천주당

略)[445]·등옥함(鄧玉函)[446] 등이 있었다. 용화민·필방제·예여략과 웅삼발은 모두 의대리아국 사람이고, 등옥함은 열이마니국(熱而瑪尼國)[447] 사람이었으며, 방적아는 의서파니아국(依西把尼亞國)[448] 사람이고, 양마낙은 파이도와이국(波而都瓦爾國)[449] 사람인데, 모두 구라파주(歐羅巴洲)의 나라들이었다. 그들이 말한 풍속·물산은 상당히 과장되었고, 아울러 또 『직방외기(職方外紀)』[450] 등 여러 책에 있는 것도 상세하게 기술되지 않았다.

건립의 약속을 얻는 대신 마카오로 가서 포르투갈의 군사적 도움을 청하는 임무를 맡기도 하였다.

445) 艾如略(1582~1649): Giulio Aleni의 중국식 이름이다. 그는 이탈리아 출신의 예수회 선교사로, 1609년에 중국으로 파견되었고, 30년간 중국에서 활동하였으며, '서양에서 온 孔子'라는 이름으로 알려졌다. 그는 주로 福建에서 활동하였고, 『職方外記』·『幾何要法』·『西方問答』 등을 저술하였다.

446) 鄧玉函(1576~1630): Jean Terrenz의 중국식 이름이다. 로마에서 공부하며 인문과학 뿐 아니라 자연과학에도 조예가 깊었다. 1611년에 예수회에 들어가, 1621년에 중국으로 건너가서 嘉定에서 중국어를 배우고 杭州에서 살았다. 그는 입경하여 欽天監補인 龍華民 신부를 보좌하여 역서편찬사업에 종사하였으며, 천체관측기계의 제작 등에도 관여하였다. 저서로는 『遠西奇器圖說』이 있다.

447) 熱而瑪尼國: 독일(Germany)을 가리킨다.

448) 依西把尼亞國: 스페인(Spain)이다.

449) 波而都瓦爾國: 포르투갈(Portugal)이다.

450) 『職方外紀』는 명 말에 예수회의 이탈리아 선교사 알레니가 한문으로 저술한 세계지리도지이다. 만력제는 마테오 리치가 만든 세계지도에 판토하와 우르시스 신부로 하여금 설명을 더할 것을 명하였다. 그러나 이들이 이 일을 완성하지 못하고 세상을 떠나자 알레니가 완성하였다.

참고문헌

국사편찬위원회, 『中國正史朝鮮傳譯注』, 서울: 신서원, 2004

동북아역사재단 편, 『譯註 中國 正史 外國傳(1～12)』, 서울: 동북아역사재단, 2009～2011

朴元熇 등 역, 『명사식화지 역주』, 서울: 소명출판, 2008

줄리오 알레니, 천기철 역, 『職方外紀』, 서울: 일조각, 2005

谷應泰, 『明史紀事本末』, 臺北: 臺灣商務印書館, 1956

鞏珍・向達 校註, 『西洋蕃國志』, 北京: 中華書局, 1961

邱炫煜, 『明帝國與南海諸蕃國關係的演變』, 臺北: 蘭臺出版社, 1995

申時行 等 修, 『明會典』(萬曆朝重修本), 北京: 中華書局, 1989

嚴從簡, 『殊域周咨錄』, 北京: 中華書局, 1993

汪大淵, 『島夷誌略』, 蘇繼廎 校釋, 『島夷誌略校釋』, 北京: 中華書局, 1981

二十五史, 北京: 中華書局, 1959～1977

張燮, 『東西洋考』, 北京: 中華書局, 2000

張維華, 『明史歐洲四國傳注釋』, 上海: 上海古籍出版社, 1982

丁謙, 『明史外國傳地理考證』, 臺北: 新文豐出版社, 1997

鄭鶴聲・鄭一鈞 編, 『鄭和下西洋資料滙編』(上・中・下), 齊南: 齊魯書社, 1980

趙汝适, 『諸蕃志』, 臺灣: 藝文印書館, 1965

周國林 分史 主編, 『二十四史全譯: 明史』, 上海: 漢語大詞典出版社, 2004

馮承鈞 校注, 『星槎勝覽校注』, 臺北: 臺灣商務印書館, 1962

馮承鈞 校注, 『瀛涯勝覽校注』, 臺北: 臺灣商務印書館, 1962

馮承鈞 校注, 『諸蕃志校注』, 臺北: 臺灣商務印書館, 1962

馮承鈞, 『中國南洋交通史』, 上海: 上海古籍出版社, 2005

黃省曾, 『西洋朝貢典錄校注』, 北京: 中華書局, 2000

『明實錄類纂』, 武漢: 武漢出版社, 1993

개빈 맨지스・조행복 역, 『1421－중국, 세계를 발견하다』, 파주: 사계절출판사, 2004

데이비드 먼젤로・이향만 외 역, 『진기한 나라, 중국』, 서울: 나남, 2009

미야자키 마사카스・이규조 역, 『정화의 남해 대원정』, 서울: 일빛, 1999
上杉千年・임진호 역, 『1421 세계 최초의 항해가, 정화』, 서울: 이치, 2007
石井米雄・박경준 역,『동남아시아의 불교 수용과 전개』, 서울: 불교시대사, 2001
吳晗・박원호 역, 『주원장전』, 서울: 지식산업사, 2003
이와모도 유다까 외・홍사성 역, 『동남아불교사－상좌부 불교의 전개와 현황』, 부천: 반야샘, 1987
임성모 외, 『동아시아 역사속의 여행』 2, 서울: 산처럼, 2008
조너선 스펜스・주원준 역, 『마테오리치, 기억의 궁전』, 서울: 이산, 1999
조흥국, 『한국과 동남아시아의 교류사』, 서울: 소나무, 2009
최소자, 『동서문화교류사연구－명청시대 서학수용』, 서울: 삼영사, 1987
平川祐弘・노영희 역, 『마테오 리치』, 서울: 동아시아, 2002
金國平・吳志良, 『過十字門』, 澳門: 澳門成人教育學會, 2004
孟森, 『明代史』, 臺北: 中華叢書委員會, 1957
龐乃明, 『明代中國人的歐洲觀』, 天津: 天津人民出版社, 2006
方豪, 『中西交通史』, 上海: 岳鹿書社, 1987
孫光圻 主編, 『中國航海史綱』, 大連: 大連海運學院出版社, 1991
張德信, 『明朝典章制度』, 長春: 吉林文史出版社, 1999
陳佳榮 編著, 『南溟集』(海交篇), 香港: 麒麟書業有限公司, 2002
鄭樑生, 『明・日關係史の硏究』, 東京: 雄山閣出版, 1995
Chauduri, K. N., *Trade and Civilization in the Indian Ocean*, Cambridge: Cambridge University Press, 1968
Chou Ta-Kuan, *The Customs of Cambodia* 眞臘風土記, Translated by J. Gilman d'Arcy Paul, Bangkok: The Siam Society, 1987
Dunne, George H., *Generation of Giants-The Story of the Jesuits in China in the last Decades of Ming Dynasty*, Indiana: University of Notre Dame press, 1962
Friedrich Hirth and W. W. Rockhill, *Chau Ju-kua: His Work on the Chinese and Arab Trade in the Twelfth and Thirteenth Centuries, entitled Chu-fan-chï*, St. Petersburg: Printing Office of the Imperial Academy of Sciences, 1911
Holden Furber, *Rival Empires of Trade in the Orient 1600～1800*, Minneapolis: University of Minnesota Press, 1976
J. V. G. Mills, *Ma Huan Ying-yai Sheng-lan: 'The Overall Survey of the Ocean's Shores'*, London: Cambridge University Press, 1970

Paul Wheatley, *The Golden Khersonese: Studies in the Historical Geography of the Malay Peninsula before A.D. 1500*, Kuala Lumpur: University of Malaya Press, 1961
Roderich Ptak, *China, the Portuguese, and the Nanyang: Oceans and Routes, Regions and Trade(c. 1000～1600)*, Aldershot, Hants, England: Ashgate, 2004
W. P. Groeneveldt, *Historical Notes on Indonesia and Malaya Compiled from Chinese Sources*, Jakarta: C.V. Bhratara, 1960

한연정, 「마테오 리치와 교류한 한인 사대부」, 『명청사연구』 14, 2001
金國平・吳志良, 「鄭和航海的終極点」, 『鄭和研究百年論文選』, 2005
文有仁, 「『鄭和下西洋』與外國地理名稱」, 『知識就是力量』, 2009-7
沈愷, 「鄭和時代印度洋情勢與中國的關係」, 『中華科技史學會會刊』 9, 2006
嚴小青・惠富平, 「鄭和下西洋與明代香料朝貢貿易」, 『江海學刊』 1, 2008
王冬青・潘如丹, 「明朝海禁政策與近代西方國家的第一次對華軍事衝突」, 『軍事歷史研究』 2, 2004
于云漢, 「西方傳教士布教策略的演變與晚明南京教案」, 『昌濰師專學報』 1, 1998
張之傑, 「瀛涯勝覽所記動物初考」, 『中華科技史學會會刊』, 2006-9
張之傑, 「鄭和下西洋與麒麟貢」, 『第七屆科學史研討會彙刊』, 臺北: 中央研究院科學史委員會, 2007
黃啓臣, 「16～19世紀中葉中國政府對澳門行使主權和實施管理」, 『行政』 13卷, 總第48期, 2000-2

戴逸 主編, 『二十六史大辭典』, 吉林: 吉林文史出版社, 1993
謝壽昌 外, 『中國古今地名大辭典』, 臺北: 臺灣商務印書館, 1931
史爲樂 主編, 『中國歷史地名大辭典』, 北京: 中國社會科學出版社, 2005
李鵬年 外, 『清代六部成語詞典』, 天津: 天津人民出版社, 1990
張撝之 外, 『中國歷代人名大辭典』, 上海: 上海古籍出版社, 1999
鄭天挺・譚其驤 主編, 『中國歷史大辭典』, 上海: 上海辭典出版社, 2000
京大東洋史辭典編纂會 編, 『新編東洋史辭典』, 東京: 創元社, 1980
山腰敏寛 編, 『中國歷史公文書讀解辭典』, 東京: 汲古書院, 2004
下中邦彥 編, 『アジア歷史事典』, 東京: 平凡社, 1962
『中國歷史文化事典』, 東京: 新潮社, 1998

동북아역사 자료총서 35

譯註 中國 正史 外國傳 15
明史 外國傳 譯註 · 2－外國傳 · 中

초판 1쇄 발행 2011년 12월 10일
초판 2쇄 발행 2014년 9월 30일

엮은이 동북아역사재단
펴낸이 김학준
펴낸곳 동북아역사재단

등록 제312-2004-050호(2004년 10월 18일)
주소 서울시 서대문구 통일로 81(미근동 267) 임광빌딩
전화 02-2012-6065
팩스 02-2012-6189
e-mail book@nahf.or.kr

ISBN 978-89-6187-249-2 94910